公共管理系列教材

社会调查理论与实务

谢俊贵 主编

清华大学出版社
北京

内容简介

本书是为我国地方大学社会学与社会工作专业编写的一部专业基础课教材。包括社会管理、社会工作与社会调查关系分析，社会调查的项目策划与对象选择，社会调查的问卷调查与社会测量，社会调查的实地调查与通信调查，调查资料的定量分析与定性分析；社会调查的报告撰述与成果展现等的理论、知识与技能，不仅体现当代社会调查的网络调查、网上信息挖掘等方面的最新专业技术知识，同时还注意介绍社会调查发展中的文化积淀和社会调查应用中的最新案例。

本书适合地方院校社会学、社会工作及相关专业的教学使用。

本书封面贴有清华大学出版社防伪标签，无标签者不得销售。
版权所有，侵权必究。举报：010-62782989，beiqinquan@tup.tsinghua.edu.cn。

图书在版编目(CIP)数据

社会调查理论与实务/谢俊贵主编. —北京：清华大学出版社，2014（2023.8重印）
（公共管理系列教材）
ISBN 978-7-302-34742-2

Ⅰ. ①社… Ⅱ. ①谢… Ⅲ. ①社会调查—高等学校—教材 Ⅳ. ①C915

中国版本图书馆 CIP 数据核字（2013）第 298456 号

责任编辑：周　菁
封面设计：傅瑞学
责任校对：宋玉莲
责任印制：曹婉颖

出版发行：清华大学出版社
网　　址：http://www.tup.com.cn, http://www.wqbook.com
地　　址：北京清华大学学研大厦A座　　邮　编：100084
社 总 机：010-83470000　　邮　购：010-62786544
投稿与读者服务：010-62776969, c-service@tup.tsinghua.edu.cn
质 量 反 馈：010-62772015, zhiliang@tup.tsinghua.edu.cn

印 装 者：三河市龙大印装有限公司
经　　销：全国新华书店
开　　本：185mm×230mm　　印　张：21.75　　字　数：448 千字
版　　次：2014 年 3 月第 1 版　　印　次：2023 年 8 月第 8 次印刷
定　　价：54.00 元

产品编号：038252-03

FOREWORD 前言

十多年来，根据地方大学社会学类专业教学需要，我先后主编了两本社会调查方法方面的教材。现在一本出版时间已久，且出版合同到期；另一本出版社表示首版销完，不再重印。然而，有的院系曾采用我们团队编写的教材，感觉较适合地方大学教学之需，表示支持我们再编一本新教材。同时，清华大学出版社看到我们致力于地方大学社会调查方法教材建设，也很支持我主编一本凸显地方大学特点的社会调查方法教材。我不揣浅陋，承担了这一任务。

在编写本教材之前，我们对地方大学社会调查方法课程的教学进行了调研，对地方大学社会调查方法课程教学目标定位进行了研讨，分析了地方大学社会调查方法课程教学的特殊性。为此我们将本次编写的社会调查方法教材取名为《社会调查理论与实务》，基本想法是按照地方大学重在复合应用型人才培养的目标，编写一本在讲清社会调查基本理论的基础上突出实务性和实用性知识的教材，以更好地满足地方大学社会学、社会工作专业人才培养的需要。

本书是在我们过去编写的《社会调查理论与方法》《社会调查研究方法》两教材的基础上重新组编的。相对于前两本教材来说，本书的一个重要特点是增删有度，且坚持三个突出，即突出基础、突出重点、突出实用。对于本科生学习难度较大的内容、暂时用不上的内容，或者将要在社会统计学、SPSS应用等课程中学习的内容，本书原则上在前两本教材的基础上作了较大的删改，而对提升地方大学学生社会调查能力有显著作用的内容,则尽量充实。

基于上述考虑,且更便于学生学用结合,本书以一项社会调查活动的实际运作过程为基本线索,对全书内容作了如下安排:第一篇,介绍社会调查基本理论知识,包括第一、二章的内容;第二篇,介绍社会调查总体策划设计,包括第三、四、五章的内容;第三篇,介绍社会调查资料搜集整理,包括第六、七章的内容;第四篇,介绍社会调查分析研究方法,包括第八、九章的内容;第五篇,介绍社会调查研究成果撰述,包括第十章的内容。

本书由广州大学谢俊贵教授任主编,广东财经大学郭景萍教授、华南农业大学王建平教授、湖南师范大学胡建新副教授、广州大学钟育三副教授任副主编。谢俊贵主持了全书的策划、研讨、组织和统稿工作,承担了第一、二、三、八章的撰写及参与了其他各章部分节目的撰写。其他各章主要执笔人是:第四章,谢谦、张清;第五章,王丹凤,严丹;第六章,王建平、陈玲玲;第七章,钟育三、李冰仙;第九章,郭景萍、秦阿琳;第十章,胡建新、胡蓉。

本书在编写过程中,多方参考了有关专家学者的学术观点和案例材料,尤其参考引用了袁方先生、风笑天教授、水延凯教授等主编的有关教材。同时,还参考选用了本人主编的前述两教材中大部分章节的内容,当时参与两教材编写工作的除仍为本书的部分作者外,还有孙建娥、杨龙和、彭庆红、文军、余望城、刘丽敏、陈翔、陈伊哲等。在本书的出版方面,我们得到了清华大学出版社的大力支持。在此,我们一并表示真诚的谢意!

谢俊贵
2014年3月于广州

CONTENTS

目录

第一篇 社会调查基本理论

第一章 社会调查的一般问题 …………………………… 3

第一节 社会工作中的社会调查 …………………………… 3
一、社会调查的科学含义 …………………………… 4
二、社会调查的主要特征 …………………………… 6
三、社会调查的基本功能 …………………………… 8
四、社会调查的社会作用 …………………………… 11

第二节 社会调查在中外的发展 …………………………… 15
一、中国社会调查的发展 …………………………… 15
二、国外社会调查的发展 …………………………… 20

第三节 社会调查的程序与原则 …………………………… 26
一、社会调查的一般程序 …………………………… 26
二、社会调查的基本原则 …………………………… 30

复习思考题 …………………………… 34

第二章 社会调查的要素分析 …………………………… 35

第一节 社会调查的主体 …………………………… 35
一、社会调查人员 …………………………… 36
二、社会调查机构 …………………………… 41
三、社会调查公司 …………………………… 44

第二节　社会调查的客体 …………………………………………… 47
　　　　一、社会系统 ……………………………………………………… 47
　　　　二、社会系统中的社会现象 …………………………………… 53
　　第三节　社会调查的方法 …………………………………………… 58
　　　　一、社会调查方法的特点 ……………………………………… 58
　　　　二、社会调查方法的作用 ……………………………………… 60
　　　　三、社会调查方法体系 ………………………………………… 62
　　复习思考题 …………………………………………………………… 68

第二篇　社会调查总体策划

第三章　社会调查的项目策划 ……………………………………… 71
　　第一节　社会调查课题选择 ………………………………………… 71
　　　　一、社会调查课题选择的意义 ………………………………… 71
　　　　二、社会调查课题选择的原则 ………………………………… 73
　　　　三、社会调查课题选择的途径 ………………………………… 74
　　　　四、社会调查课题选择的程序 ………………………………… 76
　　第二节　社会调查研究设计 ………………………………………… 78
　　　　一、研究假设的精心提出 ……………………………………… 78
　　　　二、分析单位的合理选用 ……………………………………… 84
　　　　三、调查内容的具体确定 ……………………………………… 87
　　　　四、调查课题的操作转换 ……………………………………… 89
　　第三节　社会调查方案编制 ………………………………………… 92
　　　　一、社会调查方案涉及内容 …………………………………… 92
　　　　二、社会调查方案编制原则 …………………………………… 94
　　　　三、社会调查方案编制案例 …………………………………… 96
　　复习思考题 …………………………………………………………… 99

第四章　社会调查的对象选择 ……………………………………… 100
　　第一节　对象选择的传统方法 ……………………………………… 100
　　　　一、普遍调查 …………………………………………………… 101
　　　　二、典型调查 …………………………………………………… 103

三、个案调查 ·· 106
　第二节　对象选择的抽样方法 ·· 108
　　　一、抽样调查的原理与基本规则 ·· 108
　　　二、抽样调查的特点与适用范围 ·· 110
　　　三、抽样调查的优点与存在缺陷 ·· 111
　　　四、抽样调查的术语与运作程序 ·· 112
　　　五、抽样调查的两类抽样方法 ··· 115
　第三节　样本管理与统计推论 ·· 121
　　　一、抽样调查中的样本管理 ·· 121
　　　二、抽样调查中的统计推论 ·· 127
　复习思考题 ·· 133

第五章　社会调查的工具设计 ·· 134

　第一节　社会调查指标设计 ·· 134
　　　一、社会调查指标的基本含义 ··· 135
　　　二、社会调查指标的类型划分 ··· 135
　　　三、社会调查指标的设计步骤 ··· 138
　　　四、社会调查指标的设计原则 ··· 140
　第二节　社会调查问卷设计 ·· 142
　　　一、调查问卷的基本形式 ··· 143
　　　二、调查问卷的设计原则 ··· 145
　　　三、调查问卷的设计步骤 ··· 147
　　　四、问卷主体的设计方法 ··· 149
　第三节　社会测量量表设计 ·· 155
　　　一、社会测量量表及其类型 ·· 155
　　　二、利克特总加量表的设计 ·· 157
　　　三、古德曼累积量表的设计 ·· 159
　　　四、奥斯古德语义差异量表的设计 ···································· 160
　　　五、鲍格达斯社会距离量表的设计 ···································· 162
　复习思考题 ·· 163

第三篇 社会调查资料

第六章 社会调查的资料搜集 …… 167
第一节 问卷调查搜集法 …… 167
一、问卷调查的一般问题 …… 168
二、问卷调查的基本程序 …… 171
三、问卷调查的实施方法 …… 173
四、调查问卷的回复促进 …… 175
第二节 实地调查搜集法 …… 177
一、实地调查的一般问题 …… 177
二、实地调查的观察方法 …… 179
三、实地调查的访谈方法 …… 185
第三节 通信调查搜集法 …… 191
一、通信调查的一般问题 …… 192
二、通信调查的电话调查 …… 194
三、通信调查的网卷调查 …… 197
四、通信调查的CATI调查 …… 199
复习思考题 …… 203

第七章 社会调查的资料整理 …… 204
第一节 社会调查资料审核整理 …… 204
一、调查资料审核整理的作用 …… 205
二、调查资料审核整理的内容 …… 205
三、调查资料审核类型与过程 …… 209
第二节 社会调查资料分划整理 …… 211
一、调查资料分划整理的意义 …… 211
二、调查资料分划整理的原则 …… 213
三、文字资料的分类整理 …… 214
四、数据资料的分组整理 …… 216

第三节　社会调查资料汇总整理 ·· 219
　　　一、调查资料汇总整理一般方法 ·· 219
　　　二、计算机汇总整理的基本步骤 ·· 222
　　　三、调查资料统计图表制作方法 ·· 225
　　复习思考题 ·· 229

第四篇　社会调查分析研究方法

第八章　社会调查的定量分析 ·· 233

　　第一节　社会调查的定量分析概述 ·· 233
　　　一、社会调查定量分析的特点 ·· 233
　　　二、社会调查定量分析的发展 ·· 235
　　　三、社会调查定量分析的作用 ·· 236
　　　四、社会调查定量分析的原则 ·· 238
　　第二节　平均指标与相对指标分析 ·· 239
　　　一、平均指标分析 ·· 239
　　　二、相对指标分析 ·· 242
　　第三节　集中量数与离中量数分析 ·· 245
　　　一、集中量数分析 ·· 246
　　　二、离中量数分析 ·· 251
　　第四节　相关统计与回归统计分析 ·· 259
　　　一、相关统计分析 ·· 259
　　　二、回归统计分析 ·· 261
　　复习思考题 ·· 263

第九章　社会调查的定性分析 ·· 264

　　第一节　社会调查的定性分析概述 ·· 264
　　　一、社会调查定性分析的特点 ·· 264
　　　二、社会调查定性分析的作用 ·· 266
　　　三、社会调查定性分析的过程 ·· 267
　　　四、社会调查定性分析的原则 ·· 268

第二节 比较分析与类型分析方法 ……………………………………………… 270
一、比较分析方法 …………………………………………………… 270
二、类型分析方法 …………………………………………………… 273

第三节 因果分析与矛盾分析方法 ……………………………………………… 279
一、因果分析方法 …………………………………………………… 280
二、矛盾分析方法 …………………………………………………… 284

第四节 结构分析与功能分析方法 ……………………………………………… 287
一、社会结构分析 …………………………………………………… 288
二、社会功能分析 …………………………………………………… 292

复习思考题 ……………………………………………………………………… 295

第五篇 社会调查成果撰述

第十章 社会调查报告的撰述 …………………………………………………… 299

第一节 社会调查报告概述 …………………………………………………… 299
一、社会调查报告的基本特点 ……………………………………… 300
二、社会调查报告的类型划分 ……………………………………… 301
三、社会调查报告的撰述要求 ……………………………………… 305

第二节 标示性内容的撰述 …………………………………………………… 307
一、标题的制作 ……………………………………………………… 307
二、作者的标列 ……………………………………………………… 309
三、摘要的撰述 ……………………………………………………… 311
四、键词的标引 ……………………………………………………… 312

第三节 主体性内容的撰述 …………………………………………………… 314
一、导言部分的撰述 ………………………………………………… 314
二、研究方法的撰述 ………………………………………………… 317
三、研究结果的撰述 ………………………………………………… 321
四、讨论部分的撰述 ………………………………………………… 323

第四节 附件性内容的撰述 …………………………………………………… 325
一、参考文献的编制 ………………………………………………… 325
二、附录资料的编辑 ………………………………………………… 327

  三、致谢用语的撰写 …………………………………………………… 327
  复习思考题 ………………………………………………………………… 328

附录一　随机数字表 ……………………………………………………… 329

附录二　正态分布概率表 ………………………………………………… 332

附录三　Z 检验表 ………………………………………………………… 335

参考文献 ……………………………………………………………………… 336

第一篇

Part 1

社会调查基本理论

株式会社基本理研

第一章 社会调查的一般问题

[本章导读]

在现代社会中,社会工作与经济工作同等重要。人们若要有效地开展各种社会工作,就必须准确地把握现实社会状态,而要准确地把握现实社会状态,就必须切实地掌握相关社会信息,这自然离不开社会调查。社会调查作为一种搜集和处理社会信息的基本方式,作为一种认识和把握社会状态的有效手段,在包括社会建设、社会管理、社会服务等在内的现代社会工作中具有越来越重要的作用。可以说,在现代复杂的社会系统中,只有通过社会调查及时地掌握各种社会信息,准确地把握现实社会状态,才能有效地发现社会问题,预测社会趋势,制定社会政策,进行社会调控,促进和实现社会的良性运行和协调发展。本章内容包括:社会调查的含义与特征、社会调查的功能与作用、社会调查的过程与原则。本章重点在于:社会调查的科学含义、社会调查的主要特征、社会调查的基本功能、社会调查的社会作用、社会调查的科学程序。

第一节 社会工作中的社会调查

社会工作是一种确保社会良性运行与和谐发展的重要工作。[①] 在我国,社会工作与经济工作具有同样重要的地位,深受党和政府的重视。然而,人们若要有效地开展社会工作,就得深入地认识社会运行和发展的规律,这就必须准确地把握现实社会的社会状态。社会调查作为科学认识和准确把握现实社会状态的基本方式,它既是现代社会工作的重要基础工作,同时也是现代社会工作领域的社会规划者、社会建设者、社会管理者、社会研究者、社会服务者等必须掌握和运用的一种基本技能。社会调查有自身的一整套理论与实务知识,要有效掌握这套理论与实务知识,开宗明义应当了解其含义特征和功

---

① 这里所说的"社会工作"是广义社会工作,是相对于"经济工作"而言的一个概念,其指涉范围与我国各地设置的"社会工作委员会"管辖的工作内容相当。当然,它也包含狭义社会工作的内容。

能作用。

一、社会调查的科学含义

在我国,由于毛泽东同志早年就提出"没有调查,就没有发言权"[①],因而社会调查便成了一种人们耳熟能详的社会实践活动。但到底什么是社会调查呢?简单地说,社会调查就是"调查"。在汉语中,"调查"一词由"调"和"查"二字组合而成。"调"具有计算、算度之意。《汉书·晁错传》有云:"调立城邑,毋下千家。"颜师古注曰:"调,谓算度也。总计城邑之中令有千家以上也。""查"指寻检、考核、考察、考究。调查,意即通过对客观事物的考察、考究、计算、算度来了解客观事物本来面目的一种科学认识活动。

当然,尽管人们对"社会调查"一词耳熟能详,但作为一个科学概念的社会调查,人们却是认识不一,看法各异,主要体现在两个方面:

首先是称谓不一。目前,国内外对社会调查的称谓很不一致。就中文称谓来讲,有称"社会调查"的,也有称"社会调查研究"的;有称"调查方法"的,也有称"调查研究方法"的;有称"社会调查方法"的,也有称"社会调查研究方法"的;有称"问卷调查方法"的,也有称"抽样调查方法"的。就英文称谓来讲,有叫"Social Investigate"的,也有叫"Social Survey"的;有叫"Survey Method"的,也有叫"Survey Research Method"的;有叫"Questionnaire Survey"的,也有叫"Sampling Survey"的。

其次是界说不一。对于社会调查的界定,学术界的说法也不尽相同。例如,有的在比较抽象的层次上把社会调查看作人们认识社会的一种实践活动,有的只在非常具体的层次上把社会调查看作社会研究的一种资料搜集方法;有的从非常宽泛的视角上把到社会中了解情况的各种活动都归入社会调查的范围,有的从十分狭窄的视角上只把那种以自填问卷和结构式访问的方法,从一个随机样本那里搜集资料的工作称作社会调查;有的认为社会调查的全部工作只是搜集资料,有的认为社会调查不仅包括搜集资料,而且包括基于搜集到的资料对社会现象进行分析研究。总之,学术界关于社会调查的界说颇多,众说纷纭。

其实,关于社会调查的称谓和界说的分歧意见虽然很多,但都是可以调和的。一般地说,社会调查又称为社会调查研究,它是指人们有目的、有意识地通过对客观存在的社会现象的系统考察、全面了解、详细分析和深入研究,具体地把握现实社会状态及其发展变化趋势的一种科学认识活动。简单地说,社会调查是指通过开展深入社会实际的各种科学考察活动把握现实的社会状态。关于社会调查这一概念的实质含义,还可从以下方面求得多角度的理解。

[①] 毛泽东选集. 第三卷. 北京:人民出版社,1953:789.

(一) 社会调查的实质是对社会现象进行科学考察

社会调查的基本目的是要把握现实社会状态及其发展变化趋势,因而,它与其他对客观存在的社会现象的认识活动是有明显的区别的。首先,它不同于对社会现象的直觉感悟。直觉感悟是凭人的感觉和悟性认识客观存在的社会现象,而社会调查则要靠深入社会实际,通过对客观存在的社会现象的具体考察、了解、分析和研究认识客观存在的社会现象。其次,它不同于对社会现象的日常观察。日常观察通常是一些无意识或潜意识的活动和一些无组织、无系统的活动,而社会调查则是在一定理论的指导下,有目的、有计划、系统地了解社会系统的各种社会现象,并对所观察到的社会现象作出科学解释的活动,它必须以经验事实和逻辑法则为依据,必须以科学程序与科学方法为保证。

(二) 社会调查的基本任务是要把握现实社会状态

现实社会状态是指一定社会系统在其内外各种因素的相互联系与相互作用下所形成的实际存在情形与具体运动形式的综合表征。社会是一种客观存在,社会状态也是一种客观存在,它制约一定社会的构成、运行和发展,同时也决定一定社会的管理与改造任务。有效把握一定社会的现实社会状态,既是评价社会构成与社会运行优劣的依据,也是开展各项社会工作的基础。社会调查作为一种科学认识活动,其基本任务就是通过科学地考察、了解、分析和研究客观存在的各种社会现象,系统地掌握表征一定社会及其构成要素的存在情形与运动形式的各种社会信息,具体地把握现实社会状态,进而对社会现象作出解释,对社会发展作出预测,为有效地管理社会和改造社会提供科学认识依据。

(三) 社会调查的过程是典型的社会信息处理过程

一个完整的社会信息处理过程包括四个环节,即社会信息的输入、转换、输出、反馈。在社会调查过程中,社会调查者对客观存在的社会现象进行考察、了解,具体搜集社会信息,实际上是对社会调查系统输入社会信息的环节;对各种社会信息进行整理、加工、分析、研究,实际上是对进入社会调查系统中的社会信息进行转换的环节;具体将通过转换的社会信息撰写成社会调查成果并提供给各级各类社会工作者参考,实际上是社会信息输出的环节;各级各类社会工作者将对社会调查成果的评价和社会调查成果的使用效果反馈到社会调查系统,实际上是社会信息反馈的环节。社会调查的过程确实是一个完整的社会信息处理过程,社会调查工作实质上是一种科学的、系统的社会信息工作。

(四) 社会调查的方法是一套完整的科学认识方法

社会调查要有效地把握现实社会状态及其发展变化趋势,必先深入社会,到社会中去考察了解各种客观存在的社会现象,搜集表征一定社会及其构成要素存在情形与发展势态的事实和数据资料,获得对社会现象的感性认识,因而它应该采用感性认识的方法。但是,社会调查要有效地把握现实社会状态及其发展变化趋势,仅有感性认识的方法不够,还必须采用理性认识的方法。社会调查不能只停留于一般的感性认识层次,罗列各种再现客观存在的社会现象的事实和数据资料,还要上升到理性认识层次,即通过对各种事实资料和数据资料的整理、加工、分析、研究,形成对现实社会状态及其发展变化趋势的准确描述、科学解释和可靠预测的观点和结论,所以,社会调查同样要有理性认识的方法。

二、社会调查的主要特征

社会调查(或称社会调查研究)是人类科学认识活动的一种重要方式,也是现代社会工作的一项重要基础工作。社会调查的特征,从科学层面的意义上说,实质上是社会调查区别于人类一般科学认识活动和一般社会实践活动的一些属性。根据这一道理,社会调查的主要特征大致可以表述为:

(一) 目的性特征

任何社会调查活动都有明确的目的。所谓目的,在这里即指社会调查的根本目标,它是社会调查之所以必要的依据。没有目的的社会调查是毫无意义和价值的,事实上也是不存在的;目的不明或混淆了不同的目的,也必然会造成社会调查活动的紊乱。社会调查的过程实际上是一个负熵过程。熵是一个用于表示事物无序、模糊和不确定性的物理量,负熵则是一个用于表示事物有序、清晰和确定程度的物理量。负熵过程即增强事物的有序性和清晰性、消除事物的不确定性和降低事物的紊乱程度的过程。在现代社会工作中,社会调查的出发点在于促使社会工作者对现实社会状态的认识从无序到有序,从模糊到清晰,从不确定到确定。这就是一个负熵过程。任何负熵过程都必须以明确的目的为基础,没有明确的目的,负熵过程就不可能实现。社会调查作为一个负熵过程,当然是以明确的目的为基础的,所以,从科学道理上讲,社会调查的目的性特征是显而易见的。事实上也是如此,在现代社会工作中,我们不难发现,无论何种内容与形式的社会调查,只要它是真正的社会调查,就不会没有相应的目的。目的性是社会调查区别于人的直觉感悟和诸多的日常观察活动的一个重要特征。

(二) 自觉性特征

社会调查作为一种社会工作者对社会作认识的活动,它具有自觉性特征。在现代社会工作中,客观地说,社会调查的自觉性体现得愈发明显。社会调查的自觉性是指社会调查在明确目的的基础上,能自觉地按照相关的科学理论,遵循一定的社会规范,运用有效的科学方法,有计划、有组织、有步骤地对确定的对象和范围进行调查活动。社会调查的自觉性具体体现在:①社会调查是一种有目的的认识活动。社会调查的自觉性,从根本上讲,是建立在社会调查的目的性基础之上的。社会调查所具有的目的性,从根本上确立了社会调查的自觉性,使社会调查成为一种自觉的认识活动。②社会调查是一种科学的认识活动。社会调查作为一种科学的认识活动表明,它能自觉地按照一定的科学理论和科学方法进行,并在运作过程中还能自觉地排除各种非科学的理论和非科学的方法的干扰。③社会调查是一种规范的认识活动。社会调查作为一种对社会进行具体认识的活动,它总是自觉地依据一定的社会规范进行。这些社会规范主要包括作为一种社会活动的道德规范、法律规范、政策规范等。

(三)社会性特征

在现代社会工作中,社会调查是一种以优化社会工作为目的,以一定社会现象或社会系统为对象的科学认识活动,它有明显的社会性。社会调查的社会性特征,首先表现在社会调查客体的实质意义上。社会调查最直接的客体是社会现象,这种社会现象是一种集体性的现象,而不是个体活动的简单累加。把社会中出现的一切现象都看作社会现象,只是一种常识。社会调查活动作为一种科学认识活动,其对象具有确定的含义,即表示一种综合的现象,它是人类社会中人与人之间相互联系、相互影响、相互作用的具体反映。社会调查的社会性特征,其次表现在社会调查主体与社会调查客体的相互关系上。在社会调查过程中,社会调查主体对社会调查客体的反映,绝不是一种机械的、照镜子式的反映。社会调查的过程实际上是一种作为社会调查主体的人与作为社会调查客体的人的相互交往的过程。这种作为社会调查主体的人与作为社会调查客体的人的相互交往,事实上形成了一种特殊的社会关系,在这种社会关系中,既有社会协作,又有社会冲突,因而使社会调查的社会性特征表现得更加显著。

(四)程序性特性

程序是指事物运动和事情进行的完善的先后次序,它所强调的是事物运动和事情进行的分步特性。社会调查作为现代社会工作的重要一环,其实它也具有严格的程序性。社会调查的程序性,具体指的是社会调查具有的清晰可辨的、十分完备的运作程序的特性。社会调查作为一种科学的认识活动,其程序性是十分明显的,具体体现在三个方面:①社会调查十分重视运作过程的分步特性,按照严格的时序安排社会调查的整个调研过程和具体作业步骤;②社会调查十分重视运作过程的周密计划,对整个调研过程中的具体作业事项进行精心划分,并纳入适当的作业步骤予以实施;③社会调查十分重视运作过程各作业步骤的逻辑衔接与分步推进,确保整个调研过程逻辑结构的完备性。在现代社会工作中,社会调查的程序性深为社会工作者所重视,我们今天所广泛采用的社会调查"四步推进法"(即筹划准备、资料搜集、整理分析、总结评估四个具体步骤),正是依据社会调查的程序性而科学设计的社会调查程序。

(五) 服务性特征

社会调查作为一种系统地考察、了解、分析、研究客观存在的社会现象,有效地把握现实社会状态及其发展变化趋势的科学认识活动,相对于人们所从事的各种具体社会实践活动来讲,尤其是对政府机关和社会工作部门来讲,具有明显的服务性特征。具体表现在:①社会调查通过搜集和处理各种社会信息,获得有关现实社会状态及其发展变化趋势的认识成果,能为政府机关和社会工作部门发现社会问题、预测社会趋势、制定社会政策、实施社会控制等提供社会信息保证,服务于政府机关和社会工作部门的社会行政、社会管理和社会工作;②社会调查通过搜集和处理各种社会信息,获得有关现实社会状况及其发展变化趋势的认识成果,能为各类社会组织的管理决策和其他社会活动的开展提供社会信息支持,服务于社会组织的管理决策和各项社会服务、社会工作的有效开展;③社会调查通过搜集和处理各种社会信息,获得有关现实社会状态及其发展变化趋势的认识成果,能为社会成员的社会生活和社会行动提供社会信息帮助,服务于社会成员在现代高速流变的社会中有效的工作和生活。

三、社会调查的基本功能

社会调查作为一种科学的认识活动,它是在系统、直接地搜集有关社会现象的经验材料的基础上,通过对所获得的信息资料的分析和综合,科学地阐明现实社会状况及发展变化规律的认识活动。科学完备的社会调查通常包括调查和研究两方面的工作内容或两阶段的运作过程,透过这两方面的工作内容或两阶段的工作过程作分析,人们可以从中看出社会调查的许多功能。从发生学的角度讲,这些功能可以分为基本功能和延伸功能两类。其基本的功能是:

(一) 感知功能

社会调查作为一种科学的认识活动,其最基本的功能是对社会现象的感知功能。所谓感知功能,即社会调查所具有的通过感性认识活动考察社会现象,感知社会现象,以实现对社会的真实情况有确实了解的功能。人们了解社会情况,通常有多种途径,如听取别人讲述、收听广播、阅读报刊、书籍和调查报告、观看电视新闻、查阅网上信息等。这些手段虽然都是必要的,但如果仅仅依此了解社会是片面的,因为这样获得的资料都是第二手资料,是别人的经验,是本本的知识,它不能代替自己的实践,不能代替自己的感知。马克思主义的认识论认为,人们对客观世界的认识必须首先从感性认识开始。毛泽东同志曾经指出:"要了解情况,唯一的方法是向社会作调查。""没有调查就没有发言权。"①社会调查作为人类的一种科学认识活动,它是建立在感性认识活动的基础之上,并通过感性认识活动考察客观存在的社会现象、感知客观存在的社会现象、了解现实社会的真实状态的。通过感性认识活动过程在现实社会生活中搜集具体的经验材料、考察客观存在的社会现象、了解现实社会的真实状态,是社会调查区别于其他各种社会认识活动的显著特色。这样一个显著特色,恰恰是社会调查对社会现象的感知功能的具体体现。

当然,社会调查并不局限于只到现实社会生活中搜集具体的经验材料了解和认识社会,作为一种科学的认识活动,社会调查也通过搜集第二手资料了解社会和认识社会,尤其在第二手资料较为真实可靠、第一手资料不易获取或没有必要重复搜集的情况下,社会调查对第二手资料(如统计资料)还是相当重视的。另外,值得注意的是,任何一个组织、个人,都不可能具备从事所有社会调查活动的能力,他们抑或受人力、物力、财力的限制,抑或受其他各方面条件的限制,抑或某些社会调查其他组织或个人已做得很好,他们根本就没有必要什么都得自己去做深入实地的社会调查。

(二) 描述功能

社会调查的描述功能是指社会调查所具有的对现实的社会状态进行客观、精确的描述的功能。从理论上讲,社会调查通过对社会现象进行系统的考察,全面地搜集各种社会信息,通过其整理、综合、归纳过程,便完全可以实现对现实社会状态的描述;从实践上看,对现实社会状态作出客观、精确的描述,是现代社会调查起码的任务和要求。对社会状态作描述是人们深入认识社会的基础,人们若对社会状态达不到描述的程度,就无法深入地认识社会。正是在这个意义上,社会调查的描述功能被视为一种极为重要的基本功能。

社会调查对社会状态的描述功能体现在多个方面,最主要的有:①对社会现象所处状态的描述。例如,对社会中的离婚现象,通过一项社会调查,我们便可以较为准确地描述当前离婚现象的普遍程度、基本特点,离婚者的背景特征,离婚现象的地区差异、时段差异、民族差异,以及离婚者的年龄、文化程度、职业、婚龄等基本情况。这种描述,能提供给人们关于某一社会现象存在和变化的具体情况的完备信息。②对社会系统所处状态的描述。对社会系统所处状态的描述是指对一定社会系统现实的社会状态的描述,它是一种高层次的综合性描述。这种描述通常是对社会系统的各种构成因素或影响因素进行多个分项调查后通过各种指标综合而实现的整体描述。

例如,在我国,对以地域为标准划分的社会系统所处状态的描述,就是经过对 10 多

---

① 毛泽东选集. 第三卷. 北京: 人民出版社, 1953: 789.

个项目的分项调查后,通过指标综合实现的。这些项目是:①自然环境;②人口与家庭;③劳动;④居民收入与消费;⑤劳动保险与社会福利;⑥住房与生活服务;⑦教育与培训;⑧科学研究;⑨卫生与环境保护;⑩文化与体育;⑪生活时间分配;⑫社会秩序与安全;⑬政治活动与社会活动参与情况等。总之,社会调查具有对社会状态的描述功能,它不仅具有对单一社会现象的描述功能,而且具有对复合社会现象的描述功能;不仅具有对微观社会状态的描述功能,而且具有对宏观社会状态的描述功能。

(三) 解释功能

社会调查的解释功能是指社会调查所具有的对社会现象和社会系统所处状态的形成原因进行科学解释的功能。任何社会现象的存在与变化都有其内在的和外在的原因;任何社会系统所处状态的形成也都有其内在的和外在的原因。人们要对社会有深入的认识,光对社会现象和社会系统的所处状态作出客观、精确的描述,即回答社会现象"是什么",或社会系统"怎么样"这类的简单问题还是不够的,至少还应当对社会现象和社会系统所处状态的形成原因作出解释,即回答社会现象和社会系统"为什么是这样"或"为什么会如此"这样的问题。社会调查正是具有这样一种基本功能的深入的科学认识活动。

社会调查的解释功能是一种十分重要的功能。这一功能的发挥,能使我们在对社会现象或社会系统所处状态作出客观描述,即在"知其然"的基础上真正实现"知其所以然",解决对社会现象和社会系统的深层次的认识问题。社会调查的解释功能也是社会对社会调查的一种基本要求。社会调查满足这一基本要求的具体做法是依据各种社会现象之间或社会系统各构成因素之间的相互联系,具体分析研究有关社会现象和社会系统,从而发现和揭示有关社会现象之间和社会系统各构成因素之间的必然的、本质的联系,找出其规律性,最终实现对有关社会现象和社会系统所处状况的形成原因作出合理的解释。

举例来说,国外社会学家在研究自杀时对自杀这一社会现象首先作了描述,如"男人比女人的自杀率高","富人比穷人的自杀率高","城市居民比农村居民的自杀率高"。这些就是客观存在的自杀现象的所处状态。但是如何解释这些社会现象呢?即为什么不同的人群会有不同的自杀率?导致自杀的主要原因是什么呢?社会学家通过认真调查和科学分析最终解答了这些问题。他们指出,尽管每个自杀的人都有其各自的具体原因,但作为一种社会现象的群体之间自杀率的不同,其主要原因是社会整合(或社会一体化)程度的不同。例如,穷人和妇女内部的人际关系比富人和男人更紧密,因此,前两类人的自杀率较后两类人低。[①] 这一例子说明,社会调查对社会现象或社会系统所处状态

---

① 袁方.社会调查原理与方法[M].北京:高等教育出版社,1990:7.

形成原因的解释已经不再是停留于经验层次,而已经上升到理性认识的高度。

(四)预测功能

首先需要说明的是,这里讲的预测是指科学预测。所谓科学预测是指人们在已掌握的知识和信息的基础上,通过运用一定的科学方法,预先推知事物的发展趋势、预见事物的未来状态的一种特定的科学认识活动。前苏联社会科学家 B.B.科索拉波夫指出:"预见是任何发达科学不可分割的一种功能。"[①]事实上,社会调查也具有这种功能,我们称之为预测功能。社会调查的预测功能可以理解为社会调查者通过开展社会调查,在已掌握的社会知识和社会信息的基础上,借助一定的科学预测方法,所能具体发挥出来的预先推知社会现象或社会系统的发展趋势、预见社会现象或社会系统的未来状态的功能。

预测功能是社会调查的一种重要功能。按照科学学理论,一门科学的发达与成熟程度的重要尺度是其预测能力的有无和大小。社会调查之所以具有预测功能,是因为通过社会调查的具体调查环节可以搜集到有关社会现象或社会系统的诸多社会信息,再经过社会调查分析研究阶段对各种社会信息的深度加工,可以揭示出社会现象或社会系统存在与变化的规律,根据社会现象或社会系统存在与变化的规律,便可以对社会现象或社会系统的发展趋势和未来状态作出预先的推知和科学的预见,从而有效实现社会调查的预测功能。马克思、恩格斯正是通过对社会长期的考察,对人类社会的发展作出了科学的预见。

有学者认为,社会调查的最大价值在于预测未来社会将要发生的一切,而不是描述和报道现实社会已经确定的一切。在现代社会中,社会调查的预测功能日渐受到人们的重视,并且借由人们广泛开展的各种预测性的社会调研活动而得以充分显现。如今,人们可以通过人口调查进行人口预测,通过社保调查进行社保预测,通过劳动就业调查进行劳动就业预测等。当然,由于社会现象和社会系统的影响因素是复杂多样的,社会调查预测功能的发挥肯定要受到许多主客观条件的制约。在通常情况下,社会领域的预测不可能像自然科学领域的预测那样得心应手,也不可能像自然科学领域的预测那样精确和准确。

四、社会调查的社会作用

19世纪以来,随着社会工业化和现代化的迅速发展,人们越来越迫切地感到,只有对社会作深入的认识,才能有效地开展社会决策,优化社会管理,开展社会工作,才能解决急剧社会变迁所产生的一系列社会问题,促进和实现社会的良性运行与协调发展。在这

---

① B.B.科索拉波夫.社会预测方法论[M].贵阳:贵州人民出版社,1985:17.

一要求的推动下,社会调查作为一种搜集和处理社会信息的基本方式,作为一种认识和把握社会状态及其发展变化趋势的有效手段,以一种深入实际、求真务实的踏实作风,基本功能迅速向现代社会众多领域延伸,形成社会调查的许多延伸功能,从而对现代社会领域的社会工作(包括社会管理、社会建设、社会服务等)产生许多重要的作用。

(一)提供最新社会信息的作用

从信息学的角度讲,社会调查本质上是一种社会信息工作,其基本的实务就是搜集社会信息。社会调查对现代社会工作的基本作用,就是能为社会决策提供社会信息支持。社会信息也称为人类信息,它是人类社会各种社会现象或社会事物存在状态及运动形式的表征,是人类社会中各种社会关系的中介。社会信息的内容十分广泛,按其反映的社会事实可分为社会构成信息、社会行为信息、社会交往信息、社会流动信息、社会变迁信息、社会生活信息、社会环境信息、社会制度信息、社会问题信息等。这些社会信息内容反映人类社会各种社会现象和社会事物的存在、运动、变化、发展的具体情况,是人类认识社会、改造社会、发展社会的重要因素,也是人们从事现代社会工作的重要基础。从总体上讲,现代社会工作的每一个领域、每一个步骤、每一个环节,都需要有社会信息的支持,都需要有社会信息作为指导。在社会工作的前期,社会信息可以用来测度一定社会系统的社会状态,可以作为开展与加强社会工作的动力,可以作为制定社会建设战略、社会管理决策、社会服务策略的依据;在社会工作的实施过程中,社会信息是调控社会工作的依据;在社会工作的后期,社会信息是检测评估社会工作绩效和社会状况改善情况的依据。总之,没有社会信息,社会工作就无法顺利开展,社会工作的水平就无法有效提高,更无法实现社会工作的科学化和信息化。社会工作必须有真实、准确、全面、有效的社会信息作为支持方能正常进行,而社会调查正是切实提供这种最新社会信息支持的重要保障。

(二)发现现存社会问题的作用

社会问题是现代社会中普遍存在、不可避免的社会事实。社会问题是一种特殊的社会情形,是一种超常的社会状态。现代社会工作的一项重要任务就是要有效地调控和化解各种社会问题。而要有效地调控和化解各种社会问题,首先必须具体发现社会问题,这就少不了开展社会调查。社会调查是具体发现社会问题的基本方式。我们为何能下如此结论呢?这是因为,所谓社会问题,从系统动力学的视角看,就是一定社会系统的现实社会状态与标准社会状态之间的差距,即"社会问题=标准社会状态－现实社会状态"。通常来讲,标准社会状态是一种期望社会状态或理想社会状态,这种标准社会状态的确定尽管受不同社会制度、文化背景、风俗习惯、社会发展水平的制约和影响,但在一定社会系统中,它应该是一个定值或一组相对稳定的指标数值,属于固定信息的范畴。

正因如此,要具体发现社会问题,最为关键的是要弄清楚现实社会状态。现实社会状态在社会问题的发现和确定过程中是一个重要的变量,它没有现成的资料可用,只能通过实际的社会调查获得。社会调查则恰恰具有描述和把握现实社会状态的功能和作用。通过社会调查,人们在对客观存在的社会现象进行系统考察、了解、分析和综合后,就可以切实地把握一定社会系统的现实社会状态。再通过将现实社会状态与标准社会状态进行比较,就可以具体发现一定社会系统的社会问题之所在。在现代社会工作中,借由社会调查帮助社会工作者发现具体社会问题的作用,能给社会工作者提供准确及时的社会问题信息,同时也能使社会建设、社会管理、社会服务等社会工作的开展更加富有主动性和针对性。

(三)制定有效社会政策的作用

社会政策是指一定的政府机关和社会工作部门,为有效地解决一定社会系统中存在的社会问题,确保社会系统按照一定的目标良性运行和协调发展而采取的方针、策略,以及推行这些方针、策略所采用的手段的总称。在社会生活中,人类最基本的活动是追求自身需要的满足。在这个过程中,现实的社会状态总是与人们希望能够满足自己需要的那种理想的社会状态发生矛盾,这就产生了各种各样的社会问题。面对这些社会问题,政府机关和社会工作部门绝不能被动观望和消极等待,而应该主动积极地采取各种措施、选择各种方法处理和解决各种社会问题。处理和解决社会问题的措施与方法很多,其中有效地制定社会政策,就是一种基本的措施和方法。而要有效地制定社会政策,便不能离开社会调查活动的开展。从某种意义上说,有效地制定社会政策必须以社会调查的结论为依据。列宁曾经指出:"马克思主义的政策是以现实的东西,而不是以可能的东西为依据的。"[1]通过社会调查,能够获得那些"现实的东西"。毛泽东同志也说过:"实际政策的决定,一定要根据具体情况,坐在房子里面想象的东西,和看到的粗枝大叶的书面报告上写着的东西,绝不是具体的情况。倘若根据'想当然'或不切实际的报告来决定政策,那是危险的。"[2]陈云同志更加明确地说过,领导机关制定政策,要用百分之九十以上的时间做调查研究工作,最后讨论决定,用不到百分之十的时间就够了。[3] 可见,社会调查对于政府机关和社会管理部门有效地制定社会政策,其地位何等重要,其作用何等重大。

(四)编制合理社会规划的作用

社会规划又称社会发展计划,是指关于一定社会在未来一定时期内的发展的全局性

---

[1] 列宁全集.第 35 卷.北京:人民出版社,1959:256.
[2] 毛泽东农村调查文集.北京:人民出版社,1982:182.
[3] 宋林飞.社会调查研究方法[M].上海:上海人民出版社,1990:9.

谋划。编制社会规划就是根据一定社会未来发展的需要,照顾社会各个方面和各个阶段之间以及社会的政治、经济、文化、社会、生态等各种因素之间的关系,确定社会发展的基本目标、基本方向,选定社会发展的重点范围、重点项目,制定社会发展的基本方针、基本任务,以及实现这些基本目标、基本方针、基本任务的基本步骤、基本措施和基本方法,规定社会发展中人、财、物、信息等各种资源的配置与应用等。编制社会规划是人们能动地改造社会、促进社会良性运行与和谐发展的重要手段,正因如此,当今世界的许多国家,往往都把编制社会规划作为其社会管理的重要内容和重要举措。我国对社会规划的编制也很重视。1982年,我国把国民经济计划改为国民经济与社会发展计划。至今,编制社会规划已成为我国整个社会以及各个部门、各个地区、各个劳动集体等不可忽视的一件大事。但是,要编制合理的社会规划,绝不是通过"拍脑袋"就能实现的。合理的社会规划不是凭空编造出来的,它必须是建立在广泛、深入的社会调查基础上的。人们通过广泛、深入的社会调查,才能准确地把握现实社会的基本状态和有效地预测未来社会的发展趋势。只有正确地把握现实社会的基本状态和有效地预测未来社会的发展趋势,才能使编制的社会规划做到真正合理、切实可行。基于此,我们可以说,社会调查是编制合理社会规划的基础,不进行广泛深入的社会调查,就不能编制出合理的社会规划。

(五)树立良好社会形象的作用

社会调查对现代社会工作的重要作用,还有一个不可忽视的方面,就是社会调查是政府机关和社会工作部门树立良好社会形象的重要举措。社会形象,一般是指社会工作主体通过各种传播活动在社会公众心目中所形成的整体印象。社会形象有好坏之分,良好的社会形象有利于社会工作主体取得社会公众的信任,赢得社会公众的支持,求得社会工作的顺利发展;不良的社会形象则失去社会公众的信任,失去社会公众的支持,不利于社会工作的顺利开展。政府机关和社会工作部门也有争取社会公众信任、争取社会公众支持,求得社会工作顺利开展的问题,因此,在当今社会中也有如何树立良好社会形象的问题。政府机关和社会工作部门要树立良好社会形象有多种方法和措施。其中通过广泛、深入的社会调查活动树立良好社会形象可以说是一种十分有效的措施,原因是:①开展社会调查活动,让政府机关和社会工作部门的官员深入社会、深入基层,与社会公众打成一片,了解社会状况,了解公众疾苦,了解舆情民意,并以此作为制定社会政策和开展社会工作的依据,这样,必然会给广大社会公众留下良好的印象,产生良好的感受,从而树立政府机关和社会工作部门的良好社会形象。②开展社会调查活动,既是一个搜集社会信息的过程,同时还是一个有效传播形象信息的过程。社会调查从主观目的讲,主要是为了搜集社会信息,把握现实的社会状况及其发展变化趋势。但从客观效果讲,社会调查又可以通过调查人员与作为调查对象的公众的广泛接触、广泛交流,向社会公众传播政府机关和社会工作部门许多方面的形象信息,如管理形象信息、服务形象信息、领导形象信息、甚至政府形象信息,这些形象信息的传播,对树立政府机关和社会工作部门的良好社会形象有十分重要的作用。

第二节　社会调查在中外的发展

社会调查具有悠久的历史。一部社会调查的发展历史,首先是一部人类认识社会的历史;其次也是一部人类社会工作科学化的历史。人类自从由自然界中分化出来形成社会,并把自然界和社会当作自己认识和改造的基本对象后,就不断地在改造自然和改造社会的实践活动中认识和探索自然和社会的规律,开始了对自然和社会的调查研究。后来,对自然和社会的调查研究逐渐分化,形成了相对独立的社会调查实践活动领域,并逐渐形成了人类社会中服务于社会工作(包括社会管理、社会建设、社会服务等)的社会调查。

一、中国社会调查的发展

中国社会调查历史悠久,就可考的文献看,其萌芽可以追溯到上古时期,真可谓源远流长。一般来讲,中国社会调查可以分为三个阶段,即古代中国的社会调查、新中国成立前中国的社会调查、新中国成立后的社会调查。

(一)中国古代的社会调查

中国古代的社会调查早在4000多年前就开始了。据《后汉书》记载,中国古代大禹治水划九州时,就进行过人口和土地调查,查明当时人口为13 553 923人。土地2 438万亩,其中定垦者930万多公顷。[①] 此后,中国古代的政治家、军事家、思想家、学问家等,有不少人十分重视社会调查。

春秋初期齐国的政治家管仲对社会调查特别重视,提出主持朝廷政事必须注重对社会情况的调查。他的《管子》一书着重讲了社会管理中的社会调查问题,书中提出了60多"问",即需要进行社会调查的经济、政治、社会、军事等方面的问题。[②] 这是世所罕见的最古老、最全面的社会调查提纲。

战国时期的社会改革家商鞅,特别强调对社会现象的数量方面开展调查,他在《商君书》中写道:"强国知十三数,竟内仓口之数,壮男、壮女之数,老、弱之数,官、士之数,以言

---

① 范晔.后汉书.第12册志二[M].北京:中华书局,1965:3387.
② 赵守正.管子注释.上册[M].南宁:广西人民出版社,1982:248.

说取食者之数,利民之数,马、牛、刍藁之数。"①这也是中国古代治理国家、管理社会的一个重要社会调查提纲。

中国古代著名军事家孙武则非常重视社会调查在战争中的作用。他在《孙子兵法》中说:"知彼知己者,百战不殆。"在《孙子兵法·用间》中说:"故明君贤将,所以动而胜人,成功出于众者,先知也。""先知者不可取于鬼神,不可象于事,不可验于度,必取于人,知敌之情者也。"②

先秦时期的吕不韦也很注意开展社会调查的实际作用。《吕氏春秋》中有一个《察今篇》,他在该文中就讲过,调查研究必须不断地进行,不可能一次调查就一劳永逸,必须反复地有比较地进行调查研究。文中还举了一个荆人攻宋因一次调查后不对变化了的情况再作调查而遭惨败的故事。

西汉时期的史学家、文学家司马迁,早年就曾游及南北,到处考察民俗民情。后来出使巴、蜀和昆明,更做过许多社会调查。他所撰写的《史记》,"其中不仅有'石室金匮'收藏的图书档案,也有他调查采访的古老传闻"。③ 这正是他所撰写的《史记》被后人誉为"信史"、"实录"的原因。

中国古代著名的地理学家徐霞客,耗其毕生精力,走遍了大半个中国(14个省),从事了大量的调查研究。他通过"访问法"和"观察法",搜集了大量的第一手资料,进而写出了反映中华大好河山、展现各地风土人情的《徐霞客游记》,成为中国古代研究自然地理和人文地理的重要力作。

明清之际的思想家、学问家顾炎武,也是一位游历四方、注重调查研究的大学者。他反对"琐琐于典籍文字之间,而不稽之于道里徒步之下"④的做法,高扬重视到社会实践中开展深入调查研究的优良学风,他的《天下郡国利病书》就是广泛进行社会调查的产物,因而为后世高度重视。

中国古代的司法官员也有十分重视社会调查的,如包拯、海瑞等被人民称颂为秉公执法、明断疑案的清官,他们之所以能明断疑案,除有廉洁奉公、刚正不阿的高尚品德外,还非常重视通过社会调查搜集断案的证据。在中国古代,重视收集证据的司法调查就已形成优良传统。

当然,中国古代的社会调查,包括从奴隶社会初期到封建社会末期的社会调查,从方法上来讲是一种简单的社会调查,人们所用方法主要是简单的观察、直接的访问以及有限的文献调查,这使得当时的社会调查在科学性、系统性方面受到很大的局限。从目的

---

① 高享.商君书注释[M].北京:中华书局,1974:50.
② 中华书局上海编辑所.十一家注孙子[M].北京:中华书局,1962:51,224,225.
③ 范伟达,等.中国社会调查史[M].上海:复旦大学出版社,2008:25.
④ 赵俪生.顾炎武《天下郡国利病书》研究.中国史学论文集(二)[M].上海:上海人民出版社,1980:398.

上来讲,主要为奴隶主或封建主阶级的统治服务的,因而调查的内容范围深受局限,这是值得注意的一点。

(二)新中国成立前中国的社会调查

新中国成立前中国的社会调查是指社会调查逐步走向正式化、科学化过程中的社会调查。主要包括:①西方来华传教士和学者在中国进行的社会调查;②中国学者开展的社会调查;③中国共产党人开展的社会调查。

西方来华传教士和学者在中国进行社会调查主要是在19世纪末20世纪初,著名的调查活动有:1878年美国传教士史密斯对山东农村进行了社会调查,并著有《中国农村生活》一书;1914年至1915年美国传教士伯吉斯对北京302名黄包车夫进行了调查;1917年,清华大学美籍教授狄德英指导学生在北京西郊对195户居民的生活费用进行了调查;1918年至1919年上海沪江大学美籍教授吉尔普曾两次率学生去广东潮州凤凰村作调查,后来著有《华南乡村生活》(1925年)一书。西方来华传教士或学者在中国作社会调查,给中国传入了近代社会调查方法,并促进了中国社会调查实践朝着科学化方向发展。

中国学者开展的社会调查是从20世纪20年代开始的。当时一批出国学习社会学的青年陆续回国,他们致力于社会学的中国化和本土化研究,并于1926年以后成立了两个社会调查机构,一个是北京的由陶孟和、李景汉教授主持的中华教育文化基金董事会社会调查部,后改为社会调查所,一个是南京的由陈翰笙教授主持的国立中央研究院社会科学研究所社会学组。中国学者对中国社会进行了许多比较深入的社会调查。这类社会调查的著名案例很多,从时间上大致可以分为20年代的社会调查和30年代以后的社会调查。

20世纪20年代的社会调查主要有:1923年,陈达教授组织学生调查了清华学校附近成府村91个家庭、安徽省休宁县湖边村56个家庭的生活费用;1924年至1925年,李景汉先生等对北京100个人力车夫家庭、200处出赁厂、1 000名人力车夫进行了调查;1927年李景汉先生又组织学生对北京附近161个农民家庭进行了调查,最后写成了《北京郊外之乡村家庭调查》(1929年);1926年至1927年,陶孟和先生采用记账法在北平对48家手工业工人的家庭生活进行了6个月的调查,对12户小学教师家庭进行了1个月的调查,最后根据调查的结果写成了《北平生活费之分析》(1930年);1929年至1930年8月,陈翰笙先生对无锡、广东、保定进行了一次大规模的调查,并撰写出版了他的《中国的地主和农民》(1930年)与《工业资本和中国农民》(1939年)两部专著。

30年代以后的社会调查很多。李景汉先生从1930年开始在定县进行以县为单位的大规模实地调查,即中国社会学史上有名的"定县调查",期间使用了简单随机抽样、机械抽样、分类抽样、个案调查、访问调查等多种调查方法与技术,搜集了丰富资料,后来出版了《定县社会概况调查》(1933年)报告,并出版了《实地社会调查方法》一书。1936年,费孝通先生在受现代工商业影响较深的江苏省吴江县开弦弓村进行了农村调查,即著名的"江村调查",后来出版《江村经济》(1939年);1938年,费孝通先生在受现代工商业影响较浅的昆明附近的禄丰县大白厂村进行农村调查,即有名的"禄村调查",撰成《禄村农田》(1944年);以后费孝通指导张之毅在内地山区农村进行调查,即"易村调查",了解农村手工业向现代工业转变的情况,撰成《易村手工业》(1943年)。这是三种不同类型农村社区的调查。此外,还有学者对少数民族社区进行了专门调查,写成一批反映少数民族社区的调查报告,如吴泽霖、陈国均的《铲山黑苗生活》(1940年),徐益镗的《雷波小凉山之儸民》(1944年),田汝康的《芒市边民的摆》(1946年),林耀华的《凉山夷家》(1947年)。

中国共产党人开展的社会调查是从20世纪20年代开始的,中国共产党人在革命实践进程中,对中国社会调查作出了很大的贡献,毛泽东同志是中国共产党人中注重从事社会调查研究的典范。1926年3月,毛泽东同志通过深入调查,写出了《中国社会各阶级的分析》一文;1927年1月至2月,毛泽东同志实地考察了湖南的湘潭、湘乡、衡山、醴陵、长沙五个县的情况,于1927年3月写成了《湖南农民运动考察报告》。这两篇调查研究报告科学地阐明了中国社会的性质,正确地分析了中国社会各阶级的状况,得出了农民问题是中国革命的基本问题这一科学结论。1930年,毛泽东同志为解决武装斗争、土地革命和根据地建设等重大问题,又亲自到寻乌、兴国、木口村、才溪乡、长岗乡等地进行了详细的农村社会调查,撰写出《寻乌调查》《兴国调查》《长岗乡调查》等一系列调查研究报告,通过这些社会调查,他深刻分析了中国社会的阶级状况,弄清了中国革命的对象、性质、任务、动力、前途等根本问题。

1930年5月,毛泽东同志还专门撰写了《调查工作》一文,该文在1964年公开发表时改名为《反对本本主义》,这是毛泽东同志在社会调查理论方面作出杰出贡献的代表作。在这部著作中,毛泽东对社会调查的重要意义、指导思想、调查方法和技术等问题进行了详细的论述,并第一次响亮地提出了"没有调查,就没有发言权"的口号;第一次深刻地说明了"马克思主义的'本本'是要学习的,但是必须同我国的实际情况相结合"这一马克思主义中国化的基本观点;第一次鲜明地作出了"中国革命斗争的胜利要靠中国同志了解中国情况"的科学论断。在抗日战争和解放战争时期,毛泽东同志的社会调查理论得到进一步发展并走向成熟。在这一时期里,毛泽东同志发表了《实践论》《"农村调查"的序言和跋》《改造我们的学习》《关于农村调查》《整顿党的作风》《反对党八股》《关于领导方法的问题》《在晋绥干部会议上的讲话》等重要著作。在这一时期,毛泽东同志的社会调查理论已逐渐为全党所认识和接受。

在毛泽东同志和中共中央的大力倡导和具体组织下,全党大兴社会调查研究之风,掀起了社会调查研究的高潮。1941年8月,中共中央发布了《关于调查研究的决定》和《关于实施调查研究的决定》。根据这两个决定,从中共中央到各中央分局、各省委都先后设立了专门的调查研究机构,组织了各种重要的调查团,开展了广泛的调查活动。例如,"为了打破教条的囚笼",张闻天同志亲率一个十人调查团赴神府与晋西北等地开展农村调查,获得大量生动的第一手资料,写出了《陕甘宁边区神府县直属乡八个自然村的调查》《米脂杨家沟调查》《兴县十四个自然村的研究》调查报告。回到延安后,又向党中央写出了《出发归来记》的总结报告。① 同时,柴树德、于光远等同志在绥德、米脂一带开展调查,写出了《绥德、米脂土地问题初步研究》等调查报告。

(三) 新中国成立后的社会调查

新中国成立后,毛泽东同志作为党和国家的最高领导人,仍然把调查研究作为自己的一项重要任务,他亲自组织了多次大规模的社会调查活动,并经常到各地巡视调研。在农业合作化期间,他先后到各地进行农村调查,并在此基础上编辑了《中国农村的社会主义高潮》一书,亲自写了100多篇按语。1961年初,为了克服前几年工作中"左"的错误,毛泽东提出"要搞个实事求是年"的号召,中共中央还专门发出《关于认真进行调查工作问题给中央局、各省、市、区党委的一封信》,发动中央、省、市、自治区领导干部深入农村,进行了一年多时间的社会调查研究工作。中共其他领导对社会调查也十分重视,1961年5月,周恩来到河北省武安县伯延公社,找公社、大队、生产队的干部和社员进行访谈,并开了座谈会。1961年8月,陈云同志到上海市青浦县小蒸公社住了15天,进行了农村调查。邓小平同志为了改革开放顺利开展,曾两次"南巡",进行实地调查。这些都是中国共产党人重视社会调查研究的范例。

新中国成立以后的社会调查实践还有许多的案例。尤其是党的十一届三中全会以来,由于党中央强调实践是检验真理的唯一标准,加上社会学学科的恢复以及国家社会科学基金制度的建立,中国社会调查出现了繁荣的景象。1979年,张子毅教授等组织实施了青年生育意愿问卷调查,收回有效问卷3 921份,后来写成《中国青年的生育意愿》一书;1980年,费孝通、宋林飞教授等对江苏省吴江县开弦弓村进行了调查,形成《"三访"江村》(费孝通)、《"江村"农民生活近五十年之变迁》(宋林飞)等调查报告;1982年,雷洁琼教授指导了北京、天津、上海、南京、成都五城市家庭婚姻调查,调查8个居民点,4 385个家庭,5 047名已婚妇女,出版了《中国城市家庭——五城市家庭调查报告和资料汇编》一书;1983年,天津市进行了城市居民千户问卷调查,问卷表包括270多个问题;1983年,北京市社会科学研究所社会学室在调查研究的基础上出版了《首都社会结构调查与研究》一书;1984年,南开大学、河北大学的社会学者对定县进行了调查;1988年,中国社会科学院社会学所牵头进行了"14省市农村婚姻与家庭情况调查";1988年,中共中央农村政策研究室等单位联合组织了全国性农村问卷调查,就农民对农村改革的看法进行了

---

① 李世明.延安精神[M].北京:中共党史出版社,2012:114.

研究。

进入20世纪90年代,由于中国社会学的迅速发展和普及,中国社会调查研究的课题更为多样,范围更为广泛,方法更为科学,手段更为先进,研究更为深入。这表明,中国的社会调查已经进入广泛化、科学化、现代化、专业化的发展轨道。21世纪以来,由于我国经济发展已经进入一个飞速发展的过程,社会发展逐步提到了党和国家重要的议事日程。尤其是2006年党的十六届六中全会通过《关于构建社会主义和谐社会若干重大问题的决定》,提出加强社会管理、开展社会工作,大力推进社会建设以来,我国的各项社会工作得到了高度重视,各地先后成立了社会工作委员会,具体指导和组织包括社会管理、社会建设、社会服务等社会工作事务。在这种把关注社会问题摆在党和国家重要位置的新的形势下,我国社会调查得到了更加迅速的发展。近几年来,我国各地社会学者和社会工作者积极开展社会调查,深入了解现实社会的社会结构、社会分层、社会流动、社会运行,以及各种社会矛盾、社会问题和社会困局,为党和政府加强社会管理、开展社会工作、推进社会建设作出了重要贡献。

二、国外社会调查的发展

从社会学专业的角度讲,国外社会调查的发展是一个非常复杂且非常重要的研究课题。这里分三个阶段对国外社会调查的发展作简单的介绍,即古代国外的社会调查、近代国外的社会调查、现代国外的社会调查。

(一)古代国外的社会调查

古代国外的社会调查同古代中国的情况相仿,在一些文明古国,出于社会管理的需要,很早就开展过社会调查。例如,在古埃及和古罗马,早在几千年前,就相继以课税、徭役、征兵为目的,进行了人口、土地、粮食、牲畜等方面的国情国力调查。据有关资料记载,古埃及在公元前3050年,为了筹集资金修建金字塔,曾对全国人口、资财等情况进行过调查。另据《旧约》、《新约全书》记载,公元前5年,奥古斯塔斯大帝为了征税、征兵的需要,曾颁布诏书,要求在全罗马帝国进行人口登记等国情调查,以此作为依据要求人民纳税。在这次登记和纳税中,约瑟和玛丽亚去贝思尔汉姆,耶稣就是此时诞生的。古代国外的社会调查,由于资料缺乏,我们无法弄清其概况和脉络,但可以相信,古代国外的社会调查,其情况与古代中国的社会调查的情况是相差不大的,其特点是调查规模不大、调查项目不多,调查内容简单,调查方法相对简易,调查结果比较粗糙,这是与当时的社会发展水平不高和人们对社会的认识能力有限相适应的。

（二）近代国外的社会调查

近代国外的社会调查是指从 18 世纪至 20 世纪初国外的社会调查。这一时期，国外社会调查发展的重心在欧美等国，其激发因素是资本主义制度下日趋严重的社会问题，以及一些希望改良社会或改造社会的有识之士。这一时期的社会调查主要是经验调查。现分国简述这一时期欧美有关社会调查的情况。

1. 近代英国的社会调查

英国是最先确立资本主义制度的国家，因而以改良社会为目的而开展的经验调查，也首先在英国兴起，并取得许多重要的成果。这一时期的主要社会调查有：①霍华特的监狱调查。约翰·霍华特于 1770 年前后进行了监狱调查，他以访谈和观察的方法收集了大量资料，将英国监狱同欧洲各国监狱的情况进行了比较研究，出版了《英伦与威尔士的监狱状况及外国监狱的观察报告》。②伊顿的工人家计调查。弗里德里克·默顿·伊顿于 1795 年前后访问了许多教区牧师，并且搜集了 43 份各类工人的详细家庭生活费材料，撰写出版了《贫民的情况》（1795 年）。③辛克莱的统计性社会调查。1791 年至 1799 年，约翰·辛克莱发动宗教界人士为调查人员，对 881 个教区进行了普查，他编制了有 116 个项目的调查表，内容涉及社会生活的各个方面，期间他编写出版了 21 卷本的《苏格兰统计报告》（1791—1799 年）。辛克莱编制的大型调查表对后来欧洲许多国家的人口普查影响很大。英国自 1801 年起，便开始经常性的人口普查，并规定每 10 年一次。④布思的工人生活状况调查。查尔斯·布思在 1886 年至 1903 年期间，采用分区按户调查和抽样调查技术，采用实地观察、访问调查、问卷调查等资料搜集方法，对伦敦工人的贫困状况等进行了比较全面的调查。他根据家庭收入多少及稳定程度，把城市分为 8 类，把伦敦分为 50 个区，依 5 个不同的标准，即贫困率、人口密度、出生率、死亡率、早婚率排列，并把居民划分为高级、中级和低级，与 50 个区相对应。为了进行区际比较，他制定了综合指标（根据上述 5 个标准的平均值得出），且将 50 区按不同色彩在伦敦地图上画出，形成一张社会地图，揭示了资本主义社会贫富两极分化的状况。1889 年至 1891 年，他发表了三卷本《伦敦人民的生活与劳动》的调查报告。后来，英国政府根据此调查报告，于 1908 年颁布了《老年抚恤金条例》，实行了失业保险，并规定了重体力劳动的最低工资限度。由此，布思成为英国通史上"一位杰出的人物"。

2. 近代法国的社会调查

法国的经验调查开始得比较早，并取得了一些重要的成果。法国较著名的调查有：①凯特勒的犯罪调查与道德素质测定。阿道夫·凯特勒是法籍比利时学者，他是将概率论思想引入社会研究的第一人。他坚信社会生活具有一定的统计规律，并在他的社会调查实践中得到证实。他运用数理统计方法研究了法国不同年龄层次的犯罪现象，提出了具有深远意义的"平均人"(average man)概念。他注意到,在人数的统计量足够大时,人们各种特性的分布遵从正态分布律。而"平均人"就是所有人的特性的平均数,其属性正处于正态分布图形的中央。"平均人"的概念是现代社会统计中"均值"概念的前身。"平均人"概念的提出是社会统计学史上的一个重要里程碑。此外,凯特勒在他的犯罪研究中还涉及现代社会统计学中的另一个重要思想,即概念的操作化。按照现代的研究术语,凯特勒曾就人的"道德素质"概念提出了操作化方案,以实现对人的道德素质的测定。②杜沙特列的妓女情况调查。帕兰·杜沙特列在19世纪初期,采用访问、观察与文献法,调查了巴黎的妓女情况,1834年发表了两卷本《巴黎城里的卖淫现象》的研究专著,书中描述了妓女的人口特征、人数、季节性变化及其社会根源。该书发表后,曾轰动整个欧洲,引起社会各界人士的广泛关注。③普累的家庭调查。弗雷德里克·勒·普累主要从事家庭调查,并在问卷法方面作出了贡献。从1835年起,他以工人家庭为调查的基本单位,以家庭预算为调查的中心课题,用了20年时间调查了英、法、德、匈、俄、土等国数千名城市工人家庭的收支情况,最后编写成《欧洲工人》(1855年)一书,该书后来扩充为6卷。在调查中,他发现家庭的收支状况决定家庭生活水平,家庭消费与国家的社会政策之间有某种固定关系。他的问卷调查结果在1853年国际统计会议上公布,德国统计学家恩格尔深受启发,从而促使恩格尔深入研究并明确发现了工资与生活费的比例关系,并创立了著名的"恩格尔定律"。

3. 近代德国的社会调查

与英、法两国相比,一向以重思辨著称的德国在经验社会调查方面开始得比较晚,而且主要是受英、法两国的影响。德国近代社会调查的重要实践活动主要是:①马克思、恩格斯的社会调查。马克思、恩格斯为剖析资本主义社会,做了许多调查研究工作。1842年马克思在《莱茵报》工作时,对德国摩塞尔沿岸地区酿造葡萄酒的农民的贫困状况进行了调查,并撰文抨击当时的普鲁士社会制度。1880年,马克思在包括11个项目的《普遍的劳动统计大纲》(1866年)的基础上,为法国《社会主义评论》杂志起草了《工人调查大纲》,内容包括:"(1)行业名称。(2)从业工人的年龄和性别。(3)从业工人的人数。(4)雇用的条件和工资……(5)工厂中工作日的长短……(6)吃饭的时间和对工人的态度。(7)劳动场所的情况和劳动条件……(8)工种。(9)劳动对身体的影响。(10)道德状况。教育。(11)生产情况。……"①共设计100个问题,公开载于《社会主义评论》杂志上。马克思在《资本论》的写作中,收集了大量世界各国的统计资料、档案文件和文献资料,并出色地运用各种分析方法从事实资料中抽象出理论认识,如他曾借鉴凯特勒的"平均人"概念对产业工人作分析。恩格斯在19岁时就调查了他家乡的资产阶级和劳动人民的生活状况,写

---

① 马克思恩格斯全集. 第44卷. 北京: 人民出版社, 1982: 509.

了《乌培河谷来信》(1839年)，这是马克思主义社会调查史上的第一篇调查报告。1842年11月至1844年9月，恩格斯在曼彻斯特等地对英国进行了21个月的调查。他深入工厂和工人居住区进行实地调查，通过直接观察和亲身交往研究英国的无产阶级，写成了具有重大政治影响和学术影响的《英国工人阶级状况——根据亲身观察和可靠资料》(1845年)一书。全书22万字，这是恩格斯的第一部专著，被誉为"世界社会主义文献中最优秀的著作之一"。②恩格尔的家计调查。恩格尔受凯特勒和普累的影响，进行了家计方面的调查研究，提出了著名的"恩格尔定律"，即收入水平越低，家庭越穷，用于伙食开支的比重越高。至今，世界各国仍在用这一定律进行消费研究，并运用"恩格尔系数"衡量一个家庭的生活水准。③著名社会学家、历史学家、经济学家的社会调查。德国19世纪有许多经验调查是由著名社会学家、历史学家和经济学家完成的，像斐迪南·滕尼斯、马克斯·韦伯、阿尔弗雷德·韦伯、古斯塔夫·施穆勒等人都作过社会调查。著名社会学家马克斯·韦伯曾对产业工人的心理生理状况、劳动生产率及企业发展关系进行调查。这项调查虽因工厂工人拒绝合作而未能完成，但该项调查的方法论本身就具有极为重要的学术意义。韦伯为此写成了《关于工业劳动的心理生理问题》一书，这是一部经验研究的方法论导论著作。

4. 近代美国的社会调查

美国有经验性和实用性的学术传统，对社会调查的作用尤其重视。美国不少学者根据社会管理和社会工作的需要，开展了大量的社会调查活动，取得了许多社会调查成果。美国著名的社会调查是：①匹兹堡调查。该项调查由保尔·凯洛格主持，开始于1907年。当时正值匹兹堡钢铁工业飞速发展，随之出现了一系列工业化进程中必然带来的社会问题。该项调查针对工资、劳动立法、工人家庭生活及女工等问题进行了详细研究，后汇集成六卷社会调查报告，于1909年至1914年发表。②春田调查。春田调查(Spring Field Survey)是应位于美国南北中央的春田市居民的要求而作的一次目的在于改善市内公共事业的社会调查。该项调查是在1914年，由S. M. 哈里逊主持，调查内容包括教育、工商业、市政管理、公共卫生、居住条件、娱乐场所和治安等方面的情况和改进建议。该项调查的最终成果为《美国城市社会状况》，发表于1920年。③其他社会问题调查报告。美国人对社会比较关注，他们对社会问题的调查兴趣很浓，并形成了许多社会问题调查报告。1890年，贾谷·里斯出版了《一半如何生活》一书，描述了纽约城贫民窟人们生活的悲惨情况。1898年，罗伯特·亨特出版了《芝加哥公共住宅状况报告》。这些调查报告揭露了美国一些重要城市中存在的污秽、贫穷、低薪、失业等状况，以及由此带来的其他社会问题。

(三)现代国外的社会调查

现代国外的社会调查是指20世纪初以后国外的社会调查。在这一时期，国外社会调查得到了重大的发展,并呈现出一些新的发展趋势,主要是:理论原则趋于科学化、技术方法趋于现代化、资料数据趋于精确化、调查机构趋于专业化。这一时期社会调查发展的主要情况如下。

1. 现代美国的社会调查

美国在这一时期已成为社会调查发展的重心,其主要成果有:①波兰农民调查。该调查是由芝加哥学派的社会学家威廉·托马斯和罗伯特·帕克等人进行的关于美国社会问题中移民问题的一项调查。他们使用控制观察法、文献法和个案分析法,将移居美国后的波兰农民生活的变化与波兰本国的农民进行对照研究,写成《波兰农民在欧洲和美国》(1920年)一书。该书被认为是社会学个案研究的经典范例。②密苏里犯罪情况调查。1925年,雷蒙特·莫利主持了密苏里州的犯罪情况调查。该调查采用大量个案法,动员了28位调查员,抄录了1万多名罪犯的案情,并采用问卷法、表格法、现场观察法,对法官、罪犯与监狱进行了调查。该调查最终形成11本调查报告书。③加州失业原因与救助调查。1931年至1932年,加州举行了失业原因与救助调查。该调查采用统计法,通过对失业和支付工资的指数、季节性失业指数、劳动力生产所需工时的指数等的统计分析,研究了失业的原因与影响,最后形成了《加利福尼亚州失业委员会的报告与建议》等调查成果。④盖洛普民意调查所的工作。20世纪30年代,由于政治、经济发展的需要,美国形成了一个新兴的市场——社会调查市场,于是一些专业调查机构应运而生。其中最著名的是"盖洛普民意调查所"。该机构由乔治·盖洛普于1935年创办。1936年,该所准确地预测罗斯福将当选总统,因此声名大振。该所积极采用现代技术开展社会调查,尤其是计算机技术,现已成为该所社会调查不可缺少的辅助手段。⑤士兵士气调查。在第二次世界大战中,社会调查也为美国军队所采用。美国陆军工作部的社会科学家曾就军队中较集中的问题——"战斗士气"问题作了调查。他们详细研究了军队中晋级、种族歧视、教育水平等因素对士兵士气的影响。1948年以社会统计分析法为主要手段写成了《美国士兵》一书。该项调查对于奠定现代社会研究分析模式起了决定作用,它标志社会调查在"二战"后的新起点。

2. 苏联时期的社会调查

苏联社会调查的发展是由列宁所亲自推动的。列宁很早就开始撰写《统计学与社会学》,1917年准备用普·皮留乔夫的笔名公开发表,但因只写好了一部分而未能如期刊发,后收入《列宁选集》俄文版第30卷。[①] 谈到苏联社会调查的发展,不能不介绍一下列宁的社会调查实践。

列宁为了把马克思主义同本国的实际情况相结合,从青年时期就一直重视社会调

---

① 列宁全集.23卷.北京:人民出版社,1990:279-280.

查。1893年,列宁写成了《农民生活中的新的经济变动》,这篇农村调查报告是他的第一部著作。1894年后,列宁又在工人中开展调查工作。他经常采用访谈法,并注意作好笔录。据 K. M. 塔赫塔列夫回忆,列宁"领导了对托伦顿纺织工人的访问工作……对托伦顿工人的访问,他确实进行得很巧妙,他有针对性地提出问题并获得了他所需要的情况;当时他立即用铅笔把这些情况写在他面前桌子上的纸上。他显然是收集了用来写有关托伦顿工人的著作的材料"。① 1897年列宁被流放到西伯利亚,通过当地一位农民朋友调查了西伯利亚的农村,同时还做了其他社会经济调查,并通过583本书收集了文献资料,于1899年写成了《俄国资本主义的发展》。1900年7月至1917年4月期间,列宁先后两次被迫侨居国外。在此期间,他把社会调查的视野扩展到整个西欧,考察了西欧各国的社会状况,特别是工人阶级的状况,在此基础上于1916年写成了《帝国主义是资本主义的最高阶级》这本重要著作。十月革命后,列宁把社会调查的重要性提到了一个新的高度。1918年5月,列宁在《关于社会主义社会科学研究院》一文中强调说:"首要任务之一是组织一系列的社会调查。"②

在列宁的倡导下,苏联的社会调查实践比较活跃,主要的社会调查实践有:①苏共中央组织的大规模全国性调查。例如,1924年至1925年,仅在平扎一省就调查了32 730位农民。在实地调查的基础上,形成了一批调查研究报告,包括《革命时期的农户》(1923年)、《农村生活和疾病》(1924年)、《乌克兰农村是怎样生活的》(1924年)等。②社会调查机构的社会调查。在列宁逝世后的斯大林时期,社会学专业训练与研究曾一度停止,社会调查活动从繁荣走向衰落,这段时间有20年左右,即20世纪30年代中期到50年代中期。赫鲁晓夫时期,社会学与社会调查开始逐步解冻。到60年代,开始成立社会调查研究机构,组织较大规模的社会调查活动。1960年,列宁格勒日丹诺夫大学建立了社会学实验室,开始对列宁格勒的城市社会生活进行广泛的调查。1961年,共青团《真理报》主持的民意测验所对苏联青年的价值观念与思想状态进行了几次大规模调查,并公布了调查结果,社会反响很大。1962年,苏联科学院哲学研究所的社会学者对高尔基城14 000多名工人生活与工作状况进行了调查研究,1963年出版了一本社会调查研究报告集,具有很强的学术性和实用性,被西方学者称为"最早一本完全关于实际社会学研究的书"。③对历史上的调查报告进行追踪研究。这方面的成果颇多,如1960年和1967年在韦谢贡斯克地区对列宁曾经赞扬过的《持枪扶犁的一年》(1918年)一书涉及的内容进行再调查;1964年至1965年,在阿鲁丘尼杨指导下对乌克兰的美利托波尔地区的农村进行了重复调查,后写成《农村社会学研究经验》一书;1967年、1972年、1979年,在托斯拉夫斯卡亚的指导下,进行了农村社会重复调查;1977年,列宁格勒的社会学者对60年代

---

① 达维丘克.应用社会学[M].天津:南开大学社会学系资料室编印,出版时间不详:29.
② 列宁全集:34卷.北京:人民出版社,1959:349.

的"人及其工作"的课题进行了重复调查。除以上三个方面之外,苏联的社会调查活动在20世纪80年代受到进一步重视,1988年,苏共中央作出了关于提高马克思列宁主义社会学在解决苏联社会的复杂问题中的作用的决议,这对人们尤其是社会学者从事社会调查研究是一种莫大的鼓舞。

第三节 社会调查的程序与原则

社会调查的程序与原则问题,实际上是一个社会调查的科学规范问题。社会调查是现代社会工作及其他有关工作的基础工作,社会调查能否科学规范地进行,不仅影响社会调查本身的成效,而且事关社会工作及其他有关工作的成败,现实社会中许多社会政策失误的例子足以证明此项工作的重要性。因此,在社会调查中,为了确保社会调查工作的顺利进行和社会调查成果的有效取得,必须强调包括社会调查的程序和社会调查的原则在内的社会调查的科学规范。

一、社会调查的一般程序

社会调查是一种对客观存在的社会现象进行科学考察的认识活动,它必须根据人的认识规律,科学地安排运作程序。社会调查的程序,一般地讲,是指对一定社会系统中客观存在的社会现象进行科学考察和深入认识的过程。具体地说,它是根据人的认识过程和认识规律而确定的几个具有严密逻辑联系和最佳运作效率的实施阶段。社会调查可以分为以下四个基本阶段,即筹划准备阶段、资料搜集阶段、整理分析阶段和总结评估阶段。这四个阶段的分步推进及运作过程,构成了现代社会调查的"四步工作法"。

(一)筹划准备阶段

筹划准备阶段是社会调查的基础阶段和首要环节。社会调查能否满足各项社会工作对社会信息的需求,在很大程度上取决于筹划准备阶段的工作内容与工作质量。社会调查筹划准备阶段的工作内容主要包括三项:

1. 确立调查任务

社会调查的内容范围十分广泛,社会工作中所需的社会信息也是千头万绪,任何一次社会调查都不可能包罗万象。如果眉毛胡子一把抓,便会使社会调查没有重点,没有针对性。社会调查应该首先根据具体社会工作的要求确立调查任务。也就是说,要通过对人民群众面临的现实的、具体的社会问题的探讨,根据社会工作对社会信息的实际需要,确立具体的、实在的社会调查任务,使社会调查真正做到有的放矢,为社会工作提供有效服务。

2. 开展调查设计

调查任务的确立,实际上是对整个社会调查研究工作提出所要达到的目标。目标提出后,怎样达到这一目标便成为社会调查者所要思考的一大问题。社会调查是要使人们对社会现象的认识从模糊转变为清晰,使人们对社会状态的认识从不确定转变为确定,因此,靠蛮干是不行的。要有效地完成社会调查的任务,绝对不能忽视进行周密的社会调查设计,而不是急于到社会中去搜集资料。社会调查设计的任务较多,主要包括调查课题设计、调查指标设计、调查方案设计、调查样本设计、调查问卷设计、调查过程设计等。

3. 准备调查条件

社会调查在考虑具体社会工作实际需要的同时还需准备一系列的条件作为保证,准备调查条件也是社会调查筹划准备阶段的一项重要工作。调查条件主要涉及三个方面:①人员条件,社会调查的人员条件不仅包括数量要求,而且包括知识、能力、素质等的质量要求,社会调查机构要根据本次社会调查的需要,有针对性地开展调查人员的培训工作;②经费条件,社会调查活动需要经费的支持,要作好经费预算,确保经费到位;③物质条件,社会调查往往需要一些物质技术手段的支持,如录音机、摄像机、电话机、电传机、计算机,这些社会调查所需的物质条件应事先做好准备。

(二)资料搜集阶段

资料搜集阶段也称为具体调查阶段,是整个社会调查过程中最为重要的阶段,也可以说是整个社会调查过程中的核心阶段。整个社会调查能否按照社会调查筹划准备阶段所确立的调查任务的要求和所设计的调查方案的规定有效地进行,关键是看资料搜集阶段或者说具体调查阶段的实施情况。资料搜集阶段的主要任务包括两项:一是实际搜集资料;二是争取多方支持。

1. 实际搜集资料

资料搜集阶段是社会调查过程中唯一的现场实施阶段或实地实施阶段。因此,根据社会调查方案的要求,采取各种调查方法实际搜集各种资料,是资料搜集阶段的根本任务,资料搜集阶段的其他任务都要围绕这一根本任务的顺利完成进行。在社会调查中,搜集资料的方法是多种多样的。从分类学的角度讲,根据搜集资料方式的不同,可以划分为直接搜集和间接搜集;根据搜集途径的不同,可以划分为正式途径搜集和非正式途径搜集;根据调查者的显隐特征,可以划分为公开搜集和秘密搜集;等等。无论采用上述哪一种资料搜集方法,都离不开以下搜集资料的基本方法,即科学观察法、访问调查法、问卷调查法、文献调查法、电信调查法、实验调查法六种方法的运用。社会调查中所要搜集的资料可分为两种，一是原始资料；二是现成资料。原始资料也称为第一手资料，即调查者深入现场或实地进行具体调查所搜集的资料，它是社会调查资料搜集的重点所在。现成资料也称为第二手资料，即经过他人搜集、记录、整理的资料，有时为了减轻调查负担，避免重复劳动或校核原始资料，社会调查需要适当搜集一些现成资料。在社会调查过程中，无论搜集何种资料，无论采用何种方法搜集资料，都应以资料的真实、准确、全面、丰富为原则。

2. 争取多方支持

资料搜集阶段是社会调查者在一定的社会环境中与被调查者正式接触的阶段，也是社会调查者受各种外部因素制约而无法完全控制自己的工作过程的阶段。为了确保资料搜集工作的顺利进行，真正搜集到真实、准确、全面、丰富且对社会工作有用的资料，社会调查者必须有效协调公众关系，争取多方支持。具体工作内容有：①协调好与被调查者的关系，努力争取他们的支持与合作。在社会调查中，被调查者不是消极地被反映，而是能动地被反映，每一名被调查者在接受调查时，也在对调查者进行"调查"，并根据自己的"调查"结论决定对调查者的态度和与调查者的合作程度。因此，社会调查者必须特别重视协调好与被调查者的关系，求得被调查者的大力支持与通力合作。②协调好与那些和被调查者有关的组织及人士的关系，努力争取他们的支持与帮助。在社会调查中，和被调查者有关的组织及人士是不可忽视的一支力量，他们有可能影响和阻碍调查者向被调查者采集信息，也可能支持与帮助调查者向被调查者采集信息，甚或可能向调查者提供被调查者的有关信息。因此，社会调查者很有必要协调好与他们的关系，争取他们的积极支持和具体帮助。

（三）整理分析阶段

整理分析阶段也称为研究阶段，它是运用科学的方法，对资料搜集阶段搜集拢来的各种调查资料进行提纯、整序，并加以分析、研究的信息处理过程。整理分析阶段是社会调查从感性认识到理性认识的飞跃阶段，它不仅能为解答有关社会问题和社会工作中所遇到或提出的问题提供理论认识和客观依据，而且能为社会学理论的发展以及社会工作理论的发展作出贡献。整理分析阶段的主要任务有两项：一是整理调查资料；二是分析调查资料。

1. 整理调查资料

一般来说，经由资料搜集阶段从社会调查现场搜集拢来的调查资料具有三个特点：①这种资料多是原始状态的资料，它们真伪不分，良莠并存，真实度和准确度都比较低；②这种资料多是凌乱无序的资料，它们内容分散，形式各异，有序度和完整度都比较低；

③这种资料多是平列粗糙的资料,它们无主无次,冗余性强,概括度和有效度都比较低。显然,靠这样一些未经整理的调查资料很难明晰地测度社会系统现实的社会状况,很难明晰地反映社会系统存在的社会问题,很难有效地预测社会系统发展变化的趋势。因此,对于经由资料搜集阶段搜集而来的社会调查资料,必须进行悉心的整理。社会调查资料的整理是社会调查资料分析研究的基础工作,是社会调查从调查阶段过渡到研究阶段、由感性认识上升到理性认识的一个必经的中间环节,通常被划归为社会调查研究过程中研究阶段的工作内容。社会调查资料整理的工作内容主要包括:①按照真实性、准确性、完整性、标准性的要求对调查资料进行审核;②按照科学性、实用性、渐进性、相斥性的原则对调查资料进行分类;③按照条理化、系统化、精练化、规范化的要求对调查资料进行加工。

2. 分析调查资料

社会调查资料的整理,解决了社会调查资料的表层次和形式上的某些不集中、不规范、不实用的问题,为社会调查资料的利用打下了较好的基础。但是,要使社会调查资料中的某些重要信息充分显现出来,以作为开展各项社会工作的依据,单纯对社会调查资料进行一般的整理是不够的,还要对社会调查资料作出科学的分析。社会调查资料的分析是社会调查者运用一定的科学分析方法,对社会调查资料的内容进行深度加工的过程。这一过程所运用的分析方法很多,一般可以概括为定性分析方法和定量分析方法两类。在这一过程中,社会调查者可以通过对已经整理的社会调查资料进行由此及彼、由表及里、由浅入深的测算、比较、推理、判断,发现隐匿于大量的调查资料之中的某些重要信息,揭示隐藏在大量的调查资料背后的某些关键问题,并据此提出社会工作的若干对策措施,形成社会调查的科学认识成果,为社会工作的开展提供服务。社会调查资料的分析是社会调查的深化和提高过程,社会调查能否真正出成果,以及社会调查的成果究竟具有多大的作用,在很大程度上取决于这一过程的工作。

(四) 总结评估阶段

总结评估阶段是社会调查过程的最后一个阶段。在社会调查的过程中,社会调查者经过精心策划准备、广泛搜集资料,并对资料进行认真的整理分析,获得了调查的成果和结论,可以说已经付出了艰辛的劳动,取得了实际的成果,至此,社会调查便可以转入总结评估阶段。社会调查总结评估阶段的主要工作有 3 项,也就是撰写调查报告、评估调查成果、总结调查工作。

1. 撰写调查报告

调查报告是在分析调查资料的基础上撰写而成的社会调查活动成果的书面报告,它是对社会调查活动成果进行总结的最主要的形式。在社会调查中,调查报告通常侧重说明调查的结果和研究结论,并对调查目的、调查对象、调查过程、调查方法等进行必要的叙述和说明,同时,更为重要的是要为社会工作的开展提出有关政策性建议和解决存在问题的方式方法,以供政府机关和社会工作部门参考。一般来说,比较规范的社会调查活动都要撰写调查报告。

2. 评估调查成果

社会调查成果到底有何价值,必须作出评估。评估调查成果一般由社会学界的专家和社会工作领域的实际工作者结合进行。评估的指标主要包括两个:一是调查成果的学术价值;二是调查成果的应用价值。在学术价值方面,主要应对社会调查所提供的事实资料和数据资料、理论观点和研究结论等作出客观的评价。在应用价值方面,一般是根据社会调查成果被采用的情况及其对有关社会工作的实际指导作用作出必要的判断,给出具体的评价。

3. 总结调查工作

通常来讲,一项工程较大、参与人员较多的社会调查项目完成后,都要对其进行认真的调查工作总结。总结调查工作实际上是对整个社会调查活动的工作过程进行回顾和检discussion,其内容主要包括社会调查工作的成功之处和不足之处,社会调查各个阶段、各个环节所取得的工作成绩和具体收获,社会调查人员在调查工作中的出色表现和典型事例等。总结调查工作的目的,主要是为了积累成功经验、吸取失败教训,为日后的社会调查提供参考与借鉴的依据。

二、社会调查的基本原则

社会调查是一种自觉考察客观存在的社会现象,正确把握现实社会状态及其发展变化趋势的科学认识活动。作为一种科学认识活动,社会调查必须遵循一定的原则,才能真正获取真实、准确、充足、有用的社会信息,正确认识客观存在的社会现象,有效把握现实社会状态及其发展变化趋势,为各项社会工作的开展提供社会信息支持和决策咨询参考。社会调查的基本原则如下。

(一) 客观性原则

社会调查是一种主观见之于客观的行动,它首先必须遵循客观性原则。客观性原则通常指的是,任何社会现象都是客观存在的,是不以个人意志为转移的,无论是什么人,只要他们排除主观因素的干扰,客观地观察事物,就能得到同样的事实和结论。在社会调查中,客观性原则的要求是:社会调查者应从客观实际出发,采取客观的态度考察各种社会现象,而不能带有个人的主观偏见和成见,更不能歪曲和虚构事实,以保证调查结果的可信度。社会调查者在具体社会调查中遵循客观性原则，必须努力做到如下几点：

(1) 把社会现象当作客观事物具体对待。迪尔凯姆在《社会学方法的规则》中指出："社会现象是客观事物，要研究它，就必须把它当作事物来看待。既然是一个事物的问题，就无须以哲理推理它的性质，争辩与它相类似的初级现象，而只要把它呈现在社会学者面前的唯一可据的现象弄清楚就行。所有呈现在我们面前的或者有待于我们进行观察的都是客观的事物。把一切现象都看作是事物，是所有科学的出发点。社会现象毫无疑问体现着这种性质。"[①]

(2) 以事实为依据，让事实和数据说话。社会调查的基本目的就是要获得社会事实和关于社会事实的信息。社会事实是客观的、具体的，是任何人也否定不了的。只有以社会事实为依据，让社会事实和相关数据"说话"，才能真正做到实事求是，真正取得对有关社会现象的正确的调查结论。

(3) 坚持客观态度，力排主观因素干扰。社会调查中的主观因素范围很广，有调查者本身的主观因素、被调查者的主观因素、上级领导的主观因素等。在具体社会调查中，社会调查者除本身应坚持客观的态度，力排自身的主观性外，还要尽量做好工作，尽可能消除其他各种主观因素的干扰。

(4) 提高认识水平，注意识别虚假现象。在现代社会中，弄虚作假已是一个社会性问题，这一问题广泛存在于社会各个领域，对社会造成不良影响。社会调查者应加强学习，努力提高认识水平，以便在社会调查中更好地识别各种虚假现象，剔除各种虚假信息，确保社会调查资料的真实可靠。

（二）科学性原则

社会调查作为一种科学认识活动，必须遵循科学性原则。科学性一般系指科学活动及其成果的实证性和逻辑性。在社会调查中，科学性原则的基本要求是：社会调查应坚持科学态度，遵循科学理论，采用科学方法；社会调查的结论应建立在系统的经验观察、全面的事实依据和正确的逻辑推理之上，而不能以个别的、片断的、偶然的事实直接推出调查结论。社会调查者在具体社会调查中遵循科学性原则，必须切实做到：

(1) 坚持科学的态度。坚持科学的态度，最基本的是要遵循客观规律。客观规律乃客观事物发展过程中内在的必然联系或趋势，它不以人们的意志为转移。任何社会活动都必须遵循客观规律。毫无疑问，社会调查也必须遵循客观规律。社会调查者只有遵循了客观规律，才算是坚持了科学的态度。

(2) 尊重科学的理论。理论是实践的指南。社会调查作为一种社会实践活动，它需要有理论为指导。社会调查的指导理论首先是马克思主义理论和马克思主义中国化理

---

① 迪尔凯姆.社会学方法的规则[M].北京：华夏出版社，1999：23.

论;其次是社会学理论和社会调查理论;最后是其他相关学科的理论。这些理论,社会调查者应当努力学习,切实掌握,正确运用。

(3) 采用科学的方法。科学的方法一般是指合乎逻辑并具有实证性的方法,其具体形式是系统的经验观察和正确的逻辑推理。只有经过系统的经验观察才能获得客观的事实资料,只有经过正确的逻辑推理才能取得正确的调查结论,因此,坚持科学的方法乃是社会调查作为一种科学认识活动本身的需要。

(三) 系统性原则

社会调查的根本任务,就是要从整体上把握一定社会系统的现实社会状态,进行社会调查,必须坚持系统性原则。所谓系统性,是指任何事物都是由相互联系、相互影响的若干组成部分或构成要素组成的系统的特性。社会是一个系统,而且是一个复杂的系统。社会可以从不同的角度划分为各个不同的子系统,即各个不同的组成部分或构成要素。这些不同的组成部分和构成要素相互联系、相互影响、相互制约,从而共同形成一定的社会状态。因此,社会调查的系统性原则要求社会调查必须立足于系统的、全面的、整体的高度进行,要考虑社会系统的各个要素、各个层次、各种活动之间的具体联系,以求完整地、全面地把握社会系统的现实社会状态及其发展变化趋势。

社会调查者在具体的社会调查活动中遵循系统性原则,必须特别注意两个重要问题:①系统性原则并不是要抽象地、笼统地考察和分析一个包罗万象的社会整体,而是要将所考察和分析的社会现象分解,然后对社会现象的各种复杂的联系进行分析与综合;②社会调查的目的不是要解释社会中属于个别人的个别现象,而是要说明社会中普遍的、宏观的社会现象,但这种说明离不开对社会中属于个别人的个别现象的分析。形象地说,社会调查的系统性原则,就是要求我们既看到"森林",也看到"树木",努力克服"只见树木,不见森林"或"只见森林,不见树木"的认识偏向,真正做到整体与局部、共性与个性、一般与特殊、宏观与微观的有效统一。

(四) 实用性原则

实用性原则,是指社会调查要适应人们认识社会和改造社会的实际需要,为人们从事各项社会工作提供有用的调查成果和社会信息,以确保各项社会工作的顺利开展。具体来说,社会调查的实用性原则就是要求社会调查在任何时候都不能搞任何形式的花架子,即使是一些重于学术性、理论性的社会调查也不能搞任何形式的花架子。至于一些应用性、实践性的社会调查则应始终坚持实用性原则,从选择调查课题、建立研究假设、确立分析单位、选择调查样本到具体搜集、整理、加工和分析研究资料等,都要确保实用。

社会调查的实用性原则是由社会调查的性质和特点所决定的。首先,社会调查是一种针对性很强的工作,其工作目标、任务,往往是由现实社会工作的需要所决定的,因而社会调查只有根据现实社会工作的需要具体开展,方能实现其自身的价值,取得良好的工作效益。其次,社会调查又是一项基础性工作,它贯穿于人们所从事的各项社会工作过程之中,各项社会工作都应以它所提供的社会信息和研究成果为依据。因此,社会调查只有遵循实用性原则,为各项社会工作提供实用的社会信息和研究成果,才能真正表明其存在和发展的实际意义和作用。最后,社会调查也是一种服务性工作,它是为人们所从事的各项社会工作直接服务的,因而社会调查必须根据各项社会工作的具体要求,针对所需开展社会调查的筹划准备、资料搜集、资料整理、分析研究等各阶段的实务活动,以适合于不同情况下的社会工作对特定社会信息的实际需要。

(五) 时效性原则

社会调查要为各项社会工作提供有关现实社会状态及其发展变化趋势的社会信息,取得良好的社会调查效益,必须遵循时效性原则。所谓时效性原则,是指社会调查具有时间效益特性,社会调查要讲究时间效益。我们知道,现实社会状态并不是凝固的,而是在不断变化的。尤其是我们所处的当代社会,乃是一个高速流变、一日千里的转型社会。在当代转型社会中,社会变迁、社会流动的速度都在加快,社会状态也越来越复杂多变,这就要求社会调查者更应积极主动、迅速及时地开展社会调查工作,不失时机地为政府机关和社会工作部门提供社会调查成果和社会信息,为社会工作提供及时的服务。

遵循社会调查的时效性原则,首先必须理解,社会调查的效益大小,不仅与社会调查取得的成果大小有关,而且与取得某种成果的时间有关。社会调查的效益与取得的成果大小成正比,与耗费的时间成反比。一定时间内取得的社会调查成果越大,它的时间效益就越大;反之,则越小。取得一定调查成果所耗费的调查时间越长,它的时间效益就越小;反之,则越大。所以,社会调查必须讲求时间效益,要用尽可能短的时间、尽可能快的速度,及时搜集各种社会信息,准确地把握现实社会状态及其发展变化趋势。例如,一项关于农民工子女就学的调查,如果长时间不能完成,它就可能没有了决策咨询的作用。

遵循社会调查的时效性原则,必须理解社会调查的效益大小,还与是否能及时将搜集到的反映一定社会系统的现实社会状态及其发展变化趋势的社会信息提供利用有关。社会信息本身具有时效性,反映一定社会系统的现实社会状态及其发展变化趋势的社会信息更具有时效性,时间一过就会大大贬值,甚至一点价值也没有。因此,社会调查者必须有时间紧迫感,要为政府机关和社会工作部门的各项社会工作及时地提供各种有用的社会信息。正因如此,我国从国家社会科学基金项目到省市社会科学基金项目,不仅有研究时间的要求,而且在项目结项的同时,都必须提供为政府决策服务的简报。

复习思考题

1. 什么叫社会调查？如何多角度地理解社会调查？
2. 试述社会调查的基本功能及其在社会工作中的作用。
3. 试述社会调查的"四步工作法"。
4. 简述社会调查的基本原则。
5. 简述费孝通先生的三类农村社区调查。

第二章 社会调查的要素分析

[本章导读]

社会调查是由多因素构成的一种科学认识活动。构成社会调查这一科学认识活动的基本要素有3个,即社会调查主体、社会调查客体、社会调查方法。在社会调查这一科学认识活动中,三要素缺一不可。没有社会调查的主体,社会调查就无法启动;没有社会调查的客体,社会调查就没有对象;没有社会调查的方法,社会调查主体就没有认识社会调查客体的中介。可以这样说,所谓社会调查,实际上是一定的社会调查主体借助于一定的社会调查方法科学地认识一定的社会调查客体的一种特殊的社会实践活动。正因为这样,对社会调查的构成要素进行必要的分析,是深入学习和研究社会调查的一项重要内容。本章主要内容包括社会调查的主体、社会调查的客体、社会调查的方法。本章重点在于:掌握社会调查主体的不同类型及其主要任务,社会调查客体的不同类型及其主要特征,以及社会调查方法不同层次与不同类型所具有的特点。

第一节 社会调查的主体

社会调查主体即社会调查活动的施动者、主导者,是试图通过实施各种社会调查活动而对现实社会状态及其发展变化趋势有明确认识和具体把握的人和组织。社会调查主体是社会调查活动中极为重要的一个要素,它对社会调查活动的实施过程和实施效果影响很大,是社会调查活动的主导性因素。正确认识社会调查主体,大力培养和造就合格的社会调查主体,恰当规范社会调查主体的社会调查行为,是确保社会调查活动健康发展和有效实施的关键一环。有关社会调查主体的研究视角是多方面的,社会调查主体研究的内容也十分丰富。在此,仅对作为社会调查主体的社会调查人员和社会调查机构作一定的讨论。

一、社会调查人员

社会调查人员通称为社会调查者,是指具体从事社会调查活动的人员,他们是具体社会调查活动的设计者和操作者,是社会调查活动最基本的主体,也是社会调查过程中处理各种公众关系的主体。社会调查人员的素质如何,直接制约社会调查活动的实施,直接影响社会调查活动的成效。

(一)社会调查人员的主要类型

在现代社会中,由于社会调查活动的快速增加和社会调查领域的分化发展,出现了数量庞大但专业不同的社会调查人员。社会调查人员已是多种多样,依据不同的标准,可以将社会调查人员分为不同的类型。

1. 按职业特性划分

社会调查人员按职业特性划分,可分为职业化的社会调查人员和非职业化的社会调查人员。

职业化的社会调查人员是指以社会调查为职业,专门从事社会调查工作的人员。如社会调查机构中的专业调查人员、各种社会组织中的专职调查人员,都是职业化的社会调查人员。职业化的社会调查人员是社会调查职业化的结果,它产生于近代社会尤其是工业化以来的社会管理、社会服务、社会工作和社会研究领域。在现代社会中,由于社会进一步变得纷繁复杂和变化多端,社会调查的必要性日益提高,社会调查的难度也愈发增加,在这种情况下,社会调查人员的职业化更加明显也更有必要。今天,无论在国外还是国内,都已经出现了许许多多的职业化的社会调查人员。这些职业化的社会调查人员,已成为当今社会调查活动的一支专业队伍,是社会调查活动的骨干和中坚力量。

非职业化的社会调查人员是指虽从事社会调查工作,但不以社会调查作为职业的社会调查人员。非职业化的社会调查人员通常是结合自己所从事的特定职业和工作的需要开展社会调查活动。在社会调查活动中,他们扮演着同职业化的社会调查人员一样的角色,起着与职业化的社会调查人员相似的作用。但由于他们所从事的社会调查总是与他们所从事的职业和工作息息相关,因而,他们所从事的社会调查目的极为明确,范围十分确定,调查成果也能及时得以应用。非职业化的社会调查人员古已有之,现代社会更为数不少,他们中有社会管理者、社会科学工作者、各种媒体的记者、高中等学校的师生等。非职业化的社会调查人员无论什么时代都是社会调查的一支不可忽视的重要力量。

2. 按活动领域划分

社会调查人员按活动领域划分,可分为社情调查人员、行政调查人员、舆论调查人员、市场调查人员、公关调查人员等。

社情调查人员是指从事现实社会状况和现存社会问题调查的社会调查人员。他们的活动领域相当广泛,依据调查内容来讲,主要有社会结构调查、社会问题调查、社会变迁调查;依据调查区域来讲,则有国情调查、省情调查、市情调查等。社会学中狭义的社会调查人员,通常是指社情调查人员。

行政调查人员是指为有效实施行政管理而从事社会调查的社会调查人员。这类社会调查人员包括政府官员、政府机关工作人员、政府所属的政策研究室、统计局、农村社会调查大队、城市社会调查大队中的各种专职的或非专职的社会调查人员。行政调查人员是我国社会调查队伍的重要组成部分。

舆论调查人员是指为了解舆情民意而搜集公众意愿和社会舆论的社会调查人员。这类社会调查人员主要是大众传播机构的记者,尤其是专事社会新闻采集的记者,他们搜集舆情民意的目的在于挖掘有价值的新闻信息,通过传播对社会进行宣传和舆论引导。此外,在不少社会调查机构中,也有专事舆情民意调查的社会调查人员,他们的调查成果也多为传播机构所采用。

市场调查人员是为了解市场行情、预测市场变化而从事市场信息搜集的社会调查人员。这类调查人员分布很广,他们中有的在企业就职,有的在政府商贸机构就职,还有的在社会调查机构就职。在现代市场经济条件下,市场调查人员数量非常庞大,已成为社会调查人员队伍中的一个重要方面军。

公关调查人员是指专门从事社会组织的社会形象调查和公众关系调查的社会调查人员。这类社会调查人员集中分布在两类机构:一是社会组织的公共关系部门;二是社会上成立的公共关系公司。随着社会组织对自身形象和公众关系的重视,公关调查人员的社会需求量或总人数将会不断地增加。

(二) 社会调查人员的基本条件

社会调查人员的条件如何,会直接影响和制约社会调查活动的实施和效果。具备哪些条件才能成为合格的社会调查人员呢?通常认为,社会调查人员的条件是多方面的,其中最基本的是他们的知识构成和能力构成。

1. 社会调查人员的知识构成

"知识是智慧的火炬","知识是人类进步的阶梯"。丰富的知识不仅是现代社会对一般人提出的要求,更是社会调查人员从事社会调查工作的重要保证。社会调查人员应具有由广博的横向知识和深化的纵向知识构成的一种全面完整的知识体系。知识体系作为一个系统,由两个子系统构成,每个子系统又由不同的子系统组合而成。

(1) 广博的横向知识。这是社会调查人员的一般知识,也是广度知识系统。它包括与社会调查密切相关的哲学、文学、历史学、社会学、政治学、法学、心理学、语言学、传播学、管理学、公共政策学、公共关系学、人际关系学以及必要的外语知识和自然科学知识。这些知识尽管不是社会调查本身的知识,但因其在不同角度和层面上对认识社会调查对象和搞好社会调查工作具有不可忽视的作用,所以是需要社会调查人员努力学习的知识内容。

(2) 深化的纵向知识。这是社会调查人员的业务知识,也是深度知识系统。它包括社会调查的理论知识和方法知识,如社会调查的概念、特征、功用方面的知识,社会调查的主体、客体、方法方面的知识,社会调查历史发展方面的知识,社会调查总体策划方面的知识,社会调查工具设计方面的知识,社会调查资料搜集方面的知识,社会调查资料分析方面的知识,社会调查研究报告写作方面的知识,这些都要求社会调查人员深刻透彻地理解和掌握。

2. 社会调查人员的能力构成

能力是一个人胜任某项任务的基本条件,也是一个人顺利完成某一活动所必需的主观条件。任何人要想搞好工作,都要不断提高自身的能力。同理,社会调查人员要想胜任自己所从事的社会调查工作,顺利完成组织交办的社会调查任务,至少应当具备与社会调查密切相关的下述基本能力。

(1) 观察能力。观察能力是社会调查人员最基本的能力。社会是一本无字的书,要真正读懂它,首先要求社会调查人员具有较强的观察能力。社会调查人员较强的观察能力主要表现在三个方面:①观察的敏锐性,即善于发现社会中常人容易忽视,而对社会有较大影响的社会现象,以及社会现象的各种细节问题,善于从普通的人、普通的事、普通的物、普通的数据、资料、图表中发现特殊的问题,善于从社会事物、社会现象的平静状态发现其蕴含的发展变化趋势;②观察的细密性,即善于从社会现象的细微之处见实质,在察言观色的过程中把握被调查者的心理特征,从纷繁复杂的社会现象中找出社会运动变化的规律;③观察的多视角,即善于从多种视角观察社会,善于从多种视角获取观察材料,善于从多种视角发现社会现象的本质和致因所在。

(2) 策划能力。策划能力是社会调查人员有效进行社会调查活动的一种重要能力。一般地说,策划能力即通过细致思考、准确判断,能对有效开展社会活动作出运筹、谋划和设计的能力。较高的策划能力是智慧的体现,也是取胜的前提。古今中外的许多政治家、军事家、管理专家,他们之所以能做到决胜千里,是因为他们具有非常强的策划能力。他们深谋远谋、玄机妙算、运筹帷幄、运智铺谋、精心设计,这正是他们事业成功的重要条件。与人类社会的各种社会活动一样,任何成功的社会调查活动都离不开充分的准备和高水平的策划。社会调查人员要想有效地完成社会调查任务,就必须在具体开展社会调查活动之前作出精心的策划。而要对社会调查活动作出精心的策划,社会调查人员必须注意培养自己的策划能力,至少要努力培养自己的社会调查策划能力。

(3) 表达能力。表达能力是社会调查人员的一种基本能力。表达能力包括"说"与"写"两个方面,即包括良好的口头表达能力和较强的文字表达能力。社会调查人员要有良好的口头表达能力,在调查过程中要能"说",要善于表述调查的目的、调查的任务、调查的意义;要善于进行调查提问,善于与人交谈。社会调查人员还要有较强的文字表达能力,在调查工作中要能"写",善于编制调查方案,善于编制调查问卷,善于撰写调查报告,善于撰写实证研究论文。社会调查人员表达能力的基本要求是:在说的方面,懂得在什么情况下应说什么,该怎样说;在写的方面,懂得在什么情况下应写什么,该怎样写。如果达不到这种基本要求,就不能说已经具备了较强的表达能力。

(4) 交际能力。交际能力是社会调查人员的一种基本能力。交际能力,是指通过人际交往传递信息、交流情感、增进了解、协调关系的能力。社会调查是社会调查者与被调查者之间的一种社会互动,社会调查人员必须与被调查者开展良好的人际交往,才能真正获得可靠的调查资料,有效完成社会调查的任务。交际能力是社会调查人员进入社会、接触被调查者的一张无形但有效的"通行证"。社会调查人员只有具备较强的交际能力,才有可能顺利地进入社会,博得被调查者的好感,求得被调查者的合作。交际能力是一种综合性的能力,它是社会调查人员多种能力的综合,如思考能力、判断能力、表达能力、应变能力、心理调节能力、自我推销能力、与人相处能力、赞美他人能力、吸引他人能力、帮助他人能力,社会调查人员应注意从多方面加强培养。

(5) 研究能力。社会调查是社会研究的一种方式,通常被称为社会调查研究。社会调查人员应该具有研究能力,尤其是那些策划型、研究型、组织领导型的社会调查人员必须具备这种能力。研究能力是指能够运用各种思辨的、实证的方法获取新的知识的能力。研究能力是一种综合性能力,它是观察能力、理解能力、分析能力、综合能力、抽象能力、概括能力、推理能力、判断能力、论证能力、批判能力、计算能力和表达能力等的高度综合,是一种高层次的科学认识与科学活动能力。社会调查人员必须切实加强培养这方面的能力。其主要的培养方式有两种:一是接受高等教育、从事科学研究的艰苦训练;二是在社会调查实践中参与策划、设计和研究事务,在实践中不断提高自己的研究能力。

(三) 社会调查人员的职业修养

社会调查人员尤其是职业化的社会调查人员应当有良好的职业修养。良好的职业修养也是社会调查人员完成其社会调查任务的重要保证之一。具体来讲,社会调查人员良好的职业修养主要体现在以下方面。

1. 高度的敬业精神

社会调查的对象是社会,社会是复杂的、多变的,要通过社会调查有效地认识社会极有难度。因此,社会调查人员必须具有高度的敬业精神,要脚踏实地地深入社会生活中,不畏艰苦,不怕困难,扎扎实实地开展社会调查活动,广泛深入地获得对社会的正确认识。当年,著名的社会学家费孝通先生为了解瑶族山区的社会情况,亲自与妻子王同惠女士走入广西的茫茫大山进行调查,王同惠女士就是在与费孝通先生一起作社会调查的过程中,不慎跌入山崖,献出了年轻的生命。另一位著名的社会学家严景耀先生则为了解中国的犯罪问题,自己扮演成犯人,进行参与观察,他在监狱中生活了数月,后来写成了《中国犯罪问题》一文。他们付出的代价和取得的成功都说明了敬业精神对社会调查人员的极端重要性。现代社会调查人员应学习他们高度的敬业精神。

2. 强烈的社会责任感

社会调查是一种考察社会、了解社会、认识社会,以便管理社会和改造社会的科学活动。社会调查人员必须具有社会责任感,要以关心社会成员的疾苦、增进社会成员的福利,医治社会存在的问题、促进社会正常的发展为动力,来开展社会调查工作。当年,毛泽东同志深入农村进行社会调查,足迹踏遍湖南许多县区,写出《湖南农民运动考察报告》等,正是为了推动农民运动的开展,解决当时中国存在的农民问题。近年来,一些社会调查人员深入贫困地区进行社会调查,他们与当地群众同甘共苦,在与当地群众的交往中获得许多重要情况,并由此提出反贫脱贫的对策方案,其社会调查行动也正是由社会责任感所驱使。总的说来,社会调查人员进行社会调查,需要有强烈的社会责任感。没有强烈的社会责任感,社会调查就不可能真正取得社会工作所需要的调查成果。

3. 密切的群众关系

坚持群众路线,密切群众关系,是社会调查的重要指导思想,也是社会调查取得成功的重要保证之一。毛泽东同志说,社会调查"第一要眼睛向下,不要只是昂首望天。没有眼睛向下的兴趣与决心,是一辈子也不会真正懂得中国的事情的";"第二是开调查会"。社会调查人员一定要深入基层、深入群众,深入生产和工作的第一线,与群众打成一片,养成深入的作风;一定要有眼睛向下的兴趣和决心,要有满腔的热情和求知的渴望,放下架子,甘当群众的小学生,养成谦虚的作风;要建立与群众之间的信任关系,让群众说出心里话,做群众的贴心人,维护群众的正当利益,养成守信的作风。应当牢牢记住,群众是真正的英雄,而我们自己往往是幼稚可笑的,不了解这一点,就不能得到起码的知识。这是社会调查的一条重要规律,现代社会调查人员必须遵循这一规律。

4. 严谨的科学态度

社会调查活动是一种科学认识活动,社会调查人员从事社会调查活动必须具有严谨的科学态度。严谨的科学态度具体表现在:①看问题客观。社会调查人员要做到实事求是,不能想当然,不能主观臆断,不能将自己的立场观点强加于人或取代客观社会事实;②看问题理性。社会调查需要社会调查人员的理性精神。理性精神要求社会调查人员对社会的认识不能停留于感性认识层次,必须上升到理性认识高度;要求社会调查人员对社会调查资料的分析研究符合逻辑,并由此正确地发现客观规律;③看问题遵循实证原则。社会调查人员应时常注意到自己所从事的工作是对社会的实证研究,必须从实践中获得资料对客观真理加以检验,不能用想象代替事实,不能用猜想代替调查。失去实证,社会调查就不成其为科学活动,社会调查就不成其为社会调查了。

5. 良好的职业道德

正如医生要讲医德,教师要讲师德、商人要讲商德一样,社会调查人员要讲社会调查的职业道德。社会调查职业道德的表现形式是社会调查人员的职业行为准则,专门用以约束社会调查人员的职业行为。这些职业行为准则主要包括:①诚实,即要求社会调查人员对被调查者诚实无欺,对政府机关和社会工作部门不虚报隐瞒;②公正,即要求社会调查人员具有公正无私的高尚品格,在社会调查中要有客观公正的科学态度;③守信,即要求社会调查人员信守诺言,注意保守被调查者的秘密,信守与调查活动委托者达成的各种协议;④守法,即要求社会调查人员遵守国家的法律、法规,采用合法的方式进行社会调查,并不得损害被调查者和其他社会成员、社会组织的合法权益。

二、社会调查机构

社会调查机构是指专门从事社会调查及其相关业务的组织机构。社会调查机构是组织化的社会调查主体,是社会调查职业化向高层次发展的结果,是现代社会迅速发展的产物。目前,无论在国外还是国内,社会调查机构已蓬勃发展起来,成为现代社会的一个极富生机的社会信息咨询行业,并逐步形成了一些成熟的类型系统。在我国,社会调查机构大致可分为三大类型系统。

(一) 政府所属的社会调查机构

政府所属的社会调查机构是由政府设立的一种职能部门或事业单位。政府所属的调查机构又可分为多种类型。

1. 行政统计调查机构

政府的行政统计调查机构是政府综合管理部门之一,是政府机构中分工主管社会经济统计信息的职能机构。政府的行政统计调查机构的基本职能是,通过行政统计调查,搜集与提供全面、及时、可靠的社会经济统计信息,为政府实施社会行政、经济行政、文化行政及其他行政管理提供信息依据。

政府的行政统计调查机构通常以统计局命名,其源头可追溯到19世纪初。1801年,法国政府率先设立了国家统计局,主要进行人口普查和有关社会经济的行政统计调查。

随后,英国等欧美国家也纷纷设立了国家统计局,履行国家的行政统计调查职能,为政府从事行政管理和社会管理服务。

我国国家统计局成立于新中国成立初期的1952年8月,随后各省、地、市、县、乡等政府机构也设立了相应的统计局或统计工作站。经过60年来的建设,我国国家统计系统已得到完善,形成了实行"三垂一统"、分级管理的体制,上下能联系国家和基层企事业单位、左右能联系各社会经济部门的纵横交错、四通八达的社会经济统计信息网,覆盖了社会的各个角落。

从业务上讲,我国国家统计局及其所属的统计信息网除常规的社会经济统计业务外,还承担人口普查、工业普查、农业普查、社会基本单位普查等多种专项社会调查任务,成为大型综合性社会经济调查活动的主要组织者和承担者,以及各种综合性、客观性社会经济信息的主要源头和中心。

2. 城乡社会调查大队

随着社会的发展,各种社会信息不断生成,单纯依靠行政统计调查,尤其是普查式的行政统计调查已无法真正做到为政府和各种社会经济部门提供全面、及时、可靠的信息。为了弥补这些方面的不足,国家统计局经国务院批准于1981年9月成立了城市社会调查大队和农村社会调查大队,简称为城调队和农调队,合称为城乡社会调查大队。接着,各省、地、市、县也成立了城乡社会调查大队。城乡社会调查大队是我国行政统计调查机构的一种补充形式,它在行政上仍然属政府的统计局管理,在业务上接受政府统计部门的指导。

成立城乡社会调查大队的主要目的是弥补统计部门历史上形成的全面调查或普查的不足,以及自下而上的分级统计调查造成的信息滞后和信息变异的缺陷。城乡社会调查大队的基本任务是,利用新的调查技术,对社会经济领域进行抽样调查。其主要作用在于:①通过抽样调查获取城乡社会经济信息,为政府的决策提供及时的服务;②通过抽样调查获取城乡社会经济信息,用以核实统计部门的各种统计信息;③通过抽样调查获取城乡社会经济信息,承担无须或无法通过全面的统计调查完成的社会经济调查任务。

城乡社会调查两大队在职责上有所分工,城市社会调查大队主要负责城市社会经济调查,农村社会调查大队主要负责农村社会经济调查。但它们的职责也不是截然分开的,在社会调查任务确立后,它们该分则分,该合则合。尤其是在遇有涉及城乡交叉、渗透、综合的社会调查课题时,城乡社会调查两大队往往通力合作,共同完成党和政府下达的重大社会调查任务。

3. 政府所属其他社会调查机构

政府所属的社会调查机构还有其他一些,主要的有:①政府的政策研究室。从某种意义上来讲,政府的政策研究室是一个实在的社会调查机构。政府的政策研究在很大程度上是一种调查研究,政策研究室的任务就是围绕政府制定政策和执行政策开展社会调查研究,为政府提供政策咨询和政策建议。因此,政策研究室的工作人员主要是社会调查人员,或至少是懂得社会调查的各类研究人员。②政府的社会调查办公室。不少地方的政府除了设有统计局、社会调查大队外,还设有社会调查办公室。如长沙市就设有社会调查办公室。政府设立的社会调查办公室是政府联系居民的一条重要渠道。它不以行政手段干预社会调查,而是以一般社会调查机构和人员的身份进入社会、进入居民之中,从而获得准确可靠的舆情民意和各种社会信息。也正因如此,它能得到居民的广泛合作。此外,政府所属的某些部门也设立社会调查机构,或者虽不设立专门的社会调查机构,却设有社会调查人员或岗位,这里不作详述。

(二) 社会组织的社会调查部门

社会组织的社会调查部门是指社会组织针对自身的组织目标,在组织内部设置的专门从事社会调查的职能机构。社会组织的社会调查部门依据不同的组织性质、类型和业务范围而有不同的设置,其名称也各不一,有的叫社会信息部,有的叫公共信息部、有的叫社会调查部等。但总的来说,它们都是社会组织内部设置的服务于一定的组织目标的社会调查部门。

1. 社会组织设置社会调查部门的必要性

社会组织各类职能机构都是依据社会生产和社会进步的需要而设定的。每一职能机构的设置,都是社会发展和组织活动需要的产物。社会组织设置社会调查部门的必要性主要表现在两个方面:

(1) 社会组织设置社会调查部门是适应社会发展的需要。现代社会是一个高速流变的社会,其发展一日千里,其面貌日新月异。伴随社会的飞速发展,社会结构变得愈加多样,社会关系变得愈加复杂,社会流动变得愈加快速,社会生活变得愈加丰富。相应地讲,社会组织的社会环境实质上也变得愈加复杂、社会环境对社会组织的社会压力也显得日益增大。在这种情况下,社会组织要想很好地适应现代社会的环境状况,要想很好地跟上现代社会的发展步伐,不了解社会环境是不行的。正由于这样,社会组织便有了开展社会调查的必要,进而也就有了设置社会调查部门专事社会调查职能的必要。

(2) 社会组织设置社会调查部门是优化组织活动的需要。任何社会组织都要从事一定的组织活动,或开办某种社会事业,或开办某种社会实业。为了办好各种社会事业和实业,还要开展各种各样的经营管理活动。在现代社会中,每一个社会组织都面临一种外部环境的变化、社会竞争的压力与追求自身利益的内在动力的猛烈撞击。在这种情况下,社会组织实际上都存在一个优化自身的组织活动以在社会环境不断变化、社会竞争压力急剧加大的情况下有效生存和发展的问题。要优化组织活动,单纯盯住自身的条件是不行的,还需要紧紧盯住社会、盯住公众、盯住竞争对手。为此,社会组织也便有了开展社会调查的必要,进而有了设置社会调查部门专事社会调查职能的必要。

2. 社会组织内设社会调查部门的基本职能

社会组织内设社会调查部门都被赋予或承担一定的基本职能。依据社会调查部门的专业特性和实际能力,这些基本职能主要包括三个方面:

(1) 社会信息搜集职能。社会组织的社会调查部门的首要职能是搜集社会信息职能。尽管各种社会组织的社会调查部门设置情况不一,但它们都要履行搜集社会信息的这一基本职能是肯定的。当然,各种社会组织所需要搜集的社会信息的内容范围是有差异的。例如,社会服务组织的社会调查部门主要搜集社会服务信息,新闻传播机构的社会调查部门主要搜集社会舆论信息,各种事业单位主要搜集与其事业发展相关的各种社会信息。实际上,各种社会组织的社会调查部门都主要搜集与其组织目标和组织活动相关联的社会信息。

(2) 社会状态分析职能。社会组织的社会调查部门的另一项职能是社会状态分析职能。社会状态分析职能是社会组织的社会调查部门不可忽视的一项职能。只搜集社会信息,而不对社会状态作分析,不能称为真正的社会调查。社会调查是社会调查研究的简称,对现实的社会状态进行系统科学的分析,是社会调查研究的重要任务。在现代社会中,社会组织设置社会调查部门的目的,在很大程度上也就是为了更好地把握现实的社会状态。所以,社会组织的社会调查部门应无条件地履行开展社会动态监测、分析社会状态的职能。

(3) 组织决策咨询职能。社会组织的社会调查部门是社会组织针对自身的组织目标而设置的新型职能部门,它理应积极承担和履行其组织决策咨询职能。社会组织的社会调查部门履行组织决策咨询职能有其特殊的条件:①它是社会组织中一个重要社会信息部门,能为社会组织的决策者提供各种社会信息咨询;②它是社会组织中一个直接接触广大社会公众的部门,能为社会组织的决策者提供公众意见咨询;③它是社会组织中一个研究型人员集中的部门,可以为社会组织的决策者提供指导性咨询。

三、社会调查公司

社会调查公司包括社会调查事务所,是指社会上独立开办的、向社会提供社会调查及其相关服务的商业性社会调查机构。社会调查公司是社会调查职业化最高层次的产物,是社会调查产业化发展的结果。它同广告公司、信息公司、公关公司、律师事务所等一样,主要是通过自己的专业人员运用专业知识和技术经验为委托单位提供专门服务而得以存在和发展。

(一) 社会调查公司的产生原因

社会调查公司最早产生于美国。大约在 20 世纪初至 30 年代,美国社会调查的职业化、行业化得到了很大的发展。据有关资料显示,在美国,1907—1912 年期间,存在数家类似市场调研的企业。在此期间,哈佛大学商学院创建了商业调查研究所,西北大学商学院则在 1918 年创建了所属的商业调查研究所。1935 年,美国人乔治·盖洛普(G. Gallup)创办了"美国民意调查所",由于该所在 1936 年至 1976 年期间美国 11 届总统选举前的民意测验中,准确预测了 9 次,准确率达 81.82%,成为美国乃至世界最著名的一个以民意测验为主的社会调查机构。社会调查公司自产生至今,大约只有 100 年的时间,但是,它的发展已是蓬蓬勃勃,蒸蒸日上。现在,在世界上,无论是西方还是东方,无论是外国还是中国,各种社会调查公司林立,并且还有继续增加的强劲势头。

社会调查公司主要是适应现代社会发展需要而产生的。在现代高度泛化和高度竞争的社会环境里,[①]各种社会组织都有进行社会调查的必要和实际需求,但并不一定每个社会组织都能自己开展社会调查工作,更不一定每个社会组织都能建立自己的社会调查机构。例如,一些中小型社会组织往往无力建立自己的社会调查机构;一些大型社会组织尽管建立了社会调查机构,但有的社会调查业务无法或无须由自己的社会调查部门完成。这样,就给社会调查专业人员造就了一个极好的市场——社会调查市场。正是在这样的情况下,社会调查公司应运而生。社会调查公司的兴起,使社会调查市场由潜在市场变为显在市场,从而使各种社会组织都可以通过付费的方式获得具体的社会调查服务,从而解决了社会调查服务的需求与供给之间的矛盾,在更高层次的意义上,也使得各种社会组织之间的社会竞争更趋公平,更趋合理。

(二) 社会调查公司的服务项目

社会调查公司生来就是为社会提供调查服务的机构。尽管社会调查公司的服务项目依不同情况而有所区别,但基本服务项目通常大致相同。

1. 代理社会调查

这主要包括两方面的内容:一方面是为没有设置社会调查部门的社会组织提供全面的社会调查服务;另一方面是为某些设有社会调查部门的社会组织进行专项社会调查代理服务。此外,社会调查公司也可以为政府机构及个人代理社会调查服务。无论从理论上讲还是从实践上讲,无论从历史看还是从现实看,代理社会调查都是社会调查公司最

---

① 高度泛化的社会环境是指在现代社会中,社会主体的社会活动受到更大范围的社会环境的影响,尤其是全球化、信息化、网络化的到来,社会主体的社会环境变得更为广泛、更为复杂。

基本的、最一般的服务项目。

2. 提供信息服务

社会调查公司不仅进行代理社会调查服务，而且自己也时常进行各种社会调查活动，从而建立自己的社会信息库。当社会组织、个人等有某些方面的社会信息需求时，即可以找社会调查公司查询有关社会信息。从另一方面看，也可以说，社会调查公司能够具体地为客户提供自己通过社会调查获取的各种社会信息。例如，盖洛普民意调查所就长期为新闻机构提供各种最新社会信息。

3. 开展社会咨询

社会咨询是一种新兴的咨询业务，其具体内容包括：社会结构咨询、社会关系咨询、社会需求咨询、社会组织咨询、社会事实咨询、社会环境咨询、社会心理咨询、社会政策咨询、社会规划咨询、社会建设咨询、社会预测咨询等。社会调查公司因其社会信息来源广泛，其社会调查专业人员知识水平高，社会经验丰富，见多识广，因而它们完全能够胜任社会咨询服务工作。事实上，现在的许多社会调查公司都已经或多或少地开辟了社会咨询服务项目。

（三）社会调查公司的工作准则

社会调查公司的服务对象主要是各级政府机构、社会工作部门和各种社会组织。如同工商企业要对客户负责一样，社会调查公司也要本着对客户负责的精神开展服务。社会调查公司及其人员除了遵守国家制定的法律、法规和本公司的规章制度外，在进行社会调查活动时还需要遵循以下工作准则：

（1）必须为客户进行广泛深入的社会调查活动。社会调查公司在代理社会调查服务时，绝不能为赚取更多的利润而缩小调查范围、减小调查深度，更不能不深入社会，靠拍脑袋捏造调查数据，杜撰调查报告。社会调查的广度与深度是社会调查质量的两大基本指标，社会调查公司应当明白这一道理。

（2）必须为客户提供真实准确的社会信息资料。真实，就是客观地表述社会事实，尽力消除调查资料中的虚假成分。准确，就是要没有偏差地表述社会事实，切忌夸夸其谈，不得避重就轻。真实准确是社会信息的生命力之所在，社会调查公司必须切实保证为客户提供的社会信息资料的真实准确。

（3）必须为客户提供切实可靠的信息保密保证。社会调查公司在进行社会调查服务及信息咨询服务时，可能了解客户单位的大量内部信息，这就需要为客户单位保守秘密，并且不得接受可能泄漏和利用客户单位的秘密信息的相关委托项目，同时还要从法律上为客户提供切实可靠的保密承诺。

（4）必须为客户单位尽量节省调查经费开支。社会调查公司是收取劳务报酬的服务单位,其收费标准必须首先向客户公开,然后要按照社会调查的实际需要合理提出经费使用计划。在编制经费使用计划时,在保证社会调查广泛深入和社会信息真实准确的前提下,还应尽量为客户节省经费开支。

第二节 社会调查的客体

社会调查客体也称为社会调查对象,是社会调查活动的受动者或承受物,是社会调查主体借由一定的方法希望明确了解和具体把握的认识对象。关于社会调查的客体问题,学术界大致有两种意见,一种认为社会调查客体是社会;另一种认为社会调查客体是社会现象。我们认为,社会调查客体从总体上来讲就是社会。具体地说,它包括两个层面:一是社会系统,它是社会调查的总体对象;二是社会系统中的社会现象,它是社会调查的具体对象。社会调查客体的两个层面紧密相连,要对整个社会系统的现实状态及其发展变化趋势有明确了解和具体把握,就必须对各种具体社会现象进行调查,对各种具体社会现象进行调查,也就是要明确了解和具体把握社会系统的现实状态及其发展变化趋势。

一、社会系统

社会调查的客体总体上是社会系统。社会系统是由各种结构性要素构成的,社会系统还有各种结构单位。从系统层次分析的角度看,社会调查的客体实际上包括社会系统的整体、社会系统的各种构成要素及其相互关系、社会系统的各种结构单位及其相互关系。

(一)社会与社会系统

社会是由"社"和"会"构成的一个合成词,在我国古籍中,"社"是指土地神。《礼记·祭法》中有:"共工氏之坝九州也,其子曰后土,能平九州,故祀以为社。"此外,"社"还有祭神的节日、祭神的地方等意思,如秋社、里社。"会"是指集合、集会,又转意为组织、团体,如工会、农会、学生会。"社会"两字连用,泛指人们在一定地方聚集起来从事某种活动,或表示志同道合者结成的组织或团体。在社会学中,社会是指以人或人群共同体为活动主体、以生产方式为物质基础的各种要素按照一定方式组合而成的有机整体。

社会是由多种多样的要素构成的,构成社会的要素是按照一定结构、一定方式组合而成的,社会是一个有机整体,是一个完整的系统。这个完整的系统称之为社会系统。社会系统有其存在状态和运动方式,有其发展变化的规律,也有其特定的目的和功能。

社会调查把社会系统作为客体,实质上是要通过社会调查活动对社会系统的现实状态及其发展变化趋势作出明确的认识和具体的把握,以有效地管理整个社会系统,并达到优化和改造社会系统的目的。

(二) 社会系统的构成要素

社会调查的客体是社会系统。社会调查要真正达到认识社会系统的目的,自然离不开对社会系统的构成要素的了解和把握,因而社会系统的构成要素以及它们相互之间的关系也应当是社会调查的客体。具体来说,作为社会调查客体的社会系统的构成因素很多,真正能够称之为要素的如下:

1. 自然环境

自然环境是指人类社会生存与发展所处的地理位置所决定的物质条件,具体包括一定地域的地理面貌、气候水文、矿产植被等。人类社会是自然界长期发展的产物,人类不能脱离自然环境而生存,不能脱离自然环境而构成社会系统,所以,自然环境乃是社会系统的一个关键要素。

自然环境作为人类生存与发展的"地方空间",它在很大程度上决定或影响着一定地域人们的生产方式和生活方式,影响人类的物质文明和精神文明的形式和发展,并形成一定的与当地自然环境密切相关的"地方文化"。如"靠山吃山,靠水吃水","在哪山唱哪山歌",就是这个道理。

自然环境影响人类活动,人类活动也影响自然环境。人类要生存,就要影响和改造自然,造就"人工自然"。但自然规律不能否定,它不以人们意志为转移地起作用。尽管人们可以认识和利用自然规律,但在人与自然的生态关系上,如果破坏了自然界的生态平衡,就等于破坏了人类存在和发展的基础。

由上可知,社会是人与自然界的统一体。在这个统一体中,自然环境影响人类社会,人类社会也影响自然环境。自然环境与人类社会的关系,实际上是人与自然界之间的对立统一关系。基于此,社会调查在把社会系统当作客体的同时,自然地把人类社会的自然环境也当作社会调查的客体。

2. 人口

社会是人的集合体,人口是社会系统的基本要素。人口不是一个抽象的概念,而是一个具体的概念,它是指具体社会中一个一个的人。正是因为有了人,才有了我们的人类社会,也才有了真正的社会系统。没有人口的社会是不存在的,少数个别的人口,或者单一性别的人口,都难以成为完备的社会。

人口对社会有影响,社会对人口也有影响。人口对社会的影响一般有两个方面:①人口构成对社会有影响。人口构成包括人口的自然构成(如性别、年龄、身高)和社会构成(如民族、阶级、职业、教育、宗教、婚姻),这两者都对社会有影响。②人口过程对社会有影响。人口过程是指人口的变动趋势,包括自然变动(如出生、死亡)和社会变动(如迁徙),这两者也都对社会有影响。社会对人口的影响更是多方面的,主要表现为社会的政治、经济、文化、教育等因素对人口构成和人口过程的各种影响。

人口作为社会系统构成的基本要素,历来被视为社会调查的重要对象,其调查内容主要有人口数量、人口质量、人口密度、人口流动等对社会的影响,以及社会的政治、经济、文化、教育等因素对人口的影响两个方面。近些年来,我国对城乡人口流动的调查,就是把人口作为社会调查客体的例子。

3. 文化

文化是社会系统中一个纯粹社会性的构成要素,它是具体形态的社会的象征。人与动物的区别在于人类创造了文化,文化造就了人的行为方式和生活方式,造就了社会的相互关系和规范。广义的文化是指人类在社会实践中创造的物质财富和精神财富,是人类对社会对自然界进行改造所产生的一切成果。这种成果,一般分为物质文化和精神文化。物质文化体现为人类改造自然界的物质产品。精神文化则是人类意识活动的直接产物,包括知识、信仰、艺术、道德、法律、风俗、习惯及影响人们的行为方式和思维方式的观念等。

如果我们将社会和文化加以严格区分,完全可以这样说,文化对社会有重要影响,社会对文化也有重要影响。社会对文化的影响通常是通过一定社会的生产方式起作用的。而文化对社会的影响是多方面的。具体地说,文化对社会的影响,主要指思想观念、理论基础、行为特征、组织形态、领导形态、控制形态、评价标准、综合特征、场景氛围等对社会的影响。这种影响包括对人们认识和改造自然界的影响,对人们社会行为的影响,对人们生活方式的影响,对人类社会管理的影响,对人类社会进程的影响等。

文化作为社会的一个特殊的构成要素,历来为社会调查者特别关注和重视。在过去很长一段时间里,社会调查所关注的对象,与其说是社会本身,不如说是社会文化系统。尤其是社会人类学或文化人类学开展的社会调查,更是给予文化高度的重视。这从一个侧面反映出,作为社会系统构成要素的文化,理所当然是社会调查的客体,而且是十分重要的客体。

(三) 社会系统的构成单位

社会调查不仅把社会系统的构成要素视为社会调查客体,而且把社会系统的构成单位(如个人、群体、组织、阶层、民族、社区)视为社会调查客体。具体来讲,社会调查往往把以下社会系统构成单位视为社会调查的客体。

1. 社会系统中的个人

人是现实社会中一切社会活动的主体。没有人就没有社会。但是,每个人都具有自然属性和社会属性两种属性。从自然属性来讲，每个人都是独立的能够自我实现新陈代谢的生命实体。从人的社会属性来讲，按照马克思主义哲学分析的结论，人的本质是在现实社会中的一切社会关系的总和。

社会系统中的个人之所以能够作为社会调查的客体，是由人的社会属性所决定的。每个人都是社会系统中的一员，个人在社会系统中生活，既要受社会系统的影响，也会影响社会系统。社会调查把社会系统中的个人作为调查客体，其调查内容是十分丰富的，主要有：个人的社会属性问题、个人的社会化问题、个人成长的社会环境问题、个人的社会角色问题、个人的社会地位问题、个人的社会关系问题、个人对社会的影响和作用问题等。尽管许多社会学家对个人行为不甚关心，但只要依据人的社会属性原理把个人纳入社会系统中加以考察就会发现，社会系统中的个人是能够而且应该作为社会调查客体的。

个人不仅因其社会属性而成为社会调查的客体，而且个人也是社会调查过程中直接的调查对象，通常称之为被调查者。在许多社会调查活动中，社会调查主体必须通过调查作为被调查者的个人取得个人资料和其他调查资料，然后通过综合归纳成为一定社会构成单位或一定社会系统层面综合研究的成果。从这个角度讲，个人乃是社会调查中十分重要的社会调查客体之一。

2. 社会系统中的初级群体

初级群体即初级社会群体，是指家庭、宗族、村落、玩伴及各种非正式组织等。初级群体的共同特点在于，它们是通过长期的、直接的、密切的，甚至面对面的相互作用而形成的群体。从某种意义来说，初级群体并不是由社会成员之间的共同目标组合而成，而是由社会成员之间的情感相关联接而成。

初级群体历来是社会学特别关心的社会系统构成单位之一，也是社会学家毫无例外地将其作为社会调查客体的社会系统构成单位之一。许多的社会学家认为，只有社会群体现象才能成为社会学研究的对象。很明显，既然初级群体能够作为社会学的研究对象，那么它也可以成为社会调查的重要客体。

作为社会调查客体的初级群体，依其社会结构的性质又可区分为四种类型。

(1) 家庭。家庭是社会的细胞，与社会息息相关，通常被认为是社会的基本单位。把家庭作为社会调查的客体，其目的是要考察家庭的社会职能和社会关系及其变化；借由家庭调查探讨妇女、儿童及老人的问题；考察以血缘关系为基础的"亲属网"和宗族在社会组织或社会系统中的作用等。

(2) 村落。村落指自然村，是广大农村地区最普遍的群体形式，它是若干户家庭居住在同一地域而形成的。自然村落形成邻里关系，邻里关系对组织生产、开展互助、青少年教育、人们之间的思想交流和情感联络具有重要作用。作为社会调查客体的村落，可供社会调查研究的课题是多方面的。

（3）非正式组织。非正式组织是以情感为纽带自然形成的无形组织。它产生于共同的社会背景或利益、爱好、观点等。如同乡群、朋友群、同辈群、同学群等。非正式组织作为社会调查的客体早已得到肯定，但真正受到特别重视，是从西方企业发现正式组织中的非正式组织的影响和作用开始的。

（4）其他特殊类型。初级群体还有其他一些特殊的类型，如现实社会中的玩耍伙伴、游戏群体，网络虚拟社会中的网友群体、聊天群体。这些初级群体也可成为社会调查的客体，尤其在儿童教育研究和青少年社会化研究中，这些初级群体甚至还可以成为社会调查的重要客体或重要对象。

3. 社会系统中的社会组织

社会组织是人们基于一定的社会需要和利益要求，为实现一定目标而有意识地建立起来并从事一定社会实践活动的社会共同体。它是一种高级社会关系的结构形式，是一种复杂的社会群体，属于次级群体或次级社会群体的范畴。社会组织是现代社会一种重要的社会资源，是社会发展健全的重要保证，是社会发展水平的重要标志。社会组织的兴起和发展，产生现代管理科学。

社会组织的具体形式纷繁复杂、多种多样，诸如工厂、公司、商店、银行、政府、政党、军队、学校、报社、电台、医院。随着社会的发展，各种经济的、政治的、文化的、甚至生态保护的社会组织形式日益增多。网络社会的崛起，更给人们的社会联系增加了一个超越时空界限的先进的、发达的联系纽带，于是，在当今社会中，已经产生了大量的网络社会组织。

社会组织是社会系统的一种重要构成单位，它本身也成为社会系统的一个子系统，即它本身也是一个系统。社会组织的形成、发展和完善，是有其社会历史背景的。反过来说，社会历史背景（即社会的经济、政治、文化背景）对组织建设又提出了更高的要求。随着现代经济建设和社会建设的需要，我国现有的社会组织体系需要进行调整，党政关系、政企关系、政社关系、党群关系、行业之间关系、组织内部关系等，都有许多环节与我国和谐社会建设不相适应。这些关系如果不理顺，社会就不能良性运行。社会组织的发展是实现社会协同管理的基础和前提，很明显，社会组织当是社会调查研究的重要客体。

4. 社会系统中的社会阶层

社会阶层是指同一经济地位的人们，根据其职业、收入和社会地位的差别而呈现出的分层。各社会阶层由于利益、欲望、态度、价值观念等各有特点，因而他们对社会进程的影响和作用也不尽相同。对社会分层问题进行研究，认识社会的宏观架构，协调各阶层的利益问题，调动各方面参与和谐社会建设的积极性、主动性和创造性等，都具有极其重要的意义。

通常来讲,社会是流动的,人们所处的社会阶层是不断变化的,尤其是社会处于急剧变革之时,人们所属的阶层变动或社会流动会增大。近30多年来,由于我国实行改革开放政策,许多农民离开土地做工经商,个体经营者已经成为较大的社会阶层,这种现实的社会分层与组合对社会产生了极为深远的影响。所以说,社会阶层及其变化也是社会调查的客体之一。

在谈到社会系统中的社会阶层时,还有必要提到社会系统中的阶级。阶级(class)这一术语,最早是由古罗马的人口普查人员发明的,最初是为了军事上的义务性服役目的,用于以财产状况为基础区分人口。18世纪,随着工业革命的兴起,阶级一词才逐渐有了近代的意义,并被当代的社会学家及其他学科的学者广泛用来分析现代社会的社会结构与社会分层。

阶级是一种特定的社会分层,它是基于人们的社会经济地位进行社会分层的结果。阶级问题总是与社会经济地位的不平等密切联系。阶级问题的研究不仅对于社会成员生活有意义,而且与社会结构、社会性质、社会变迁等有重要关系。正因如此,社会调查同样把社会中的阶级作为其重要客体,具体调查社会的阶级结构及其对社会系统的影响和作用,社会阶级结构的变迁等。马克思主义的社会学家,对社会的阶级问题的调查研究给予十分重视。

5. 社会系统中的民族

民族是人类社会长期发展的过程中逐渐形成的具有共同语言、共同地域、共同经济生活以及表现于共同文化上的共同心理素质的稳定的人们共同体。形成民族的因素是多方面的,有自然地理条件的因素,也有社会发展程度的因素,有政治的、经济的、文化的因素,也有宗教的因素以及其他方面的因素。但一般认为,构成民族的主要因素是斯大林提出的四个方面:共同的语言、共同的地域、共同的经济生活以及表现于共同文化上的共同心理素质。

民族是一种特殊的社会构成单位。在社会大系统中,一方面,各民族是社会系统中的一员,它与社会大系统相互依赖、相互作用、相互影响;另一方面,各民族在语言文字、居住地域、经济生活、文化生活、宗教生活、心理素质、风俗习惯等方面又有所不同,形成各民族之间的诸多差异,从而给社会团结、社会融合、社会交往、社会管理、社会建设和社会全面发展带来一定的困难。正因为这样,社会系统中的民族便成为社会调查研究的重要客体。

我国是一个多民族的国家,由于历史的原因,少数民族大都集居在边远地区,且在经济、政治、文化方面均较落后。我国的民族政策是加速发展少数民族地区的经济和文化事业,实现共同繁荣、共同发展的目标。当前的突出问题是如何使少数民族地区加快发展,在经济和文化方面消除事实上存在的不平等。在民族调查中,一方面要重点研究一个民族的生产方式如何转移到现代化生产方式上来;另一方面要重点研究少数民族的独特文化,包括语言文字、风俗习惯、心理素质、行为方式等,研究这些因素对少数民族地区发展的影响,同时,还要研究各民族之间的相互影响和联系,以共同弘扬中华民族文化精华。

6. 社会系统中的社区

社区是一定地域内的人们社会生活的共同体,是基于同类型社会生活而形成的相对独立的地区性社会。社区由以下要素构成:①以一定方式组织起来的进行共同生活的人群;②一定的地域条件;③一定的生活服务设施;④一定特色的文化制度和生活方式;⑤一定的心理上的社区认同感。从这些构成要素分析可以看出,一个社区是具有人口、地域、设施、文化、心理及相应群体的社会组织系统,它是一个现实的社会,一个社会的缩影。

社区的具体内容和形式千差万别,一般把社区分为两类,即农村社区和城市社区。农村社区是社会系统中最基本的一种社区形式,它是以从事农事活动为主的人们组成的地域性社会生活共同体。城市社区是社会系统中另一大基本社区类型,它是以从事工商业及其他非农社会活动的居民组成的地域性社会生活共同体。尽管不同的社区差异较大,但它们仍有某些共同的特征:①社区是相对完整的社会实体,社会普遍存在的现象都可在社区中得到反映;②社区是相对完备的社会功能整体,其基础结构能够满足人们的基本需求,并随着人们需求的不断扩大,其功能也趋于增加;③社区是一个历史范畴,是人类活动的产物,它随着社会的发展而发展,随着社会的进步而进步。

社区是现代社会学研究的一个重要范畴,当然也是社会调查的重要客体。在社会学中,社会调查把社区作为客体,通常是对社区进行整体的、区域性的、说明"社区问题"的调查,而不是在社区中进行其他社会系统构成单位的研究。自德国社会学家裴迪南·滕尼斯提出"社区"这一社会学范畴以来,对"社区"的调查研究一直是社会学家特别重视的领域,许多社会学家都投身于社区研究之中,取得了许多重要成果。美国社会学家林德夫妇的《中镇》、我国社会学家费孝通先生的《江村经济》,都是社区调查研究的典范之作。

二、社会系统中的社会现象

社会系统本身是一种社会现象,但它只是一般的社会现象,只是区别于自然系统而存在的科学范畴。社会系统中有许多具体的社会现象,包括本节前面所述的具体社会现象。这些具体的社会现象才是社会调查的具体对象,即社会调查可以具体把握的、具有可操作性的、实实在在的客体。

(一) 社会现象的含义

什么是社会现象？这是一个长期以来为社会学家所关心的概念，也是时至今日仍未完全求得统一界定的概念，不同的社会学家对社会现象作出了不同解释。例如，程继隆主编的《社会学大辞典》中认为，社会现象是"人与人之间交互作用所表现的现象。人与人之间无时无地不互相作用，互相影响，以构成错综复杂的社会行为，形成种种不同的社会现象"。[①] 宋林飞教授在《社会调查研究方法》中认为："社会事实是许多人共同参与和发生的活动，是群体性的外在现象，是在现实中存在或已经完成了的事物"。[②] 宋林飞教授所讲的社会事实即社会现象。此外，有人则把社会中所发生的一切现象说成是社会现象。

对社会现象正式作出过权威解释的是法国社会学家埃米尔·迪尔凯姆，他在《社会学方法的规则》一书中专门研究了社会现象（Fait Social，又译为社会事实）。迪尔凯姆认为，社会现象不能简单地等同于社会中的普遍现象。人们通常将社会现象一词用来表示社会中所发生的一切现象，按照这种说法，所有关于人类的事情，都可称得上是社会现象。这样，把社会现象作为研究对象的社会学就成为一个包罗万象的大杂烩，就失去了独立存在的意义。迪尔凯姆指出："其实，在社会中存在着一种确定的团体现象，这种现象的性质与其他自然科学所研究的现象的性质有着很大的差别。"[③]这就是"社会现象"。

迪尔凯姆解释说："它们是存在于人们身体以外的行为方式、思维方式和感觉方式，同时通过一种强制力，施以每个个人。这些现象不同于有机体的现象，后者是通过某些形态和动作表现而存在的。它们也不同于心理现象，心理现象只存在于个人意识之中和通过个人意识表现出来。总而言之，这些现象具有一种新的性质，只有用'社会的'一词可以表明这种性质和它的含义。因为个人不可能有'非有机体'和'非心理'的现象，只有社会才具有这种现象。诸如政治团体（整体或者其中一部分）、宗教、政党、文协、行会，都是社会的现象。另外，'社会的'一词只有用来表示一种综合现象，一种与已经形成的个体现象相脱离的现象，才有确定的意义。这样的现象，是社会学专有的现象。"[④]

迪尔凯姆进一步强调，社会现象是外在于个人意识的，是独立于个人的特殊现象。他认为："普遍的、概括的现象并不能称为社会现象。各种在个人意识中可以找得出来的思想，各个个人中见得着的行为，也都不能算作社会现象。如果把这些现象当作社会现象，那是把个人身体以内的事情与社会现象相混淆。构成社会现象的是集体性的信仰、

[①] 程继隆.社会学大辞典[M].北京：中国人事出版社，1995：304.
[②] 宋林飞.社会调查研究方法[M].上海：上海人民出版社，1990：1.
[③] 迪尔凯姆.社会学方法的规则[M].北京：华夏出版社，1999：4.
[④] 迪尔凯姆.社会学方法的规则[M].北京：华夏出版社，1999：5.

倾向和守则。那些名义上为集体的、实际上仍然属于个人性质的形式,也不能称为社会现象。集合体和个人这两种现象通常有不同的状况。例如,某种思想经过许多人的共同加工,成为一种集体的思想,这时它与先前出自个人的思想是不同的。不论先前个人的思想与这种集体的思想是如何地接近,两者不是一回事。个人的思想存在于个人身上,集体的思想存在于集体之中,它独立于个人而发生作用。与这种集体思想和行为相适应,采取某种形式,构成一种特别的团体,形成集合的现象,这与个人现象显然不同。集体习惯之所以存在,不仅仅在于连续行为中一种固定不变的形式,而且这种形式一经采用,就会通过人们的交谈、教育以及文字的传播等发生作用。这是社会现象的特性,在生物界里,找不出这样的例子。"[1]由此可见,迪尔凯姆所说的社会现象,是一种团体现象或集体现象,是"一种强制力,普遍存在于团体中,不仅有它独立于个人固有的存在性,而且作用于个人,使个人感受的现象"。[2]

(二)社会现象的特点

尽管人们对社会现象所作的界定或解释有所不同,但人们对社会现象与自然现象还是能够作出比较明确的区分的。这是因为,社会现象相对于自然现象来讲,有它自身的某些基本特点,从而区别于多种多样的自然现象。

1. 主观性

与自然现象不同,社会系统中的一切社会现象无不打上人类主观意志的烙印。在自然界中,没有任何事情是作为有意识的、自觉的目的发生的。相反,在社会历史领域内,全是有意识、有目的的人的活动;任何事情的发生都不是没有自觉的意图,没有预期的目的的。即使智力低下的人的行为,也有其一定的主观性。因此,人们就常常把社会生活当作是任人摆布的纯主观的东西,便往往用人们的意志、愿望、性格、心理状态等主观因素去解释各种社会现象。

2. 偶然性

同自然现象相比,社会系统中的社会现象具有更大的偶然性。尤其在现代社会中,各种社会因素变动性越来越大,某种社会现象的产生,其偶然性愈加明显,跟随某一社会现象表现状态之后出现的通常不一定是严格规定的预期状态。"好心没有好报",表明的就是这样一种状态。因而,在社会领域,社会现象似乎总的来说是由偶然性支配的。正是由于这种情况,人们往往把社会现象当作偶然事件,是偶然现象的堆积,好像其中没有任何必然性可言。

---

[1] 迪尔凯姆.社会学方法的规则[M].北京:华夏出版社,1999:7.
[2] 迪尔凯姆.社会学方法的规则[M].北京:华夏出版社,1999:12.

3. 复杂性

社会现象具有极大的复杂性。社会现象的复杂性具体表现在以下方面：①社会现象是由多种社会因素构成的；②社会现象的产生是由多种多样的原因造成的；③任何一种社会现象的出现必然引起多种多样的结果，甚至引发一系列的连锁反应；④社会现象之间的联系纵横交错，杂乱纠纷，构成更为纷繁复杂的高层次、大范围的社会现象。社会现象的复杂性，给人们认识社会带来了很大麻烦，这即社会学被认为是一门高深学问的原因所在。

4. 流变性

社会现象具有高速流变性，它的变化极为迅速，往往是自然现象所不可比拟的。特别是现代社会，由于科学技术的迅猛发展，社会生产力的巨大进步，社会发展一日千里，社会系统中各个子系统的变化节奏大大加快，各种社会现象瞬息万变。尤其是网络出现以来，社会现象的变化更加变幻莫测，更使得人们晕头转向，云里雾里。社会现象的这种高速流变性，给人们正确把握社会系统的现实状况及发展变化趋势增加了困难，并提升了社会管理的难度。

5. 模糊性

社会现象还具有模糊性。模糊性是指人们对社会现象的认识中存在的不确定性或不明晰性。社会现象的模糊性，首先是由社会现象本身的复杂性所造成的；其次是由社会现象之间没有绝对明确的界限造成的；最后是由人们对社会现象认识的不完全性造成的。在现实生活中，社会现象的模糊性能为人们广泛感受到，如社会信息的真与假、社会行为的善与恶、社会产品的优与劣、社会成员的贫与富，往往由于多种因素的影响而难以明确加以区分。

正因为社会现象具有上述特点，所以，我们要有效地认识社会进而有效地管理社会，就必须对社会现象进行广泛、深入、持久的调查研究。实际上，透过社会现象的主观性、偶然性、复杂性、流变性和模糊性认识社会生活的客观性、必然性、规律性、相对稳定性和相对确定性，进而具体把握现实社会的状态，对社会现象作出明确的解释，对社会发展作出准确的预测，为人们有效地管理社会和改造社会提供科学认识的依据，是社会调查的基本任务。

（三）社会现象的类型

社会现象尽管纷繁复杂，但也可以借由科学方法对其进行适当的梳理和分类。通常来讲，根据不同的分类标准，社会现象可以分为多种类型。按照社会学领域通常的划分方法，大致可以对社会现象作如下区分。

1. 规则现象与不规则现象

最先把社会现象区分为规则现象和不规则现象的是法国社会学家迪尔凯姆。在《社会学方法的规则》一书中,迪尔凯姆认为,社会现象有两种,一种是应该怎样就怎样的现象,可以称之为规则的现象或者常态的现象;另一种是应该这样但它偏偏不是这样的现象,可以称之为不规则现象或病态的现象。为了弄清规则现象和不规则现象的界限,迪尔凯姆还归纳出三条区分标准:"①在一定的社会中,一个社会现象是否为规则现象,与这个社会的一定发展阶段相联系,在同一类型的各个社会中,确定一个社会现象为规则现象,必须考虑与这种社会相联系的进化时期。②用检验的方法验证第一种方法得出的结果,看它是否符合这样的条件,即规则现象依赖于一定社会类型中社会生活的普遍条件。③如果被考虑的社会现象所附属的那种社会仍处于变革中,还未完成其整个演变的过程,那么,用检验方法去证明它是必不可少的。"[①]

2. "活动状态"现象与"存在状态"现象

"活动状态"现象和"存在状态"现象也是由迪尔凯姆提出的。[②] 在《社会学方法的规则》一书中,迪尔凯姆为了深入说明社会现象的含义,引入了"初步状态"和"存在状态"两个概念,并由此而将社会现象区分为"活动状态"现象和"存在状态"现象两种类型。他认为,由生理现象表现出来的,即关于思想、行为和感觉的现象,我们统称为"活动状态"现象,它们是社会现象的基本部分。另外,社会上还存在一些外貌、形态的现象,我们称为"存在状态"现象,它们同样与社会生活的基本条件有关,因此也属于社会学感兴趣的社会现象,如组成社会的各个基本分子,这些分子的形式和集合程度,各地区人口的分布、交通道路的状况、人们的居住环境。这类"存在状态"的现象具有与"活动状态"现象相同的特征。"存在状态"对个人的强制也和"活动状态"对个人的强制一样,它们的差别只是在于表现程度的强弱不同而已。

3. 原生事实现象与派生反应现象

对于社会现象的分类问题,当代国内学者也做了一定的研究工作。其中雷洪教授的工作很值得在此加以介绍。雷教授认为,社会现象十分复杂,依事物的根本性质而言,可区分为两类性质的社会现象:一类是发生和正在发生的客观事实现象或原生事实现象,例如,社会人口多少,社会结构状况如何,物价是否上涨;另一类是对发生和正在发生的客观事实现象所产生的社会主观反应现象或派生反应现象,例如,人们对人口多少、社会结构状况如何、物质是否上涨等事实现象的感受、认识、态度、评价、意愿、期望。[③] 在社会

---

① 迪尔凯姆.社会学方法的规则[M].北京:华夏出版社,1999:52.
② 迪尔凯姆.社会学方法的规则[M].北京:华夏出版社,1999:11.
③ 雷洪.社会问题[M].北京:社会科学文献出版社,1998:21.

系统中，原生事实现象与派生反应现象确实具有不同的性质和特点，原生事实现象体现的是社情，派生反应现象体现的是民意；原生事实现象的客观性强，派生反应现象的主观性强。在社会调查中，对原生事实现象和派生反应现象进行测量的指标也不同，前者需要以客观指标测量，后者需要以主观指标测量。

第三节 社会调查的方法

"方法"一词，源于希腊文 $meta\bar{o}d\bar{o}s$，其中 $meta$ 表示"沿着"，$\bar{o}d\bar{o}s$ 表示"道路"。用我们今天的话来讲，所谓方法，就是指各种能够保证人类社会实践活动朝着预定的方向进行，达到人类社会实践活动目的的途径、手段、工具、方式的总和。社会调查是一种特定的人类社会实践活动。社会调查方法就是社会调查主体为保证其社会调查活动朝着预定的方向进行，达到了解和认识社会的目的所运用的手段、工具和方式的总和。社会调查方法在社会调查活动中乃必不可少的因素，它是构成社会调查活动的第三大要素。

一、社会调查方法的特点

社会调查方法是人类社会实践活动方法体系中的一种专门方法体系，它有自身所固有的、用以区别于其他方法体系的许多特点。正确认识这些特点，对于切实掌握和有效运用社会调查方法极有好处。

（一）相对的独立性

社会调查方法的相对独立性是指社会调查方法体系是一种相对独立存在的方法体系。社会调查方法的相对独立性可以从两个方面分析：首先是社会调查方法体系构建依据的相对独立性。在人类社会实践活动中，各种人类社会实践活动方法体系的构建依据都是其活动本身。由于具体的人类社会实践活动多种多样，因而各种具体人类社会实践活动方法体系的构建依据也就各不相同。构建依据的这种相对独立性，决定了方法体系的性质、功能等的不同，从而形成方法体系的相对独立性特点。社会调查方法体系的构建依据是社会调查活动本身，依据社会调查活动而构建起来的社会调查方法体系，自然具有相对的独立性。其次是社会调查方法体系适用领域的相对独立性。不同人类社会实践活动的方法体系适用于不同人类社会实践活动领域，即使其中某些方法内容能为别的人类社会实践活动领域使用，也必须依据有关人类社会实践活动领域的实际情况，通过移植研究进行移植。诚然，经过移植研究移植到某一人类社会实践活动领域的具体方法，便会具有新的内容、形式和名义，而不再是原人类社会实践活动方法体系中的同名同义的方法内容了。社会调查方法体系是专门适用于社会调查活动领域的,它专门为社会调查活动的实施而构建,专门为社会调查目标的实现而应用,从这个意义上讲,社会调查方法体系确实具有适用领域的相对独立性。

(二) 典型的中介性

社会调查方法的中介性,是指社会调查方法在社会调查活动实施过程中居于中间地位和具有桥梁作用。所谓中间地位,是指社会调查方法居于社会调查主体与社会调查客体之间,社会调查方法是社会调查主体用以了解和认识社会调查客体的媒介。社会调查方法在社会调查活动实施过程中居于中间地位,并不是说它在社会调查活动实施过程中的功能性地位,而是说它在社会调查活动实施过程中的结构性地位。它表明,社会调查活动实施过程中,要实现社会调查主体与社会调查客体的联系,社会调查方法是不可缺少的因素,社会调查主体与社会调查客体之间只有通过社会调查方法,才能联系起来,构成完整的社会调查活动。所谓桥梁作用,是指社会调查方法在社会调查活动实施过程中起手段、工具作用。社会调查主体必须借助于社会调查方法的桥梁作用,才能达到对社会调查客体的真正了解和正确认识。社会调查主体与社会调查客体之间的关系,是在社会调查实践基础上的反映与被反映的关系,但这种反映并非直接的、消极的、被动的反映,而是间接的、积极的、能动的反映。因此,在社会调查活动中,要取得好的调查效果,社会调查主体必须善于使用各种社会调查手段与工具,依靠社会调查方法的桥梁作用,获得对社会调查客体的真正了解和正确认识。社会调查方法的桥梁作用,说明了它在社会调查活动实施过程中的功能性地位。

(三) 显著的综合性

社会调查方法具有综合性。社会调查方法的综合性是由三个方面的因素决定的:①由社会调查客体的复杂性决定。总体上说,社会调查的客体就是社会,社会是一种复杂的系统,它涉及构成社会的各种各样的复杂因素以及社会中的各种复杂的社会现象。面对如此纷繁复杂的社会系统,社会调查只采用单一的方法是不行的,它必须综合地运用各种科学方法,才能有效地考察社会,切实地了解社会,正确地认识社会。②由社会调查学的综合性决定。一般认为,社会调查学是一门综合性很强的方法科学,它的兴起和建构与众多的学科密切相关,如社会学、哲学、信息学、统计学、逻辑学、心理学、语言学、写作学、人际关系学、公共关系学、数据处理技术,这些都是在建构社会调查学中起重要作用的学科。社会调查学的综合性,决定了由它规范的社会调查方法的综合性。事实上,上述各门学科的许多方法,都已经或正在综合地应用于社会调查之中。③由社会调查实务内容的丰富性所决定。社会调查的实务内容很多,诸如调查课题的选择、研究假设的提出、分析单位的确定、总体方案的编制、调查样本的抽取、调查工具的设计、调查资料的搜集、调查资料的整理、调查资料的统计、调查资料的分析、调查结论的作出、调查报告的写作、调查活动的评估等。社会调查实务内容的丰富性，必然要求社会调查根据不同的实务内容采用各种不同的科学方法。在这些科学方法中，不仅要有社会科学的方法，而且要有自然科学的方法，甚至要有人文科学的方法。

（四）严格的科学性

社会调查方法具有科学性。社会调查方法的科学性是由两方面因素决定的：①社会调查方法的科学性是由社会调查本身的科学要求所决定的。社会调查不是一般的直觉感悟，更不是一般的冥思苦索，它区别于一般的社会认识活动的一个突出特点就是它必须遵循科学性原则。社会调查中强调科学性原则，说到底就是要求其方法应当科学。确保社会调查方法的科学，是确保社会调查科学性原则得以贯彻落实的基本保证。离开了方法的科学，社会调查就不可能"科学"。在现代社会中，社会调查对方法的科学性有越来越高的要求，而这种要求又证明了社会调查方法必然存在的科学性特点。②社会调查方法的科学性也是由方法本身的科学化所决定的。按理来说，方法是认识和实践的一种"工具"，但这种"工具"不是工人手中的扳手，也不是农民手中的锄头，它本身是一种具有科学性的知识体系。任何没有科学性的内容，都不能称其为科学意义上的方法，充其量也不过是日常生活中所说的"方法"。方法的科学性和科学化历来都为科学工作者所重视。随着科学技术的不断发展，人们对方法科学性的认识越来越深刻，方法的科学化也得到了极大的提高。当代关于方法的研究已经成为一门科学，真正的方法被称为科学方法。这样，对于社会调查来说，方法的科学性特点将会得到进一步的体现和增强。

二、社会调查方法的作用

真正的科学方法是人们发现真理、纠正错误的有力武器，是人们解决问题、达到目标的得力工具，是人们团队作战、协同创新的合力支撑。社会调查方法作为一种科学的方法，在社会调查活动中具有多方面作用。

（一）全面增进调查人员的才华

有效运用和创新社会调查方法，可以提升社会调查人员的科学素质，增进社会调查人员的聪明才智。法国科学家C.贝尔纳指出："良好的方法能使我们更好地发挥运用天赋的才能，而拙劣的方法则可能阻碍才能的发挥。由此，科学中难能可贵的创造性才华，由于方法拙劣可能被削弱,甚至被扼杀;而良好的方法则会增长、促进这种才华。"①社会调查对社会调查人员的科学素质和实际本领的要求非常之高,社会调查人员除了具备较为丰富的社会学与社会研究知识外,最为关键的是要掌握社会调查的方法。社会调查的方法,正像贝尔纳所提出的那样,它可以增进社会调查人员的聪明才智,提高社会调查人员的运筹、谋划、设计、实施各种社会调查活动的能力,使社会调查人员的科学素质和实际本领不断得以提高,从而使社会调查活动产生良好的效果。

(二)顺利完成社会调查的任务

有效运用和创新社会调查方法,可以提高社会调查人员的社会调查本领,使社会调查人员顺利完成社会调查任务。毛泽东同志曾形象而深刻地说明方法的重要性。他说:"我们不但要提出任务,而且要解决完成任务的方法问题。我们的任务是过河,但是没有桥或没有船就不能过。不解决桥或船的问题,过河就是一句空话。不解决方法问题,任务也只是瞎说一顿。"②在社会调查活动中,当一项社会调查任务确定下来以后,要顺利完成任务,关键是要解决方法问题。社会调查的方法,从某种意义上来说,就是社会调查的有效途径、得力工具和科学手段,就是毛泽东同志所说的"过河"的"桥"或"船"。为社会调查人员提供社会调查的方法知识,实际上就是为他们提供进行社会调查活动的"桥"或"船",从而使他们可以顺利地完成社会调查任务。

(三)有效提高社会调查的效益

有效运用和创新社会调查方法,可以帮助社会调查人员提高社会调查的效益。这是因为:①运用社会调查方法,有利于社会调查人员正确把握社会调查活动的方向,从而提高社会调查的效益。在社会调查中,方向问题是一个重要问题。英国哲学家F.培根指出:"跛足而不迷路的人能赶过虽健步如飞但误入歧途的人。"③这明确反映了方向与效益的关系。社会调查方向对头,就可以不走或少走弯路,取得良好效益;否则,就会事倍功半,徒费辛劳。②运用社会调查方法有利于社会调查人员优化社会调查运作的过程,从而提高社会调查的效益。社会调查的过程并非一成不变,是可以优化的。社会调查人员通过社会调查方法的灵活运用,可以运筹、谋划、设计、安排好社会调查过程以及各阶段、各环节的具体任务,使社会调查的过程更加科学,更加合理,更为优化,提高社会调查的效益。

---

① 转引自郡培仁.传播学导论[M].杭州:浙江大学出版社,1997:22.
② 毛泽东选集:第一卷.北京:人民出版社,1957:134.
③ 转引自W.I.B.贝弗里奇.科学研究的艺术[M].北京:科学出版社,1984:1.

三、社会调查方法体系

社会调查方法是一个体系,称之为社会调查方法体系。从发生学的角度讲,社会调查方法体系是人们对社会调查方法的认识和创新不断深化的产物,其实质是社会调查方法内容积累到一定数量后,人们对这些方法内容相互之间的关系加以全面梳理,并使之系统化的结果。它既是社会调查方法内容内在联系的反映,也是人们对其内在联系形式化后的产物。从系统理论的角度看,社会调查方法体系是一个有层次结构的系统。根据科学方法论的一般划分方法,社会调查方法体系可以分为三个层次,即方法论、基本方式和具体方法。

(一)方法论层次

社会调查方法论是从各种具体方法和基本方法内容中抽象出来的方法层次,它是一种方法理论,主要涉及社会调查的立场、观点、角度、原则等问题,它提供社会调查的指导思想,属于社会调查方法体系的最高层次。社会调查方法论是直接从社会学引入过来的。在社会学中,作为指导思想的方法论在现实中并不统一,它总是与一定的哲学观点相联系,持不同哲学观点者因其对"如何看待和认识社会现象"、"如何获得客观、可靠的事实"、"如何分析和解释事实"、"如何检验社会理论"等问题的看法不同,形成了多种社会学方法论流派,社会调查方法论也就有不同流派之分。近代以来,社会调查方法论的主要流派有实证主义方法论、人文主义方法论、马克思主义方法论。

1. 实证主义方法论

实证主义方法论形成于19世纪法国、英国、美国等国。它最早是由法国学者孔德根据近代经验哲学、理性实验科学所取得的成就于19世纪30年代提出的,后来经由英国学者斯宾塞引入生物进化论观点作了进一步的论证和补充,再经由法国学者迪尔凯姆的进一步发展得到不断完善。

孔德(Auguste Comte,1798—1857)是法国的一位实证主义哲学家、社会学家,是社会学的创始人。他在1838年提出"社会学"应成为一个学科时,其明确的意图是要建立一门研究社会的实证科学。他曾对"实证"一词作过解释,认为"实证"一词有几个意义:①现实的而不是幻想的;②有用的而不是无用的;③可靠的而不是可疑的;④确切的而不是含糊的;⑤肯定的而不是否定的。[①] 孔德希望社会学能像自然科学那样,发现客观存在的社会规律,以便预测、控制、管理和改造社会,因而他创造了一套实证研究方法,包

---

① 宋林飞.西方社会学理论[M].南京:南京大学出版社,1997:15.

括观察方法、实验方法、比较方法、历史方法,以及数学在社会研究中的应用等。

斯宾塞(Herbert Spencer,1820—1903)是英国的一位重要社会学家,社会学古典理论的奠基者之一。在方法论上,他部分接受了孔德的实证主义观点,即人们通过观察、实验获得的经验知识才是科学知识,探索人的经验之外的事物的规律毫无意义,并且发展了孔德的实证观,提出只存在"现象的实际规律",而现象则是人的感觉,科学就是对人的主观感觉的描述、记录、整理。

迪尔凯姆(Emile Durkheim,1858—1917)是法国社会学大师,孔德实证主义方法的直接继承者和重大发展者。他于1895年出版了《社会学方法的规则》实证主义方法论专著,并于1897年出版了《自杀论》这一社会学实证研究成果。这两部专著的出版,是对实证主义方法的系统传播,在世界社会学界产生了重大影响,成为后来社会学者的案头必备之书,甚至是反复阅读之书。

19世纪末20世纪初实证主义方法论从欧洲传入美国,与美国的实用主义相结合,得到进一步发展。芝加哥学派首先创立了社会学经验研究,并在早期侧重对城市生态问题进行实证研究,提出开展"科学的社会学研究",摒弃一切哲学思考和内省方法。后来,G. A. 伦德伯格、S. A. 斯托福、P. F. 拉扎斯菲尔德、H. M. 布莱洛克和J. S. 科尔曼等人更重视定量化的研究方法,把社会学方法变成一套完整的模式化、程序化、精确化、可操作的科学方法。

实证主义方法论的核心是唯科学主义,它的本质在于对社会现象采取客观主义态度以及"价值中立"原则。这一方法论的基本观念建立于自然主义公设以及社会文化现象可还原为自然现象的假设之上,并由此逻辑推导出这样一个方法论原理,即社会研究可以运用自然科学规律和方法进行。基于此,实证主义方法论便有了如下主张:①主张从宏观层次通过大样本的调查和统计考察社会现象;②主张依靠自然科学规律对社会现象进行客观解释;③主张运用自然科学方法对社会现象进行静态分析和数量分析;④主张按照自然科学"价值中立"的原则,对研究结果进行客观检验。

2. 人文主义方法论

人文主义方法论是在与实证主义方法论的争论中19世纪末20世纪初在欧洲大陆兴起的一种社会研究方法论。实证主义方法论把自然科学的研究方法绝对地植入了社会研究之中,并试图通过完全排斥人的价值观的影响体现所谓的科学性、客观性,这是它不够科学的一面。正因为这样,在社会研究领域,出现了一种反实证主义方法论的人文主义方法论流派。人文主义方法论流派最早形成于德国,其代表人物有德国的狄尔泰和韦伯。

威廉·狄尔泰(Wilhelm Dilthey,1833—1911)是德国哲学家、历史学家、解释学家和社会学家,他在方法论上持与孔德、迪尔凯姆等实证主义方法论者相反的意见和观点。

他认为,人有自由意志,因此无人能对人们的行为及其社会现象作出预见,也无人能对之形成判断。也就是说,人的行为以及社会现象是偶然的、无规律可循的,即使有规律性,也是人们无法把握的。人们对社会现象只能进行描述,并且这种描述只能基于主观感受体验和理解。这种观点代表了社会研究领域中人文主义方法论流派的极端观点。

马克斯·韦伯(Max Weber,1864—1920)是德国一位重要社会学家,他在方法论上持介于狄尔泰的主张(人的行为和社会现象是不可预测的)与迪尔凯姆的主张(人的行为等社会现象可预测并且可用自然科学的方法进行预测和说明)两个极端之间的一种观点。他认为,社会现象不仅取决于社会规律,而且也是人的有意识的结果。使用实证方法研究一切社会现象有其合理性,但仅此是不够的,实证的方法不足以解释和预测社会现象,对社会现象的研究,要引入直接理解或投入理解(Verstelen)方法,即社会研究者要通过自己的感受和体验,通过对自己的理解,重构他人的体验,理解他人的行为,阐释他人行为及其社会现象的意义。韦伯的观点代表了人文主义方法论的一般主张。

总体上说,人文主义方法论的基本观点是人的行为不同于物体运动,所以对社会现象的研究应不同于对自然现象的研究。正是基于这一站得住脚的观点,人文主义方法论反对实证主义方法论从自然科学中寻找社会研究方法的方法论思想。人文主义方法论的基本主张有:①主张在微观层次上通过实地调查直接了解具体的社会生活状况;②主张从主观角度对社会现象进行主观理解;③主张运用人文科学方法对社会现象进行动态分析和定性分析;④认为对研究结果没有一个客观检验标准,只能依靠主观判断。

3. 马克思主义方法论

马克思主义方法论是由马克思主义的创始人马克思和恩格斯创立的一种哲学层次的方法论。马克思主义方法论的基本内容是唯物辩证法。唯物辩证法是关于普遍联系和对立统一规律的学说,在对社会现象的研究方面,它提供了真正意义的科学方法论观点。马克思主义方法论的基本观点如下:

(1)普遍联系的观点。马克思主义认为,事物之间的相互联系、相互作用是社会现象的本质,任何社会现象之间都有其内在的联系,社会现象同自然现象一样具有一定的规律性,但具体现象之间的联系又是个别的、偶然的、多方面的和多层次的。因此,人们对社会现象的研究,既要从整体上通过对大量现象的分析把握其一般规律,也要根据不同的联系采用不同的方法对具体现象进行具体分析,在方法论上绝不能只强调某种方法而排斥其他的方法。

(2)历史的和发展的观点。马克思主义高度重视历史唯物主义在社会研究中的方法论作用。马克思主义认为,社会现象是在历史过程中产生、运动和发展的,只有把社会现象放在一定的历史过程中才能准确地作出说明与解释。因此,在对社会现象作研究时,不仅要静态地研究事物的现状,还要动态地考察它的来龙去脉或历史演变,并对它的发展趋势和未来状态作出预测。

（3）对立统一的观点。马克思主义认为，对立统一是唯物辩证法的根本规律，它揭示自然界、社会和思想领域中的任何事物以及事物之间都包含矛盾性，事物矛盾双方既统一又斗争从而推动事物的运动、变化和发展。在社会领域，任何事物或现象内部也都包含矛盾，事物或现象内部的各种性质、各个方面、各个层次既对立又统一，它们共同构成了一个整体。因此，对社会现象的研究必须采用"一分为二"的观点和"对立统一"的分析方法。

（4）质与量相结合的观点。马克思主义认为，质量和数量是客观事物的两个基本规定事物的性质决定其内涵、特征和表现形式，而数量则规定其规模、程度和水平。质与量也是对立统一的，质是量的前提，只有同质的事物才可以进行量的比较分析。但量的变化也可以导致质的变化，一定事物的性质都有其一定的数量界限。因此，对社会现象的研究，既要注重质的方面，也要注重量的方面，要将对社会现象的定性分析与对社会现象的定量分析结合起来。

在上述三种方法论流派中，实证主义方法论观点与人文主义方法论观点似乎反映自然科学方法与人文科学方法的对立。但在实际的社会研究中，这两种方法并非不可调和。马克思主义方法论即提供了将这两者及各种对立面统一起来的理论依据。正由于这样，在社会调查的方法论层次上，正确的主张应该是以马克思主义方法论作为社会调查方法论的基本依据，吸收实证主义方法论和人文主义方法论的合理成分，有效构建社会调查方法论的内容体系。

（二）基本方式层次

社会调查的基本方式是指贯穿于社会调查研究全过程的程序、步骤和操作方式。它说明社会调查者采用何种方式、通过何种途径完成社会调查的具体任务，是一种对社会调查活动具有综合指导意义的方法层次。社会调查的基本方式可以从不同的角度划分为不同的类型，通常的划分方法有：

1. 按基本目的划分

按照社会调查研究的基本目的划分，可分为探索性调查研究、描述性调查研究、解释性调查研究与预测性调查研究。

探索性调查研究是借助于"走马观花"和查阅资料等相应活动对社会现象进行初步考察，由此发现问题、提出问题，为进一步的调查研究提供基础和指导的调查研究方式。它可以分为两种基本类型：一是短期的、走访式的调查研究；二是作为一项调查研究的前期准备工作的先导性调查研究。

描述性调查研究是系统地了解某一社会现象的状况及发展过程，并对其现状和历史、数量与质量、结构与功能等作出准确描述的调查研究方式。描述性调查研究是解释性调查研究的基础和前提。一般来讲，描述是从观察入手而不是从理论或假设入手，描述的准确性与概括性是其两项基本要求。

解释性调查研究是以说明社会现象发生的原因，探讨社会现象之间的因果联系，做到"知其所以然"为目的的调查研究方式。这种调查研究方式往往要求有严格的科学规范，在调查方案的设计和调查程序的安排上，它比描述性调查研究复杂得多，严谨得多，并且需要明确提出所需检验的假设。

预测性调查研究是以预测社会现象或社会系统的发展变化趋势和未来可能状态为目的的调查研究方式。由于科学的预测是根据社会现象之间的因果关系所作的逻辑推论，所以，预测性调查研究实际上是解释性调查研究的延伸，或者说，预测性调查研究是一种以预测为目标的解释性调查研究。

2. 按时间特性划分

按照社会调查研究的时间特性划分，可分为横剖式调查研究和纵贯式调查研究。

横剖式调查研究是指在某一时点对一定社会范围的社会现象作"横断面"的调查研究。例如，2010年，我国进行的第六次人口普查，就是对2010年11月1日零点我国的人口状况所作的横剖式调查研究。横剖式调查研究的特点是调查的面较大，调查时点统一，调查指标统一，调查研究的标准化程度高。但由于调查时间较短，调查指标不宜太多，调查研究内容的深度和广度受到限制，且无法对社会现象的发生发展过程和人们的行为动机作出具体分析。

纵贯式调查研究是在不同时点搜集资料，以了解某一社会现象在较长时期内的发展变化情况的调查研究方式。例如，费孝通教授从20世纪30年代到80年代的50年间对江苏省吴江县开弦弓村进行三次实地调查(称"江村调查")，他不仅深入探讨了中国农村的发展道路，而且为研究中国农村的历史变迁提供了丰富的资料。① 纵贯式调查研究还可区分为其他类型，主要有趋势研究、同期群研究、追踪研究、回溯研究四种。纵贯式调查研究的优点是：①能够了解社会现象的发生发展过程；②能够对社会现状进行动态分析；③能够对社会现象进行趋势预测。纵贯式研究也有缺点，就是由于需要对社会现象作长时期关注和多时点调查，往往费时费力，且需要较多的经费支持。

3. 按方法特性划分

按照社会调查研究的方法特性划分，可分为统计调查研究和实地调查研究。

统计调查研究简称统计调查，是一种利用调查问卷或测量量表，调查大量样本，搜集标准化数据资料并对其进行统计分析的社会调查研究方式。统计调查研究特别关注社

---

① 袁方.社会调查原理与方法[M].北京：高等教育出版社，1990：56.

会现象的数量关系,是现代社会调查研究中的一种十分重要的方式。近些年来,西方国家尤其是美国的一些社会学者,对统计调查研究往往表现出高度的重视和浓厚的兴趣,他们严格遵循经验实证主义的原则,主张用精心设计的方法从调查资料中推导出理论,其至主张以数学的概念、理论、方法和公式描述和表示社会现象。统计调查研究的特点是:①利用标准化、结构化的调查方法搜集调查资料;②将调查资料进行精确的分类或转换为数据形式;③利用统计学方法对调查资料进行定量研究或数值分析。

实地调查研究即实地研究或田野研究,是一种主要利用观察、访问、座谈等方法到实地搜集翔实的社会信息资料的调查研究方式。实地调查研究的主要类型有参与观察、访问座谈、个案研究、蹲点调查、社区研究等。实地调查研究的一个重要特点是需要调查者深入现场、亲自与调查对象接触才能具体实施。与统计调查比较,统计调查准备时间长,调查时间短,而实地研究准备时间短,调查时间长。实地调查的优点是:①调查内容深入具体,调查资料效度较高;②能对具体的人和事物作较全面的洞察和理解,能从感性上把握社会生活状况;③调查活动简单灵活,且适于边调查边作研究。它的缺点主要是,调查研究结论的概括性和可靠性较低,且易受调查者主观因素的影响。

社会调查基本方式除上述三种划分方法外,还有其他的一些划分方法,如按调查对象范围划分,可分为普遍调查研究方式、典型调查研究方式、抽样调查研究方式和个案调查研究方式,这四种方式后面作专门研究。

(三)具体方法层次

社会调查具体方法是指在社会调查过程中各具体阶段、各具体环节使用的具体技术手段和实用科学方法。与社会调查方法论层次和社会调查基本方式层次的方法内容比较,社会调查具体方法层次的具体方法只在社会调查过程中的某一特定阶段、特定环节、特定方面、甚至特定环境条件下起作用,它们对社会调查活动只有特定的指导意义和作用,而无综合的指导意义和作用,更无普遍的指导意义和作用。在社会调查方法体系中,具体方法层次属于基础层次。

社会调查的具体方法层次的具体方法是多种多样的。如按社会调查的程序分,可分为筹划准备阶段应用的具体方法、资料搜集阶段应用的具体方法、整理分析阶段应用的具体方法、总结评估阶段应用的具体方法等。对于社会调查过程各阶段的具体方法还可进一步细分,如筹划准备阶段的具体方法可分为选择调查课题的方法、提出研究假设的方法、确定分析单位的方法、选择调查对象的方法、设计调查工具的方法;资料搜集阶段的具体方法可分为科学观察方法、访谈调查方法、问卷调查方法、文献调查方法、实验调查方法、电信调查方法以及资料搜集过程中的人际关系协调方法等;整理分析阶段的具体方法可分为整理资料的方法、分析资料的方法;总结评估阶段的具体方法可分为撰写调查报告的方法、评估调查成果的方法、总结调查工作的方法等。

复习思考题

1. 社会调查主要由哪些因素构成,各要素的基本功能是什么?
2. 试述城乡社会调查大队的主要任务和重要作用。
3. 试述实证主义方法论和人文主义方法论各自的基本主张。
4. 试述统计调查与实地研究的不同特点。

第二篇

Part 2

社会调查总体策划

第三章 社会调查的项目策划

CHAPTER 3

[本章导读]

在现代社会实践活动中,人们往往会对将要开展的社会实践活动进行必要的运筹、谋划和设计。这种运筹、谋划和设计,概括地讲就是策划。在人类社会中,大凡有目的、有计划的社会实践活动,都有策划的必要;大凡有组织、有管理的社会实践项目,也都存在策划的过程。社会调查作为一种有目的、有计划、有组织、有管理的社会实践活动,同样也需要进行策划。这种策划通常称为社会调查项目策划。社会调查项目策划是社会调查过程的起点。其工作内容包括:恰当地选择调查课题,认真地开展研究设计,合理地编制总体方案等。本章主要内容包括社会调查课题选择、社会调查研究设计、社会调查方案编制。本章重点在于:掌握社会调查课题选择的要求与途径、社会调查研究设计的内容与方法,以及社会调查方案的内容及表述。

第一节 社会调查课题选择

社会调查项目策划是社会调查过程的起点,而社会调查项目策划的起点则是选择一个适当的社会调查课题。社会调查课题即通过社会调查所需说明或解决的具体问题。在社会调查中,恰当选择社会调查的课题,不仅可以表明社会调查者的创新意识和创新能力,而且可以表明社会调查者的研究基础和研究水平。为此,社会调查项目策划特别重视社会调查课题的选择。

一、社会调查课题选择的意义

实践经验告诉我们,社会调查课题是否选择得当,对一项社会调查活动的各个环节、各个方面都具有十分重要的影响。它表明社会调查的目标,影响社会调查的运作,体现社会调查的水平,决定社会调查的成败。

（一）社会调查课题选择表明社会调查的目标

我们经常可以看到这样一种现象，即使是对同样的社会现象或社会问题作研究，如果选择的课题不同，研究的目标就会有所不同。事实上，社会调查的课题最基本的作用是能表明社会调查的目的和意图，表明研究者所要达到的研究目标。例如，蔡禾教授的"失业者群体与失业保障"这一课题，就直接表明了研究者所要达到的"通过失业保障解决失业者问题"[①]的研究目标。当然，有的论著标题并不直接表明研究的目标，但作为一项课题则要求适当地表明研究的目标。从某种意义上来说，研究课题即研究目标，选择社会调查的课题就是确定社会调查的目标，社会调查的目标一旦确定，社会调查的路径就可以确定下来，整个社会调查的基本过程也就能随之得以确定。

（二）社会调查课题选择影响社会调查的运作

在社会调查中，如果选择的研究课题不同，那么，所要研究的对象、研究的问题、研究的内容，以及所要采取的研究方法和手段就有不同，调研人员的安排和研究过程的运作也会有明显差异。例如，"关于民工与城市居民社会距离的实证研究"[②]与"拖欠农民工工资问题的法律思考"[③]这样两个课题，前者是一项运用社会测量开展的实证研究，后者则是一项借由实例分析进行的思辨研究。再如，"南京发展模式及主要特征分析——以改革开放30年为背景"[④]与"社会全面发展中的区域形象——以湖南为例的战略研究"[⑤]两个课题，尽管都属于发展研究，采用的研究方法都是经验研究和实证研究，但其研究方案、研究视角、调研方法、研究过程却存在很大差别。

（三）社会调查课题选择体现社会调查的水平

从调查过程上讲，社会调查的水平主要体现在三个环节：调查课题选择、调研资料搜集、研究结论形成。调查课题选择是要提出问题，调查资料搜集和调查结论形成则是要解决问题，其中提出问题更能体现社会调查的水平。爱因斯坦指出："提出一个问题往往比解决一个问题更重要，因为解决一个问题也许仅是一个数学上的或实验上的技能而已。而提出新的问题，新的可能性，从新的角度去看旧的问题，都需要创造性的想象力，

---

① 蔡禾.失业者群体与失业保障[M].南昌：江西人民出版社，1998.
② 郭星华，储卉娟.从乡村到都市：融入与隔离——关于民工与城市居民社会距离的实证研究[J].江海学刊，2004(3)：91-98.
③ 李西.拖欠农民工工资问题的法律思考[J].四川教育学院学报，2005(5)：43-45.
④ 叶南客.南京发展模式及主要特征分析[OL].[2008-12-30]. http://www.jschina.com.cn/gb/jschina/theory/node37345/node38392/node38496/node38512/userobject1ai2122670.html.
⑤ 谢俊贵.社会全面发展中的区域形象——以湖南为例的战略研究[M].长沙：湖南大学出版社，2007.

而且标志着科学的真正进步。"①这一论断,深刻说明了"提出问题"在科学研究中的重要作用,它对社会调查同样具有指导意义。在我国国家社科基金社会学立项课题中,很多课题是选题水平非为一般的课题,有的甚至是一般人想不到的课题。

(四)社会调查课题选择决定社会调查的成败

选择一项得当的社会调查课题是社会调查取得成功的必要条件。一个选择不当的研究课题,不管其研究设计如何周密,调研工作如何认真,都不可避免地导致失败结局。一个由于考虑不周而选择的高难度课题,则可能根本无法实施。一个陈旧老套或脱离实际的研究课题,不管调研花了多大精力,分析花了多少时间,也不可能产生好的效果。而一个具有现实性和时代感的重大社会调查课题,如果调研取得成功,分析研究达到一定水平,其研究成果就可能具有重要的理论价值和现实意义。如"农民工在中国转型中的经济地位和社会态度"②这一课题,因其时代感强,现实意义大,同时作者也具备完成本课题的良好条件,所以,这一调研获得成功,并取得良好的社会反响。

二、社会调查课题选择的原则

选择乃是在多个选项中作出抉择。有选择就必须有原则,没有原则的选择就无法评判其是否正确或是否得当。一般来讲,要正确和得当地选择社会调查课题,就必须像在科学研究过程中的选题一样,遵循一些基本的选题原则。

(一)选题的必要性原则

选题的必要性原则是指在选择社会调查课题时,必须根据实际需要进行选择。具体来讲,就是要针对当前社会发展与社会工作中迫切需要解决的理论问题和实践问题,以及虽然目前还不是那么迫切需要,但具有潜在理论价值和应用价值的问题进行选择。离开了解决社会发展与社会工作中需要解决的问题这一客观要求,为调查而调查,就不可能正确选择社会调查的课题,也就不可能获得对社会发展和社会工作有重要作用的调研成果。当前,社会发展与社会工作中迫切需要解决的理论问题和应用问题很多,例如,学术界迫切需要回答的社会建设的理论与实践问题,政府迫切需要解决的社会发展与社会秩序问题,广大人民群众迫切需要解决的民生范畴的众多问题,这些都是具有必要性的社会调查课题,人们完全可以在这些范围内加以适当选择。

---

① 爱因斯坦.物理学的进化[M].上海:上海科学技术出版社,1962:6.
② 李培林,李炜.农民工在中国转型中的经济地位和社会态度[J].社会学研究,2007(3):1-17.

（二）选题的创新性原则

选题的创新性原则是指按照主题新颖、视角独特、思想先进的要求选择社会调查的课题。选题的创新性原则的基本要求是避旧趋新，以避免社会调查活动的重复浪费。如果选择的社会调查课题是陈旧的课题、别人研究得很深的课题，如果有关社会现象尚未发生变化，就难以获得新的认识，取得新的成果，这样的选题就没有多少再进行调研的价值。一般地说，最具创新性的社会调查课题，是那种前人从未做过研究的开拓领域、填补空白的课题，然而要找到这种课题很有难度，这就需要研究者充分发挥创新能力。当然，一项社会调查课题要具有创新性，并非要求其全面创新，更多的是要求其在调研对象、分析角度、理论依据、调研方法、调研内容等某一方面或某几方面具有创新性，即在某一方面或某几方面有自己的新颖之点和独到之处。

（三）选题的可行性原则

选题的可行性是指社会调查者顺利完成一项社会调查的主客观条件的状况。其中主观条件有：调查者的生活经历、研究兴趣、理论水平、专业基础、学识修养、调研本领、表达能力、交往能力，以及性别、年龄、体力等因素；客观条件有：调研经费、调研时间、人员配备、资料保障、技术手段、调研对象的合作程度，乃至当时的自然条件和社会环境等。在当代社会发展与社会工作领域，很多极有价值的社会调查课题，有的可能由于并非调查者兴趣所在和调查者力不从心而难以完成，有的由于各种客观条件受限而无法着手，有的由于可能触及一些社会的敏感性问题或个人的隐私性问题而研究受阻，有的可能因为需要付出的代价（经济代价、社会代价、人格代价等）太大而只好作罢。因此，在选择社会调查课题时必须综合权衡，充分考虑其可行性。

三、社会调查课题选择的途径

仅仅掌握选题的原则，并不表明社会调查者就一定能够选择适当的社会调查课题。要选择适当的社会调查课题，社会调查者还需要掌握一些选题的可行途径，以减少选题过程中的盲目性和盲动性。

（一）从现实社会生活中选题

社会调查是对现实社会生活的调查。现实社会生活领域存在着各种可以作为社会调查课题的社会现象、社会问题和社会事件，它是社会调查课题的重要来源。然而，一般人由于身在其中，对这些事情早已"司空见惯"，甚至熟视无睹，往往不能有意识地加以注意，因而不识"庐山"的真正面目和独特之处。对于一般人来说，出现这种情况应该是可以理解的。但是,作为社会调查者,如果出现这样的情况就不能完全理解了。社会调查者应该通过广泛深入的社会实践,自觉养成对社会生活中发生的各种事情问问"是什么"和"为什么"的习惯,形成一种社会学专业意识和社会学专业敏感,并通过具体深入社会实践领域,在日常的社会生活中留心观察,勤于思考,从变化无穷的社会现象和纷繁复杂的社会问题中,找到有价值的社会调查课题。社会调查者绝不能把自己封闭在书斋,想当然地提出一些不切现实社会生活实际的问题作为社会调查的课题,更不能脱离社会实践,对现实社会生活熟视无睹,漫不经心。

(二)从个人社会阅历中选题

个人社会阅历是人们观察各种社会现象、探讨各种社会问题的经验性基础。对于以观察社会现象和探讨社会问题为目的的社会调查来说,同样离不开个人社会阅历的支持和帮助。某些有实际意义且切实可行的社会调查课题,有时正是从研究者个人的社会阅历中,特别是个人特定的社会活动经历和经验中发现和发展起来的。社会调查者经历的每一项社会活动,其与朋友之间开展的每一次有关社会问题的交谈,所关注的每一条社会活动信息和每一个社会工作案例,都可能导出相应的社会调查课题。例如,我国某些学者对家乡的一些研究,就是基于他们青少年时代的个人经历和经验而进行的课题选择;有的学者对旅游开发导致的乡村文化变异的研究,则是他们在旅游休闲活动中发现的。从某种意义上说,这种从个人社会阅历中寻找社会调查课题的方式,是一种非常简单实用的选题途径。因此,社会调查者有必要增加自己的社会阅历,丰富自己的社会经验,从自己的社会阅历中选到好的社会调查课题。

(三)从现有文献资料中选题

从现有文献资料中寻找社会调查的课题也是一种十分重要的社会调查课题选择途径和方式。从某些综合的,或具体的、专业的,或非专业的,甚至某些大众性的、通俗性的社会类文献中,常常可以产生开展某项社会调查的想法和灵感。尤其是大量的社会学著作、社会学期刊、社会类报纸、社会类网站、社会类通俗杂志以及人大复印资料等社会学专题报刊,如《中国社会调查》《中国社会科学》《中国人口科学》《社会学研究》《社会》,可以帮助我们发现特定的社会调查课题。有的文艺类作品,对选择社会调查课题也有启发作用。例如,周立波的《山乡巨变》,就可能引发我们对其描述地区社会变迁的调查。党和政府下发的各类有关社会工作的文件,更是选择社会调查课题的重要文献之源。为了能发现合适的社会调查课题,社会调查者在阅读文献时,应着重注意两个方面:一是始终带着审视、疑问、探索的眼光阅读各种文献资料;二是多角度、多侧面、多层次地对所阅读的文献展开广泛联想。

(四）从有关课题指南中选题

我国国家社科规划办、各有关部委,以及各省市区社科规划办、有关厅局等,每年都发布社会科学研究课题指南,以供研究者申报项目时参考。这些课题指南中的课题,通常都是由有关专家提出,并经专家组和有关政府主管部门遴选出来的课题,其必要性和创新性不言而喻。高度重视从这些课题指南中选择调研课题,乃社会调查者的聪明之举。当然,从这些课题指南中选择调研课题必须注意,这种课题往往是一些"范围题",题目大、内容广是其一般特点。为此,对于这种课题,除极少数可以直接选用外,大多数还需要社会调查者缩小范围,再行选题。通常的办法有两种:①内涵选题,即从指南题目的含义中选择某一方面作为社会调查的课题,如从"失地农民问题研究"中选择"失地农民职业转换问题研究"作为选题;②外延选题,即在指南题目的基础上增加限定词以缩小研究的范围,如从"灾害状态下的社会救助研究"中选择"特大地震灾害状态下的社会救助研究"作为选题。

四、社会调查课题选择的程序

尽管"突发奇想"的灵感对社会调查课题选择很有价值,有的人在特定情况下也确实有过这种选题经历,但总体来说,选择社会调查课题并非一蹴而就,它是一个过程,具有一定的程序性。按照科学研究选题过程的逻辑顺序,社会调查课题选择大致需要经过三个基本步骤。

（一）选定研究领域

研究领域(Research Field,RF),是指一门学科中较大的专门"研究范围"[①],通常与这门学科的分支学科和专门领域相对应。社会学体系较为庞大,有很多分支学科和专门领域;社会活动领域也较为广泛,有很多活动内容和活动形式。在进行社会调查时,除解决社会学一般问题的综观性研究外,任何人也别想通过一次研究解决社会学各分支学科和专门领域的所有问题,以及社会活动的各种内容和形式中反映的所有问题。因此,社会调查者在选择社会调查的课题时,第一个步骤就是要选定自己的研究领域。

选定自己的研究领域即选定自己将要研究的问题所在的分支学科和专门领域,其基本目的是明确自己将要研究的问题属于社会学哪一分支学科范围,哪一专门领域部分,其基本依据是社会调查者自身的知识基础、研究兴趣和专业特长等。例如,一名经济学出身的社会学专业研究生,其研究领域最好选定经济社会学或消费社会学;一名管理学

---

① 风笑天.社会研究方法[M].北京:高等教育出版社,2006:51.

专业出身的社会学专业教师,其研究领域最好选定社会管理学或管理社会学;一名生态学出身的社会学专业研究员,其研究领域最好选定环境社会学或生态社会学。

选定研究领域是选择社会调查课题的重要一环,尽管它离研究者所需研究问题的确定有较大的距离,但从缺乏研究经验的社会调查者的实际情况看,这一步骤却是不可轻易逾越的,必须引起社会调查者的高度重视。尤其对于社会学、社会工作或其他专业的本科生、研究生来讲,因为其缺乏研究经验,面对一个庞大的学科体系总是束手无策,因而选定研究领域是其学习过程中一件不可忽视的事情。更进一步说,选定研究领域不仅有利于选择研究课题和问题,而且有利于正确选择研究的视角和研究的方法。

(二)确定研究主题

研究主题(Research Subject,RS),是指一项研究所涉及的研究对象范畴或关键问题领域,它是在选定研究领域的基础上对"研究领域"进行适当收缩的结果。在社会调查中,研究主题的确定是选择研究课题的第二个步骤。一般来讲,这一步骤在选择研究课题中显得非常重要,它是连接选定研究领域和明确研究问题的桥梁和中介,具有承上启下的作用。

与研究领域比较,研究主题显得比较具体一些;与研究问题比较,研究主题则显得抽象一些。在社会调查中,像某种具体的社会群体、社会组织、社会结构、社会关系、社会过程、社会流动、社会分化、社会分工、社会角色、社会性别、社会变迁、社会发展、社会建设、社会和谐、社会秩序、社会问题、社会冲突、社会控制等,就是研究主题的例子。研究主题也有等级之分。如社会分化、信息分化、城乡信息分化,或者社会角色、女性角色、家庭主妇角色,再或者社会建设、城市社会建设、城市社区社会建设。很明显,这些研究主题是第一个主题大于第二个主题,第二个主题大于第三个主题。

在确定社会调查主题时,通常的做法是,先选择较大范围的主题,再根据由大到小的原则,选择较小的主题,直至选到合适的主题为止。一般来讲,确定主题有两个值得注意的问题:①选择主题的原则是宜小不宜大。也就是通常所说的要做到"小题大做",而不是"大题小做"。当然,"小题"也不能小到没有研究价值的程度。在社会调查过程中,研究者选择研究主题通常易犯的错误是主题选得很大,一般初涉社会调查的学者,尤其是一些社会学类专业的学生,往往如此。②确定了主题并不等于找到了研究问题。研究主题与研究问题有明显区别,值得注意。

(三)明确研究问题

研究问题(Research Question or Research Problem,RQ,解释性研究;RP,对策性研究)是指研究者通过研究所要回答的具体问题。研究问题与研究主题既有密切联系也有严格区别。从联系来讲,研究主题是研究问题的来源,只有确定了研究主题,才能明确研究问题。就区别来讲，大致包括两个方面：①研究主题涉及的研究范围往往要大于研究问题的研究范围。在一个研究主题中，通常包含多个研究问题。也就是说，研究主题无论小到什么程度，它仍然只是一个研究主题，而不是研究问题。②研究主题往往通过一定主题词表达，而研究问题则往往通过某种疑问或设问的方式表达，或者通过某种关系式的方式表达。

明确研究问题是选择研究课题最为关键的步骤，其目的是要使研究主题问题化，并使研究问题明确化。研究问题明确化，是指通过对需要研究的问题进行某种界定、给予明确陈述，达到将最初在头脑中形成的比较含糊的想法变成清楚明确的提问，将最初比较笼统、宽泛的研究领域和研究主题，变成特定领域或特定主题中的特定问题。这是选择社会调查课题的一个十分重要的环节。明确研究问题的方法是：①从特定领域或特定主题中发现有待研究的问题，这些问题可以是一个，也可以是多个；②尽量缩小有待研究问题的内容范围；③将有待研究的问题以提问的方式表达出来；④将有待研究的问题清楚明确地陈述出来。

例如，某人作为经济学出身的社会学学者，要选择一个社会调查的课题，首先，他可以选定消费社会学为研究领域；其次，可以选择消费者的消费愿望为研究主题，接着可以在此基础上提出多个研究问题，如消费者的消费愿望怎样，消费者的消费愿望受哪些社会因素的影响，如何采用适当的社会调适方式增强消费者的消费愿望；最后，选定其中一个问题，并以两变量之间的关系式陈述这个问题，如"消费者消费愿望的增强与企业市场激励方式之间的关系"，或"消费者消费愿望的激发与国家消费政策引导之间的关系"，形成一个明确的、具体的、具有可操作性的研究问题。

第二节　社会调查研究设计

社会调查又称为社会调查研究。一项正式的社会调查实际上也是一项借由社会调查的方法进行的社会研究。在社会调查项目策划过程中，社会调查课题确定之后，就要对社会调查进行研究设计。社会调查研究设计是社会调查项目策划的核心阶段。其基本工作内容包括：研究假设的精心提出、分析单位的合理选用、调查内容的具体确定、研究课题的操作转换等。

一、研究假设的精心提出

在众多科学研究活动中，研究者在搜集研究资料之前，往往要对研究的课题提出一定的研究假设，然后通过搜集数据资料或开展科学实验检验这些假设，对所要研究的问题作出解答。社会调查要经历的过程大致相同，尤其是理论性的或解释性的社会调查，必须事先提出研究假设。

（一）研究假设的基本含义

在社会调查中，研究假设有时也称为理论假设，它是对所要研究的社会现象的特征以及社会现象之间的相互关系所作的推测性判断或设想，它是对所提出的研究问题的尝试性解答。由于这种设想还未获得充分的证据，因此研究假设需要在社会调查过程中加以检验。例如，在研究"文化产品消费"时，其中一个问题是"对文化产品消费愿望有直接影响的社会因素是什么？"针对这一问题，可提出"家庭的经济条件、本人的文化程度、同事的消费经验将会影响人们对文化产品的消费愿望"等研究假设。

社会调查中的研究假设通常能够概括地说明某些社会现象的特征及其相互关系，因此，它是对社会现象的一种理性认识。这种理性认识有其特点：①研究假设不同于一般的、普遍的理论解释，它是针对研究问题所作的尝试性理论解释；②研究假设不同于公理或定理，它的可靠性和有效性需要通过社会事实检验；③研究假设也许能被社会事实所证实，成为科学结论，也许能被社会事实证伪，部分或全部被推翻，也许不能被社会事实完全证实或者干脆被社会事实证伪，需要修改、补充和完善。

值得注意的是，研究假设不仅需要由社会事实检验，而且要求能够为社会事实所检验，因而必须与经验知识相联系才具有实际意义。研究假设的这一特点，要求人们排除那些无法由社会事实检验的"意见、价值评价和道德规范"。[①] 例如，"领导干部每人每年至少要进行一次乡村调查"，这就是一种规范。规范性问题只表明应该如何去做，而不是一种能够通过调查研究加以验证的问题。如果说"近5年来某市领导干部乡村调查的次数逐年增多"，这是一个能加以检验的事实性问题，因而是有实际意义的。

是否任何社会调查都需要事先提出研究假设呢？显然，答案是否定的。一般来说，社会调查中的探索性研究，其目的是了解社会领域的客观情况并从中发现研究问题，因而通常不需要提出某种研究假设。描述性调查研究和大部分应用性调查研究的目的，是对社会现象的一般状态和主要特征进行描述和概括，通常也不需要提出明确的研究假设。只有解释性调查研究和理论性调查研究，才必须有明确的研究假设，原因在于这类调查研究的目的是寻找社会现象之间的因果关系，发现社会现象存在与发展的一般规律。

（二）研究假设的重要作用

社会调查的经验告诉我们，在社会调查中，研究假设往往具有十分重要的作用，它是

[①] 余炳辉，等.社会调查的方法[M].杭州：浙江人民出版社，1986：25.

抽象走向具体的纽带,是设计调研方案的指南,是搜集调查资料的向导。任何社会调查者都不应忽视研究假设的这些作用。

1. 研究假设是设计调查方案的依据

调查方案的设计通常要以一定的研究假设为基础和指南。有了研究假设,就可以明确研究的推进方向和关键目标,使研究任务具体化;有了研究假设,就可以明确调查的内容范围和关键指标,设计调查方案就有了依据。例如,调查城市的发展问题,有的社会调查者假设,城市发展的唯一标准是城市的经济发展状况,那么,他在设计调查方案时,就只会设计一些有关城市经济发展状况的调查指标;有的社会调查者假设,衡量城市的发展不仅要看城市的经济发展状况,还要看城市的社会发展状况,那么,他在设计调查方案时,就会考虑不仅包括经济发展状况的调查指标,而且包括有关社会发展状况的调查指标。由于调查指标不同,整个调查方案——包括调查对象、调查范围、调查方法和研究过程,就会有很大差别。因此,社会调查者在设计调查方案时,通常要根据一定的理论或经验提出有关的研究假设。

2. 研究假设是搜集调查资料的向导

按照一定的研究假设搜集调查资料,这是社会调查通常采用的一种方法。在采用观察法搜集资料的过程中,研究者通常是在研究假设的引导下有选择地进行观察,而不是对视觉所及的事物进行无重点的观察。正因为如此,在观察同一事物时,人们的研究假设不同,观察的侧重点会有所不同,观察所获得的相关资料会有较大的差异。例如,同样是观察铁路的春运情况,由于研究假设不同,有的人可能重点观察火车站的旅客数量和拥挤情况,有的人可能重点观察铁路部门增开列车和发送旅客的情况,有的人可能重点观察购票的难度和不法票贩的情况,有的人可能重点观察候车室的秩序管理。这样,人们通过观察得到的相关资料就可能大相径庭。因此,要有效地搜集调查资料,就必须依据一定的研究假设。有了一定的研究假设,就能明确针对什么问题搜集资料,要搜集哪些资料,怎样搜集资料。

3. 研究假设是抽象联系具体的纽带

抽象概念与具体经验事物之间有很大差别,而研究假设中的概念则是清晰定义并能精确地观测的。通过研究假设,就能把抽象理论推演到具体现象上,也能将具体现象抽象为一般理论,使抽象得以和具体连接。例如,根据"城市化导致城市交通压力增加"的研究假设,可以推出具体假设"由于欠发达地区比发达地区的城市化程度要低,因此欠发达地区城市比发达地区城市的交通压力要小"。后一个研究假设说明了比较具体的现象,由它可以设计出具体的调查指标和调查项目,分别在发达地区城市和欠发达地区城市作调查,获得经验层次的资料,并能根据经验事实检验前一个理论假设或抽象出新的理论。马克思主义认识论告诉我们,人们的认识过程是在理性认识与感性认识之间不断循环的。在社会调查中,社会调查者要清晰、明确而富于想象地往返于抽象层次和经验层次之间,就必须特别重视研究假设,使研究假设真正发挥联系理性认识与感性认识、抽象层次与经验层次的纽带作用。

(三)研究假设的主要来源

研究假设虽然是在正式开展经验调查之前便由社会调查者提出的一种尝试性解答,它还只是一种"假设",这种"假设"并不是依靠社会调查者的主观臆造或凭空想象就能获得。研究假设的来源主要在于:

1. 基于以往的实践经验或实地考察得出研究假设

在现代社会中,社会实践已经成为一种大众化的人类活动,在成人群里,毫无社会实践经验的社会调查者在我们的社会中应该不再存在。照此说来,社会调查者在进行社会调查之前应该是初步观察到一些社会现象,社会调查课题就是依据这些社会现象提出来的。例如,了解居民社区参与愿望与什么因素有关,社会调查者就可凭借以往的社会实践经验,提出一系列的研究假设,如本人文化程度越高,参与愿望越强烈;家庭成员人数越少,参与愿望越强烈;居民之间交流社区参与经历的次数越多,参与愿望越强烈。

2. 根据以往的成熟理论或公认理论推导研究假设

成熟的理论往往具有解释各类具体现象的作用,当遇到新的需要探索的课题时,可以依据现有的成熟理论或公认理论推导出某种研究假设。社会调查也是如此,当遇到需要解答的社会问题时,或遇到需要解释的社会现象时,也可以依据现有的社会理论或与社会相关的其他理论推导出研究假设。例如,在研究少数民族地区文化变异的原因时,可以根据现有文化理论中关于"强势文化对弱势文化的侵蚀"这一理论,提出"少数民族地区文化大多是弱势文化"或"进入少数民族地区的文化大多是强势文化"的研究假设。

3. 依靠自身的知识基础和思维能力推测研究假设

如果面对的问题很新,已有的理论不能做出令人信服的解释,新的理论又还没有形成,社会调查者只能依靠自身的知识基础和创造能力,通过深入思考,提出一些推测性设想。例如,对于失地农民城市就业难这一现象的原因研究,没有以往的经验可以借鉴,又很难用现有的理论直接加以解释,那么,便可推测性地提出研究假设:目前城市就业整体困难、城市就业竞争激烈和城市单位用人方式的高门槛化是客观原因,失地农民文化程度偏低、城市就业职业技能缺乏、就业观念陈旧落后是主观原因等。

(四)研究假设的一般构成

研究假设是由概念(或变量)构成的。概念是人们抽象思维的产物和基本单位。人们通过对社会现象的大量观察,从同类社会现象中可以归纳、抽象出它们的共同属性,概念是综合概括同一类社会现象的抽象名词,如国家、城市、农村、社区、教师、学生、文化、教育、商品、市场、交换。概念不仅反映感性经验,它还具有明显的理性认识特征。麦金尼曾经指出,"所有的概念都是概括,而所有的概括又意味着抽象。"①

变量是概念的一种类型,是经过定义或明确界定的概念。例如,"群众"这一概念,本来是非常抽象的概念,但将它界定为一个地区的所有人时,它就成了一个变量。还有"居民"这一概念,当它用在不同的范围时,显示出较强的抽象性,但将它界定为一个社区的所有人时,它也成了一个变量。变量反映了概念在具体形态上的变动性,它有具体的量值和差别,它在经验层次上表明社会现象在程度、等级、数量或类别上的变动状态。

几乎所有社会调查中使用的语言都应该是变量语言。这是因为,社会调查需要精确描述社会现象的存在状态,需要具体了解社会现象的变化趋势,需要有效把握一种社会现象与另一种社会现象之间的具体联系,要进行这些研究活动,只有抽象的概念是不行的。因为抽象的概念表达的意思往往是边界模糊的含义,不适用于社会测量,不适用于经验研究;而变量语言表达的意思边界是清晰的,可以用来作社会测量,可以用于科学分析。

社会调查实践表明,只有经过明确定义或界定的概念才能转化为变量语言,才能为实证研究所用。例如,我们说"某人有文化",这里的"文化"概念边界模糊、含义不清,但经过界定的"文化程度"则是清晰的,它或者说明某人具有大学文化程度、中学文化程度、小学文化程度,或者说明某人受教育年限的长短。因此,从概念操作化的角度讲,研究假设最终都要以变量语言而不是一般概念语言说明社会现象的特征及其相互关系。

在社会调查中,一项研究往往牵涉两个或两个以上变量,最通常的情况是涉及两个变量。不同变量(如两个变量 X 和 Y)之间的关系便构成研究假设。两个变量之间的关系构成通常有以下三种形式。

1. 相关关系

相关关系即如果变量 X 发生变化,变量 Y 也随之发生变化,反之亦然,那么就可以说这两个变量具有相关关系($X \leftrightarrow Y$)。例如,"人的社会地位与人的社会声望有关",这里的社会地位和社会声望就是一种相关关系。相关关系有多种类型,如正相关与负相关,强相关与弱相关。相关关系是一种相互作用、相互影响的关系,在这种关系中,人们无法区分哪一个变量是原因,哪一个变量是结果,而且在出现的时间上也难以辨其先后。

2. 因果关系

因果关系即如果变量 X 发生变化,变量 Y 也随之发生变化,反过来则不然,那么就可以说 X 与 Y 有因果关系($X \rightarrow Y$)。其中 X 是 Y 的原因,Y 是 X 的结果,变量 X 称为自变

---

① 参见袁方.社会研究方法教程[M].北京:北京大学出版社,1997:73.

量,变量 Y 称为因变量。例如,"社会的分化影响社会的和谐"就是一种比较典型的因果关系,其中社会分化是自变量,社会和谐是因变量。构成这种因果关系的两变量之间具有明显的时间性,即自变量(社会分化)出现在先,因变量(社会和谐)出现在后。

3. 虚无关系

虚无关系即两个变量 X 和 Y 之间没有必然联系,X 的变化不会导致 Y 的变化,Y 的变化也不会导致 X 的变化,那么就可以称两个变量不相关或者零相关,是虚无关系($X \rightarrow Y$)。例如,"居民幸福感与社区规模无关"、"城市的宜居性与城市的行政级别无关"、"中学生的学习成绩与性别无关",就是虚无关系。在科学研究中,虚无关系也是一种"关系",是一种特殊的关系,是一种有意义的关系,并非通常说的"没有什么关系"。

(五)研究假设的陈述形式

研究假设的陈述是研究假设的表达。研究假设的陈述形式通常是一种命题形式。这里的命题是指"关于一个或更多概念(或变量)的陈述"。在社会调查中,研究假设的陈述形式主要有以下两种。

1. 条件式陈述

条件式陈述的基本形式为:"如果 X,则 Y"或"只有 X,才会有 Y。"在这种陈述形式中,X 表示先决条件,Y 表示引发后果。例如,"如果经济地位发生变化,那么人的消费意愿也会发生变化"、"如果有足够的钱,大多数大学生会利用暑假到外地考察"、"只有多出外考察,人们才真正见多识广"。

条件式陈述主要用来说明两变量之间的因果关系,有时也说明相关关系。在说明两变量之间的因果关系时,需要明确因果关系的三个基本条件:①两变量之间具有特定的相关关系;②两变量之间的关系不是因其他因素而形成的;③两变量的出现在时间上具有明显先后顺序,即一个变量的变化是由另一个变量的发生而引发的。

2. 差异式陈述

差异式陈述的基本形式为:"X_1 与 X_2 在变量 Y 上有(或无)显著差异。"在这种形式中,X_1 和 X_2 分别表示某一变量 X 的不同类别或不同组别。例如,"城市居民与农村居民在商品品牌的选择上有显著差异"、"在宾客接待方式上,农村接待方式与城市接待方式存在明显差异"、"教师、科研人员、公务员以及企业中的白领阶层在日常消费开支上并无明显差异"。

差异式陈述主要说明两个变量之间有/无相关关系。如果 X_1 与 X_2 在变量 Y 上有显著差异,说明它们所表示的某一变量 X 与变量 Y 存在相关关系;如果 X_1 与 X_2 在变量 Y 上没有显著差异,说明 X 与 Y 之间没有明显相关关系,或者只有虚无关系(即不相关关系或零相关关系)。例如,"大城市居民与小城镇居民对同城化的态度并不存在显著差异"。

二、分析单位的合理选用

分析单位是指一项社会调查中所研究的某种具体对象的通用名称。换句话说,分析单位就是一项社会调查中将要描述和分析的某种具体对象的通用名称,包括人和事物的通用名称。在具体的社会调查中,分析单位具有不同的类型和层次,社会调查者应当根据需要合理选用。

(一) 分析单位的类型及层次

从社会调查的角度讲,社会现象的分析单位主要有五种类型:个体、群体、组织、社区和社会产物。其中,前四类有明显的层次之分,群体高于个体,组织高于群体,社区高于组织。进一步讲,群体中有小群体与其所属的大群体之分,组织中有下级组织与其所属的上级组织之分,社区中有基层社区与其所属的高层社区之分。

1. 作为分析单位的个体

个体是单个的人或事,在这里主要是指单个的人,也就是个人。个体是社会调查中最基本的分析单位,也是社会调查中尤其是社会学、社会心理学研究中最常用的分析单位。社会调查自身的性质和特征,在很大程度上决定了它不像自然科学那样主要分析事物所共有的特征,而是经常将社会中的个体(个人)作为分析单位。当然,这种个体在具体研究活动中的意义是各不相同的,它或者是工人、农民、干部、知识分子,或者是教师、学生、工友,或者是管理者、被管理者,或者是本地人、外地人等。这些个体都可以作为社会调查中的分析单位或具体研究对象。值得注意的是,社会调查虽然可以而且需要以个体作为分析单位,但它一般并不停留于个体层次。社会调查者通过对个体的社会活动状况、社会活动过程、社会活动特征等进行描述,并将这些描述进行汇总和处理,主要目的在于描述或解释由个体或个体的社会行为组合而成的集体性社会现象。

2. 作为分析单位的群体

群体是指由具有共同特征的一群人组成的一种社会单位,包括家庭、家族、村落、玩耍伙伴、旅游团队、兴趣小组以及其他具有共同特征的人群。群体这一社会单位也可以成为社会调查中的分析单位,并且可以作为社会调查中的独立分析单位。当以群体作为分析单位时,群体的特征与群体中个体的特征虽然有一定关系,有时群体特征可以从个体特征汇集或抽象出来,但是在更多的情况下,这种群体特征又不同于个体的特征。例如,以家庭作分析单位时,我们可以用家庭规模、家庭结构、家庭关系、家庭日常生活开支、家庭高档消费品拥有量等特征描述家庭,但却不能用所有同样的特征描述家庭中的个体。同样,以各种群体为分析单位的研究与以个体为分析单位的研究,在描述和解释的对象上是不同的。当以群体作为分析单位时,群体应是资料集合的最小单位。当然,在以群体作为分析单位的调查研究中,并不否认可以将个人作为数据资料搜集的最小单位。

3. 作为分析单位的组织

组织是群体的一种特殊类型,与初级群体相对,称为次级群体。它是指基于一定的社会需求和利益要求,由具有共同目标和正式分工的一群人所组成的从事一定社会实践活动的社会共同体,在我国通称为单位。现代社会不仅组织发达,而且类型多样。单是社会领域,就有社会团体、社会管理机构、社会服务机构等多类组织。组织特征包括组织规模、组织方式、组织目标、组织过程、组织行为、组织规范、组织文化、组织形象等。组织在社会调查中也是一个重要的分析单位,因为许多社会现象和社会问题都是在组织内部以及组织之间形成和发展的。以组织作为社会调查的分析单位,可以通过对组织属性和特征的分析解释和说明某些组织化的社会现象。例如,组织公共关系问题研究,在很大程度上是对社会组织的各种属性与特征进行分析,说明组织的公共关系状况;企业社会责任问题研究,是对企业组织的社会观念和社会行为进行分析,说明企业承担社会责任的情况。

4. 作为分析单位的社区

社区是指一定地域内人们社会生活的共同体,它是基于同类型社会生活而形成的相对独立的地区性社会。社区是社会调查中的一个重要概念,也是社会调查中的一个重要分析单位。作为社会调查分析单位的社区,主要包括城市、街道、集镇、农村、村庄、民族地区、旅游景区等。以社区作为分析单位的研究,不仅只是社区研究,就像以个体为分析单位的社会调查中的个人那样,从每一个具体的社区中所搜集的资料,既可用来描述这一社区自身的某些特征,又可作为若干社区集合中的一个个案,参与描述整个社区集合以及解释某些特定的社区现象。20世纪90年代以来,我国以社区为分析单位的社会调查日益增多,像各种自然村落社会现象的研究、各种城市社区社会现象的研究都受到了学界的重视。目前,我国社区建设与社区发展得到中央和地方的高度关注,社区研究成为社会学研究的热点之一,这为将社区作为社会调查的分析单位提供了广阔的应用空间。

5. 作为分析单位的社会产物

社会产物是指在社会运行与社会发展过程中出现的各种与社会有关的特定事物的集合。如社会组织、社会活动、社会制度、社会产品、书籍、报刊、广告、信息、新闻、网站、网页,都可以作为社会调查的独立分析单位。例如,社会调查者通过分析一个街道开展的各种社会服务研究其社会服务发展状况,这时一项项的社会服务就成了分析单位;通过分析一个地区的社会新闻研究媒体对社会事业的关注程度,这时一篇篇的社会新闻就成了分析单位;通过分析一个国家或地区的公益广告研究其社会事业的运行情况,这时一个个的公益广告也就成了分析单位。另外,在社会调查中,各种政府部门颁布的文件、法规,各种报纸、杂志、广播、电视上设置的栏目,各种网站上发布的信息或评论等,都可以作为社会调查的独立分析单位。将社会产物作为社会调查的分析单位,主要目的是通过对各种社会产物的分析,了解社会的发展和社会的变迁,以及社会的热点和社会的焦点。

(二)分析单位的选择及误用

从特定的意义上说,分析单位实际上是社会调查者所要具体了解的一些个案的单位,它在很大程度上决定研究方案和抽样方案的制定。在具体选择分析单位时,社会调查者必须注意以下几点。

(1)一项社会调查课题可以采用多种分析单位。在社会调查中,研究者应根据社会现象的复杂程度和社会调查的目的选择分析单位。一般来说,对于相对简单的社会调查,为了减少工作量,在具体调查研究中,研究者可以只选用一两个最主要的分析单位。但是,对于某些相对复杂的社会现象,如需从不同角度、不同层次搜集研究资料,才能得到更完整、更真实的信息,这时就要选用较多的分析单位。

(2)社会调查实施过程中也可以改变分析单位。在社会调查实施过程中,有时可能碰到这样的情况,在课题设计过程中选择的分析单位并不完全适合本课题研究的需要,或者以原来选择的某一分析单位搜集的资料不能完满地解答所要研究的问题,这时,研究者就应考虑改变原有分析单位,增加新的分析单位。当然,改变或增加分析单位必须非常慎重,绝不可随心所欲,以免乱了套路,带来不必要的麻烦。

(3)分析单位的选用要力避各种误用现象发生。社会调查中可以采用的分析单位颇多,而且这些不同的分析单位本身属于不同的层次。在社会调查中,社会调查者在具体选择和运用各种分析单位时,还有必要特别注意,在将分析单位进行交叉使用时,必须明确分析单位的层次关系,避免分析单位错用情况的出现。须知,分析单位的错用往往容易导致两种分析研究错误的出现,即层次谬误和简化论错误。

层次谬误又称为区群谬误或体系错误,是指在社会调查中,社会调查者用一种比较高的分析单位作研究,而用另一种比较低的分析单位作结论。或者说,层次谬误是指在社会调查中,社会调查者在一个较高的分析单位上搜集资料,而在一个较低的分析单位上下结论。更确切地讲,层次谬误是在社会调查中,社会调查者将社会的特征与社区的特征、社区的特征与群体的特征、群体的特征与个人的特征等相互混淆导致的一种错误。

举例来说,在以城市作为分析单位对犯罪现象进行调查研究时,社会调查者发现,外来者多的城市犯罪率大大高于外来者少的城市,呈现"城市的外来者越多,城市的犯罪率越高"的特征。如果研究者根据这一现象得出结论"外来者比本地人的犯罪率高",这就出现了层次谬误。原因是,社会调查者采用的调查资料是以城市(分析单位是社区)为单位搜集的,得出的只能是有关城市特征的结论,而不能是有关外来者和本地人(分析单位是群体)特征的结论。如果要得出有关群体特征的结论,或要用群体的特征解释犯罪率,就应该用群体作为分析单位进行调查,搜集有关群体特征的资料,即分别在外来人和本地人中调查犯罪情况,然后统计二者的实际犯罪率,再通过比较二者犯罪率的高低得出结论。

简化论是指在社会调查中,研究者用微观层面的个体资料解释宏观层次的社会现象。从形式上看,简化论的错误正好与层次谬误相反;从实质上看,简化论是所谓的"以偏概全"。也就是说,"在研究者用非集群的分析单位来进行测量,而作出的是有关集群的分析单位是如何运行的结论时,或者说,在研究者所拥有的是有关个人如何行为的资料,但是,他所作出的结论却是有关宏观层次的单位如何运作的结论时,这种错误最容易发生"。[①] 在社会调查过程中,简化论通常表现为以下两种比较典型的情况。

(1) 社会调查者只凭自己的兴趣和专长考察社会现象,过分突出自己的学科地位,作出某些片面的研究结论。例如,在分析农民工的求职行为时,具有心理学背景的社会调查者侧重于考虑农民工的心理特征,具有经济学背景的社会调查者侧重于考虑农民工的经济特征,具有文化学背景的社会调查者侧重于考虑农民工的文化特征。这样思考虽然会有一定深度,但都有可能对农民工总体作出片面的、以偏概全的研究结论。

(2) 社会调查者常常以低层次的分析单位调查、解释高层次分析单位的社会现象,作出某些片面的研究结论。例如,在分析各国艺术事业的发展时,有研究者认为,人的个性是艺术发展的原因。如果一个地区的人具有生性活泼的个性,那么这个地区的艺术事业就容易发展;反之,则不容易发展。最后,他宣称发现有的地区艺术事业落后的原因在于这些地区的人有生性不活泼的个性。在这里,研究者犯了一个简化论的错误。

原因很简单,社会调查者只是观测了微观层次情况(个人的个性),却以此解释宏观层次的艺术事业运行过程(艺术事业发展),这不免要犯简化论错误。在社会调查中,导致出现简化论错误的基本原因在于:①有关低层次分析单位的资料或事物表现出的个别特征通常容易获得,而宏观层次分析单位的资料或事物表现出的整体特征通常难以获得;②各种复杂社会现象的运行往往比较模糊、抽象、难以把握,要获得全部资料不易,为此研究者往往删繁就简,趋易避难。

三、调查内容的具体确定

在社会调查中,调查内容是指社会调查者要了解和分析的具体调查研究对象的某些

---

① 风笑天.社会学研究方法[M].北京:中国人民大学出版社,2001:80.

指标或项目。这里所讲的某些指标或项目，从分析单位的角度讲，实际上是分析单位的某些特征。可以这样说，在社会调查中，调查内容是指社会调查者在调查研究中所选用的分析单位的某些特征。分析单位的特征很多，一般可分为三个层面，即状态特征、行为特征和意向特征。社会调查者完全可以根据调查课题的需要具体选取所要了解的特征。

（一）分析单位的状态特征

分析单位的状态特征是指分析单位的基本情况，一般用一些客观指标搜集资料。如个人的状态特征包括年龄、性别、身高、体重、民族、籍贯、出生地、职业、收入、文化程度、健康状况、婚姻状况、家庭状况等；群体的状态特征包括性别构成、年龄构成、民族构成、文化构成、职业构成、收入构成，以及社会结构与社会关系状况等；社会组织的状态特征有社会组织结构、社会组织规模、社会组织目标、社会组织业务、社会组织形象等；社区的状态特征有社区基本类型、社区地理位置、社区总体规模、社区人口结构、社区景观分布、社区开化程度、社区文化特色等；社会产品的状态特征有产品形式、产品风格、产品质量、产品重量、产品色彩等。社会调查者可以根据调查课题的研究假设选择其中某些指标进行某一课题的调查研究。

（二）分析单位的意向特征

分析单位的意向特征指的是分析单位的内在属性，它是一种主观变量。个人的意向特征通常包括态度、观念、信仰、个性、动机、偏好、倾向性等。不仅个人和群体具有意向特征，而且组织、社区、社会产品也具有意向特征。例如，不同的社会组织具有不同的组织文化和行为倾向，不同的社区具有不同的社会规范和社会风尚，不同的人文景观、社会产品等也可表现出不同的思想倾向和价值取向。分析单位的意向特征一般是内隐的，直接观测不易。社会调查者通常借助于量表具体测量和有效描述分析单位的意向特征或某些意向的表现程度。例如，对居民社区参与愿望的研究，就可以通过量表测量居民的社会参与愿望以及这种愿望的强烈程度。对分析单位的意向特征作分析，通常要与分析单位的行为特征分析结合起来，这样才能收到好的效果。

（三）分析单位的行为特征

行为特征是分析单位的外在表现，它是一个外显变量。每个人都有其特定行为，社会调查者可以有意识地直接观察个体的多种行为和活动，如工作、休闲、交往。除个体外，群体、组织、社区等分析单位也有其特定的行为和活动，社会调查可以从多个方面对这些集体行为和活动进行具体的了解。一般来说，行为特征往往是社会调查者在社会调查中所要解释的因变量，它会受状态特征和意向特征的影响。同时也应看到，不同行为之间还存在某些相互作用和相互影响。如一个人的过激行为可能导致另一个人的过激行为,一个群体的频繁交往可能导致另一群体的频繁交往。另外,对行为有影响的因素还包括社会结构、社会关系、社会环境、发展历史、文化传统等变量,它们具有较高层次分析单位的属性和特征。

四、调查课题的操作转换

在社会调查中,调查课题的操作转换也称为调查课题的操作化,它是将调查课题中的抽象概念转变成可观测、可度量的概念,将调查课题中的研究假设转化为可操作、可分析的具体假设的过程。调查课题操作转换的实质是"把我们无法得到的有关社会结构、制度或过程,以及有关人们行为、思想和特征的内在事实,用代表它们的外在事实来替换。"[1]调查课题的操作转换有两个重要的步骤和内容:一是基本概念的操作转换;二是研究假设的操作转换。

(一)基本概念的操作转换

基本概念的操作转换是调查课题操作转换的一个重要过程,也是调查课题操作转换的一项重要内容。它是我们进行调查课题操作转换的第一步,也是我们进行研究假设操作转换的重要基础。具体地说,没有基本概念的操作转换,事实上也就无法实现对研究假设的操作转换。

在社会调查中,调查课题往往是以比较抽象的概念提出问题,如"人的社会行为是否与人的性格特征有关","中产阶级的社会行为是否具有某种特殊性"。这里的一些基本概念通常是比较含糊的、不明确的。要对这些问题进行研究,首先必须对这些概念进行操作化处理,把这些含糊的、不明确的、不可操作的概念转换为清晰的、明确的、可操作的变量。

从某种意义上来说,基本概念操作转换的过程实际上是一个将概念的抽象定义转化为操作定义的过程。在这一过程中,研究者在确定了某一调查课题的研究假设后,首先要对研究假设中的基本概念进行抽象定义,然后再将这些概念的抽象定义转化为操作定义。

"抽象定义,从形式上看,就是用文字概括地说明一个概念的内涵和外延,从而将概念所指的某类现象与其他现象区分开来"[2]。例如,在社会学中,"农民工"最基本的抽象定义是"从农村进入城镇并在城镇从事非农产业劳动而未改变农民身份的人"。

在基本概念的操作化过程中,为了保证操作定义的清晰、明确,研究者首先有必要对

---

[1] 风笑天.社会学研究方法[M].北京:中国人民大学出版社,2001:102.
[2] 袁方.社会调查原理与方法[M].北京:高等教育出版社,1990:120.

概念进行抽象定义。进行抽象定义一般分为两个步骤：

第一步，概念的分解。即从不同的角度或不同的方面对概念所指的现象进行分类，以了解一个概念的内涵。例如，对于社会工作者可以做如此分解，即把社会工作者分为"社会工作"和"人"两个概念。通过概念分解，可以知道一个概念的内涵和类属。在"社会工作者"这个概念中，"人"是"社会工作者"的内涵和类属。再如，对于社会资源，可以将其分解为"社会"和"资源"两个概念，其中"资源"是"社会资源"的内涵和类属。

第二步，概念的界定。即从概念所指的现象类型中抽出它们的共同特征，并以"属＋种差"或"种差＋属"的方式定义这个概念。例如，在"农民工"这个概念中，"人"是它的内涵和类属，但并非所有人都是农民工，农民工有一些共同特征，即"从农村进入城镇并在城镇从事非农产业劳动而未改变农民身份的人"，他们的这些共同特征就是区别于其他"人"的种差，将这一种差与属结合起来，也就成了所谓的抽象定义，即上述关于"农民工"的抽象定义。

概念的抽象定义是在抽象层次对概念进行的界定，它无法说明与概念相对应的各种各样的具体现象，因此，要想具体度量某一个具体概念，必须在经验层次对概念进行操作定义。这里所说的操作定义，就是"依据抽象定义所界定的概念内涵和外延提出一些可观测的指标或调查项目来说明如何度量一个概念"。[①] 具体地说，对基本概念进行操作定义的过程，实际上也就是确定基本的观测指标和观测项目的过程。

例如，在我国农民工研究中，对于农民工，有学者就提出了一个操作性较强的定义，即"户籍身份还是农民、有承包土地，但主要从事非农产业工作、以工资为主要收入来源的劳动者"。[②] 依此，我们可以对"农民工"给出进一步的操作定义，即"农民工"是指：①户籍身份还是农民，但实际从事非农劳动的劳动者；②在农村有承包土地但到城镇又找到相对固定工作的人群；③不以农业生产收入已以工资收入为主要收入来源的农民。

对概念下操作定义有个方法问题，人们在研究实践中总结归纳出了大量的实用性很强的对概念下操作定义的方法。

（1）用客观存在的具体事物进行操作定义。例如，上述关于农民工的操作定义，就是用客观存在的具体事物进行的。再如，在对地区社会发展类型进行研究时，我们可以看到，学术界一般把地区社会发展类型分为"贫困型"、"温饱型"、"小康型"、"富裕型"四种。这些概念比较抽象，必须给出操作定义才能为人们具体把握。国际上给出的操作定义是：人均 GNP 为 200 美元以下者为"贫困型"；200～600 美元者为"温饱型"；600～2 000 美元者为"小康型"；2 000～6 000 美元者为"富裕型"；6 000 美元以上者为"最富裕型"。如此为之，就可以借由具体事物（人均 GNP）具体把握上述的地区社会发展类型了。

---

① 袁方.社会调查原理与方法[M].北京：高等教育出版社,1990：120.
② 李培林,李炜.农民工在中国转型中的经济地位和社会态度[J].社会学研究,2007(3)：2.

（2）用可以观测的社会现象进行操作定义。例如，居民的"环境保护意识"是一个抽象的概念，它存在于人们的思想观念之中，既看不到，也摸不着，但这种意识会制约和影响居民的环境保护行为，一些环境保护行为也可体现居民的环境保护意识，那么可以选用居民"是否乱扔垃圾"、"是否攀枝摘花"、"是否破坏文物古迹"等具体的行为界定居民的环境保护意识，给出其操作定义。虽然这些项目并非完全能够反映居民环境保护意识的整体状况，但至少能够反映其主要特征并使环境保护意识有形化、具体化。

（3）用量表或综合评估方式进行操作定义。有时候，一些概念靠单一的事物或现象还是难以进行操作定义的，这时可借助于测量量表或采取综合评估的方式。例如，在企业人力资源管理中，"员工工作态度"这个指标就难以把握，但如果采用工作态度量表，"员工工作态度"这个指标就操作化了，变得容易测定了。又如，干部考核是当前干部管理中的一个重点与难点，组织部门一般从"德"、"能"、"勤"、"绩"四个方面进行考核。由于每一个方面又涉及很多内容，也不容易把握，可以将每一个方面细分出许多重要的问题与项目。这样一来，概念的操作转换也就得以实现了。

（二）研究假设的操作转换

在社会调查中，在讨论研究假设时很值得注意的一个问题是，研究假设是对调查课题中的研究问题的尝试性回答，它一般是用抽象概念陈述社会现象之间的关系。由此看来，一般的研究假设事实上是抽象的研究假设。抽象的研究假设往往是无法直接进行客观检验的，必须经过操作转换，即把抽象的研究假设转换为具体的研究假设，才能为我们所检验。

研究假设的操作转换，是由抽象假设或一般假设转换为具体假设的过程。如同基本概念的操作转换一样，研究假设的操作转换也是借由经验演绎法，将那种具有含糊性、不明确性、缺乏操作性的研究假设推演为具有清晰性、明确性和可操作性的具体研究假设。

例如，一项调查课题要研究的问题是"为什么近年来农民进城观光之风日盛"，其中一个假设就是"进城观光条件的改善导致农民进城观光之风日盛"。对"进城观光条件"这一概念的量度有多种指标，如经济条件、时间条件、交通条件。对经济条件可以用"人均收入"表示，对时间条件可以用"闲暇时间"表示，对交通条件可以用"交通容量"表示。对"进城观光"则可以用"进城观光次数"表示。这样一来，便可以将上述"进城观光条件的改善导致农民进城观光之风日盛"操作化为三个具体的研究假设：①人均收入的提高导致农民进城观光的次数增多，或农民进城观光的次数与农民人均收入的提高成正比；②闲暇时间的增多导致农民进城观光的次数增多，或农民进城观光的次数与农民闲暇时间的增多成正比；③交通容量的增加导致农民进城观光的次数增多，或农民进城观光的次数与农村交通容量的增加成正比。这样就实现了抽象研究假设向具体研究假设的操作化转换。

从上述例子可以看出，基本概念操转换是研究假设操作转换的基础，没有基本概念的操作转换，就没有研究假设的操作转换。正因为如此，要真正做好研究假设的操作转换，必须首先设法做好基本概念的操作转换。这里值得注意的是，由于每一个基本概念都可以用多个指标或项目衡量，不仅作为自变量的概念可以用多个指标或项目来衡量，而且作为因变量的概念也可以用多个指标或项目衡量，因而从一个抽象的研究假设完全可以推演出多个具体的研究假设。不仅如此，由于每一个基本概念都可以用不同层次的指标或项目衡量，因而从一个抽象的研究假设还可以层层推进地推演出不同层次的具体研究假设。在比较复杂的调查课题中，从抽象研究假设推演出的具体研究假设实际上是一个多层次、多方面构成的具体研究假设体系。

第三节　社会调查方案编制

任何社会调查项目策划最终都必须计划化，即必须拿出一个计划性的社会调查方案。社会调查项目策划的最后一项任务是要编制一个社会调查方案。社会调查方案是通过对一项社会调查的程序和实施过程中的各种问题进行详细、全面的考虑，制定出的一个总体的、周密的、可行的调查计划和调查大纲。社会调查方案是整个社会调查过程的行动纲领，它对于保证社会调查工作的顺利进行和有效完成具有重要指导作用。

一、社会调查方案涉及内容

社会调查方案的具体内容，涉及从社会调查课题的选择和设计开始，到资料搜集、资料分析、成果撰写的策划和安排为止的整个过程。因此，在设计社会调查方案时，应将社会调查过程中的各个阶段、各个方面有机联系起来综合统筹考虑，既使各个阶段相互衔接，又使各个方面的内容能够围绕调查活动的总目标展开。一个社会调查方案应包括的内容如下。

（一）调查课题和调查目的

在调查课题和调查目的方面，通常需要具体说明下述问题：①明确提出社会调查课题，并说明为什么要进行这项社会调查，从事这项社会调查在理论上或实践上有什么价值；②具体确定社会调查要探讨和解答什么问题，以及解决问题的程度；③准确表述社会调查要描述或解释何种社会现象，是对某种社会现象的一般状况进行描述，还是要探讨社会现象之间的因果关系；④简要说明通过这项社会调查具体应起到什么作用，是要建构一种理论，还是要提出政策建议，抑或是要影响社会舆论。

（二）研究类型和研究方式

在研究类型和研究方式方面，研究者应该具体说明以下问题：这项社会调查课题的研究类型是什么，是探索性研究、描述性研究还是解释性研究，是横向研究还是纵向研究，是综合性研究还是专题性研究；这项社会调查采取的研究方式是什么，是统计研究还是实地研究，是定量研究还是定性研究；这项社会调查采取的资料搜集方法是什么，是问卷法、观察法、访谈法、实验法，还是文献法、网络法；这项社会调查的资料分析方法是什么，是定量分析方法、定性分析方法，还是定量定性两者结合方法等。

（三）调查范围和分析单位

如果一项社会调查要深入社会进行，那么，确定调查范围和分析单位便成了社会调查项目策划的一项重要内容。这一部分主要需要说明的问题包括：①调查在多大范围内开展，即要明确在哪些地区（乡村、集镇、城市等）、哪些人群（村民、市民、领导、专家等）中进行调查；②调查对象的范围有多大，是普遍调查、抽样调查，还是典型调查或个案调查；③采用的分析单位是什么，是以个体、群体、组织作为分析单位，还是以社区或社会产物作为分析单位，抑或需要采用多个不同的分析单位。

（四）抽样方案和抽样方法

如果社会调查者选定的调查方法是抽样调查，要具体确定如下事项：①研究总体是什么，例如一项市民社会愿望调查的课题，是以全国城市的人口为研究总体，还是以某些城市的人口为研究总体；②调查总体是什么，是在全国各城市进行调查，还是在全国的某几个城市进行调查；③采取什么抽样方法，是概率抽样还是非概率抽样；④如何抽样，是采取简单随机抽样、分层随机抽样，还是多段随机抽样；⑤具体抽取多少样本。此外，还要考虑具体抽样时的各种问题，如抽样的可行性、抽样的误差。

（五）调查内容和调查项目

确定调查内容和调查项目是社会调查方案编制中十分重要的工作内容。调查方案的设计者应根据调查课题的调研目标和任务做好设计工作。通常讲，在社会调查中，调查方案的设计者必须首先完成以下工作：①依据调查课题的调研目标和任务提出研究问题，并提出用于问题研究的概念工具，即所要研究的变量有哪些；②构建变量与变量之间的关系，即提出研究假设；③通过基本概念的操作转换和研究假设的操作转换，确定所要调查的项目和指标；④依据这些指标和项目具体设计调查问卷、观察表格或调查提纲。

（六）调查场所和调查时间

调查场所是指在什么地点实施调查，如在问卷调查中，是入户调查、到工作单位调查，还是在街头调查。调查时间包括两个方面：一是调查时段；二是调查时点。调查时段是指调查工作何时开始，何时结束；调查时点是指调查哪一确定时间的具体情况，如调查 2006 年 5 月 1 日的流动人口状况，这个 5 月 1 日就是调查时点。此外，调查的进度计划也属于调查时间安排的内容，它是对调查的各个具体阶段和具体步骤所作的一个具有时间特性的统筹安排。一般来说，统计调查所需的时间较短，而实地调查所需的时间较长。

（七）调研经费和物质手段

社会调查需要调研经费和其他物质手段的支持。在编制社会调查方案时，调查方案的设计者需进行调研经费的开支预算，并对经费的使用进行周密的计划安排。调研经费主要包括以下几项：调查人员的差旅费；书刊资料的购置费；调查问卷与调查表格的印刷费；调查数据的计算机处理费；调查研究人员的劳务费；咨询专家的劳务费；调研成果的打印费和发表费；与调查研究课题相关的会议费等。物质手段主要是调查研究过程中采用的采访设备以及资料加工整理过程中采用的其他设备，如录音机、录像机、电子计算机，这些，都应适当地编制到社会调查的总体方案中去。

二、社会调查方案编制原则

社会调查方案的编制，是社会调查项目策划的重要环节，也是整个社会调查过程必不可少的一项内容。尤其对于一些要申报国家级课题、省部级课题的社会调查项目，编制一个好的调查方案更是至关重要的事情。一般来说，要编制一个好的社会调查方案，必须遵循以下原则。

（一）科学性原则

社会调查方案的编制有自身的客观规律和科学规范，社会调查方案的编制必须遵循这种客观规律和科学规范，即要按照科学性原则进行编制。科学性原则具体体现为两个方面：一是实证性；二是逻辑性。它要求社会调查方案的编制必须建立在已有的科学理论、可能的经验观察和严密的逻辑推理的基础之上。因此，在编制社会调查方案时，调查方案的设计者一方面要在已有科学理论指导下开展必要的探索性调查研究工作，使社会调查方案真正符合客观规律；另一方面还要使研究问题和研究假设的提出、分析单位和研究内容的确定以及基本概念和研究假设的操作转换真正符合科学逻辑。

(二) 适当性原则

适当性原则是要求社会调查方案的编制,尤其是调查目标的设定,必须从社会调查的实际情况出发,充分考虑社会调查的主客观条件,这样才能成为社会调查中可以实施的行动纲领。调查目标的设定在很大程度上取决于调研人员的素质。如果调研人员主要是刚参加工作缺乏实践经验的大学毕业生,那么解决实际问题的研究目标就不能定得太高;如果调研人员主要是文化程度偏低的基层工作者,理论研究的目标就应适当降低。此外,调查范围的大小、调查对象的多寡,在很大程度上取决于调研人员的多少和调研时间的长短,在社会调查方案的编制中,也必须从实际出发加以确定。

(三) 时效性原则

时效性原则要求社会调查方案的编制充分考虑社会调查活动的时间效果。社会调查活动具有时间性,尤其是应用性社会调查课题,往往具有很强的时间性。例如,关于某类社会产品市场需求预测的研究,必须赶在市场需求发生重大变化之前拿出成果,否则就会失去指导作用,至少会大大降低调研成果的实际应用价值。关于社会规划、社会政策课题的研究,更应有时间意识,不得拖拉,以免影响政府决策。当然,强调时效性也并不都是越快越好,对于一些学术性强的调研课题,往往需要进行深入、持久、反复调研,方能取得好的成果,因而这类课题的研究周期应安排较长时间。

(四) 经济性原则

经济性原则要求社会调查方案的编制充分考虑社会调查活动的经济性,做到厉行节约,反对铺张浪费。具体来讲就是在编制社会调查方案时,尤其是在进行社会调查的经费预算和社会调查的条件准备时,必须充分考虑到投入的节省,力争以相对较少的投入达成预定的调查研究目标。例如,在社会调查方案编制中,在关于调查类型与方式的选取上,能安排抽样调查的就不必安排普遍调查,能安排典型调查的就不必安排抽样调查;在调查方法的设计上,能通过文献调查有效解决的问题,就不必进行实地调查;能通过观察、访问达成研究目标的课题,就无须开展实验调查。

(五) 伸缩性原则

伸缩性原则也叫做弹性原则,是指在编制社会调查方案时,对于社会调查活动的具体安排和要求,应留有一定余地,保持一定弹性。这是因为:①任何社会调查方案都是一种事前设想,它与实际运作之间总会存在一定距离;②任何社会调查方案都要在一定环境中实施,而环境变化往往难以预计。所以,具有一定灵活性的社会调查方案才是真正实用的方案。另外,对于某些重大的、复杂的社会调查课题,其伸缩余地应该更大。具体到实际工作中,对于这类研究课题,通常需要编制几套不同的调查方案,这些调查方案中应有主要调查方案和配套调查方案,正式调查方案和替补调查方案。

三、社会调查方案编制案例

在过去很长一段时期中,人们对社会调查方案的编制并不十分重视,大多数社会调查并没有成文的调查方案,或者有的社会调查虽然有成文的调查研究方案,但并未在相关的专业刊物上公开发表。因此,现在要找到较多的社会调查方案编制的案例并不容易。在此,我们介绍两个专业性强、相对成熟、流传较广的社会调查方案编制的案例。

(一)越轨行为研究[①]

"越轨行为研究"是美国著名社会学家 H.贝克尔于 20 世纪 60 年代所做的一项社会调查研究。该项调查研究属于实地研究的范畴。贝克尔在该调查研究实施之前编制了一个简单明了而又切实可行的调研方案,用以指导越轨行为研究的调研工作。现摘录如下:

(1) 调查题目:美国城市中吸取大麻者的研究

调查目的:通过对吸毒者的调查建立一种"如何成为吸毒者"的理论。这一研究对了解吸毒者的情况,并制定政策和措施解决这一社会问题有现实意义,对于认识越轨行为的产生过程有普遍的理论意义。

理论设想:心理学家常以个人心理特征解释越轨行为。但本研究的设想是,越轨行为的产生是人的一系列社会经历连续作用的结果。人们在这些社会经历中逐渐形成了一定的观念、认知和情景判断,它们导致了特定的行为动机和行为倾向。因此,应当以个人的社会经历解释越轨行为。

(2) 研究类型:描述性研究、纵贯研究(追踪研究)、个案研究、理论性研究。

调查方式:实地(个案)研究。

调查方法:无结构访问法、长期观察。

资料分析方式:定性分析、主观理解法。

(3) 调查范围:美国某一城市。

分析单位:个人。抽样单位:个人。

(4) 抽样方案:以所认识的几名吸毒者为首批调查对象,然后由这些吸毒者介绍他们所认识的吸毒者,再调查第二批、第三批……共调查 50 人(这种抽

---

① 袁方.社会调查原理与方法[M].北京:高等教育出版社,1990:130-131.

样方法称为非概率抽样,或"滚雪球"式的抽样)。

(5) 调查内容:询问吸毒者的吸毒经历。如何开始,中间经历哪些过程,现在是什么状况;吸食量开始是多少,中间是多少,现在是多少;都有什么感受;是否想过戒毒,受哪些因素影响才开始吸毒的,等等。

调查提纲:根据以上内容自由交谈,无调查表格。事后根据录音或回想作详细的访谈记录。

(6) 调查场所:由被调查者选择他们认为合适的场所和时间接受访问。

时间计划:在第一次访问之后间隔几个月或半年后再访问一次,共访问两次或三次,调查时间大约一年半。

(7) 调查经费和物质手段(略)。

(8) 调查员:课题组有3人,每个人负责自己的调查对象。

值得一提的是,贝克尔的"越轨行为研究"作为一项实地研究,其调研方案中关注的重点不是提出一种理论假设,并对这种理论进行检验,而是如何通过长期的观察访问建立一种理论。贝克尔在研究报告中说明了他所建立的理论。他对50个个案的共同特征进行了归纳,概括出成为吸毒者必经的三个阶段:①学习吸食大麻的方法;②学会体验吸食大麻的效果;③享受吸食效果。由此,他抽象出三个相互联系的理论概念:接触→体验→享受。这三个概念可描述许多越轨行为的产生过程,并且可以建立一种"社会习得"理论,从而可以批判某些心理学家用"个性"理论或"先天倾向"理论对越轨行为所作的解释。

(二) 蒙汉通婚研究[①]

"蒙汉通婚研究"是北京大学社会学研究所"边区开发"课题组于1985年开展的一项社会调查。与上述贝克尔的"越轨行为研究"的调研方案不同,"蒙汉通婚研究"的调研方案设计更为精细,考虑更为缜密,其中的原因主要在于,"蒙汉通婚研究"是一项比较典型的统计调查。现摘录如下:

(1) 调查题目:赤峰地区农牧区蒙族与汉族的通婚研究

调查目的:通过对影响蒙汉通婚的各种因素的分析,探寻民族通婚的一般模式,建立一种理论模型说明中国的民族通婚问题。这一研究对于认识目前的民族关系、制定民族政策有一定的参考价值。

理论构架:本研究的基本设想是,影响蒙汉通婚的主要因素有六类:①经济活动;②居住特点;③人口迁移;④语言文化;⑤历史因素;⑥政策因素。

---

① 袁方.社会调查原理与方法[M].北京:高等教育出版社,1990:128-130。

其中后两种因素起独立的影响作用。通过对前四类因素的界定、分解和操作定义，筛选出10个影响民族通婚的变量：①某一民族在一个村的总户数的比重；②居民的平均文化水平；③户主的年龄；④户主的文化水平；⑤职业；⑥户口类型；⑦是否移民；⑧掌握另一民族语言的能力；⑨邻居中另一民族成员的多少；⑩与另一民族成员的交友情况。将这些自变量与因变量（民族通婚的程度）联系起来，建立一组研究假设和一个复杂的因果模型。

(2) 研究类型：解释性研究、横剖研究、抽样调查。

调查方式：统计调查为主，结合实地研究。

调查方法：问卷法为主，结合访问法、观察法。

资料分析方法：统计分析（包括相关分析、回归分析和路径分析），结合理论分析。

(3) 调查范围：内蒙古赤峰地区。

分析单位：个人。

抽样单位：家庭（户）。

(4) 抽样方案：研究总体是赤峰地区的居民。根据地区特点选择4个有典型意义的旗（县），在这4个旗（县）中选择5个有代表性的乡，再在这5个乡中各选择2～3个村，共选出12个村。这12个村共3 200户，从中随机抽取（每4户中选3户）2 439户。在每户调查户主1人，共2 439人。

(5) 调查内容：户主的主要特征：自变量③～⑩，各特征组的民族通婚程度，户主所在村、乡、旗的历史状况与现状，民族政策的历史变化。

调查问卷：调查指标和项目包括户主的年龄、文化水平、职业变动、婚姻史、配偶情况、生育史、语言能力、社会交往、邻居情况、个人收入、个人对居住地满意程度等，它们是对③～⑩的测量。对每一指标或项目设计一个或几个问题了解。以上是主要问卷。此外，还设计两个辅助问卷，一个是了解家庭情况，另一个是了解迁移情况。了解村、乡、旗的历史与现状是根据事先设计的调查提纲。

(6) 调查时间：1985年6月～1985年8月

调查时点：1985年6月1日。在6月1日以后迁入的户主不在调查范围内，6月1日以后结婚的不做统计。

调查场所：直接进入家庭访问，填写问卷。

调查时间计划：准备阶段为1985年2月至1985年5月，查阅文献，到赤峰地区（市）、旗（县）的政府有关部门了解情况，到调查地区实地初步考察，除了问卷调查外，还需要考察这5个乡其他41个村的概况。研究阶段：1985年9月至1985年11月，资料整理、数据处理、输入计算机汇总分析，打印统计表格、计算相关系数等。总结与应用阶段：1985年12月至1986年3月，结合资料的统计分析和理论分析撰写调查研究报告。

(7) 调查经费和物质手段(略)。

(8) 调查员培训、组织：课题组共5人，其中3人是调查员，由2名研究人员带队，示范并负责检查、核对工作。

比较上述两个社会调查方案实例，可以明显看出，贝克尔的"越轨行为研究"属于实地研究。他是从观察入手，事先没有提出研究假设，但他却依据一定的理论设想调查，然后通过归纳、概括和抽象，构建一种属于自己的理论。"蒙汉通婚研究"则是一种统计调查。研究者事先建立了一组研究假设和一个因果模型，然后通过大样本的调查和统计分析检验和修改这一理论模型。这两项调查研究形成了鲜明的对比，它们反映社会调查中两种最常用的调查研究方式，即实地研究方式与统计调查方式。通过对这两个调查研究方案的学习，我们可以把握社会调查项目策划的一些要点，尤其可以进一步理解实地研究与统计调查在筹划准备工作和具体实施过程方面的某些不同特点。

复习思考题

1. 试述选取社会调查课题的途径和程序。
2. 什么叫研究假设？是否任何社会调查都需要研究假设？
3. 什么是层次谬误？请举例说明。
4. 根据自己的兴趣，试编制一项社会调查方案。

第四章 社会调查的对象选择

[本章导读]

从社会调查对象选择的角度来看,全部社会调查方法的发展过程,实际上是一个对社会调查对象选择方法进行不断探索与改进的过程。在社会调查方法的发展过程中,为了保证社会调查的精确性、准确性、有效性和经济性,人们较早就在调查对象的选择方面进行了丰富的实践和科学的探索,从而历史地形成了一整套调查对象选择的理论与方法,主要包括整体调查方法、主观取样方法、科学取样方法和个体调查方法,同时也形成了一整套基于调查对象选择方法的不同而划分出的社会调查类型,主要包括普遍调查、典型调查、个案调查和抽样调查。在本章中,我们以调查对象选择方法的发展脉络为线索,以当今广为采用的抽样调查为重点,具体讨论社会调查中调查样本的抽取问题。本章重点内容:掌握选取社会调查对象的四种方法、抽样调查的程序、随机抽样和非随机抽样的方法、样本规模的影响因素。

第一节 对象选择的传统方法

在现代社会调查中,依据所采用的调查对象选择方法的不同,社会调查可分为四种类型,即普遍调查、典型调查、个案调查和抽样调查。其实,在抽样调查产生之前,社会调查者对调查对象的选择已经采用了多种传统方法,包括普遍调查、典型调查和个案调查方法,并且这些传统方法至今还在社会调查实践中广泛使用。抽样调查不过是在这些传统的社会调查对象选择方法基础上的综合、改进、跃升而已。为此,这里有必要先简要介绍调查对象选择的三种传统方法,然后再详细讨论当今广为采用的抽样方法。

一、普遍调查

普遍调查是全面了解调查对象的重要方法,它在社会调查活动中具有十分重要的意义和作用。通常来讲,为了对社会的一般状态作出全面准确的描述,把握社会的总体面貌,掌握基本的国情社情,从而为政府机关和社会工作部门制定社会规划和社会政策提供可靠的依据,就应开展普遍调查。

(一)普遍调查的含义

普遍调查又称为全面调查、整体调查,简称普查,它是指将研究对象的全部单位无一例外地作为调查对象逐个进行调查。普遍调查的主要目的是了解、把握某一社会现象的总体情况,得出具有普遍意义的结论,它可以为认识事物全貌、整体把握社会、开展社会规划提供可靠依据,因而深受各国政府的重视。1920年,列宁在倡议进行全俄人口普查时就指出:"我再一次提醒你们,全俄普查乃是一件非常重要的国家大事。"[1]"普查资料是共和国有计划地组织生产和苏维埃工作所必需的。"[2]在我国,目前的普遍调查一般多为政府部门、统计机构和大型企事业单位采用,是各级政府部门和大型企事业单位编制发展规划、制定社会政策、进行管理决策的重要依据。

普遍调查按照调查对象系统的层次高低和范围大小可以分为宏观普查、中观普查和微观普查。宏观普查一般是指全国性的普查或大区性的普查。中观普查所调查的对象系统相对宏观普查层次要低,范围要小,一般是指对省、市、县之类的层级或某一中等地区范围的普查。微观普查的对象系统层次更低,范围更小,它可以是乡、镇、村甚至一个具体的单位。

人口普查属于宏观普查,它对全国所有人口中的每个人进行调查。人口普查通常是每10年左右开展一次,我国在1953年、1954年、1982年、1990年、2000年、2010年进行了六次全国人口普查。除人口普查外,我国的宏观普查还有:工业普查,即对全国所有工业企业中的每个企业进行调查;农业普查,即全面搜集全国农村、农业和农民的有关基本情况;社会基本单位普查,即对在我国境内从事社会经济活动的各种法人单位和产业活动单位进行调查。宏观普查通常属于国情国力调查,由国家统一实施。

(二)普遍调查的特点

普遍调查作为从社会调查对象选择的角度生发的一种社会调查方法,它将研究对象

---

[1] 列宁论苏维埃统计[M].北京:统计出版社,1958:14.
[2] 列宁全集.北京:人民出版社,1958:404.

总体的各个单位无一例外地作为调查对象,应该说是一种调查最全面、数据最精确的社会调查方法。普遍调查具有三个方面的特点:

(1) 全面性。普遍调查将研究对象总体中的每一个单位都作为调查对象逐一地进行调查,即研究对象总体与调查单位总数等同。例如,对某市居民住房情况进行普遍调查,就要对该市每家每户的情况逐一调查。

(2) 概括性。由于普遍调查是对所有研究对象进行全面的、无一遗漏的调查,通过统计汇总和科学归纳便能得出一般性的结论。正因为如此,普遍调查的结论具有很强的概括性,从而也具有宏观层次的指导性。

(3) 时限性。普遍调查所调查的是同一时点的社会现象,一般要求确定标准时点,并以此时点的调查对象资料作为研究资料。如我国第二次农业普查的标准时点是 2006 年 12 月 31 日,时期资料为 2006 年度。

(三) 普遍调查的规则

普遍调查通常涉及地域广阔,调查对象众多,参加调查的人员多,且耗费的时间长,组织工作十分复杂,因而在开展普遍调查时,必须从科学性、时间性和经济性的角度考虑问题,并遵循一定的实施规则。

1. 调查项目必须简明

普遍调查对象繁多,工作任务繁重,所以,在一般情况下,调查项目往往不能过多。例如,我国 1953 年开展的第一次人口普查,调查项目只有姓名、与户主的关系、性别、年龄、民族、住址 6 项。一个单位安排普遍调查,其项目也应该简明。如要对本单位的员工基本状况进行普通调查,只需姓名、性别、年龄、文化程度、家庭情况、专业特长几个项目就足够了。

2. 调查时点必须确定

普遍调查搜集同一时间的调查资料,而不允许有不同时点的调查资料,否则就可能出现重复或遗漏,出现登记性误差,造成调查失误。有关专家指出,我国的人口普查,如果相差一天,就会造成大约 5 万人的误差。这说明,规定调查资料的同一时点,是保证普查结果准确性的客观要求。普查时,必须根据普查内容的客观要求,规定普查的时点,不可任意为之。

3. 正确选择调查时间

开展普遍调查的具体时间,一般应选择在调查对象最为集中、流变性较小、信息搜集工作最为方便的时候。例如,一个工厂生产最稳定的时期,是每年的 1 月、3 月至 12 月,而 2 月处于春节期间,放假休息多天,因而在工厂内部进行普查就不宜选择在 2 月进行。我国人口普查近来由过去的 7 月 1 日零时改为 11 月 1 日零时,就是根据人口流动性所作的考虑。

4. 迅速完成普查任务

普遍调查,就其时间性角度讲,其研究类型属于一种横剖研究,其调查任务必须在较短时间内完成,不得随意拖延,以免出现不准确的调查结果和不正确的调查结论。当今社会的各种社会现象变化极其迅速,如果普遍调查的时间稍有延长,就有可能造成调查结果的很大误差。

(四)普遍调查的评说

普遍调查,就其本意讲,是对全部调查对象所进行的逐个调查,这有利于全面把握调查对象的整体情况,同时能够得出具有普遍意义的调查结论。然而,虽然普遍调查的优点值得重视,但其缺点也不可忽视。

1. 普遍调查的优点

普遍调查的优点主要在于:①资料搜集全面。普遍调查将全部研究对象作为调查对象,与其他类型的调查比较,它所搜集的资料是最全面的。②资料准确性高。普遍调查资料搜集的指标和方法统一,且不存在抽样误差,因而资料的准确性、精确性和标准化程度均较高。③结论普遍性强。普遍调查是对所有研究对象进行全面的调查,因而它能得出具有较高概括性和普遍意义的结论,可以较好地反映社会现象总体的一般特征。

2. 普遍调查的缺点

普遍调查也有一些明显的缺点或局限性:①需要较大投入。普遍调查对象众多且分布面广,调查工作量很大,需要处理的原始资料很多,需要投入较多的人力、物力和财力。②耗费时间较长。普遍调查无法在短时间内把调查资料收齐并作出相应的处理,所以耗费时间较长。③资料缺乏深度。由于普遍调查工作量大,调查项目不可能很多,对每个调查对象也不可能进行深入细致的调查,因此,普遍调查的资料往往缺乏深度。

二、典型调查

典型调查是在设法弥补普遍调查或全面调查的明显缺点和局限的基础上创立的一种非全面调查方法。典型调查弥补了普遍调查资源投入较大、耗费时间较长、资料缺乏深度的不足,是用于深入了解调查对象有关情况,并具有资源节省性的一种重要方法,因而它具有广泛的适用性。

(一)典型调查的含义

典型调查是从研究对象的总体中选择少量具有代表性的单位作为调查对象进行的

借以认识同类社会现象或社会事物的共同属性和一般趋势的调查。典型,即同类社会现象或社会事物中最具代表性的某些单位,或者说对于研究总体具有代表性的某些单位。代表性,即同类社会现象或社会事物的共同属性和一般趋势。典型调查是认识社会现象或社会事物的共同属性和一般趋势的一种简化途径和便捷方式。典型调查的目的在于通过调查少量典型来大体估计研究总体的情况,从而发现共同属性和一般趋势。

典型调查历来受到马克思主义者和中国共产党人的高度重视。马克思曾经以英国为典型,揭示了资本主义社会的一般规律。他在《资本论》出版序言中讲道:"我要在本书研究的,是资本主义生产方式以及和它相适应的生产关系和交换关系。到现在为止,这种生产方式的典型地点是英国。因此,我在理论阐述上主要用英国作例证。"[①]毛泽东对典型调查高度重视,他亲自开展的多项社会调查,如湖南农民运动考察、兴国调查,基本上都是典型调查。1941年8月,《中共中央关于调查研究的决定》对典型调查的地位和作用给予了充分的肯定,认为"从研究典型着手是最切实的办法"。[②]

(二) 典型调查的特点

与普遍调查将研究对象的全部单位无一例外地作为调查对象相比,典型调查的调查对象在数量上可谓微不足道。但是,正是因为典型调查的调查对象较少,也使得它具有了普遍调查不具备的一些特点。

(1) 调查对象代表性强。典型调查的调查对象是真正经过选择的对象。这种调查借助于社会调查者的分析判断能力,在研究对象的总体中选择某些具有典型意义的代表作为具体调查对象,明显具有较强的代表性。

(2) 研究过程深入细致。典型调查是一种系统、深入的"解剖式"的调查研究,它详细了解确定的调查对象的各个方面,对调查对象进行全面深入的解剖,观察细微,考究深入,可以调查较为全面、丰富的内容。

(3) 采用典型说明一般。典型调查的目的在于通过对少数几个典型调查对象的考察说明和发现社会现象和社会事物的一般特征和发展规律,通常来讲,"典型的代表性愈充分,则愈能够反映总体的情况"。[③]

(4) 主要重于定性研究。典型调查的目的在于揭示同类社会现象或社会事物的共同属性和一般趋势,主要考察社会现象或社会事物质的规定性。在社会调查中,它主要用于对社会现象或社会事物开展定性研究。

(5) 比较节省调查费用。典型调查的实际调查对象是典型,其具体数量不多,通常只

---

① 马克思恩格斯全集:第23卷.北京:人民出版社,1972:8.
② 毛泽东农村调查文集.北京:人民出版社,1982:23.
③ 宋林飞.社会调查方法[M].上海:上海人民出版社,1990:177.

有几个对象,所以,在典型调查的实施中,通常需要的人力物力较少,比较节省调查费用,是一种相当经济的调查方法。

(三) 典型调查的规则

典型调查毕竟是对研究对象总体中少量的调查对象进行的调查,因而典型调查要想获得理想的调查效果,即通过调查少量典型实现对研究总体状况的大体估计的目的,就应遵守一定的规则。

1. 正确选择典型对象

典型调查对调查对象的选择具有主观性。典型调查的最大误差,就是选择典型的误差。如果对象选择不当,选到的对象就不是典型对象。如果选择的对象不是典型对象,就达不到典型调查的目的。

2. 调查与研究结合

典型调查不仅要求深入了解几个典型对象的具体情况,而且要求了解研究对象的本质及其发展规律。因此,在进行典型调查时,必须将调查与研究紧密结合,使调查不断深入,研究不断深化。

3. 慎重对待调查结论

典型虽然是同类事物中具有代表性的单位,但它毕竟是普遍中的特殊,一般中的个别。因此,对于典型调查,必须慎重对待,尤其要慎重对待调查的结论,绝不能一叶障目,以偏概全,到处套用。

(四) 典型调查的评说

在当代学术界,人们对典型调查的评说有褒有贬。这说明,典型调查既非完美,也非一无是处。事实上,典型调查作为一种选择社会调查对象的方法,既有优点,也存在某些缺点和不足。

1. 典型调查的优点

典型调查的优点在于:①调查直接。典型调查通常是一种面对面的直接调查,能获得比较真实可靠的第一手资料。②研究深入。典型调查是系统、深入的调查,它不仅要考察调查对象的各个方面,而且要对其进行深入的剖析。③投入节省。典型调查是对少数几个单位进行调查,需要的调查人员不多,花费的财力物力较少。④适应性强。典型调查便于调查者把调查了解情况与分析研究问题结合起来,既适用于理论研究,也适用于应用研究,在社会研究和社会工作中有广泛的用途。

2. 典型调查的缺点

典型调查的缺点和局限性在于:①典型的选择易受调查者主观意志的影响,难以完全避免主观随意性；②典型调查的调查对象只是少数几个单位，它们与研究对象总体之间会存在较大的差异，它们的代表性是不完全的；③调查结论是否具有代表性，是否具有普遍意义，难以用科学手段准确测定；④典型调查主要是一种定性调查，在定量的方面一般只能作一些大体的估计，因而很难对调查对象总体进行定量分析。

三、个案调查

个案调查也是一种传统的选择社会调查对象的方法。在选择社会调查对象的三种传统方法中，普遍调查和个案调查构成了选择调查对象数量上的两极，而典型调查大致处于折中的地位。个案调查在社会调查研究中有其特殊的作用，在社会工作的个案工作中应用十分广泛。因此，了解个案调查的有关知识，不仅有利于个案调查本身，而且有利于个案工作的开展。

（一）个案调查的含义

个案(case)一词源于医学，较早引入心理学领域，一般指个别病例和案例。医学个案研究，是指对个别病人作详尽的临床检查，判明病理和病因，提出治疗方案。心理学个案研究，是广泛搜集有关案主多方面的历史资料，从而深入探究其心理疾病的特征及形成和发展的过程，然后提出治疗方案。目前，个案研究已被引入社会学等学科领域，并被广泛应用于各种社会调查活动中，形成一种个案调查或个案研究方法。

个案调查是指为了解或解决某一具体的问题而对特定的个别对象所进行的调查。这里所讲的个别对象，可以是一个个的人，也可以是一个个的小型团体，还可以是一个个的社会产物，如一个个的社会产品，一个个的社会事件。米切尔说："个案调查是指对一个人、一个家庭或诸如政治示威这类事件的详细研究。"[①]个案研究的目的是了解或解决某一具体的问题，如了解某个人的生活史、某家族的状况、某村落的变迁，某一社会反常个体的情况、某一社会群体事件的过程，以及某一新生事物的产生和发展。

（二）个案调查的特点

个案调查作为一种为了解或解决某一特定的、具体的问题而对特定的个别对象进行的调查，其调查对象往往是唯一的，只有一次选择，没有二次选择。因此，与普遍调查、典型调查相比，个案调查具有两大特点：

(1) 调查对象的特定性。个案调查的对象是唯一的、特定的和不可替代的。与典型

---

① G.罗斯.当代社会学研究解析[M].银川：宁夏人民出版社,1988：329.

调查相比,尽管两者调查的对象在量的方面都可能是个别的对象,但典型调查要求其具体调查对象相对于研究总体中的全部对象,必须具有代表性和典型性;而个案调查不是这样,它不要求调查对象具有代表性或典型性,或者说它根本没法要求调查对象具有代表性和典型性。

(2) 调查目的的专一性。个案调查的目的不是为了认识某一宏观的研究对象总体,而是为了深入细致地描述一个具体的社会单位(如某一个体、群体、组织、社区、社会产物)的全貌和变化过程。个案调查的基本目的可以说是"就事论事",它要解决个案本身的具体问题,而不要求进行普遍规律的揭示。任何要求揭示普遍规律的调查都不能采用个案调查方法。

(三) 个案调查的规则

个案调查通常是作为一种研究性的调查或者作为一种诊断性的调查而运用的。要做好个案调查工作,同样需要遵循一定的规则。

(1) 必须恰当地确定调查个案。个案是社会调查者认为值得深入研究或需要深入诊断的个别案例。社会调查者必须根据研究的需要或诊断的要求恰当地确定案例。从研究需要来讲,关键要看其是否有研究价值。

(2) 必须对个案进行深度了解。个案调查的意义在于对确定的社会单位进行深度的剖析,了解其各种特征,因此,社会调查者要通过各种有效的方式方法"打破沙锅问到底",深度了解个案的状态、意向和行为。

(3) 必须全面地搜集有关资料。个案调查并非局限于对个案本身现有资料的搜集,它还需要搜集各种相关的资料。这些资料包括个案的成长历史资料、个案的社会关系与社会交往资料、个案的社会环境资料等。

(4) 必须对案例进行深入诊断。社会调查者在个案调查中要像医生对病人一样,分析个案的身体状态,提出治疗办法,即要通过对个案资料的分析,发现问题之所在,找出问题的症结,提出解决问题的方案。

(四) 个案调查的评说

一段时期以来,社会学界和社会工作界对个案的兴趣有增无减,尤其是自我国专业化的社会工作开展以来,个案工作受到了极大的重视。但是,应该看到,从社会调查的角度分析,个案调查或个案研究,既有某些突出的优点,也有某些明显的缺点或局限性。这一点很值得重视。

1. 个案调查的优点

个案调查的优点在于:①个案调查有利于"在对总体没有全面了解的情况下确定调

查单位"，[①]即不需要对总体进行了解就能确定具体的调查对象；②个案调查有利于对具体的调查对象进行全面的、深入的研究，具有质的深刻性和社会实在性；③个案调查是进行定性研究的重要手段，是研究特定事物发展变化过程及其影响因素的重要调查方式。

2. 个案调查的缺点

个案调查的缺点和局限性在于：①个案不具有代表性，不能以个案调查直接推导普遍规律。只有在将个案选择按照"典型"选择的方法进行选择，并对多个"典型"个案开展同样调查的情况下，才能在一定程度上整合揭示某些普遍情况。②个案调查的分析技术难以标准化，不能进行定量研究，只能进行定性研究。社会调查者必须对此有深刻的认识。

第二节 对象选择的抽样方法

社会调查对象选择的抽样方法是在传统调查对象选择方法基础上的一种发展。具体来讲，它是在运用概率论与统计学知识，选择性地吸收普遍调查、典型调查、个案调查等在选择调查对象方面的优点，试探性地克服这些传统方法的缺点之基础上形成和发展起来的一种科学的、经济的、适用的新型调查对象选择方法。从普遍调查、典型调查、个案调查等传统调查对象选择方法走向现代抽样选择调查对象方法，这是社会调查发展史上一个具有里程碑意义的进步，它使社会调查的发展一跃进入以抽样调查为主的时代。

一、抽样调查的原理与基本规则

抽样调查是指从研究对象的总体中，按照一定的方式选择或抽取一定数量的样本作为具体调查对象，并以对样本的调查结果来推论研究对象总体的调查方法。抽样调查与前面所讲的普遍调查、典型调查、个案调查有两个显著的区别：一是选择调查对象的区别；二是推广调查结论的区别。其中最基本的区别又在于选择调查对象的区别。抽样调查方法是统计学家和社会学家围绕怎样科学地选择调查对象，才能使对所选择的调查对象开展相对客观、经济、有效的调查，从而得出的结论能够推论研究总体，且误差能够保持在可测、可控的范围内，长期不懈探索的结果。

抽样调查是以概率论和统计学中的大数法则为基本原理。大数法则是关于大量的随机现象具有稳定性质的原则。随机现象是指在事先无法预测其结果的现象。例如，抛

---

① 宋林飞.社会调查方法[M].上海：上海人民出版社，1990：187.

掷一枚硬币,它的正面可能朝上,也可能朝下,人们无法事先预知每次抛掷的结果。这种事先无法预测其结果的现象,就是所谓的随机现象。在现实社会中,大量的社会现象是随机现象,但随机现象并不是无规律可循的,只要我们对大量重复的随机现象坚持观察,就可以发现它们的结果具有一定的规律性。如果千百次抛掷一枚硬币,会发现正面朝上与正面朝下的次数几乎一样多,抛掷的次数越多,结果越接近一半对一半。历史上曾有不少人做过这一实验,其重要的实验结果见表4-1。[①] 由表4-1可知,当抛掷硬币的次数无限增多时,正面朝上的可能性会趋向50%。

表4-1 硬币抛掷结果表

实 验 者	掷硬币次数	出现正面次数	占总次数的比例/%
蒲丰	4 040	2 048	50.69
皮尔逊	12 000	6 019	50.16
皮尔逊	24 000	12 012	50.05

大量重复抛掷硬币,正面朝上或正面朝下出现的可能性大小,即称之为硬币正面朝上或正面朝下的"概率"。推而广之,概率,就是某种现象出现的可能性大小。概率是事物和现象存在和变化的一种规律。尽管这种规律无法用来预测具体某次现象出现的结果,但可以预测所有同类现象出现的总的结果,大数法则说明的就是这个规律。

大数法则表明,如果被研究的总体是由大量的相互独立的随机因素构成的,且每个因素对总体的影响都相对小,那么对这些大量的因素加以综合平均,就会出现各因素之间的个别影响相互抵消的结果,显现它们共同作用的倾向,使总体显示其特定的性质。大数法则揭示了抽样调查的样本与总体之间的内在联系,即随着抽样单位数的增加,样本特征会更接近于总体特征。也就是说,在科学地抽取样本的基础上,样本数目越多,对总体的代表性越强。当然,也可以这样认为,样本数目越少,对总体的代表性越弱。这里的科学抽样,实际上是依据概率论和大数法则进行的抽样。

依据大数法则进行抽样调查,必须遵循几项基本规则,方能保证抽样调查取得成功:①必须按照随机原则抽取样本。关于随机原则,有一点必须搞清楚,即随机原则不是随便原则和随意原则,也不是图方便的原则。随机抽样是依据概率论进行的抽样。怎么方便怎么抽样,那不是随机抽样,而是非随机抽样中的方便抽样。②抽取的样本能够代表总体。抽取的样本的结构与总体的结构用几何学的一个术语来说,它们应是"相似形"。如果做不到这一点,就会产生很大抽样误差,收不到抽样调查的效果。例如,某人要调查城市居民的幸福愿望,而抽取的样本都是高校教师,或者抽取的都是公务员,或者根本没

---

① 格涅坚科.概率论教程[M].北京:高等教育出版社,1956:44.

有高校教师和公务员,那么,这种样本就代表不了总体。

二、抽样调查的特点与适用范围

抽样调查作为从调查研究对象的总体中,按照一定的方式选择或抽取一定数量的样本作为具体调查对象,并以对样本的调查结果推论研究总体的调查研究方法,与三种传统调查对象选择方法比较具有明显特点,而且也有与三种传统调查对象选择方法不同的适应范围。

(一)抽样调查的基本特点

(1)抽样调查的对象不是研究对象总体中的全部单位,也不是研究对象总体中的个别或少数几个单位,更不是特定的个别对象,而是研究对象总体中的一部分单位。这"一部分单位",就是我们所说的样本。

(2)抽样调查的样本,一般是按照随机原则抽选出来的,而不是由调查者主观选择的,更不是由调查者随意确定的。由调查者主观选择和随意确定调查对象,那不是真正的抽样调查,只是非抽样调查。

(3)抽样调查的目的,不是要说明样本本身的情况,而是要通过样本推断总体、说明总体。抽样调查是用来了解研究对象全面情况的非全面调查,如果一项调查只是为了对特定调查对象作研究,就不是抽样调查了。

(二)抽样调查的适用范围

在现代社会中,由于人们越来越讲科学,讲定量,抽样调查的作用越来越显著。但是,抽样调查并不适用于所有社会调查对象和社会调查活动。抽样调查的适用范围如下。

(1)对于某些庞大的研究总体,不可能进行普遍调查,但又需要了解其全面情况时,就要采取抽样调查。例如,要调查某省城乡居民的社区参与愿望,不可能进行普遍调查,只能根据一定的抽样方式随机抽取一部分居民进行抽样调查,以此推论和说明某省城乡居民社区参与愿望的一般情况。

(2)对于同质性较强,差异不大的研究总体,没有必要进行普遍调查就能了解全面情况时,可以采取抽样调查。如要调查某城市大学生的暑期打算和活动安排时,由于大学生的同质性较强,只需调查足够大的样本,就可以推断该城市大学生的总体情况,这时,就可以进行抽样调查。

(3)对普遍调查的资料进行补充或修正时,必须进行抽样调查。有的普遍调查需要花费较多的人力、物力、财力,通常要若干年才能进行一次,那么,在上一次普遍调查完成后下一次普遍调查尚未开展的期间内,许多资料会变得陈旧,这时,就要通过抽样调查补充和修正。

(4) 当人力、财力、物力和时间等不容许开展普遍调查,但又要了解总体的一般情况,且允许误差可以放宽时,应当开展抽样调查。这是包括社会调查在内的非行政调查的一般情况。事实上,现在许多研究课题由于人力、物力和财力有限,要在较大范围内开展普遍调查颇有难处。

三、抽样调查的优点与存在缺陷

抽样调查作为一种产生于近现代科学基础上的选择调查对象的方法,较好地吸收了普遍调查、典型调查和个案调查的优点和长处,解决了普遍调查、典型调查和个案调查存在的某些不足。当然,抽样调查并非完美无缺的调查对象选择方法,它的优点十分明显,但仍存在某些缺点和局限性。

(一) 抽样调查的优点

在现代社会中,抽样调查已经成为社会调查中一种十分重要且广泛应用的调查方法,大凡讲究客观性、科学性、精确性的社会调查活动,基本上都采用抽样调查方法来进行。抽样调查的优点可概括为以下方面:

1. 抽取样本比较客观

抽样调查一般按随机原则抽取样本,这在很大程度上有效排除了社会调查者主观因素的过度参与或严重干扰,较好地保证了样本的代表性和调查的客观性,使调查结果具有较强的真实性和可靠性。

2. 推断总体比较准确

抽样调查的科学基础是概率论与统计学,抽样误差不仅可以准确计算,而且可以适当控制。抽样调查便于对调查总体作定量分析,它的调查结论运用统计学方法计算得出,因而对总体的推断比较准确。

3. 调查花费比较节省

抽样调查仅仅是对研究总体中的"一部分单位"或少数样本单位进行调查,因此,与普遍调查相比,它在人力、物力、财力、时间等的投入上都比较节省,调查组织管理工作也比普遍调查相对简单一些。

4. 应用范围十分广泛

抽样调查在近几十年来得到了迅速发展,它的应用范围在逐渐扩大。目前,在许多地方和单位,无论是社会调查还是经济调查,无论是民意调查还是科学调查,人们大多采用了抽样调查方法。

(二)抽样调查的缺点

在社会调查中,正如一些研究者表述的那样,抽样调查在实践中并非一种十全十美的调查方法,也非一种真正万能的方法,它同其他的社会调查对象选择方法一样,免不了存在某些缺点和局限。

(1)抽样调查主要适用于定量研究而不大适用于定性研究,因而在某些侧重定性的社会调查中,抽样调查的作用是非常有限的。

(2)对于研究总体范围尚不十分明晰或流动性较大的研究对象,由于没有办法编制完整的抽样框,因而抽样调查就显得不是特别适合。

(3)抽样调查通常需要较扎实的统计学知识和计算机应用技能为基础,这使抽样调查在缺乏这些知识和技能的人群中作用大受限制。

(4)抽样调查样本数量较大,这使其调查的指标项目和内容深度都受到一定限制,往往只适合宏观研究而不适合微观研究。

四、抽样调查的术语与运作程序

在社会调查中,抽样调查是一种专业化程度较高的社会调查方法,它有自己的一套科学术语,有自己的一套运作程序。人们要进行抽样调查,很有必要掌握其中的一些重要术语,并懂得科学的抽样调查程序。

(一)抽样调查的重要术语

抽样调查有很多科学术语,初学者最低限度要掌握的重要术语有:研究总体、调查样本、样本规模、抽样单位、抽样范畴、总体参数值、样本统计值、随机抽样、非随机抽样、抽样误差等,这里先介绍其中6个,其他重要术语将在本章其他部分的专门内容中陆续加以介绍。

1. 研究总体

研究总体也称一般总体或研究对象总体,是理论上明确界定的具有某种统计特征的一类事物的全部个体的集合体。例如,某城市的居民,某乡村的社区,某景区的游客,某企业的职工,某群体的成员,某类社会产品,某类社会活动,某类社会新闻。总体的单位数常用 N 表示。

2. 调查样本

调查样本简称样本,也称调查对象或具体调查对象,是按照一定的抽样方式从研究总体中抽取的一部分个体的集合。一个样本就是一个研究总体的子集。例如,我们从某社区 3 000 名居民中抽取 300 人进行调查,这 300 名居民便是一个样本或一个调查样本。样本的单位数常用 n 表示。

3. 抽样单位

抽样单位是一次抽样所使用的基本单位。抽样单位与研究总体中的个体单位有时一致,有时不一致。例如,在上例中,单个的居民即是构成 3 000 名居民这一总体的个体单位,也是从总体中抽出 300 名居民的样本时所采用的抽样单位。但若从该社区中先抽出 10 个居委会,然后在每个居委会再抽出 30 名居民合成一个样本时,则使用了两个抽样单位。其中第一个抽样单位与总体的个体单位并不一致,而第二个抽样单位与总体的个体单位又一致。

4. 抽样范畴

抽样范畴又称抽样框,是指一次抽样时总体中所有抽样单位的名单。抽样范畴或抽样框在严格意义上应该是总体中按照抽样单位编列的一个名单,使用几个抽样单位就应该有几个抽样范畴或几个抽样框。抽样范畴或抽样框可以采用两种方式确定:①根据要求自建,即根据研究总体自行编制抽样框;②将现有的一些花名册、电话号码簿、户籍卡等拿来代用。

5. 总体参数值

总体参数值也称为总体特征值,简称参数值,是关于总体中某一变量的综合描述,或者说是总体中全部个体的某种特征的综合数量表现。在抽样调查中,总体参数值是客观存在的,但总体参数值一般不能直接获得,而是要通过对调查样本的调查统计获得的样本统计值进行推算。开展抽样调查,其基本任务"就是通过样本统计值推算总体的参数值"。[1]

6. 样本统计值

样本统计值也称为样本特征值,简称统计值,是关于样本中某一变量的综合描述,或者说是样本中所有个体的某种特征的综合数量表现。在抽样调查中,样本统计值是根据对样本中所有个体的调查而获得的数据计算出来的,它是对研究总体相应特征的总体值的估计值。样本统计值与总体参数值之间总会存在一定的差异,这种差异称之为抽样误差。"抽样设计的目标,就是尽可能使所抽取的样本的估计量接近总体的参数值。"[2]

---

[1] 袁方.社会调查原理与方法[M].北京:高等教育出版社,1990:165.
[2] 风笑天.社会学研究方法[M].北京:中国人民大学出版社,2001:117.

（二）抽样调查的运作程序

抽样调查有一套科学的运作程序。从相对完备的角度看，一般可分为下述六个步骤。抽样调查的这六个步骤既是一个完整的方法体系，也是一个完整的运作过程，它们的顺序往往不可颠倒。只有依次做好这六个步骤的工作，才能使抽样调查得以顺利进行，真正达到抽样调查的目的。

1. 明确地界定研究总体

明确地界定研究总体，即根据调查目的要求，确定所要研究的对象的内涵、外延及数量。明确界定研究总体是抽样调查的基本要求。如果研究总体是模糊的，那么，不仅抽样会有困难，而且无法用调查结果进行统计推论。

2. 设计和抽取调查样本

设计和抽取调查样本即设计样本的大小和抽取的方法，并根据设计要求从研究总体中抽取一部分单位作为调查样本。到底需要多大的样本，应根据研究活动的目的要求、研究对象的性质特点与研究活动的客观条件而定。

3. 搜集样本的有关资料

搜集样本的有关资料，即利用一定调查方式对抽取的样本单位进行实际调查，具体搜集样本的有关资料。搜集资料的方法多种多样，在抽样调查中，为了便于统计分析，人们通常采用的方法是自填问卷和结构式访问。

4. 计算出样本的统计值

计算样本的统计值，即对调查获得的资料进行计算，具体计算出样本的统计结果。值得一提的是，样本的统计值并非一项调研的最终结果，更非最终研究结论，它只是对调查样本的有关数据资料进行统计得出的数值。

5. 用统计值推断参数值

用统计值推断参数值，即根据样本的统计值推断总体的参数值。抽样调查计算出样本统计值并非目的，推断出总体参数值才是目的。应当加以说明的是，总体参数值与样本统计值之间总存在一定差别，即所谓抽样误差。

6. 计算抽样误差的大小

计算抽样误差的大小，即拿样本的统计值和总体的参数值作比较，计算出本次抽样调查的抽样误差，确定总体参数值的置信区间和置信水平。调查的误差不只是抽样误差，也有登记误差，可以而且需要计算的是抽样误差。

五、抽样调查的两类抽样方法

从理论上讲,抽样调查的样本抽取应严格按照概率原理和随机原则进行,抽样调查中的抽样也可以称为概率抽样或随机抽样。但是,在实际工作中,严格的概率抽样往往不易进行,为了较好地弥补这一缺陷,人们采取了一些相对灵活的抽样方法,这类抽样方法称为非概率抽样。于是,在社会调查实务中,抽样方法便依据是否严格按照概率原理和随机原则进行抽样,把抽样方法分为概率抽样和非概率抽样,或随机抽样与非随机抽样两类。

(一)抽样调查中的随机抽样

随机抽样也称为概率抽样,它是严格按照概率原理和随机原则进行的抽样。随机抽样的最大特点是能够使被抽取单位在研究总体中得以均匀分布,对总体具有充分的代表性,从而不至于出现倾向性的抽样误差。随机抽样的具体形式有多种,每一种具体形式又有各自不同的特点和适用范围。了解随机抽样的不同形式,有助于社会调查者根据不同研究问题的性质、抽样框的特点、研究经费的多少、样本的精确性等要求来择优使用。

1. 简单随机抽样

简单随机抽样又称纯随机抽样,它是对总体中各单位不进行任何分组排列,仅按随机原则直接从总体中抽取样本,使调查总体中的任何单位都有同样被抽取的平等机会的抽样方法。简单随机抽样的最大特点是简单,容易为人们掌握和操作。通常采用的具体方法有抽签法和随机数表法两种。

抽签法也叫抓阄法,这种方法古已有之,通常用于为公平起见而进行的各种博弈和分配活动。这种方法由于具有随机性和公平性而易为人们接受。后来人们将其引入随机抽样中,成为一种非常重要的随机抽样方法。具体来说,抽签法,是社会调查者将研究对象总体中的每一个单位统一编号并填写在适当的卡片或纸签上,然后将卡片或纸签放入一个容器中,通过搅动卡片或纸签使之无秩序、无规律排列,研究者从中任意抽选所需数目的卡片或纸签,被抽到的卡片或纸签上的号码所代表的单位即为所抽取的样本。

随机数表法也叫乱数表法,即按随机数表所列数字代号随机抽取样本的方法。随机数表是一个不按任何规律排列的数字表,它由数字0~9组成,表中的数字通常由电子计算机根据随机原则排列而成。目前较大的随机数表是美国兰德公司于1955年编制的100万数字表。表中数字行与列之间的间隔,是为查阅方便设置的。采用随机数表抽取样本,要按照研究总体单位数,相应地按行或按列将几个数连成一组,如总体单位数在10~99,取二个数字连组;若总体单位数在100~999,则取三个数字连组,依次类推。

利用随机数表法抽取样本显得比较规范,而且容易实施。其基本步骤是:

(1) 将研究总体中的所有单位统一编号。编号时需要注意,研究总体有多少位数,就按多少位进行编号。例如,研究总体为 900 个单位,就要按 3 位数进行编号,即 001,002,…,100,101,…,899,900。

(2) 根据编号位数确定数字连组的位数。具体方法是,编号是几位数,就在随机数表中取几位数字连成一组。为方便起见,所取的一组数字通常应是相邻的数字,这可以避免抽样过程中出现查错数字的差错。

(3) 根据随机原则确定查找数字的起点。起点确定后,便可由左至右,或由上至下查出号码。凡总体单位中编号与随机数表中的数字相同者,即为样本。如遇重复号码,一般放弃不用,再查一组号码,直到抽满为止。

表 4-2 是从随机数表中摘取的部分随机数字表,共 10 行 20 列,以此举例说明如何运用随机数字表进行抽样。

表 4-2　随机数字表(部分)

46	93	63	71	62	70	29	17	12	13
42	53	32	37	32	56	62	18	37	35
32	90	79	78	53	99	49	57	22	77
05	03	72	93	15	16	08	15	04	72
31	62	42	09	90	31	16	93	32	43
16	22	77	94	39	17	76	37	13	04
84	42	17	53	31	70	33	24	03	54
63	01	63	78	59	04	43	18	66	79
32	21	12	34	29	12	72	07	34	45
57	60	86	32	44	52	85	66	60	44

假设一项社会调查要从 50 个总体单位中抽取 5 个单位作为样本,其操作方法是:先将总体各单位按 1~50 编号,最大编号为 2 位数,故取 2 位数为抽取单位,即在表 4-2 中任意取定 2 列,这里随机取的 9、10 列,然后以第一行 62 为起点,依次由上而下,在 01~50 的范围内抽得 32、15、39、31、29 共 5 个号码,这 5 个号码所对应的单位构成的整体,即为抽取的调查样本。

简单随机抽样法的优点非常明显:①操作方法简单,只要对总体各单位进行编号就可以具体抽取,甚至只要有总体单位的名册和登记表就可以方便进行;②结果公平合理,最符合随机原则,不会因任何附加方法对其随机性和公平性造成影响;③适用范围较广,从理论上讲,它不仅是最基本的随机抽样方法,而且是其他随机抽样方法的基础。当然,简单随机抽样法也有其局限,一般用于总体单位数量不多,且分布较均匀的调查总体,即个体单位之间差异性不大的研究对象,否则,便无法保证样本的代表性。

2. 等距随机抽样

等距随机抽样简称等距抽样,又称系统抽样、机械抽样,即把总体中所有单位按照某一标志或某一特征排列,然后按某种固定的顺序和某一相等的间距来抽取样本。其基本实施步骤如下:

(1) 排列总体单位顺序。等距抽样的排列标准,一般按照与研究对象的性质特征无关或关系不大的任意一个中立标志进行编排,如可按姓氏笔画、时间先后、地理位置进行编排。

(2) 确定样本抽样间隔。其计算公式为 $K=N/n$。式中:K 代表两相邻抽样单位之间的距离;N 代表总体单位数;n 代表样本单位数。由公式可以看出,总体单位数除以样本单位数,即可求得抽样间隔。

(3) 抽取首个样本单位,即在第一个抽样间隔内随机抽取一个单位作为首个样本单位(k)。等距抽样的随机性主要体现在首个样本单位的抽取是完全随机的,可以采取抽签法或随机数表法抽取。

(4) 抽取所有样本单位。以首个样本单位为选择起点,每隔距离 K 作等距抽样,直到抽取最后一个样本为止。等距抽样抽取的所有样本序号是一个等差数列,其通项公式为:$k+(n_i-1)K$。式中:n_i 为样本的序号。

例如,从某福利企业 1 000 名职工中抽出 50 人进行调查,即可以利用企业职工花名册进行排列,编上 1~1 000 序号;抽样间隔是 1 000/50=20(人);先在第一个抽样间隔 1~20 内,随机抽取 1 人作为第一个样本,假定这个人的编号是 7;然后依照抽样间距每隔 20 人抽出一个样本,即 27,47,67,87,107,127,147,…直至抽取到第 50 个样本为止。

等距随机抽样的主要优点是:①可以使抽取的样本比较均匀地分布于总体之内,以避免出现情况相同或相似的样本扎堆的情况;②由于样本分布比较均匀,样本的代表性相对简单随机抽样要高,抽样误差也比简单随机抽样要小。等距随机抽样也有自身的某些缺点和局限,最主要的是,如果总体的排列出现有规律的分布时,很容易产生一种周期性偏差。因此,在进行等距随机抽样时,首先必须设法消除总体各单位排列中的各种规律性。

3. 分层随机抽样

分层随机抽样简称分层抽样,又称类型抽样、分类抽样,即将总体依照某种属性或特征划分为若干子总体,每个子总体称为一层(类),然后在各层(类)中分别随机抽取一个子样本,再合并子样本作为总样本。其步骤如下:

(1) 对总体进行分层。分层的原则是把性质相近的单位分为一层,使每一层内部的差异尽量缩小,而各层之间的差异尽量加大。如调查企业组织的经营状况,可以按企业所有制分成国营、集体、私营、合资等层次,也可按企业规模分成大、中、小三个层次。在分层随机抽样中,特别值得注意的是,分层不宜过多,层次务必明确,不要发生混淆或遗漏。

(2) 确定各层抽取样本的数量。确定各层抽取样本的数量,是由分层随机抽样的具体方法决定的。分层随机抽样有两种具体方法,一是分层同比抽样;二是分层异比抽样。采用不同的具体方法,各层的样本数目不同。

分层同比抽样是指各层样本数占总样本数的比例与各层单位数占总体单位数的比例是相同的。例如,某企业有男职工 200 人,女职工 1 000 人,要求从中抽出一个 120 人的样本,按照分层同比抽样的定义,男职工应抽 20 人,女职工应抽 100 人,男职工与女职工的抽样比例都是 1/10。分层同比抽样比较客观合理,而且计算较方便,所以运用较普遍。

分层异比抽样是指各层之间的抽样比例不同。有时由于各层单位数相差悬殊,单位数少的层,若仍按同比抽样,可能会因样本单位太少而难以代表层内构成,并在总体中得不到有效反映,对这类层就要适当提高抽样比例。例如,在上例中,在全厂职工中抽取男职工 20 名(在层内是小于 30 的小样本)代表性差,若想侧重了解男职工的意见,可放宽抽样比例为 1/5,则抽取 40 名。当然,这种做法有违反随机原则之嫌,必须谨慎使用。

(3) 按照随机原则从各层次中抽取样本。每层抽样数确定后,就要按照随机原则在各层中抽取子样本。在层内抽取子样本,通常采用的方法是简单随机抽样或等距随机抽样的方法。

分层随机抽样由于分层而具有某些优点:①同一层中每个单位间的差异较小,容易实现子样本与子总体的同构;②各种情况都能较好地包括在所抽取的样本中,从而使样本分布更接近于总体分布;③强化了子样本与子总体的同构和总样本与总体的同构,各层间的差异将不会再明显地增大抽样的误差;④与简单随机抽样和等距随机抽样比较,如果样本数量相同,分层抽样的抽样误差要小,样本代表性更高;⑤适合于总体单位数量多,且各单位间差异性大的调查对象。分层随机抽样的局限是,调查者必须对总体各部分的情况有较多的了解,否则便无法进行恰当地分层或分类。

4. 整群随机抽样

整群抽样又称聚类抽样、分群抽样,即将总体划分成若干"群",然后以"群"为抽样单位,对抽中的"群"里的所有单位进行全面调查。其具体步骤如下:

(1) 对总体进行整体分群。分群的标准很多,如城市中的区、段、片,农村里的乡、村、组,部队中的连、排、班,学校中的年级、班级、小组,工厂里的车间、工段、班组都可以用来分群。以区为抽样单位,区就是群;以村为抽样单位,村就是群;以班为抽样单位,班就是群。

(2) 以群为单位抽取样本。抽取群的方法是随机的,可以采用简单随机抽样或等距随机抽样从总体中抽取某些群作为样本。没有抽中的群,群内所有单位都不作为样本,而被抽中的群,群内所有单位全部进入样本。

(3) 对中选群作全面调查。如欲在某一较大范围的乡镇抽查当地居民参与公益劳动的情况,不在居民户中直接抽选,而以村(组)为群,随机抽选若干村(组),对中选村(组)的全体居民户进行具体调查。

整群抽样的优点在于:①便于组织,容易抽取,节省费用;②在抽样范围较广、涉及层次较多,且调查者对总体的情况不大了解的情况下,使用这一方法显得较为方便。其局限是,整群抽样的样本一般在总体中分布不大均匀,其代表性和精确性都低于其他抽样方法。

整群随机抽样与分层随机抽样比较,两者都要将调查总体划分出许多组别(层或群),但划分组别的作用是不同的。分层随机抽样划分组别是为了归类,使组内差异减少,组间差异加大。整群抽样恰恰相反,它划分组别要求群间差异小,群内差异大,使之对于总体更有代表性。

5. 多段随机抽样

多段随机抽样又称多段整群抽样、分段随机抽样,通常称为多阶段抽样或分阶段抽样,是一种将整个抽样过程分成两个以上的阶段进行,从而逐步逼近并获得最终样本的随机抽样方法。在多段随机抽样中,如果抽样过程分成两个阶段,就叫做二阶段抽样,如果分成三个阶段,就叫做三阶段抽样。

多段随机抽样是适应大范围、大规模抽样调查的需要,在整群抽样的基础上吸收其他抽样方法的优点而发展起来的一种随机抽样方法。其步骤是:①先从总体中抽取大群体;②从被抽中的大群体中抽取低一级的群体;③再从被抽中的低一级群体中抽取更低一级的群体。这样逐次往下经过多阶段的群体抽选,直到最终抽出所需的样本,并对中选样本总体进行调查。

例如,要对我国城市居民的幸福愿望进行调查,可采取多段随机抽样。具体做法是:①在全国所有城市中抽取若干城市;②从被抽中的城市中抽选若干个城区;③从被抽中的城区中抽选若干个街道;④从被抽中的街道中抽选若干个社区;⑤从被抽中的社区中抽取若干个住户(或直接抽取居民)。这里采用的就是五阶段随机抽样。

多段随机抽样的一个突出特点是,整个抽样过程中不只是一个抽样框,而是多个抽样框。具体来讲,分几个阶段抽样就有几个抽样框。在上述的五阶段抽样中,就有五个抽样框,即:①全国所有的城市名录;②被抽中城市的所有城区名录;③被抽中城区的所有街道名录;④被抽中街道的所有社区名录;⑤被抽中社区的所有住户(或居民)名录。

多段随机抽样一般用于总体单位颇多、分布面广,而且个体单位之间差异性大的情况。多段随机抽样具有整群随机抽样的某些优点,其明显的优点就是能使复杂的抽样过程得以简化,以避免简单随机抽样、等距随机抽样需要建立过分庞大的抽样框的麻烦。此外,多段随机抽样还能补救由于整群抽样样本过分集中的不足。其局限主要是,由于每一阶段的抽样都会产生误差,因此,经过多个阶段抽样得到的样本误差也相应增大。

(二) 非随机抽样

随机抽样建立在机会均等原则基础上,能够保证被抽取单位在总体中均匀分布,对总体具有充分的代表性,不致出现倾向性的抽样误差。但是,由于客观条件的限制,不可能在一切抽样中都依据随机原则进行,往往需要采取某些相对灵活的抽样方法。这些相对灵活的抽样方法就叫做非随机抽样或非概率抽样。它们不是根据概率论的随机原则,而是根据调查人员的主观判断或获取样本的方便性,从研究对象总体中抽取一部分单位进行调查的抽样方法。其具体方法主要有任意抽样、立意抽样、定额抽样和雪球抽样。

1. 任意抽样

任意抽样又称为偶遇抽样、方便抽样,即凭借某种偶然的机会或某些方便的条件,由调查者在调查对象总体中任意抽选样本。如在机场、车站、码头、地下通道、景区、景点、街头、商店、剧院、休闲场所处随时选择某些行人、顾客、观众、旅客作为抽样对象进行访问调查。这种抽样方法简便易行,省时省钱,但样本的抽取具有很大的偶然性,代表性很差。有人将这种方法等同于简单随机抽样,这是一种不正确的认识。然而,在当前的社会调查中,确有大量社会调查的抽样是按照这种方法进行的。这其中有课题经费不足或调查力量不够的原因。但是,社会调查者必须明确,采用任意抽样方法造成的抽样误差很大,如按简单随机抽样对待,必须具体加以说明。

2. 立意抽样

立意抽样又称为目的抽样、判断抽样,即根据调查者的主观判断抽选样本。这里的主观判断一般有两种方法:①调查研究人员主观挑选其认为有代表性的单位作为样本;②通过对面上情况的了解,如通过统计报表、开调查会等方法选择样本。为了提高判断抽样的价值,增加基于这些样本所作推论的可靠性,通常需要选取"多数型"或"平均型"的单位作为样本。判断抽样的最大缺点是主观性太强,受调查研究者个人主观意识的支配太大。

判断抽样主要适用于以下两种情况:①用于同质性较强、涉及范围较小的社会调查对象的调查;②用于探索性研究,如用于为设计调查问卷、进行正式抽样调查或全面调查打基础的探索性调查。

3. 定额抽样

定额抽样配又称配额抽样。与分层随机抽样相似,配额抽样也是将研究总体中的所有单位按其属性或特征以一定的分类标准划分成若干层次或类型,然后在各层中抽样。

不同的是,在抽样时,配额抽样并不遵循随机原则,而是由调查者主观地确定或配置各层中抽取的样本,只需在各层中抽取样本时保持适当比例就行。配额抽样的特点是简单易行,快速灵活,在民意调查、市场调查中经常使用。当然,配额抽样的抽样误差较大,而且其误差往往不容易科学地估计出来。美国盖洛普民意调查所早期开展的美国总统竞选民意调查采用的就是配额抽样方法,但由于这种抽样误差较大,容易出现预测失误,所以该所后来改用了多段随机抽样的方法,以增强随机性。

4. 雪球抽样

雪球抽样也就是滚雪球抽样,是一种比较特殊的抽取样本的方法。它是先从几个适合的样本开始,然后通过这些样本得到更多的样本,就像"滚雪球"一样,一步一步地扩大样本范围和规模。一般来讲,当研究对象总体的个体信息不充分时,可以采用这种雪球抽样方法。如对校友的调查研究、对某一城市中同乡的调查研究、对某一行业中同行的调查研究、对吸毒者的调查研究、对某种团伙的调查研究,都可以采取雪球抽样抽取样本。雪球抽样解决了一个调查样本难以轻易发现的问题,但它的代表性很差,抽样误差很大,不是在特定情况下一般不采取这种抽样方法。

第三节 样本管理与统计推论

在采用抽样调查进行社会调查研究的过程中,客观上存在一个样本规模设计和抽样误差控制的样本管理问题,同时也还存在一个区间估计和假设检验的统计推论问题。这些都是十分现实的问题。正确认识这些问题,掌握相应的管理、控制方法,对于有效开展抽样调查具有重要的作用。

一、抽样调查中的样本管理

样本管理,是对样本规模和抽样误差进行管理,核心内容是确定样本的规模和控制抽样的误差。确定样本规模是个大学问,它受许多因素影响,既受客观存在的研究总体的影响,也受主观设定的研究目标的影响,同时还受抽样误差与允许误差的影响。在此,我们对抽样调查的样本规模以及抽样的误差控制两个样本管理问题进行必要讨论。

(一) 抽样调查中的样本规模

在抽样调查中,样本规模是人们非常关注的一个问题。一般情况下,人们大多认为,样本足够大才能真正反映调查研究对象的实际情况,才能有效减小抽样调查的误差。但样本增多不仅带来人力物力财力增加、调查研究成本明显增大的问题,而且可能带来调查负担加重、调查时间拉长的问题。为此,有必要对样本规模及其有关问题进行讨论。

1. 样本规模的一般讨论

样本规模又称为样本容量或样本量,指的是抽样调查中调查样本的大小,即调查样本中所含个体单位的多少。例如,某次调查设计样本单位为 2 000 个,那么,这 2 000 就是这次调查的样本规模或样本容量。一次抽样调查究竟需要多大的样本才合适,或者说才能满足社会调查的实际要求,这是抽样调查中进行调查样本设计时必须着重考虑的一个重要问题。

在统计学中,人们一般以 30 个个体作为样本临界点,超过 30 个个体的样本称为大样本,少于 30 个个体的样本称为小样本。之所以作如此区分,主要原因是统计学认为,样本规模大于 30 个个体,其均值的分布就接近于正态分布。这时,对通过样本进行调查所获得的数据资料的统计分析就可以采用许多的统计学公式进行。而样本规模少于 30 个个体,其均值的分布就远离正态分布。这时,对于通过样本调查所获得的数据资料的计算,就有很多的统计学公式没法采用。正因为这样,在统计学中,人们往往主张稍微增加样本的数量,以保证统计分析的科学性和准确性。当然,现代统计学对于小样本的研究已取得了某些突破性的进展。有学者认为,在特定的条件下,小样本调查的资料也是可以进行统计分析的。但在这里,我们不打算讨论这个问题。

从理论上讲,社会调查中样本规模的确定是按照统计学中样本规模的一般理论确定的,但统计学中的样本是指在具有明确界限的研究总体中,按纯粹的随机原则抽取的样本,这种样本对于研究总体具有显著的代表性,抽样误差很小,30 个个体以上的样本就是大样本了。但在现实社会中,具有明确界限的研究总体是极为少见的,许多研究总体基本上处于一种相对模糊的状态之中,而且从中进行纯粹的随机抽样并不容易实现,抽取的样本的代表性也很难保证,抽样误差通常较大。因此,为了保证样本的代表性,尽量减小抽样误差,人们总是抽取比 30 个个体大得多的样本,以弥补这些方面存在的缺陷。在当前的社会调查中,人们往往抽取较大规模的"大样本"进行调查研究,一般社会调查的样本规模往往都在 100~2 000,有的研究者由于缺乏抽样调查的经验,甚至将样本规模扩大到 5 000 以上。

2. 样本规模的影响因素

通常来讲,抽样调查的样本规模是社会调查者设计出来的。但设计样本规模,即确定样本量或样本容量,并非人们主观臆断的结果,而是人们根据样本规模诸影响因素对样本规模的各种具体影响确定的。一般地讲,确定样本规模必须充分考虑以下七个方面的影响因素。

(1) 总体异质性。总体异质性即研究总体中各单位间的差异程度。总体异质性对样本规模具有很大的影响。总体异质性与样本规模之间的关系是,在总体单位数相同的情况下,总体中各单位间的差异程度大,所需样本数便多;差异程度小,所需样本数可适当减少。根据这一规律,我们还可以作出一些具体推论。比如,在总体单位数相同的情况下,一项社会调查在城乡居民中进行调查比在单一的农村居民中进行调查所需要的样本数多,一项社会调查在教师群体中进行调查比在教师、干部、工人群体中进行调查所需要的样本数少。举例来说,我们在研究人们每年购书的数量时,如果研究对象总体是多种社会群体构成的总体,那么,我们就要设计较大的样本规模;而如果研究对象总体是单一的某种群体,例如公务员或大学教师,这时,我们就可设计较小的样本规模。

(2) 总体的规模。总体的规模即研究总体中所包含的单位数。总体规模对样本规模具有一种直接的影响。总体规模越大,样本的规模就越大;总体规模越小,样本的规模就越小。当然,总体规模与样本规模之间的关系,并非永远是等比关系。实际上,样本规模大到一定程度就可满足统计分析的要求。也就是说,在总体规模和样本规模都足够大时,即使总体规模继续增加,也不需要样本规模按比例增加。一项调查研究到底以多大的样本规模为宜,并没有一种绝对的指标规定。在某些社会调查中,如果不要求很高的精确度,研究者一般是根据总体的规模凭经验确定样本数目的大致范围(见表4-3)。① 当然,值得注意的是,由经验确定的样本规模,往往不能由样本的状况精确地推论总体的情况,它们的调查结论一般只能限于作为了解研究总体状况的参考依据。

表4-3 经验确定样本数的范围

总体规模	100人以下	100～1 000人	1 000～5 000人	5 000～10 000人	10 000～10万人	10万人以上
样本占总体的比重	50%以上	50%～20%	30%～10%	15%～3%	5%～1%	1%以下

(3) 抽样的类别。抽样的类别即抽样过程中具体采用的抽样方法。抽样方法对样本规模的影响由不同抽样方法的不同误差所决定。通常来讲,不同的抽样方法所产生的抽样误差是不同的,如简单随机抽样、等距抽样、分层抽样、整群抽样、多段抽样都有不同的抽样误差。如果一项社会调查的精确度要求是确定的,那么,采用不同的抽样方法,它所需要的样本单位数即样本规模也就有所不同。具体地讲,在两大抽样类型中,非随机抽样所需样本单位数多于随机抽样所需样本单位数。而在随机抽样的所有方法中,一般情况是,分层随机抽样的误差较小,它所需要的样本单位数较少;整群随机抽样的误差最大,它所需要的样本单位数最多;其他随机抽样方法的误差居于中间,那么它们所需要的样本单位数也处于中间。另外,在多段随机抽样中,如果抽样的阶段多,那么,它所需要

---

① 袁方.社会调查原理与方法[M].北京:高等教育出版社,1990:186.

的样本单位数就多；反之，便可以适当减少样本数目。

（4）抽样精确度。抽样精确度即样本值接近总体值的程度。抽样精确度对样本规模的影响是由抽样的允许误差决定的。允许误差通常由人们对某项社会调查的主观认识所确定。一项社会调查的抽样如果允许误差较小，表明它所要求的抽样精确度较高，它所需要的样本单位数就较大；如果抽样的允许误差较大，表明它所要求的抽样精确度较低，它所需要的样本单位数就较少。在具体社会调查过程中，像某些解释性研究课题和预测性研究课题，通常需要通过对样本的调查精确推论或推算总体，要求的允许误差较小，精确度要求较高，就要考虑适当增加样本的单位数；而像探索性研究之类的课题，并不需要通过对样本的调查精确推论或推算总体，其给定的允许误差较大，精确度要求较低，就可以考虑适当减少样本单位数。

（5）调查的深度。调查深度即一项调查所要搜集的有关调查对象的信息量的多少。调查深度是由预计研究深度决定的，通常预计研究深度越大，调查深度就越大。从总体上讲，抽样调查是一种不大适合于调查深度太大的调查，在所有的由调查对象选择方法决定的调查类型中，抽样调查的深度通常介于普遍调查和典型调查之间，更无法与个案调查相比。也就是说，一项抽样调查的样本规模越大，其调查的深度就越小；一项抽样调查的样本规模越小，其调查的深度可以越大。反过来，如果一项抽样调查要求的调查深度越大，调查样本的规模就应越小；如果一项抽样调查要求的调查深度越小，调查样本的规模就应越大。正因为这样，在某些社会调查中，如果预计研究的深度很大，实际上是要求调查的深度很大，就不宜设计大规模的调查样本。如果必须设计大规模的调查样本，需要增加典型调查和个案调查予以补充。

（6）分析的层类。分析的层类即调查研究过程中对研究对象进行分析时涉及的层次与类型。一般来讲，分析层类越多，样本规模要求越大；分析的层类越少，样本规模要求越小。例如，一项社会调查课题只需进行单一层次单一类型的分析，抽取30个以上的个体作为样本便可以了；而一项社会调查课题需要进行两个层次的分析，且第二个分析层次有三种类型需要分析，按照一般道理，需要抽取90个以上的个体作为样本；如果一项社会调查需要进行三个层次的分析，且第二个层次有三种类型需要分析，第三个层次又要对第二个层次的三种类型再分别进行三种类型的分析，一般需要抽取至少270个个体作为样本。根据这一情况，我们可以知道，即使按照统计学界定的30个个体以上的样本称为大样本的说法，也可以建立一个样本规模的最小量计算公式，即：

$$样本规模最小量 = 终程分析层次的类型数之和 \times 30$$

（7）研究的投入。研究的投入也叫研究的条件，即能够给予一项调查研究的人力、物力、财力、时间等的投入，或者说能够用于一项调查研究的人力、物力、财力、时间等客观现实的研究条件。投入调查研究的人力、物力、财力越多，用于调查研究的时间越充足，样本规模自然可以增大；投入调查研究的人力、物力、财力越少，用于调查研究的时间越紧张,样本规模则不得不予以减小。在社会调查中,有时由于上述研究条件的限制,包括人力、物力、财力、时间等的限制或抽样操作上的困难,研究者必须作出适当选择,或者减少样本规模而达不到所需求的准确程度,或者增加调查投入,以保证样本的准确程度。例如,有的地方资助的社会调查项目经费较少,这时就不得不减少调查的样本数量;有的调查研究课题需要在较短时间内完成,如"黄金周"消费情况调查需要在1个星期内完成,这事实上也无法调查大量的样本。

(二) 抽样调查中的误差控制

与普遍调查有所不同,抽样调查是对研究对象总体中的一部分单位进行调查,用以推断研究对象总体的相应情况,因而无论人们采取何种抽样方式,只要是抽样调查都必然会存在误差。但是,只要是按照概率论中的随机原则进行抽样,抽样误差便是可以科学预估和控制的(非概率抽样无法科学预估和控制)。在此,简要地介绍抽样调查中的抽样误差及其控制问题。

1. 抽样误差的理论

抽样调查的误差是指抽样估计值与被估计的总体参数值(总体特征值)之差。如抽样平均数与总体平均数之差、抽样成数与总体成数之差等。由于每个随机样本的统计值不尽相同,抽样误差是指所有可能出现的样本值与总体值的平均差值,所以,抽样调查中的抽样误差是指抽样平均误差。

抽样误差不包括抄录错误或计算错误等由于人为过失而产生的误差,它是指由于抽样的随机性而产生的误差。造成这种误差的原因在于,即使严格遵守随机性原则,少量被抽取样本单位的组成结构也不可能与大量总体单位的组成结构完全一致,这就不可避免地要出现抽样误差,因而这种误差也可称为随机误差。

在重复抽样的条件下,简单随机抽样误差计算公式是:

$$\mu_{\bar{x}} = \sqrt{\frac{\sigma^2}{n}} = \frac{\sigma}{\sqrt{n}}$$

这就是说,抽样平均误差($\mu_{\bar{x}}$)等于总体方差(σ^2)除以样本单位数(n)所得的商的算术平方根,或者说,等于总体标准差(σ)除以样本单位数(n)的算术平方根所得的商。这里的总体标准差,是说明总体标志值离散程度的指标,也可以说是表示总体各单位标志值之间差别程度的指标。对于调查总体来说,各单位的标志值差别越大,标准差的数值越大;各单位标志值之间差别越小,标准差的数值越小。标准差的平方,就叫方差。

上述公式表明,抽样误差与总体标准差成正比,与样本单位数成反比。也就是说,对于特定的研究总体,在总体标准差不变的情况下,要减少抽样误差,就必须增加样本的单位数,多抽取一些样本单位进行调查。当样本单位数增加到与总体单位数一样多,即样本单位数等于总体单位数时,就不存在抽样误差了,因为这时的量变已引起质变,调查类型已成为普遍调查,而不是抽样调查,即使出现误差,也是登记误差或其他误差。在样本单位数确定的情况下,总体各单位标志值的离散程度越小,抽样误差越小;总体各单位标志值的离散程度越大,则抽样误差越大。

2. 抽样误差的计算

开展抽样误差控制的基础是进行抽样误差的计算。只有掌握抽样误差的大小,才能设法对抽样误差进行控制。也就是说,只有明确了抽样平均误差、允许误差、样本大小之间的明确关系,才能对抽样误差进行控制。抽样误差的计算有一定的难度,这里仅对抽样误差的一般计算方法加以介绍。

(1)平均误差的计算。平均误差也叫抽样平均误差。平均误差的计算相对比较容易。下面举例说明抽样平均误差的计算方法:

【例 4-1】 已知某福利企业员工平均每人每月工资收入的标准差为 80 元,如果抽取 100 人进行调查,抽样平均误差将是多少?

解:因为

$$\sigma = 80, \quad n = 100 \text{人}$$

所以

$$\mu_{\bar{x}} = \frac{\sigma}{\sqrt{n}} = \frac{80}{\sqrt{100}} = 8(\text{元})$$

答:抽样平均误差为 8 元。

抽样误差可以通过抽样程序加以控制,即根据调查的要求和调查对象的性质,可以将其缩小到最低程度或控制在可以允许的范围内。

(2)允许误差的计算。允许误差与抽样平均误差是不同的。抽样平均误差反映的是误差的平均值,它是衡量误差大小的尺度;允许误差则是用一定的概率保证抽样误差不超过某一允许的范围。这种保证抽样误差不超过允许范围的"一定的概率",也称概率保证度,有的称置信度,还有的称把握程度,它表明抽样误差在允许误差范围内可能性的程度,用 $F_{(t)}$ 表示。

允许误差的计算公式是:

$$e = t\mu_{\bar{x}}$$

式中:e 为允许误差;$\mu_{\bar{x}}$ 为抽样平均误差;t 为概率度。

根据给定的概率度,可以计算允许误差 e 的大小。在统计学界,统计学家已通过大量的研究,将对应于各概率度 t 值的相应的概率保证度 $F_{(t)}$ 计算出来,并编成专门的标准正态分布概率表,可供查用。因此,一般只要知道给定的概率保证度 $F_{(t)}$ 的值,通过查概率表可得到概率度 t 的值。

（3）样本规模的计算。样本规模的计算通常比较复杂，需要考虑多种多样的因素，当然也有多种多样的计算方法。在非统计学专业的研究中，通常采用最简单的计算方法，即在重复抽样情况下的计算方法。

根据上述讨论，可以将抽样平均误差和允许误差的两个计算公式联立，从而得出在重复抽样情况下样本数目的计算公式，即：

$$n = \frac{t^2 \sigma^2}{e^2}$$

式中：n 代表应抽样本数目；t 代表概率度；σ 代表总体标准差；e 代表平均数条件下的误差允许范围。一般 t 和 e 由研究者在抽样调查之前根据调查对象的性质、调查研究的目的及调查力量的大小加以确定；σ 一般利用以往的统计资料或试验性调查的资料估计。

【例 4-2】 某国有大型集团公司有员工 4 000 人，先作试验性的小规模调查，得知员工月平均收入为 3 000 元，标准差为 300 元。要通过抽样调查推测该集团公司员工的月平均收入，要求可能的误差不超过 1‰，概率为 95.45％，用简单随机抽样方法（在重复抽样条件下）应当调查多少名员工？

解：已知 $N=4\,000$，$\sigma=300$ 元，$e=3\,000$ 元 $\times$ 1‰ = 30 元，$t=2$（根据要求概率为 95.45％，查正态概率分布表所得）。

根据样本规模计算公式计算可得，

$$n = \frac{t^2 \sigma^2}{e^2} = \frac{2^2 \times 300^2}{30^2} = 400（人）$$

答：应该调查该集团公司 400 名员工。

二、抽样调查中的统计推论

社会调查研究定量分析的一项重要任务是要进行统计推论。所谓统计推论，是相对于抽样调查而言的一个定量分析概念。抽样调查的目的并不是为了了解样本本身的情况，而是希望通过样本了解总体的状况和特征，统计推论即要解决这方面的问题。一般来讲，统计推论是利用样本的统计值对总体与之对应的各种参数值进行估计。它主要包括两个方面的内容：一是参数估计（其中主要是区间估计）；二是假设检验。

（一）抽样调查中的区间估计

区间估计是参数估计最重要的一种形式。通常来讲，参数估计可以分为两类，即点估计与区间估计。点估计是从一个适当的样本统计值估计总体的未知参数值。例如，要从某福利企业 200 名职工的人均收入推测该企业全体职工的人均收入。点估计最大的缺点是无法了解这种估计和推测的可信程度如何。正因为这样，人们在抽样调查中，通常采用区间估计大略地估计总体参数,以弥补点估计存在的不足。

1. 区间估计的概念

区间估计是通过样本统计值推测总体未知参数的可能范围的一种总体参数估计方法。它是在一定的标准差范围内设置一个置信区间,然后联系这个区间的可信度将样本统计值推论为总体参数值,其实质是在一定的可信度(置信度)下,用样本统计值上下的某个范围(置信区间)"框"住总体的区间值。

区间估计的结果通常可以这样表述:"国有企业职工的月工资收入在860～2 080元的可能性为95%";或"本市人口中,20岁以下的人口占30%～35%的可能性为99%"。可以看出,国有企业职工月工资收入是多少我们并不确切知道,只知道他们的月工资收入有95%的可能在860～2 080元。这里,范围的大小是反映这个估计的精确性(置信区间大小),可能性大小则是反映这个估计的可靠性(置信度)。

在区间估计中,可靠性和精确性是两个重要指标。可靠性是指用某个区间估计总体参数时,成功的可能性有多大。它可以这样解释,如果从这个总体中重复抽样100次,有99次所抽样本的统计值都落在这个区间,则表明这个区间估计的可靠性为99%。对于同一总体和同一抽样规模来说,作出某种估计的可靠性(置信度)与所给出的区间(置信区间)的大小成正比,即置信区间越大,置信度越大;反之,则置信度越小。

精确性与可靠性不同。区间估计中的精确性是由区间大小决定的。一般而言,区间大小与精确性成反比,即区间越大,精确程度越低;区间越小,精确程度越高。在区间估计中,从可靠性出发,往往要求所估计的区间越大越好;而从精确性出发,往往要求所估计的区间越小越好。因为二者的矛盾关系,人们往往在精确性和可靠性二者中寻求某种可接受的指标数值。在通常情况下的区间估计中,人们多将置信度($1-\alpha$)界定为90%、95%、99%,即给定区间的允许误差(α)分别为10%、5%、1%。

在区间估计中,区间的大小除直接受置信度制约外,还要受抽样调查中调查样本大小和调查资料离散程度的制约。就调查样本大小来讲,调查样本越大,区间估计的精确度越高,置信区间越小;调查样本越小,区间估计的精确度越低,置信区间越大。就调查资料的离散程度来讲,调查资料的离散程度越大,区间估计的精确度越低,置信区间越大;调查资料的离散程度越小,区间估计的精确度越高,置信区间越小。

2. 区间估计的方法

区间估计依据给定数据类型的不同可以分为多种方法。最常用的有总体均值区间估计和总体成数区间估计两种。

(1) 总体均值区间估计。总体均值区间估计是指在给定样本平均数的情况下进行的区间估计。其计算公式为:

$$\bar{X} \pm Z_{(1-\alpha)} \cdot \frac{\sigma}{\sqrt{n}}$$

式中：$\bar{X}$ 为样本平均数；$Z_{(1-\alpha)}$ 是置信度的 Z 值数值,可查 Z 值表得知；$(1-\alpha)$ 是置信度，α 为允许误差；σ 是样本的标准差；n 为样本数目。

【例 4-3】 调查某市福利企业职工工资情况,随机抽取 900 名职工作样本,调查得到他们的月平均工资为 1 620 元,标准差为 87 元。求置信度为 95% 的情况下,该市福利企业职工月平均工资的置信区间分别是多少。

解：已知 $\bar{X}=1\,620, \sigma=87, Z_{(1-\alpha)}=Z_{(1-0.05)}=1.96, n=900$。

将上述数据代入总体均值区间估计计算公式得：

$$1\,620 \pm 1.96 \times \frac{87}{\sqrt{900}}, \quad 即\ 1\,620 \pm 1.96 \times 2.9 (元)$$

经计算得出总体置信区间为 1 614.316～1 625.684(元)。

答：在置信度为 95% 的情况下,该市福利企业职工月平均工资的置信区间为 1 614.316～1 625.684 元。

【例 4-4】 求上例中置信度为 99% 的情况下,该市福利企业职工月平均工资的置信区间为多少？

解：已知,$\bar{X}=1\,620, \sigma=87, Z_{(1-\alpha)}=Z_{(1-0.01)}=2.58, n=900$。

将上述数据代入总体均值区间估计计算公式得：

$$1\,620 \pm 2.58 \times \frac{87}{\sqrt{900}}, \quad 即\ 1\,620 \pm 2.58 \times 2.9 (元)$$

经计算得出总体置信区间为 1 612.518～1 627.482(元)。

答：在置信度为 99% 的情况下,该市福利企业职工月平均工资的置信区间为 1 612.518～1 627.482(元)。

由上两例可见,在区间估计中,当希望提高估计的可靠性时,就必须相应扩大置信区间。但随着可靠性的提高,置信区间的扩大,区间估计的精确性也就明显降低了。

(2) 总体成数区间估计。总体成数区间估计是指在给定样本成数情况下进行的区间估计。其计算公式为：

$$P \pm Z_{(1-\alpha)} \cdot \sqrt{\frac{P(1-P)}{n}}$$

式中：P 为样本中某类所占的百分比；$Z_{(1-\alpha)}$ 是置信度 Z 值数值,可查 Z 值表得知；下标 $(1-\alpha)$ 是置信度；α 为允许误差；n 为样本数目。

【例 4-5】 要估计某社会学院有多少学生准备进行暑期社会调查,随机抽取 100 名学生进行调查,得知有 80% 的学生准备进行暑期社会调查。试求置信度为 95% 的情况下,该校准备进行暑期社会调查的学生的总体成数置信区间。

解：已知 $P=80\%, Z_{(1-\alpha)}=Z_{(1-0.05)}=1.96, n=100$。

将上述数据代入总体成数区间估计公式得

$$0.8 \pm 1.96 \times \sqrt{\frac{0.8 \times (1-0.8)}{100}}, \quad 即\ 0.8 \pm 0.0784$$

经计算得出置信区间为 $72.16\% \sim 87.84\%$。

答：在置信度为 95% 的情况下，该社会学院准备进行暑期社会调查的学生的总体成数置信区间为 $72.16\% \sim 87.84\%$，即该学院学生中有 $72.16\% \sim 87.84\%$ 的学生准备进行暑期社会调查，这一估计的可信度为 95%。

【例 4-6】 上题中，若将置信度提高到 99%，问该社会学院学生中准备进行暑期社会调查的学生的总体成数置信区间为多少。

解：已知 $P=80\%$，$Z_{(1-\alpha)} = Z_{(1-0.01)} = 2.58$，$n=100$。

将上述数据代入总体成数区间估计公式得

$$0.8 \pm 2.58 \times \sqrt{\frac{0.8 \times (1-0.8)}{100}}, \quad 即\ 0.8 \pm 0.1032$$

经计算得出置信区间为 $69.68\% \sim 90.32\%$。

答：在置信度为 99% 的情况下，该社会学院准备进行暑期社会调查的学生的总体成数置信区间为 $69.68\% \sim 90.32\%$。

由上两例可知，总体成数区间估计和总体均值区间估计的计算大同小异，并且也是置信度提高，置信区间扩大。

（二）抽样调查中的假设检验

假设检验是统计推论的另一类主要方法，统计推论中心问题之一是假设检验。因此，掌握假设检验的基本知识是社会调查研究定量分析的基本要求。

1. 假设检验的概念

假设检验是由调查资料验证理论假设的一个重要环节。如果调查资料是由普遍调查获得的，那么根据调查资料计算出的结果就能验证原有理论假设是否为真；如果调查资料是由抽样调查获得的，由调查资料计算出的结果便不能马上验证原有理论假设是否为真，而要首先对这一结果的显著性进行检验，即检验这一结果是否对总体具有显著代表性，这种与抽样调查结合在一起的显著性检验就称为统计假设检验，简称假设检验。简要说来，假设检验，实际上是针对抽样调查而言的一个分析过程，它是先对总体的某一参数作一假设，然后用样本统计量去验证，以决定假设是否能为总体接受。

例如，假设某地区小学的平均在校学生数为 345 人，为了证实这一假设是否可靠，我们便需抽取若干所小学为样本作调查。样本的均值有可能是 345 人，也可能是 340 人或 350 人等一些其他数值。就是说，样本调查的结果与原有的假设之间，有可能相符，也有可能存在差异。这种差异究竟是由抽样误差引起的，还是由假设错误引起的呢？这就需要对假设进行检验。如果是前者，应该承认原有的假设；如果是后者，就应该推翻原有的假设。这一判断过程就是假设检验的过程。我们将根据对总体特征的初步了解而作出的假设称为虚无假设(H_0),又称零假设或无差别假设,将根据抽样调查资料而作出的假设称为研究假设(H_1)。这两个假设是绝对对立的,即 $H_0 \neq H_1$。研究者从虚无假设开始,然后用样本的数据计算出统计量,并与临界值进行比较,当临界值大于统计值时,接受虚无假设,否定研究假设;当临界值小于或等于统计值时,则拒绝虚无假设,接受研究假设。

假设检验的基本原理是概率论中的"小概率原理",即小概率事件在一次抽样中不可能出现的原理。所谓"小概率事件",通常是指概率不超过 0.05 或 0.01 的事件,也称为显著性水平。对假设进行检验,就是根据小概率原理,拒绝那种一次具体调查中竟然出现小概率事件的不可能的虚无错误。如果调查导致的结果没有发现小概率事件,就不能拒绝虚无假设。

2. 假设检验的步骤

假设检验有其特有的运作过程,具体说大致可分为四个步骤:

(1) 建立虚无假设和研究假设,通常是将原有假设作为虚无假设。

(2) 根据需要选择适当的显著性水平 α,即小概率的大小,通常有 $\alpha=0.05$,$\alpha=0.01$ 等。

(3) 根据样本数据计算出统计值,并根据显著性水平查出对应的临界值。

(4) 将临界值与统计值进行比较,若临界值大于统计值,接受虚无假设;若临界值小于或等于统计值,则拒绝虚无假设,接受研究假设。

3. 假设检验的方法

假设检验依据给定数据类型的不同也可分为多种方法。常用的有总体均值的假设检验和总体成数的假设检验两种方法。

(1) 总体均值的假设检验方法。总体均值假设检验方法是指在给定样本平均数的情况下进行假设检验。按照统计规律,只要样本数大于 30 个案的都使用 Z 检验法。社会调查研究中的抽样调查一般都是大样本,均可采用 Z 检验法。

【例 4-7】 假设某省福利企业的平均职工人数为 345 人,为了证实这一假设是否可靠,调查者抽取了 36 个福利企业进行调查,得知样本平均数为 350 人,标准差为 30 人。问在显著性水平 $\alpha=0.05$ 的情况下,原有假设是否为真。

解:第一步,建立虚无假设与研究假设,即 $H_0: \mu=345$,研究假设与虚无假设对立,则 $H_1: \mu \neq 345$。

第二步,选择显著性水平,根据题意显著性水平为 $\alpha=0.05$,由于 H_1 用"$\neq$"号,所以是两端检验。查标准正态分布表 $Z_{0.05/2}=1.96$。$Z_{0.05/2}$ 表示两端检验下 0.05 的显著性水平的临界值。

第三步，根据样本数据计算统计值，其公式为：

$$Z = \frac{\overline{X} - \mu}{\sigma/\sqrt{n}}$$

式中：$\overline{X}$ 为样本平均数；μ 为虚无假设的总体平均数；σ 为样本标准差；n 为样本数目。将有关数据代入公式得：

$$Z = \frac{350 - 345}{30/\sqrt{36}} = 1$$

第四步，将统计值的绝对值与临界值比较，然后作出判断。$|Z| = 1 < Z_{0.05/2} = 1.96$，所以拒绝研究假设，拒绝虚无假设，即接受某省福利企业平均职工人数为 345 的原有假设，或者说，在显著性水平为 $\alpha = 0.05$ 的情况下，原有假设为真。

答：略。

（2）总体成数的假设检验方法。总体成数的假设检验方法是指在给定样本成数的情况下进行假设检验。这种假设检验方法与总体均值的假设检验方法基本相同，只是标准误差的计算有其特定的内容和形式而已。

【例 4-8】 据调查，某社会学院学生中去年报考研究生的比例为 34%，今年随机抽取 80 名学生进行调查，有 37 名学生准备报考研究生。问该社会学院今年报考研究生的学生比例是否会超过去年的比例。

解：第一步，建立虚无假设与研究假设。虚无假设 H_0：$P \leqslant 34\%$，研究假设 H_1：$P > 34\%$。

第二步，选择显著性水平，$\alpha = 0.05$，由于 H_1 用 ">"，所以是一端检验。查标准正态分布表 $Z_{0.05} = 1.65$。$Z_{0.05}$ 表示一端检验下 0.05 的显著性水平的临界值。

第三步，根据样本数据计算统计值，其公式为：

$$Z = \frac{\rho - P}{\sqrt{\dfrac{P(1-P)}{n}}}$$

式中：ρ 为样本的百分比；P 为虚无假设的百分比；n 为样本数目。将有关数据代入公式得：

$$Z = \frac{\dfrac{37}{80} - 0.34}{\sqrt{\dfrac{0.34 \times (1 - 0.34)}{80}}} = 2.31$$

第四步，将统计值的绝对值与临界值进行比较，然后作出判断。$|Z| = 2.31 > Z_{0.05} = 1.65$，所以应该拒绝虚无假设，接受研究假设。因此，该学院今年报考研究生的学生的比例会超过去年的比例。

答：略。

复习思考题

1. 什么叫典型调查？典型调查的优点和缺点何在？
2. 试述抽样调查的程序和抽样调查的适用范围。
3. 简述分层抽样和整群抽样各自的特点。
4. 试述样本规模的影响因素。
5. 简述区间估计中精确性与可靠性的关系。

第五章 社会调查的工具设计

[**本章导读**]

社会调查的对象是社会现象，社会调查者在根据一定的原则确定调查课题之后，不只是简单地、被动地了解调查对象的有关信息，而是主动地、有计划地获取有关社会现象的资料，并对这些资料进行鉴别、比较、分析，以判断社会现象的属性及特征。然而，在大多数情况下，社会现象是混沌的，研究课题也是一个抽象的分析构想，要把社会现象变成清晰的可测量对象，要把抽象的分析构想变成具体的问题，就必须有一种作为调查中介的工具来实现这种转化，这种作为调查中介的工具就是社会调查工具。社会调查工具设计是社会调查实务工作的重要组成部分，社会调查者应该掌握社会调查工具的相关知识，并最好能够实际从事社会调查工具的设计。本章内容包括：社会调查指标设计、社会调查问卷设计、社会测量量表设计等。本章重点在于：社会调查指标设计的过程，社会调查问卷设计的方法，利克特测量量表的设计方法。

第一节 社会调查指标设计

社会调查指标设计是社会调查科学运作过程中的重要环节。在社会调查过程中，当明确了调查课题、研究假设、研究内容及调查对象之后，一项重要的工作就是进行社会调查指标设计。社会调查指标设计是关乎社会调查整个过程的一件事情。它不仅要求社会调查者具备较丰富的社会经验，而且要求在设计工作中遵循一定的基本原则，按照一定的规范程序进行。只有这样，才能设计出有利于搜集真实、准确、全面、有用的社会信息的社会调查指标。

一、社会调查指标的基本含义

关于社会调查指标,目前尚没有完全明确和统一的概念。我们认为,社会调查指标简称调查指标,是社会调查过程中用于反映社会现象存在状态及其发展变化趋势的指代性和标志性的概念和数值,具体来说,它是涉及社会现象的类别、数量、规模、速度、程度、水平、属性或其他有关特征的一些指标项目。例如,在一项针对青少年发展现状的调查中,性别、年龄、学历、身高、体重、疾病发生率、入学率、就业率、犯罪率等项目就是用来表示青少年发展状况的调查指标。社会调查指标是社会现象具体化和数量化的科学范畴,是用以反映社会现象诸种属性和特征的手段,是收集社会信息的基本工具。

社会调查者要深入理解社会调查指标的基本含义,还需注意社会指标这一概念的含义,并懂得社会调查指标与社会指标的联系与区别。

社会指标也是反映社会现象的类型、数量、质量、状态及其他特征的项目,它与调查指标有密切联系。这种联系关键在于:社会指标只有具体化为调查指标才能进入社会调查的实际操作过程,而调查指标的设计也必须以一定的社会指标为依据。社会指标与调查指标的区别主要表现为:社会指标相对于调查指标而言,一般会抽象一些、笼统一些,社会指标更侧重于体现调查的目的,反映某一方面更具代表性的特征或问题;调查指标相对显得具体一些、简洁一些,调查指标更侧重于调查过程中的实际操作,用简单实用的测量方式获取有关社会调查对象的可靠信息,以具体反映社会现象的真实状态。

例如,在一项有关社会结构的调查中,调查者选择"城市人口比重""非农业就业人口比重"等社会指标反映社会结构的特征。"城市人口比重""非农就业人口比重"这两个社会指标在现实中并非一目了然,那么就可将其具体化或数量化,即将"城市人口比重"这一社会指标通过一个国家或地区的"城市人口总数"和"人口总数"两个调查指标实施调查;将"非农就业人口比重"这一社会指标通过一个国家或地区的"非农就业人口数"和"就业人口总数"两个调查指标具体反映。在这项调查中,"城市人口总数""人口总数""非农就业人口数""就业人口总数"这些社会调查指标在社会现实中往往更易获取数据资料,被调查者也更易理解和作答,而这些社会调查指标的设计显然离不开"城市人口比重""非农就业人口比重"等社会指标的指引。

二、社会调查指标的类型划分

社会现象是复杂多样的,为了较好地反映不同社会现象的不同属性和不同特征,社会学家采用了多种多样的社会调查指标进行社会调查。要较好地利用这些社会调查指标开展社会调查,必须对这些社会调查指标的指标类型有所了解。为此,有必要对社会调查指标开展一定的类型分析。

(一) 描述性指标与评价性指标

不同的社会调查指标有不同的功用,按照社会调查指标的基本功用,可以将社会调查指标分为描述性指标和评价性指标两种。

1. 描述性指标

描述性指标是指对社会现象的真实情况进行具体描写和叙述的社会调查指标。这种社会调查指标一般不与某种特定的理论、模型、目标相联系,它仅仅反映社会现象本身,而不能明确说明其价值的状况,如社区的人口数量、社区的居民户数量、社区人口的预期寿命、社区老年人的数量、社区敬老院的规模、社区医院的病床数量、社区老年人服务的志愿者人数、社区的绿地面积。在没有比较的情况下,这种指标数值本身并不能说明多少问题,因而有人甚至认为:"描述性指标只能算一般的社会统计数字。"[1]其实,我们应当注意的是,描述性指标虽说只是一般的统计数字,但它却是评价性指标的基础,是反映社会现象的原始数据,因此,我们切不能忽视这种指标。

2. 评价性指标

评价性指标也称为分析性指标或诊断性指标,它是指能够用来反映社会现象的水平、良莠、影响和变化取向等的指标。这种指标通常是人们按照某种目的将两种或两种以上的社会现象作比较获得的,它能揭示两种或两种以上的社会现象之间的关系,具有说明社会现象的水平、程度、变化速率、发展方向的功能。例如,将知晓某一社会组织的公众数除以该社会组织的公众总数可得出该社会组织的知名度,将赞赏某一社会组织的公众数除以知晓该社会组织的公众数可得出该社会组织的美誉度,从知名度和美誉度两个指标即可说明该社会组织的社会关注与重视程度,因为它们是具体的评价性指标。有学者认为,只有诸如此类的指标才能称得上是合格的社会测量指标。

(二) 肯定指标、否定指标和中性指标

在各类社会调查指标中,如果我们根据一定的价值取向划分,即可将社会测量指标分为肯定指标、否定指标和中性指标三种类型。

1. 肯定指标

肯定指标也叫做进取指标或正向指标,如社会建设投资增长速度、福利企业的经济效益增长率、社区便民服务的改善情况、社区社会工作的发展情况、政府部门的表扬次数。这类指标反映的是社会良好运行状态的一面,是政府和社会成员希望进步和发展的

---

[1] 郑杭生,等.社会指标理论研究[M].北京:中国人民大学出版社,1989:35.

指标。在社会测量中,肯定指标往往是较多地使用的指标,这与人们一般都有求好求善的心理特征有关。

2. 否定指标

否定指标又称为问题指标或逆向指标,如城市犯罪率上升情况、社区治安案件立案数、城市居民抱怨率、失地农民上访人次、中小学辍学学生数量、上级部门的批评次数、顾客投诉信的封数。这类指标反映的是社会不良运行状态的某个侧面,这些指标值的上升往往标示社会运行状态否定因素的增强和否定强度的增大,是政府部门和社会成员都不乐见的。

3. 中性指标

中性指标也称为中立性指标,如社区居民的性别构成、年龄构成、民族构成,社会工作者的来源构成、学历构成。在一般情况下,如果不是思维定式的作用,这类指标往往不能说明人们的价值取向和社会现象的优劣,因而在社会调查和社会测量中通常不作为重要指标使用。据美国学者的统计,大部分社会指标都有肯定或否定含义的,中性指标数目较少。①

(三) 客观指标与主观指标

现实中的社会调查指标都是人设计出来的,因而还可以根据其反映的内容是否渗透人的主观意识分为客观指标和主观指标两种。

1. 客观指标

客观指标也称为非感觉指标,它是指反映客观存在的社会现象的属性和特征的指标。如某地区残疾人占总人口的比例、残疾人社会工作机构数、从事残疾人社会工作的人员数。这类指标直接反映社会现象存在与变化的具体情况,而不掺入人们的主观意识。一般来说,在社会调查中,那些通过对社会现象及其相互之间的联系状况的观察、记录获得的统计数字都可以视为客观指标。客观指标是社会调查的基本指标,任何情况下的社会调查都不能离开或者轻视客观指标。当然,客观指标也具有很大的局限性,要想深入调查社会领域的社会现象,仅靠一些客观的统计数字是很难达到目的的。

2. 主观指标

主观指标也称为感觉指标,它是指人们对客观存在的社会现象的感受,反映的是人们的认知、情感、意愿、满足等,如消费者对产品特色的要求,残疾人对助残志愿者的认知、评价和好感,老年人对老人院服务行为的满意程度。在20世纪60年代中期开始的

---

① 郑杭生,等.社会指标理论研究[M].北京:中国人民大学出版社,1989:37.

"社会指标运动"中,不少社会学家认为,要想正确了解社会,不仅要掌握客观指标,而且要掌握主观指标。① 在社会调查中,主观指标是一类十分重要的指标,以至在社会学界,有的学者这样指出,社会是否良性运行取决于社会成员的亲身感受及其所作出的满意评价。这就从一个侧面说明了主观指标在社会调查中的极端重要性。

(四)其他指标类型的区分

社会调查指标除上述几种划分方法外,还可从不同的角度、按其他一些标准进行区分。如按调查指标说明的社会现象的内容的不同,可将社会调查指标分为数量指标和质量指标;按调查指标的表现形式和具体作用的不同,可将社会调查指标分为总量指标、平均指标、相对指标;按调查指标的数值特性的不同,可将社会调查指标分为常量指标和变量指标。

总之,社会调查的指标类型是多种多样的。在社会测量中,不仅要认识社会调查指标的这种复杂多样性,而且要认识只有借助于多种多样的社会调查指标,才能多方向、多角度、多层次地准确把握社会现象的基本属性、存在状态和运动方式。当然,人们对不同调查指标的运用有所侧重,通常来讲,人们用得较多的调查指标往往是主观指标和评价性指标。

三、社会调查指标的设计步骤

社会调查指标设计有一个过程,这个过程是一个由抽象到具体、由宏观到微观、由整体到部分、由大项到细目的不断深入与分解的过程。通常来讲,社会调查指标设计的运作过程,一般要经历以下三个基本步骤。

(1) 理解和把握理论与研究假设。调查指标的设计先得从一定的理论或研究假设出发,虽然理论的选取与假设的提出已在社会调查项目策划中完成,但这一工作是整个调查活动的前提与基础,调查指标的设计还要以其为指导,忽视理论的指导,就可能导致调查活动偏离调查的目的与宗旨。

(2) 提出或者借用社会指标体系,即在理论与研究假设的基础上自行提出一套符合社会客观实际的社会指标体系,或借用一套前人已经编制的符合社会客观实际的社会指标体系。这里的社会指标体系实际上是由一系列的社会指标组成的指标系统。这些社会指标应围绕调查课题提出和选用。

(3) 将社会指标转化为调查指标,即把选定的每一项社会指标细分为若干个调查指标,也即将每一个社会指标细化为具体的便于社会调查和社会测量的调查指标。这里,

---

① 郑杭生,等.社会指标理论研究[M].北京:中国人民大学出版社,1989:39.

一个社会指标对应若干个调查指标,整个社会调查指标的设计过程实际上是提出并确定一个多层次的调查指标体系的过程。

综合来看,社会调查指标的设计过程是由理论与假设到社会指标体系,再到调查指标体系的逐步分解过程。这个过程可用图 5-1 表示。

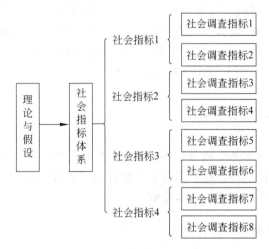

图 5-1　社会调查指标设计过程示意

以国民素质研究为例,国民素质反映的是一个国家或地区人口发展的基本状况,是国家或地区竞争力、凝聚力的重要体现。关于国民素质的研究很多,争议也不少。争议的关键在于国民素质的内部构成问题上,有的学者认为国民素质就是人口素质,包括人口身体素质与科学文化素质;有的学者认为国民素质主要包括人口身体素质、科学文化素质、道德素质等;有的学者认为国民素质不仅包括身体素质、科学文化素质,还包括人格素质、道德素质、角色素质等。尽管人们各有主张,但有一点是共同的,就是国民素质包含身体素质与科学文化素质。事实上,思想道德素质、人格素质等在研究中难以量化处理。这样,可以选取国民身体素质与国民智力素质作为国民基本素质进行调查。

国民身体素质反映的是一个国家或地区人口的健康状况及身体发育水平。它又可分为三大类社会指标:反映先天性健康状况的指标、反映生长发育状况的指标、反映死亡水平的指标。这三大类指标涉及范围仍很广泛,需要细分并挑选出一些有代表性的指标作为调查指标。反映生长发育状况可选取青少年的身高、体重及成人重症人口比重作为调查指标;反映死亡水平可选取平均预期寿命、婴儿死亡率作为调查指标;反映先天性健康状况从正向指标的角度难以划分,可以从逆向指标的角度,挑选诸如先天性残疾人口比重、遗传性疾病人口比重、先天性低智人口比重(社会发展指标研究中一般将这类指标称为逆向指标)作为该项目的调查指标。

国民智力素质反映的是一个国家或地区人口科学文化及技能的基本状况。它也可以分为三大类指标：反映人口文化程度的指标、反映人口科学素养的指标、反映人口技能素质的指标。其中，人口文化程度又可细分为成人识字率、适龄儿童入学率、接受过高等教育人口的比重等调查指标；人口科学素养又可细分为总人口中科技人员比例、对科学知识了解程度等调查指标；人口技能素质分为熟练技工在工人总数中的比例、就业人口年人均接受职业技能培训次数等调查指标。这样，从国民素质的基本理论出发，先是提出国民基本素质社会指标体系，然后依据这个社会指标体系，经过指标的转化，又细分出一个涉及范围广泛的、多层次的社会调查指标体系。

四、社会调查指标的设计原则

社会调查指标的设计是一项科学性、专业性非常强的高智力劳动，也是影响社会调查能否顺利进行的关键一环。社会调查不仅要按科学的理论及规范化的程序进行，而且在设计过程中还要严格遵循若干基本原则。

（一）科学性原则

科学性原则是指调查指标的设计必须遵循科学的理论、科学的程序，必须符合社会实际情况以及社会发展规律，不能脱离正确理论的指导、不能违背客观规律行事、不能主观任意罗列指标。例如，20世纪20年代，毛泽东同志曾对湖南的农民运动进行深入细致的调查，并撰写出《湖南农民运动考察报告》等调查报告，他在报告中认为"农民运动好得很"。而同样是面对轰轰烈烈的农民运动，封建的政客及文人则害怕与惊慌，把农民运动痛斥为"痞子运动"。为什么同一个事件结论差别如此悬殊呢？并非政客、文人们文化程度低，或是不能了解农民运动的基本情况，而是他们未能看到历史发展的规律，未能把握农民问题的实质。他们遵循的是正统的官民地位之说，维护的是极少数人的利益，反映的只是少数人的意见，结论当然是错误的。毛泽东遵循的是马克思主义的科学理论，按照科学性的原则办事，当然能够得出正确的结论。再如，要设计社会发展指标体系，就离不开社会发展理论。传统的发展理论只是强调经济的发展，现代的发展理论强调社会的全面发展与进步，其中不仅包括经济的发展，而且包括人文、环境等方面的发展。如果还是按照传统的发展理论设计调查指标，那么只会选取诸如国民生产总值、财政收入、经济增长速度之类的调查指标，这样就会与社会发展大趋势不相符，反映不了社会发展的真实情况。

（二）完整性原则

完整性原则是指调查指标的设计全面反映调查对象的整体特征，不能遗漏某些重要的方面或特征。例如,在社会发展指标的设计中,对于指标的选取要特别注意其完备性,因为社会发展本身涉及社会的方方面面。一般地说,社会发展状况可以从人口素质、社会结构、经济效益、居民生活质量、社会稳定与社会秩序等方面考察,如果社会调查指标设计忽视了哪一方面,都不能全面地反映社会发展状况。再例如,对学生质量的评定是学生管理的一项基础性工作,而学生质量的测评关键在于制定一套科学的综合指标体系。在我国全日制学校中,比较通行的综合测评体系一般都会包括学生德育、智育、体育发展水平三大方面,缺少哪一方面都不行,都会发生偏差,甚至会产生误导作用。当然,德、智、体三方面还可细分出许多项目,德育方面可以选择学生政治态度、思想觉悟及表现、品德修养、社会公德意识、法纪观念等相关指标,智育方面可以选取专业课程加权平均分数、智力竞赛及学术活动的相关指标,体育方面可以选取身体基本素质、体育理论考核成绩、课外体育锻炼状况、体育竞赛成绩等相关指标。这样,学生质量综合测评指标体系才会具备完整性,以此为基础开展测评工作,才可能使测评结果全面、公平、合理、可信。

(三) 通用性原则

通用性原则是指在适用范围方面调查指标要符合统一规范,并且能被调查对象理解与接受。社会调查通常要在不同的社会区域、针对不同文化程度的对象进行,调查指标的设计就要事先充分考虑各种不同因素的影响,选取能为各方所接受的指标,这样才可能保证调查的顺利实施。例如,现代化是衡量一个社会发展水平的重要标志,但不同国家、不同民族、不同人群对其认识存在较大差异,为了解决这一问题,美国斯坦福大学英克尔斯教授做了很好的工作。他将"现代化"分为10项指标,即人均国民生产总值、农业在国民生产总值中所占比例、第三产业在国民生产总值中所占比例、非农业劳动力比重、识字人口比重、适龄青年接受高等教育者比重、城市人口比重、每个医生平均服务人口数、平均预期寿命、人口自然增长率。这10项指标较好地避免了人们在现代化问题上的意识形态与价值观念之争,成为众多国家与地区通用的现代化评价指标体系。另外,在设计社会调查指标中,还要注意数量单位及测量标准的统一。例如,在"人均月工资收入多少元"这一调查项目中,外企职员与国企职员都可能填写"2000"这个数字,但很可能对外企雇员来说"元"是美元,国企职员的"元"是人民币元,两者相差很大。设计指标时如果不注意这些问题,或未事先作出必要说明,势必影响社会调查的真实性与可靠程度。

(四) 简明性原则

简明性原则是指在社会调查指标设计过程中,在保证能说明或反映问题的基础上,社会调查指标选取的个数尽量精而少,指标的表述尽量简单明了。有些人在设计社会调查指标时,在指标体系中罗列了许许多多的项目,以为这样就能保证调查效果的提高。

事实上，在社会调查中，调查指标越多越好的看法是一种误解，调查指标过多不仅可能带来调查实施以及数据处理时工作量的大量增加，增大人力、物力、财力消耗，而且可能多个指标之间出现重复或交叉，使得某一方面的信息占据较多份额，从而掩盖了一些真实的信息或使某些特征得不到足够的重视。例如，中国社会科学院朱庆芳研究员等人在制定社会发展指标体系时，预选的指标有 67 项之多，后来通过专家咨询与科学分析，从中挑选出 40 项有代表性的指标构成社会发展指标体系。这样，指标项目少了，工作量减少了，代表性、典型性反而增强了。另外，社会调查指标的表述要简明扼要，便于调查对象理解与回答。有些人把调查项目设计得很繁杂、很"专业"，认为这样才能体现社会调查者或设计者的水平。实际上，调查工具的设计主要是针对调查对象，要以调查对象的态度取舍，如果文字太长、语义难以理解，难以被调查对象认同，设计者自我感觉虽好，但这种社会调查指标缺乏实用价值，事实上是人力、物力、财力等方面的浪费。

（五）可行性原则

可行性原则是指设计的社会调查指标在调查实践中是可以实施测量的、是能够反映被调查对象基本情况的。社会调查活动实践性强，受人力、物力、财力以及环境等诸多因素的制约，所以，在社会调查指标的设计中，不仅要考虑指标体系的科学性与完整性，而且要考虑运用社会调查指标的条件是否具备。如果缺乏调查的条件，不论社会调查指标设计如何完美，也是白费劲。例如，有人要调查农民家庭养殖情况，如果说要调查一位农民养了多少头猪、多少只羊，比较方便回答，但要调查养了多少条鱼，就很难办到。有的机关调查一些单位的卫生情况，询问诸如"有多少个卫生死角"、"有多少只老鼠"之类的问题，真是让人啼笑皆非。另外，社会调查指标的设计要充分考虑调查对象的心理反应。在匿名情况下，大多数人乐于与调查者合作，提供真实情况，但如果调查项目涉及调查对象的利益或隐私问题，很可能产生防御心理。例如，有些调查问卷中设计这样一些问题："你们单位是否设有'小金库'"、"你是否偷漏过税"、"你是否有婚外恋"……对于这些问题，被调查者很难提供真实情况。所以，调查指标的设计者要尽量回避一些敏感的隐私问题。如果调查活动必须涉及这类问题，就要十分谨慎地选取，并且通过委婉的、间接的方式测量、了解，以保证整个调查的有效性。

第二节　社会调查问卷设计

调查问卷虽说是社会调查研究的重要工具，但并非每一份调查问卷都能担此重任。艾尔·巴比所说的"问卷是社会调查的支柱"，主要是针对高质量的调查问卷所具有的科学性、规范性，以及它对社会现象、社会问题的快速反应性而言的。在实际工作中，调查问卷设计质量如何,对问卷调查的过程及效果都会有直接的和重要的影响。因而,设计高质量的调查问卷便成为问卷调查运作过程的重要环节与重要内容。

一、调查问卷的基本形式

(一)调查问卷的基本类型

调查问卷是问卷调查中用来测量被调查者的状态、意向、行为等社会特征或搜集其他社会信息的一种工具。它是在一定理论假设或研究假设的基础上,根据调查项目及调查指标而设计的一系列具体问题组成的卷子。在问卷调查中,调查问卷是由"问"和"卷"两者组成。"问"是问题,即为搜集有关社会信息而提出的一系列具体问题;"卷"是卷子,即为承载和传递问卷调查者的问题信息和问卷调查对象的答案信息而制作的一种书卷。

根据问卷调查方式的不同,通常把调查问卷分为两大类:一类是自填问卷;另一类是访问问卷。自填问卷是被调查者自己填写的问卷。自填问卷直接面向被调查者,一般由被调查者独立完成。在问卷调查实施过程中,调查者如果采用自填问卷进行调查,调查主体所扮演的就是调查组织者与监督者的角色,不会直接影响被调查者的回答。访问问卷是根据被调查者的口头或手势信号由访问员填写的问卷。访问问卷直接面对的是调查者,通常是调查者通过对被调查者的访问由调查者完成填写。在问卷调查实施过程中,如果采用访问问卷,调查者不仅是现场的组织监督者,而且还要直接参与被调查者的答题过程。

自填问卷和访问问卷在许多方面都有所不同,主要有三个方面:①设计要求不同,自填问卷要求被调查者自己填答,就要考虑问卷所传递的信息必须充分,并能为被调查者明确理解,因此,设计要求较高;访问问卷不要求被调查者自己填答,而且调查者还可以在现场具体指导,因此,访问问卷的设计相对来讲就可以简单一些,甚至像封面信、指导语等结构成分都可以省略。②适用对象不同,自填问卷适用于文化程度较高,并对问题的内容能够作明确解读的调查对象;访问问卷适用于文化程度较低,甚至文盲、半文盲和基本信息器官残疾的调查对象。③联通方式不同,自填问卷调查不要求调查者在场,问卷发送可以采取邮寄方式、送达方式和报刊方式;访问问卷调查则要求调查者在场,问卷发送必须是送达方式。

(二)调查问卷的一般结构

调查问卷的一般结构是人们在长期的调查研究实践中积累各方面经验形成的。一般来说,调查问卷包括前言、主体和附件三个部分。

1. 前言

前言又称为封面信,是问卷的前导,也是被调查者填写问卷的向导。它主要用来解释和说明本次调查研究的主题、目的、意义和内容,调查对象的选择范围和原则,调查问卷的填写方式和填写要求等有关事项。通过前言,调查者与被调查者可以进行书面的沟通与交流。对于调查者来说,可以坦诚地向被调查者进行必要的交代,争取其大力支持与合作;对于被调查者来说,可以了解问卷调查的背景,弄清问卷填写的规则,从而更好地理解本项调查、支持本项调查,更顺利地完成问卷填写任务。

前言部分主要包括这样一些内容:调查项目及名称、调查目的和意义、问卷回答方式与填写要求、调查者的期望与承诺、调查主持者或组织者的身份等。其中,"调查项目名称"是指调查课题的名称或调查问卷的名称,如"珠江三角洲外企声望调查问卷"、"农民工业余生活调查问卷"等。"调查目的和意义"是向被调查者解释"为什么要进行调查"、"该项调查研究有何理论价值或实践意义"等方面的问题。除此之外,有关问卷填写方面的指导性内容也可以概括地写入前言之中,起指导语的作用。

2. 主体

主体是问卷的主要组成部分或者说核心内容,它由一系列问题与备选答案、待填空格组成。这些问题主要涉及被调查者的行为、态度、情感体验以及一些个人背景资料等方面的信息。从这些问题提出的方式看,问卷中的问题主要分为两大类:一类是开放式问题;另一类是封闭式问题。

开放式问题即设计者不提供具体备选答案,而留出一定空格,由答卷者自由填答(对访问问卷而言是给访问员作简要的记录)的问题。开放式问题形式灵活,限制较少,便于被调查者充分发表意见,因而获取的信息一般也会较全面、较生动。但开放式问题也会带来一些不便,特别是不便于精确定量分析,对被调查者的文化程度、表达能力以及配合调查的程度要求高。它往往适合一些只需定性分析或精确程度要求不高的调查,一般问卷中题数不多。

封闭式问题即设计者在提出具体问题的同时还提供若干个备选答案,以便被调查者从中选择。这些备答案必须是互斥的,同时又是完备的。封闭式问题与开放式问题特征正好相反。封闭式问题形式规范、填答方便、省时省力,获取的信息比较集中,也便于定量分析。当然,封闭式问题限制较多,很可能带来搜集信息的缺陷,同时它在设计上的要求更高、更具体些。

在实际调查研究活动中,问卷主体中的两类问题是功能互补的。问卷设计者可以利用开放式问题进行初步的探索或小规模调查,也可以将开放式问题与封闭式问题结合起来,以便更全面地了解被调查者的有关信息。当然,两类问题在题量上应该协调。一般的要求是,封闭式问题可以多,而开放式问题应该少。在通常情况下,一个问卷中的开放式问题大概是 1~3 个。

3. 其他

在实际的调查问卷设计中,通常的调查问卷往往只有前言和主体两个部分,但作为一个形式完备、质量精良的调查问卷,还应该设计其他一些组件,如编码、指导语、结语。

(1) 编码。编码是在问卷主体中,将每一个问题及其答案预设一个代码,以便在统计分析中顺利、快捷地输入计算机。编码的内容通常与被调查者无关,所以无须填写。编码也可在调查活动搜集资料后进行,称为后编码。研究者之所以在设计问卷时就预先编码,是为了减轻事后编码的工作压力。

(2) 指导语。指导语是用以指导被调查者如何填写问卷的一些文字说明。指导语通常出现在三个地方:①出现在前言(封面信),成为前言的重要组成部分;②出现于封面信之后,以专门篇幅具体说明,以示重视;③出现于问卷主体之中,以示对专门问题的填答进行指导。

(3) 结语。结语是问卷最后一些简短的话语或文字。它主要用来表示对被调查者的谢意或是征询被调查者对问卷及调查本身的一些意见。例如,"再次谢谢您的合作!"、"您对问卷有何看法?"。在问卷设计过程中,结语部分要尽量做到简明扼要,如果觉得必要性不大,甚至可以省去。

二、调查问卷的设计原则

调查问卷设计是一项严肃的科学活动,也是一项专业技术要求较高的工作,调查问卷的设计总体上必须遵循科学实用的设计原则。具体来讲,调查问卷的设计必须遵循以下五项具体原则。

(一) 通俗性原则

问卷设计的通俗性原则,主要指问题的设计要通俗易懂。问卷的对象,特别是自填问卷的对象,更多的是普通大众,所以要充分考虑他们的理解能力,尤其不要提出一些过于抽象、过于冷僻、过于专业化的问题。例如,某份问卷设计了这样一个问题:

请问您家属于下列哪类家庭?
① 主干家庭 ② 核心家庭 ③ 单身家庭 ④ 联合家庭 ⑤ 其他家庭

对于具有较深社会学专业知识的人,这个问题的难度不大,但是对于普通大众,尤其是农村居民,他们绝大多数人弄不清"主干家庭"、"核心家庭"、"联合家庭"是什么样的家庭,因而不好回答。这时,被调查者要么不答,要么乱答,这样都会影响调查的效果。如果换一种提问方式,如"你家里有几口人"、"你家里有几代人同堂",这样人们会感到具体易懂,容易回答。

(二)完备性原则

问卷设计的完备性原则,主要是针对封闭式问题设计而言的。这一原则要求备选答案的设计具有完整性,不能残缺不全。例如,在一次面向城乡居民的问卷调查中有这样一个问题:

你的最高学历是:
① 高中　② 大专　③ 本科　④ 研究生

从我国目前教育事业发展的情况看,九年制义务教育尚未完全普及,更不用说在中老年人口中还存在一定比例的文盲。本题备选答案中关于学历的选项显然是不完整的,一些初中及初中以下学历的人无法选择,如果我们加上这一备选答案,就涵盖了各个学历层次,基本完备了。如果我们还能考虑中专毕业生,设计一个"高中(含中专)"的备选答案,那么,问卷的备选答案就更加完备了。

(三)中立性原则

问卷设计的中立性原则,主要是指问题设计时语言的表述取向要保持中立,不要添加调查研究者的个人情绪,更不要故意采用一些带有明显倾向型的话语诱导被调查者。例如,有两个问题是这样设计的:

到风景如画的××海滩公园休闲,你感到非常惬意,是吗?
① 是的　② 大概是的　③ 不是的
审美情趣较高的消费者都认为××产品确实很好,你认为呢?
① 确实很好　② 一般的好　③ 够不上好

这两个问题设计存在明显的肯定倾向,第一个问题中给出"风景如画"的信息,又有"惬意"的信息给填答者,以引起填答者的认同,第二个问题中先把人分出一类"审美情趣较高的",让人感到不回答这个产品"确实很好"就会归入审美情趣较低的人之列。这样的问题设计要么诱导被调查者,要么引起被调查者的强烈反感,总之,不能获取正确的信息。

(四)互斥性原则

问卷设计的互斥性原则,主要是要求在问题设计中,问题不能具有双重含义,以及备选答案不能相互交叉。如果出现了这种双重含义或相互交叉,填答者就有可能无法作出正确的选择。例如:

你认为自己的文化程度与鉴赏水平：
① 很高　② 较高　③ 一般　④ 较低　⑤ 很低
你所在的社区属于：
① 农村　② 城市　③ 沿海城市　④ 内陆城市

这两个问题的设计均存在一定的问题。第一个问题将"文化程度"与"鉴赏水平"并列在一起，实际上涉及两个方面的内容，虽然两者有一定的联系，但不能等同和并列起来。有的人文化程度很高，但鉴赏水平可能很低，假设由他们选择，就难以作答。第二个问题选项之间有明显的交叉。沿海城市、内陆城市均属于城市，它们相互之间出现交叉，选择③、④的同时均可选②，这样会影响其后的统计分析。所以，问题的设计要语义明确，选项之间要相互排斥，不能相互交叉。

（五）实用性原则

问卷设计的实用性原则，主要是要求问卷设计要从实用的角度出发考虑各种设计方面的问题，使设计的问卷能够保证问卷调查顺利实施，以便于搜集到问卷调查所需要的各种研究资料。问卷不是学术论文，虽然它包含着课题研究中浓重的学术性内容的成分，但其更讲究的是实际作用的大小。具体来讲，问卷设计的实用性原则就是要求我们：①问卷设计必须符合某一问卷调查课题对研究资料搜集的实际需要；②问卷设计必须具体而完整地落实问卷调查项目设计时提出的各项调查指标；③问卷的设计必须考虑适合调查对象的人群特征和心理需求；④问卷设计必须有利于全面系统地获取调查对象的有关特征信息；⑤所设计的问卷中发送给调查对象的提问信息必须简明扼要，便于调查对象理解作答；⑥问卷中记录信息的形式必须具体可行，有利于信息的整理、加工、分析和研究。

三、调查问卷的设计步骤

问卷设计不仅要遵循科学实用的原则，而且要按照基本的运作程序进行操作。问卷设计内容多样，但基本步骤是大体一致的。一般来讲，问卷设计主要包括三个步骤，即开展探索工作，设计问卷初稿，问卷试用修改。

（一）开展探索工作

开展探索工作，也就是要熟悉和了解有关调查课题、调查对象等的基本情况，对调查研究工作形成一个初步的看法与感性的认识。探索工作在问卷设计过程中属于准备阶段，其目的是为问卷的设计打下良好的基础。

探索工作既可以是文献的检索、专家的咨询，也可以是理论的探讨、实际的操作，其中最为常用的手段是非结构式访谈。研究者接受问卷设计任务之后,应围绕调查课题及其相关问题,与若干可能的调查对象或类似人群进行无拘无束的交谈,了解他们对有关问题的看法,搜集他们有关行为方面的信息,洞察他们的接受心理,以形成对调查问题以及调查对象的初步的整体认识。

搞好探索工作有助于设计高质量的调查问卷。通过探索工作,能使问卷的设计尽量符合客观实际情况,能使问卷的内容为大多数调查对象理解与接受。通过探索工作,研究者可以获得交谈对象提供的一些信息,提出的一些疑惑。这些信息与疑惑,是设计调查问卷时重要的参考信息,研究者应予高度重视,以便避免问卷设计脱离社会现实或含糊不清。

(二) 设计问卷初稿

在探索工作完成后,研究者便可以设计问卷初稿。问卷初稿是一种未定型的问卷,是正式调查问卷的雏形。在调查问卷的设计工作中,最为常用的两种设计方法是卡片法与框图法。

"卡片法"是采用卡片的形式,首先列出一系列具体问题,然后对这些问题归类处理,最后调整修改、形成问卷的整体。具体来说,卡片法的实施步骤是:①将探索工作中了解及形成的具体问题写在不同的卡片上,最好是一题一卡;②将卡片归类处理,即根据卡片的具体内容,按一定规则进行分类;③对每一类内的卡片进行排序,即按照问题之间的关联及调查对象的接受心理将卡片前后排序,顺序连接;④对各类卡片综合排序以联成整体,即根据问卷整体逻辑结构的要求,排列各类卡片的前后顺序,将各类卡片按逻辑顺序排列、联结起来;⑤对整个问卷进行调整与排序,即在前面两次排序的基础上对所有的卡片进行调整并作编号处理,然后根据问卷设计的基本原则与基本要求,对每一具体问题仔细推敲,修改补充,誊写清楚,这样便形成了一份比较完整的问卷初稿。

"框图法"是从总体结构出发,采用图解的方式,将总体划分为几个部分,再将各部分细分出若干个具体的问题,从而形成问卷的整体。框图法设计通常与研究假设的操作前后呼应。具体来说,框图法的实施步骤是:①将总体分解并画出总体与各部分之间的框图,即依据理论假设与研究假设,课题涉及几个方面的问题,就划分出几个部分,各个部分之间存在相应的联系,在框图中则表现为前后的秩序;②对每一部分进行划分,列出一系列相关问题,每一个问题对应一定的备选答案,而且这些具体问题之间也按照一定的顺序进行排列;③调整与修改,即根据问卷设计的要求,综合考虑调查对象的文化背景、接受心理等因素,对所有问题及答案内容进行修改与补充,对问题的顺序进行调整。经过调整与修改,一份比较完整的问卷初稿便出来了。

卡片法与框图法各有长短,设计者可以灵活运用。一般来说,采用卡片法,设计思路自然,修改方便快捷,但有时显得零散,难以总体把握。采用框图法,逻辑性强,便于通盘考虑,但有时显得灵活性不够,特别是对设计者素质的要求较高。所以,在实际操作中,设计人员往往将两种方法结合起来,取长补短。例如,可以先采用框图法将总体分解成几个部分,然后对每一部分采用卡片法设计问题,通过卡片修改并调整秩序,最后形成问卷初稿。

(三) 问卷试用修改

问卷的初稿虽说是在探索性工作的基础上设计出来的,但它还只是设计者个人的经验、智慧、需求和愿望,还无法确定是否符合实际情况,难免出现这样或那样的问题。如果以初稿为蓝本,实施大规模调查,一旦存在问题,损失与影响就很大。所以,无论调查任务如何紧急,都要抽出一定的时间进行问卷的试用。问卷试用在问卷设计中是一个必不可少的步骤,它是提高问卷设计质量的途径,也是进行问卷修改的前提。

通常来讲,对调查问卷初稿的试用,主要目的是在实践中检验和评价问卷的设计质量,看问卷中的问题能否为被调查者正确理解和有效作答,问卷的信度与效度如何,是否有利于搜集可信并有效的资料。检验和评价的方式有:一是主观评价;二是客观检验。

主观评价主要是面向专业人士及一些典型的被调查者征询意见,听取他们的评判。一般是将问卷初稿复印或打印数十份,分别送给有关专家、专业研究人员以及典型的被调查者,请他们对问卷进行评价,特别是指出初稿的不妥或不足之处。主观评价注重的是专家们的丰富经验,实际上带有咨询的性质。一些小规模的调查或精确度要求不高的调查多采用主观评价法,而一些大规模的调查或精度要求较高的调查则多采用客观检验法。

客观检验是直接面对可能的调查对象进行小范围的测试。采用客观检验法时,首先是将问卷初稿打印若干份,然后在正式调查总体中抽取与打印的问卷初稿数量相当的被调查者,进行试调查,最后根据回收的问卷进行统计与分析,找出存在的问题。在运用客观检验法时,要特别注意问卷的回收率与填答差错率。如果回收率太低,差错率太高,那么问卷初稿肯定存在某些问题。这时,研究者必须认真思考,仔细分析,找出原因,及时修改。

四、问卷主体的设计方法

在社会调查问卷设计中,设计方法也是一个受到高度重视的问题。问卷设计的方法很多,有问卷主体设计方法、问卷附件设计方法。问卷主体设计方法通常包括问题的设计和答案的设计两个方面。

（一）问题的设计

没有问题就不能成为问卷，问题的设计是问卷设计中最重要的实务内容。在问题设计中，我们应当具体弄清楚的是：在一份调查问卷中，一般都要提哪些方面的问题？这些问题应该如何表述？问题以多少为宜？所有的问题应按照什么规则排序？这就是本部分要讨论的问题。

1. 问题的种类

问卷中的问题主要有开放式问题与封闭式问题两种形式。事实上，这只是一种按照形式划分问题类型的结果。依照问题涉及的内容及功能，问卷中要询问的问题主要有四种：

（1）调查对象的背景资料问题。这类问题主要用于询问调查对象的基本情况。例如，调查对象如果是个人，性别、年龄、民族、籍贯、出生地、文化程度、政治面貌、婚姻状况、职业、工作经历、家庭情况等就属于个人的基本情况；调查对象如果是单位，单位的性质、行政隶属关系、行业、规模、主要经营业务等就属于单位的基本情况。

（2）客观事实或具体行为问题。这类问题主要涉及调查对象的客观情况或行为特征。例如，"你是哪个学校的毕业生"、"你是哪年哪月参加工作的"、"你在何种单位工作"、"你从事何种职业"、"您闲暇时间经常参加哪些活动"、"您是否经常收看社会类电视节目"、"您是否出国学习过"、"你首次去上海是几年以前的事吗"、"您所在的企业已否建立有失业保障制度"。

（3）观念、态度和情感性问题。这类问题主要涉及调查对象的主观看法或心理感受。例如，"你平时最喜欢从事哪些活动"、"您最愿意去游览的国内城市是哪一个"、"您认为银行提息的总体效果如何"、"您对民间社会组织的服务是否满意"、"您对购物回扣现象有何看法"、"您对本市建设'卫生城市'是否支持"、"你觉得你所在的城市是否够得上全国文明城市"。

（4）控制性问题或检验性问题，即在问卷中设计的一种用来控制或检验被调查者填答信息真实性的问题。例如，研究者先向被调查者提出一个问题："你是否去上海出差过？"隔了一些问题后又提出一个问题："你们家里是否有人去上海出差过？"如果被调查者在前一问题中回答"出差过"，而在后一问题中又回答"从没有人出差过"，那么他填答信息的真实性便值得怀疑。

上述四类问题是否需要须根据具体调查研究目的确定。在调查问卷中，背景问题通常必不可少，而后三类问题则可根据调查研究课题的目的和要求具体选择和安排。

2. 问题的表述

在问卷设计中，不仅询问的问题不能出现遗漏，而且问题的表述也是设计者应当仔细推敲的。原因在于,问题的表述如何,不仅体现问卷设计者的学识水平和表达能力,更为重要的是它事关问题能否传意达义,为被调查者真正领会,从而从被调查者那里获得所需的信息。一般来说,在问题设计中,语言表述的方面要尽量做到以下几点。

(1) 问题的表述要具体可行,不能抽象笼统。在问卷设计中,问题的表述最忌讳的是抽象笼统。例如,"你认为社工人员应具有怎样的素质结构"、"你认为一个社区的绿化要具有哪些方面的美学特征"、"你认为这个新的城市规划的审美情趣何在"、"你是否认为现在的独生子女父母对孩子过分溺爱"。这些问题要么涉及范围太广、涉及内容太多而令人无从下手,要么抽象笼统、不够具体令人无所适从。值得说明的是,并非这些问题不能作为问卷中的问题提出,而是应当把它们更加具体化、细致化,即通过操作化使之变成一个个具体的、易于理解和回答的问题。

(2) 问题的表述要简明扼要,做到通俗易懂。问题是通过语言表达的,而且要被调查者阅读、理解、填答。如果问题语言陈述太长,占用被调查者的时间就多,这可能导致被调查者烦躁,甚至导致他们敷衍、马虎,这样会直接影响社会调查的效果。所以问题的表述一定要简单明了。另外,问题的表述要尽量避免使用专业化用语或其他陌生的用语。如果对一般被调查者提出一些专业性太强的问题或较陌生的问题,他们很难理解题意,要么放弃回答,要么乱答一通,这样都会造成废卷的增多和有效回收率的降低。

(3) 问题的表述忌模棱两可,或有双重含义。语言表述的准确性是问题设计的基本要求。要做到用词准确:①要避免使用一些含糊不清、模棱两可的词语,如"似乎"、"好像"、"也许"、"可能"之类的词汇。②对于一些语义不太确定的语词要通过操作定义做出明确的界定。例如,"某人偶尔去散步"中的"偶尔"一词,如果是在平常交谈中没有什么问题,如果在问卷调查中用来描述某人散步的情况就比较模糊,到底次数少到何种程度为偶尔,设计者可以事先界定如每星期一次,这样不仅填答者容易操作,而且统计分析时也十分方便。③问题的表达不能同时具有双重含义或多重含义。例如,询问一名大学生"你父母支持你大学毕业后当一名社工吗?"、"你班上的同学经常去民间社会组织实习吗?"这些问题涉及多个对象,而每个对象的态度、行为不一定一致,有可能父亲支持儿子(女儿)的选择而母亲反对,有可能班上一部分同学经常去民间社会组织实习,而另一部分人较少去,还有一些人根本就没去。这样提出问题,填答者就很为难,无法作出适当选择。解决的办法是把问题再一次分解,使询问的对象或内容单一化、明确化。

(4) 问题表述力避倾向性,回避敏感问题。在问卷调查中,调查者要了解被调查者的客观事实或真实态度,就不能在问卷设计中渗透自己的倾向性观点干扰或诱导被调查者。假如问题的表述带有明显的肯定或否定倾向,无形之中就会影响或诱导被调查者。在问题设计中,一些敏感性话题要谨慎处理。一些被调查者对于涉及个人隐私或切身利益的敏感性话题往往存在防御心理,设计者要尽量回避,在回避不了的情况下则要采用"假定法"与"转移法"降低敏感程度。"假定法",是首先作出一个假定,然后询问被调查者的态度或看法。例如,"假如社工专业的学生可以转专业,你最可能转去的专业是什么"。"转移法",是将本来要直接询问的问题转移对象,然后再询问被调查者的态度和观点。例如,"对于一些地方政府变卖当地矿产资源,有人认为利大于弊,有人认为弊大于利,您认为哪种意见更符合实际","考社工资格证时,有的人认为有必要给主考官送礼,有的人认为没必要,相比之下,你更倾向于哪一部分人的做法"。这两个问题都是敏感性话题,直接询问可能导致被调查者有意回避。而转移对象,看起来是在说不同人对"变卖矿产资源"、"给主考官送礼"的看法,实际上是在了解被调查者的观点与态度。这样一来,被调查者容易回答,乐于合作,而调查者也能达到调查的目的。

3. 问题的排列

一般调查问卷都有十几个甚至几十个问题。因此,在问卷设计中,问题的排列便成为必须考虑的一个问题。如何排列各种问题的先后顺序,一般回答是没有固定不变的模式,但有几条建立于实践经验基础上的原则。

(1) 先易后难原则,即把容易回答的、熟悉的问题排在前面,把较难回答的、较陌生的问题放在后面。把一些被调查者熟悉的、容易回答的问题排在前面,被调查者有一种轻松的感觉,乐于继续合作。如果首先出现难题,填答起来太费劲,被调查者的积极性会迅速降低,甚至中断合作。

(2) 先松后紧原则,即把轻松、有趣的问题排在前面,把紧张、敏感的问题放在后面。首先提出填答者感兴趣的、轻松的问题,有利于提高填答者的积极性,促进调查活动的顺利进行。如果一开始就是使人感到紧张的、敏感的话题,填答者易产生较强的防卫心理,会影响调查活动的顺利开展。

(3) 先行后知原则,即把涉及被调查者行为方面的问题排在前面,把涉及被调查者认知、态度、意见、观念方面的问题放在后面。一般来说,个人行为方面的问题涉及的是客观事实,认知、态度、意见、观点等涉及的是主观因素,前者容易回答,后者往往要有一个思考过程,所以应把前者放在前面。

(4) 先闭后开原则,即把封闭式问题排在前面,把开放式问题放在后面。一般来说,问卷中主要是封闭式问题,开放式问题有时可有可无,大多数情况下只有一两个。在同一份问卷中,开放式问题是对封闭式问题的补充,所以要放在封闭式问题之后,这样有利于被调查者集中精力思考,认真回答问题。

(二) 答案的设计

问题与答案在问卷中是相辅相成的,答案的设计与问题的设计同等重要。一般来讲,在答案设计过程中,需要掌握的是答案形式的设计和答案内容的设计。因为在不同问卷中,甚至在同一份问卷中,答案的形式是多种多样的,答案的内容也是五花八门的,需要我们适当把握。

懂得答案的形式有哪些,从而在设计中根据需要选择适当的答案形式,是答案设计的关键一项。一般而言,答案的主要形式有:

1. 填空式

填空式即在相应问题之后留出空格,以便被调查者填写。例如:

① 您的年龄是:_____岁。
② 您是哪里人?_____省_____市。
③ 您上年度出外开会的次数为(　　　　)次。

值得注意的是,填空式问题无论采取横线,还是留出空格等方式,都只需要填答者填写一些简单的内容。所以,填空式适用的是较为简单的问题。

2. 选择式

选择式即设计者给出两个或两个以上备选答案,被调查者根据要求从中选择。选择有单项选择及多项选择之分,单项选择可以说明,也可不作特别说明,而多项选择一定要事先说明,以提醒填答者选择足够的答案。例如:

你的收入在你们单位职工中属于(在合适的答案号码上打√):
① 上等　② 中上水平　③ 中等水平　④ 中下水平　⑤ 下等
你参加过何种形式的旅游休闲活动(可多选,在相应方框中打√):
① 自助游　□　② 随团游　□　③ 会展游　□　④ 其他
(请写明_____)

3. 矩阵式

矩阵式即将类型相同的若干个问题集中在一起排列,形成一种矩阵式的答题格式。例如:

您觉得本社区的集市下列现象情况如何?(请在相应的方框内打√)

	很严重	比较严重	不太严重	不严重	不知道
① 销售假货	□	□	□	□	□
② 短斤少两	□	□	□	□	□
③ 以次充好	□	□	□	□	□
④ 偷税漏税	□	□	□	□	□

这种矩阵式表达方式,不仅被调查者填写方便,同时也节省了问卷的篇幅,是一种较

好的方式。但这种方式也不能使用过多,以免显得单调。

4. 表格式

表格式即采用表格的方式将答案描述出来。这种方式实际上是矩阵式的变化,即矩阵式的答案也可用表格表示出来。例如,上面用矩阵式表示的问题也可用表格表示,见下表。

您觉得本社区的集市下列现象情况如何?(请在相应方格中打√)

	很严重	比较严重	不太严重	不严重	不知道
① 销售假货					
② 短斤少两					
③ 以次充好					
④ 偷税漏税					

5. 相倚式

相倚式即前后两个或多个问题联系在一起,前一问题的回答结果会影响下一步的填答行为。人们通常把前一问题称为筛选性问题或过滤性问题。把后一问题称为相倚问题,这种表述答案的方式就是相倚式。例如:

A. 您参加过失业保险没有?

① 参加过   请问最早是在哪一年参加的?_____年

② 没有参加过

B. 您是专业社工吗?

是

不是   请跳过3～5题,直接从第6题开始继续填答

在例 A 中,前后两个问题明显相倚。而在例 B 中,题 3 至题 5 均是涉及专业社工的有关情况,显然非专业社工被调查者就要跳过这些问题继续答题。这种相倚方式在问卷调查中也是一种有效的控制手段。

答案设计除了必须重视答案形式的设计外,答案内容的设计也很重要。答案内容的设计需要特别重视的是答案内容的完备性与互斥性。完备性,是指备选答案要包括各种可能的情况,不能出现遗漏。互斥性,则是指备选答案之间内容不能重叠或交叉,以免填答者无所适从和统计分析错漏百出。

第三节 社会测量量表设计

社会测量是指按照一定的法则,对社会现象的基本属性、存在状态和运动方式进行测定,并以一定的数字或符号表示出来的过程。社会测量作为国外社会学界借鉴自然科学的测量技术,尤其是精密测量技术创立的一整套用以对社会现象进行精确测量的方法,虽然在国外已有较长的历史,但真正传入我国并在社会学界得以广泛应用的时间并不长。为此,在本节中,我们依照国外创立的比较成熟的方法,具体介绍几种社会测量量表的设计。

一、社会测量量表及其类型

在社会调查研究中,通常需要对一些抽象层次较高或主观性较强的社会现象进行测量。由于这些社会现象往往具有潜在性和复杂性特征,因而一般很难用单一的指标和问题进行测定。为此,国内外学者不仅创立了一整套社会测量的理论与方法,而且设计了量表这样一种新的测量工具,用以对具有潜在性和复杂性的社会现象进行测量,我们很有必要认真加以了解。

(一) 社会测量量表的基本概念

社会测量是与自然科学中的测量相对的一种活动。关于社会测量量表的概念,学术界没有十分统一的定义。一般认为,社会测量量表是由一组问题所构成的用以精确地测量社会现象中人们的主观态度和行为倾向的调查工具。从目的看,社会测量量表是为精确地测量人们的主观态度和行为倾向而设计的一种特殊的调查表格;从形式看,"一个量表(scale)则是一种有结构强度顺序的复合测量,即全部陈述或项目都是按一定的结构顺序来安排,以反映出所测量的概念或态度具有的各种不同的程度"。[①]

社会测量量表的基本作用在于精确测量社会现象中人们的主观态度和行为倾向,如人们的意见、观点、观念、信仰、倾向、感受、体验、怨恨。社会测量量表与社会调查问卷最大的不同在于,它是围绕某一问题以多个十分细致的提问测量某一社会现象的概念(或变量)的综合指标。形象地说,如果我们把社会调查问卷比作是化学工业中的"普通化工"生产过程,那么社会测量量表的测量则是"精细化工"的生产过程。当然,这只是一个比喻,说明它对社会现象的测量非常细腻。

---

① 风笑天.社会学研究方法[M].北京:中国人民大学出版社,2001:96.

与社会调查问卷在实际中的作用相比,社会测量量表的优势在于:①社会测量量表比普通问卷调查中的单一指标或单个项目的调查能获得更丰富、更真实、更精确的信息;②社会测量量表能通过间接的方式衡量那些难以直接观测、难以客观度量的属于人的内在的心理现象;③社会测量量表既可以作为调查问卷的一部分应用于问卷调查之中,用以测量集体的一般态度和行为倾向,也可以单独使用,用以测量个人的某些特征。

在社会调查中,社会测量量表因其适应于对作为一种亲历感受和亲身体验活动的社会现象的测量而成为社会调查的重要工具。社会测量量表在社会调查中主要用于以下方面:①测量人们的社会意识;②测量人们的社会意愿;③测量人们的社会偏好;④测量人们的社会认同;⑤测量人们的社会感受;⑥测量人们对社会群体、社会组织、社会产品、社会服务、社会管理等的印象与看法。

(二)社会测量量表的类型划分

尽管国外已经有了某些定型的社会测量量表,但从总的方面看,社会测量量表并不是一种定式化了的社会测量工具,而是对一大类内容复杂、形式多样、功能各异的社会测量工具的统称。因此,根据社会测量量表的内容、功能、设计方式和表现形式的不同,可以将其分为不同的类型。

从内容方面看,可以将社会测量量表分为态度量表、智力量表、人格量表、情感量表、信念量表、能力量表等。每一类型的量表又包含多种具体的量表,如情感量表包括自尊量表、自卑感量表、幸福感量表、生活量表、社交量表、孤独感量表、文化分离感量表。在这些社会测量量表中,有一部分量表已经模式化、标准化,如智力量表、自尊量表、生活态度量表,这些量表的使用者可较方便地选择利用,还有一些量表正在测试或设计中,更多的情形是对于某些社会现象的测量仍然缺乏现成的量表。

从功能方面,社会测量量表可以分为调查量表与测验量表。调查量表是用以把握测量对象总体情况的量表,其基本功能在于了解总体状况。测验量表则要精确地观测被测验者的基本特征。两者不仅精确程度要求不同,而且设计方面也有所区别。举例来说,如果在问卷调查中使用"职业选择"量表,则只是了解调查对象对于各种职业的评价、喜爱程度等。而如果使用"职业倾向性量表"测量某个人的职业倾向,则要求观测此人的知识、能力状况,以及他适合于从事何种职业。显然,两者是存在明显区别的。

从设计方式和形式上区分,社会测量量表可以分为总加量表、累积量表、梯形量表等。总加量表大多采用美国社会心理学家利克特的量表制作方式,故又称为利克特量表或利克特总加量表。累积量表是社会心理学家古德曼提出的,故又称为古德曼量表或古德曼累积量表。语意差异量表则是由美国心理学家奥斯古德等人研制。有关这些社会测量量表的具体内容,初学者只需一般性了解。但对于希望成为社会调查专家的人来说,不仅需要对这些量表进行了解,而且需要参照这些量表,进行社会测量量表的设计。

二、利克特总加量表的设计

利克特总加量表又称为利克特量表或总加量表,是对早期的"指数测量"方法的一种改进。在最初的"指数"测量中,设计者只设计"同意"与"不同意"两种备选答案。1932年,利克特对"指数测量"作了改进,将答案设计为"非常同意"、"同意"、"不一定"、"不同意"、"非常不同意"五种,各种答案分别计为1~5分。被测量者按要求从中选择一种答案,得到一个分数,而被测量者对每道题的回答所得分数加起来就得到一个总分,调查者依据得分情况分析被测量者的态度或行为倾向。从某种意义上说,现在广为采用的利克特总加量表,实际上是"指数测量"的一种特定形式。①

总加量表的设计是有效运用总加量表进行社会测量中一项十分重要的研究性活动。通常来讲,总加量表的设计有两种方法:①选用设计,即选择中外学者已经制作好的总加量表直接使用,或者根据情况作一定修订后使用;②自行设计,即自己根据调研课题的需要自行设计总加量表进行社会测量。总加量表的自行设计一般包括以下几个步骤:

(一)根据调查课题收集相关问题

每一种社会测量量表都会针对某一特定主题设计,而主题的确定依据是研究课题的需要。假设我们要进行有关人们社会参与意愿的调查,需要制作一份社会参与意愿量表,就要先期收集有关人们的社会参与意愿方面的问题30~50个,这些问题可以通过文献研究和非结构式访谈获得。然后,从中初步筛选出一组问题,数量宜在10~30个,个别的调查可以更多一些,有的多达六七十个问题。限于篇幅,我们只选取其中12个,由这些问题构成一个社会参与意愿量表的初稿(见表5-1)。

表 5-1 社会参与意愿量表(初稿)

您是否同意下列说法,请在合适的回答栏中打"√"。

提问项目	非常同意	同意	不一定	不同意	非常不同意
1. 我对社会活动特有兴趣	5	4	3	2	1
2. 我对走向社会饶有兴致	5	4	3	2	1
3. 我对社会活动很少关心*	1	2	3	4	5
4. 我最害怕出头露面*	1	2	3	4	5
5. 我喜欢亲身参与社区事务	5	4	3	2	1

---

① 风笑天.社会学研究方法[M].北京:中国人民大学出版社,2001:95-97.

续表

提问项目	非常同意	同意	不一定	不同意	非常不同意
6. 我对参与社区事务有一种恐惧感*	1	2	3	4	5
7. 我积极参加单位的社会活动	5	4	3	2	1
8. 我觉得还是管好自己的事情好*	1	2	3	4	5
9. 我不愿意花时间去管别人的事*	1	2	3	4	5
10. 我有了时间就会去做社会考察	5	4	3	2	1
11. 我想天天出去参加活动才够味	5	4	3	2	1
12. 我宁愿在家休息也不去活动*	1	2	3	4	5

(二) 确定问题的类别和计分标准

在利克特量表中,问题类别可根据问题的性质分为正向问题和负向问题两种。例如,在社会参与意愿问题上,正向问题表明社会参与意愿强,负向问题表明社会参与意愿弱。正向问题、负向问题有时用"+"、"－"分别标示,有时在题后加"*"注明。在上面的量表初稿中,第3、4、6、8、9、12题均为负向问题,故以"*"标出。当然,为了不致影响被测量者选择填答,量表中也可不明显标示。计分标准的确定要依据问题的正负方向及回答类别制定。有的回答类别设计为两个等级,有的为三个等级,有的为五个等级,还有的为七个等级。表 5-1 是五个等级,可分别用 1~5 计分,也可用 0~4 或其他标准来计分。在本题中,正向问题从强至弱分别计"5"到"1"分,而负向问题正好相反,从强至弱分别计"1"到"5"分(见表 5-1)。

(三) 试测量与提问的妥当性检验

将问题与计分标准初步确定后,一个初步的量表便构成了。当然,这还不是正式量表。设计者可以把初步量表打印几十份,从测量对象中找几十个人进行试测量。这是设计过程中重要的实践性环节,不能省略。试测量结束后,要对设计的问题进行妥当性分析。对问题进行妥当性分析,主要是发现量表设计中的问题,尤其是要计算每一个问题的分辨力。所谓分辨力,是指量表中某一问题区分被测量者不同态度的程度或等级的能力。利克特量表的分辨力计算公式为:

$$F = a - b$$

式中:F 为某题的分辨力;a 为试测量中总得分最高的 25% 的被测者在该题得分的平均值;b 为试测量中总得分最低的 25% 的被测者在该题得分的平均值。

计算分辨力数值时,首先是将每份测量量表(初稿)的总分算出,然后排出得分最高

25%的量表与得分最低25%的量表，分别计算它们得分的平均值，再把各题的两个平均值相减得出各题的分辨力数值。根据分辨力数值，删除那些分辨力不高的问题，保留分辨力较高的问题。一般来讲，如果某一问题的分辨力数值低于1，则说明它的分辨力低，因而可以删除。

三、古德曼累积量表的设计

古德曼累积量表一般称为古德曼量表或累积量表。它是由心理学家刘易斯·古德曼于1944年提出并设计制作的一种量表。古德曼累积量表在形式上是由一组表明态度的语句或项目组成的，这些语句和项目能够按照某种次序递进排列，具体地说，就是能够按照语句或项目代表的态度层次进行递进式的依次排列。被测量者回答问题就像上台阶，必须拾级而上，不能跳级。若对一个问题作了肯定的判断，就可登上一级，否则就不能升级，每登上一级就可以得到1分。被测量者的累积得分，便代表他们的态度层次或强度。

古德曼累积量表的设计通常要经历以下三个步骤。

（一）编写态度语句或项目

古德曼累积量表是由一组表明态度的语句或项目组成，所以首先必须编写态度语句或项目。编写态度语句或项目的第一要务是搜集人们对某个主题或对象的各种态度反应与倾向，以及人们对某个对象的感觉、认识、看法和意见。通常需要搜集10~20条态度反应与意见。第二要务是根据搜集到的态度反映与意见编写态度语句或项目，为设计量表打下良好基础。

（二）封闭答案并进行编码

古德曼累积量表的答案是封闭式的，因此，编写了态度语句和项目后，就要设计态度语句的封闭式答案。一般来讲，答案可分为五个反应等级，如"非常希望""希望""一般""不希望""很不希望"。答案封闭之后，要对答案进行编码。古德曼累积量表答案的编码一般采用二进制编码，即通过的答案计作"1"，没通过的答案计作"0"。通过编码，就可以给被测量者对每一语句或项目的回答或反应打分，并可以将被测量者在全部语句或项目上的累积得分作为其态度取值。被测者的累积得分越高，说明其所持的肯定态度越强烈。

（三）对量表作妥当性检验

古德曼累积量表的妥当性检验同样是基于试测量基础上的妥当性检验，即通过试测量来区分哪些态度语句或项目是合适的，哪些态度语句或项目是不合适的。一般来讲，通过试测量,凡属 80% 以上的被试测者都表示同意或都表示不同意的语句或项目,就是分辨力差的语句或项目,这些语句或项目是不合适的语句或项目,应当予以删除。此外,对古德曼累积量表的妥当性检验还要作尺度分析,以便对态度语句或项目的一致性进行检查。

古德曼累积量表的一致性检查是经由对试测量中的反常回答数的分析进行的。一般来讲,人们对量表中问题的回答有正常回答与反常回答之分。正常回答是指通过了的项目之间前后意见方向、同意强度一致的回答;反常回答是通过了的项目之间前后意见方向、同意强度不一致的回答。如果反常回答的数量过多,就说明所编制的古德曼累积量表是不妥当的。古德曼累积量表的一致性检查通常用一致性系数表示。一致性系数大,说明设计的量表具有较强的妥当性;反之,则表明设计不够妥当。一致性系数的计算公式为:

$$c = 1 - \frac{b}{a}$$

式中:c 为一致性系数 crep;a 为总回答数;b 为反常回答数。总回答数是试测量中的总回答项目数,即有效项目数×被测者人数;反常回答数则是试测量中的反常回答的项目总数。

在社会调查研究的实践中,属于古德曼累积量表的例子很多。下面是一个根据古德曼累积量表改编的参与惊险项目恐惧感累积量表,供参考(见表 5-2)。

表 5-2 参与惊险项目恐惧感累积量表

你在参与惊险项目活动中发生过以下情况吗?					
	经常	有时	一次	从未	不回答
1. 胃有下沉感觉	—	—	—	—	—
2. 心跳加快	—	—	—	—	—
3. 全身摇动或颤抖	—	—	—	—	—
4. 胃感觉难受	—	—	—	—	—
5. 肌肉感到僵硬	—	—	—	—	—
6. 感觉虚弱、头晕	—	—	—	—	—
7. 呕吐	—	—	—	—	—
8. 尿撒在裤子里	—	—	—	—	—

四、奥斯古德语义差异量表的设计

奥斯古德语义差异量表又称为奥斯古德量表、语义差异量表或语义分化量表。这种量表最早是由美国心理学家 C. 奥斯古德等人研制的,故称奥斯古德语义差异量表。奥斯古德语义差异量表主要研究概念对于不同的人所具有的不同含义,其应用领域包括文化的比较研究、个人及群体间差异的比较研究,以及人们对周围环境或事物的态度、看法的研究等。[①]

奥斯古德语义差异量表的设计与测量的通常过程是:

(一)确定测量概念

确定测量概念是确定某一概念(或事物、或问题、或现象)作为测量的对象。这些概念可以是一个国家、一个地区、一个组织、一个团队、一个群体,也可以是一种现象、一种观念、一种见解、一种理论、一种角色,还可以是一种文物、一种景观、一种景色、一个景点、一个景区等。

(二)设计量表初稿

设计量表初稿主要是设计语义差异量表主体部分的提问或回答项目。具体内容是:选择对某一对象进行评价的要素,并用形容词对这些要素进行评价。在每一个形容词的两极之间区分7个等级(当然也可以区分为其他数量的等级),并自左至右赋予7、6、5、4、3、2、1分值,或赋予+3、+2、+1、0、-1、-2、-3分值,以供被测者作为对评价对象的评价选项。

(三)检查设计情况

检查设计情况就是检查设计的语义差异量表的完整性和妥当性。主要检查的内容包括:①要素的选择是否符合测量对象的实际情况,要素是否完备、得当;②对要素进行评价的形容词选择是否得当;③各要素之间的排列是否具有逻辑性;④获得的资料是否便于统计分析。

(四)结果汇总显示

在测量结束后,都要对资料进行汇总显示,汇总显示的基本做法是将所有量表中的数据汇总于一张量表中,以使人们有直观的感觉。资料汇总后,还可以根据各要素在对研究对象进行评价中的实际作用赋予一定的权值,进行加权评分统计分析,计算最终得分。

表5-3是笔者根据奥斯古德语义差异量表改编的社会工作机构形象语义差异量表(初稿),供参考。

[①] 风笑天.社会学研究方法[M].北京:中国人民大学出版社,2001:99-100.

表 5-3 社会工作机构形象语义差异量表

社会工作机构形象								
分值	7	6	5	4	3	2	1	
基本方针：正直	—;	—;	—;	—;	—;	—;	—	不正直
机构规模：大	—;	—;	—;	—;	—;	—;	—	小
业务水平：高	—;	—;	—;	—;	—;	—;	—	低
服务态度：诚恳	—;	—;	—;	—;	—;	—;	—	不诚恳
办事效率：高	—;	—;	—;	—;	—;	—;	—	低
外部影响：大	—;	—;	—;	—;	—;	—;	—	小

五、鲍格达斯社会距离量表的设计

在社会调查研究中，有时我们希望了解人们之间相互交往的紧密程度和人们对外人或其他人的接纳程度，这时就可以考虑采用鲍格达斯社会距离量表进行测量。鲍格达斯社会距离量表又称为鲍格达斯量表或社会距离量表，它是用以测量人们之间相互交往和相互关系的密切程度，以及对某一群体所持的态度和所保持的心理距离或社会距离的一种量表。

鲍格达斯社会距离量表从内容上看，是由具有某种趋强或趋紧特征的逻辑结构的一系列陈述构成的，不同的陈述代表人们在态度反应上的不同程度；从形式看，该表的结构比较简单，无论是总体结构还是问题答案结构都不是太复杂，通常只有几个问题，并配以"两极"的答案。人们在回答问题时可以实现快速作业。

鲍格达斯社会距离量表的设计重点在于提问的设计及其逻辑构成方面。一般的做法是：首先，依据一定的社会调查课题要求搜集有关的提问，并通过一定表达方式表述；其次，整理这些提问，并按照某种趋强或趋紧的逻辑结构顺序依次排列；最后，给这些提问配以一定的可供选择的答案，通常是"愿意"、"不愿意"表明两极态度的两个简要答案。

表 5-4 是一个由笔者根据鲍格达斯社会距离量表改编的边远地区居民与城市人社会距离量表（初稿），供参考。

表 5-4 边远地区居民与城市人社会距离量表（初稿）

愿意	不愿意	
☐	☐	1. 你愿意让城市人来你们乡镇考察吗？
☐	☐	2. 你愿意让城市人来你们村社考察吗？
☐	☐	3. 你愿意让城市人来你们小组考察吗？
☐	☐	4. 你愿意让城市人来你们家里访问吗？
☐	☐	5. 你愿意让城市人在你们家里用餐吗？
☐	☐	6. 你愿意让城市人在你们家里住宿吗？
☐	☐	7. 你愿意和城市人交朋友吗？

复习思考题

1. 简述社会调查指标的设计步骤。
2. 简述调查问卷的设计步骤与设计原则。
3. 如何排列调查问卷中的各种问题?
4. 设计一份调查问卷,调查居民参与社区建设的情况。
5. 依照利克特量表的设计要求,设计一个城市居民幸福感量表。

第三篇

Part 3

社会调查资料

第六章 社会调查的资料搜集

CHAPTER 6

[**本章导读**]

社会调查资料搜集是指社会调查者运用各种有效方法和手段广泛查找和汇集有关社会调查对象或社会现象的信息资料的过程,实际上就是社会调查方案在社会中的具体实施过程。在社会调查资料搜集中,可供采用的方法多种多样,如依据资料搜集时所接触的对象和获取信息材料的具体途径、工具、手段和方式的不同,可以将社会调查资料搜集方法区分为问卷调查搜集法、实地调查搜集法、实验调查搜集法、文献调查搜集法和电信调查搜集法等。在社会调查中,各种资料搜集方法所具特点各异,具体操作不一,适用范围不同。掌握社会调查资料搜集具体方法的知识,对社会调查者来说十分必要。本章内容主要包括:问卷调查搜集法、实地调查搜集法、电信调查搜集法。本章的重点在于:问卷调查的工作程序及如何提高问卷的回复率,实地调查的科学观察法与访谈调查法,电信调查的电话调查法和CATI调查法。

第一节 问卷调查搜集法

在社会调查中,问卷调查虽非历史最悠久的调查资料搜集方法,而是进入工业社会以来才正式出现和推广使用的调查资料搜集方法,但问卷调查一经面世,就显示出其强大的生命力与旺盛的活力,以致成为现代社会调查十分重要的调查资料搜集方法。美国社会学家艾尔·巴比认为:"问卷是社会调查的支柱。"英国社会学家莫泽更明确表示:"十项社会调查中就有九项是采用问卷进行的。"[1]可见,问卷调查在现代社会调查中的地位之高,作用之大。

---

[1] 转引自袁方.社会研究方法教程[M].北京:北京大学出版社,1997:231.

一、问卷调查的一般问题

问卷调查是随着工业社会的快速发展与社会生活的节奏加快而出现的一种调查资料搜集方法。具体来讲,问卷调查从里到外无不打上了工业社会的烙印,无不留下工业社会讲科学、重规范、求效率的痕迹。目前,问卷调查已成为社会调查中最为规范、最有效率、最为常用的调查资料搜集方法。在科学技术日益进步、文化教育日益发达、信息交流日益畅通的当代信息社会,问卷调查具有更为重要的作用和更加广泛的用途。

(一)问卷调查的基本含义

问卷调查是指通过精心设计的调查问卷搜集社会信息,以具体把握现实社会状态及其发展变化趋势的一种调查活动。问卷调查既是一种重要的社会调查类型,也是一种主要的社会调查资料搜集方式。问卷调查作为一种系统、科学、规范的社会调查方式,具有自身的某些特征。这些特征主要是:

1. 问卷调查的调查工具是调查问卷

问卷调查是通过调查问卷实施的。调查问卷有特定的形式和结构,问卷调查有特定的程序与规范。正如风笑天教授所说:"有一套系统的、特定的程序要求。"问卷调查利用规范的调查问卷实施有很多好处,首先是调查研究的内容能够做到统一规范;其次是调查搜集的资料非常便于统计分析。当然,问卷调查也有其缺点,下文将作详述。

2. 问卷调查的具体对象是随机样本

在社会调查中,按照西方社会学家对问卷调查的理解,问卷调查的具体对象应该是随机样本,即"从某个调查总体中抽取一定规模的随机样本",而且这种随机样本一般都应是大样本,即数量超过30个单位的随机样本。问卷调查的这样一个特征"往往是其他研究方式所不具有的"。[①]这是我们从事问卷调查时必须加以重视的一个重要特征。

3. 问卷调查的分析方法是量化方法

根据西方社会学界确立的"随机样本+问卷调查+定量分析"的问卷调查运作模式,问卷调查的分析方法主要应该是量化分析方法,问卷调查的结果主要应该是各种量化资料。从这个方面来讲,在进行问卷调查时,必须将我们的思维引向定量研究的轨道,并通过随机样本的合理抽取、调查问卷的科学设计,来确保对调查资料的定量分析。

---

① 风笑天.社会学研究方法[M].北京:中国人民大学出版社,2011:154.

（二）问卷调查的主要特点

从本质上讲，问卷调查方法与其他调查方法并没有多大的区别，都是为了从被调查者那里搜集课题研究所需要的社会信息。但从形式上讲，问卷调查却是一种利用规范的书面调查工具进行的高效率的调查，与访谈调查、科学观察相比较，它有其自身的特点。

1．问卷调查的标准化

问卷调查的一个基本特点就是标准化。问卷调查采用了统一提问、规范答案的标准化问卷形式，对于所有的被调查者都以同一问卷进行询问，并以同一种方法发放和填写问卷，从而既可以反映同一地区、同种组织、同类人群等具有某种社会同质性的研究对象的一般状况和平均趋势，又可以对不同地区、不同组织、不同人群等具有某种社会异质性的研究对象的现实状况和发展趋势进行比较分析；有时还可以对同一批研究对象在间隔了一定的时期之后的情况进行同期群研究或追踪研究。此外，问卷调查由于使用标准化的问卷进行调查，因而所搜集的研究资料还便于进行统计分析和定量研究。当然，问卷调查的标准化，尤其是它多采用封闭式的问题提问的资料搜集方式，也使问卷调查的灵活性、适应性和可获得信息的广泛性受到严重限制。

2．问卷调查的书面性

与科学观察和访谈调查不同，问卷调查是采用书面形式与被调查者进行交流。采用书面形式与被调查者进行交流有其特殊作用，这主要是：①采用书面交流可以突破时间的限制，既能超越时间传递提问信息，也能超越时间传递答问信息，这样就使问卷调查的实施在时间上有缓冲余地，便于解决有如访谈调查中，由于调查者与被调查者之间的时间冲突而无法实施调查的问题。②采用书面交流也可以突破空间的限制，即借助于交通、邮政、网络等渠道，可以将调查问卷发送到广阔的社会区域，在大范围内对众多的调查对象同时进行调查。例如，由郑杭生教授主持的国家社会科学基金重大项目课题组进行的"改革开放以来城镇居民生活变化调查"，就是采用问卷调查在全国7个省市的12个城市同时进行的。当然，问卷调查的书面性也有其劣势，这主要是：①问卷调查由于问卷中问题数量的限制和调查者少与被调查者直接接触的缘故，只能获得有限的书面信息；②问卷调查作为一种书面调查，一般不适用于对文化程度较低的研究对象（个人或群体）进行调查。

3．问卷调查的间接性

在问卷调查中，调查者一般不与被调查者直接见面，而由被调查者自己填答问卷，这就构成了问卷调查的间接性特点。问卷调查的间接性特点有许多好处，主要是：①能以很少的调查者在很短时间内同时调查许多人的情况，能够节省调查资料搜集的时间、经费和人力；②调查者与被调查不直接接触，可以避免调查者对被调查者理解问卷内容、回答问卷提问的多方面的影响,从而减少调查过程中可能形成的某些偏见和调查误差;③由于调查者与被调查者不直接接触,使问卷调查的匿名性成为现实,被调查者能够减少某些思想顾虑,有利于调查者提出某些具有一定敏感性的问题,并得到被调查者的真实回答。但是问卷调查的间接性也使问卷调查形成一些明显的局限,这主要是:①问卷调查由于调查者一般不在场,调查者不能有效控制被调查回答问卷提问的情境以及填答问卷的质量;②问卷回复率和有效率难以得到保证;③无法获得除被调查者在问卷上填答的信息之外的其他信息。

(三) 问卷调查的适用范围

问卷调查的适用范围可以从多个方面认识,人们通常从问卷调查适用的研究范围、研究对象、研究方法、研究领域等几个方面具体认识。由于问卷调查适用的研究领域极广,这里对此不打算详细讨论。

1. 问卷调查适用的研究范围

问卷调查适用的研究范围,比较其他研究方式,具有大而且广的特点。大,就是调查研究对象的总体规模可以很大;广,就是调查研究涉及的地域范围可以很广。具体可以作以下理解。

(1) 从调查研究对象的总体规模来讲,问卷调查适用于调查规模较大的调查研究对象。问卷调查所对应的研究方式通常是统计研究,统计研究必然需要大样本作为前提和基础。如果不是大样本,就无法符合统计规律的要求,也就无法进行统计分析。正因为有这一特点,问卷调查相对于其他问卷调查方式更适用于对总体规模较大的调查研究对象作研究,而不适用于对总体规模较小的调查研究对象作研究。

(2) 从调查研究涉及的地域范围来讲,问卷调查适用于涉及范围较广的调查研究对象。问卷调查一般是一种书面调查,书面调查具有跨越时空的特点,它不仅可以在较小的地域范围内进行,而且可以在较大甚至很大的地域范围内进行。尤其对于涉及地域范围广泛的全国性问卷调查课题、地区性问卷调查课题,问卷调查不仅是可行的,而且是必要的。只有这样,才能保证在广阔的地域空间获得问卷调查的大量信息。

2. 问卷调查适用的研究对象

问卷调查适用的研究对象,主要是指问卷调查适用于何种研究总体和哪些特定人群。由于问卷调查是从研究对象总体中抽取一定规模的随机样本进行调查,并将调查获得的资料进行量化分析,因此,问卷调查从研究对象的角度看,就形成了一定的适用规律。

(1) 从问卷调查对象的总体结构来讲,问卷调查具有其一般的适用规律。大致地说,问卷调查在成分单一的总体中比在成分复杂的总体中适用。在成分单一的总体中进行问卷调查时,由于人们的社会背景相同或相似的因素比较多,可以减少问卷设计上的困难;而在一个成分复杂的总体中进行问卷调查时,由于人们社会背景的许多因素往往相差很大,相同的或相似的东西很少,这就给设计统一的问卷带来了许多麻烦。

(2) 从问卷调查对象的群体类属看,问卷调查的适用性也存在差异。一般来讲,问卷调查在城市居民中比在农村居民中适用,在大城市居民中比在小城市居民中适用,在文化程度高的群体中比在文化程度低的群体中适用;在专业技术人员和公务员中比在商业人员和工人中适用,在中青年群体中比在老年人群体中适用,在男性人口中比在女性人口中适用。造成这些情况的基本原因在于不同群体之间存在文化程度差异,因为问卷调查是一种书面调查,它需要被调查者具有较高的文化知识水平。

3. 问卷调查适用的研究方法

问卷调查除了上述两个方面的不同适用范围外,还可以从其他方面讨论其适用范围问题。例如,从问卷调查适用的研究方法看,问卷调查有特定的适用范围,并具有特殊的科学价值。具体指:

(1) 问卷调查适用于实证研究方法的运用。我们知道,在社会调查领域,实证主义方法的第一个也是最基本的主张就是从宏观层次通过大量样本的调查和统计考察社会现象。问卷调查就是一种适用于宏观研究的调查研究,一种适用于大量样本的调查研究,一种适用于定量分析的调查研究。它特别适用于方法论实证主义取向的学者。

(2) 问卷调查适用于定量分析方法的运用。问卷调查作为一种以调查问卷搜集研究资料,以定量分析处理研究资料,以随机样本保证定量分析科学性的调查研究方式,已经成为当今社会调查的主要研究方式。正如有的学者所说,调查研究"随机抽样、问卷调查、定量分析"的三结合方式,是现代社会定量研究中最常见最重要的研究方式,这在社会调查中也不例外。

二、问卷调查的基本程序

问卷调查作为社会调查的一种方式,是以一种具有书面性、标准化、间接性特征的调查问卷搜集调查资料的。由于问卷调查的这样一种特殊性,因而更需要采取一整套的运作程序作为实施规范,才能保证问卷调查的有效实施。通常来讲,问卷调查须按照如下程序进行运作。

(一) 设计调查问卷

问卷调查是通过向被调查者提供问卷并请其作答搜集有关社会现象信息的一种资料搜集方法,没有调查问卷,问卷调查就无从实施。因此,在实施问卷调查之前,必须根据调查研究课题的目的、要求,以及调查对象的各种实际情况,设计并制作好调查问卷。设计调查问卷与设计其他调查工具一样,大体上要经历选择调查课题、进行初步探索、提出研究假设等几个先行步骤。但进入具体设计阶段之后,设计问卷就比设计其他调查工具的工作量大得多,而且复杂得多。这是因为,调查问卷不是使用口头语言,而是使用书面语言,其思想性、准确性、实用性要求都很高。特别是在封闭式问题中,不仅要考虑如何问得科学、问得得体,而且要考虑怎样才能使被调查者答得全面、答得正确,这都不是容易的事。为此,问卷调查必须把设计调查问卷放在十分重要的位置加以考虑。由于上一章第二节有专门讨论,在此不作详述。

(二) 确定调查对象

实施问卷调查之先,必须具体确定调查对象。在问卷调查中,调查对象的确定通常有两种情况,①把有限范围内的全体成员作为调查对象,如把一个组织、一个社区、一个村落、一个群体的全部成员当作调查对象;②在一定范围内采用抽样法抽取具体调查对象。在利用问卷法进行的抽样调查中,由于问卷调查的回复率和有效率一般都不可能达到100%,因此,实际调查对象往往应多于规定的样本数目。确定实际调查对象数量的公式是:

$$实际调查对象 = \frac{规定样本数目}{回复率 \times 有效率}$$

例如,某项调查规定样本数目是300人,假定问卷的回复率是70%,有效率是90%,那么,实际调查对象就应该是:

$$实际调查对象 = \frac{300}{70\% \times 90\%} = 476(人)$$

(三) 分发调查问卷

分发调查问卷是问卷调查的一个重要环节。分发调查问卷有多种方式,主要有邮寄分发、报刊分发、网络分发、送达分发和带卷访问五种。各种问卷分发方式有其自身特点,适应于不同的调查对象,有不同的调查效率。例如,邮寄分发、报刊分发、网络分发的问卷调查往往具有匿名性,且被调查者不受调查者的干扰,可以根据自己的意愿填答问卷。但致命的弱点是问卷回复率和有效率均较低,且调查过程无法有效控制。送达分发、带卷访问的问卷调查由于有调查者与被调查者之间的直接接触,一些被调查者不够理解的问题可以得到调查者的指导,调查过程也能得到较好的控制,所以问卷填答质量高,问卷回复率和有效率高。但是,正因为调查者在场,被调查者回答问题时可能受调查者有意无意的左右,从而影响问卷调查的质量。

(四) 回收整理问卷

调查问卷分发后,调查者的主要任务是回收并整理问卷。问卷的回收一般有四种情况:①邮寄方式分发的问卷和报刊方式分发的问卷,一般由被调查者通过邮局寄回;②送达方式分发的问卷,一般是由调查组织者派员前往被调查者处取回;③网络方式分发的问卷,一般是由被调查者通过网络发送回来;④带卷访问的问卷,由调查者自己带回。问卷的回收一般应该有截止日期规定。

对于回收的问卷,调查者应进行形式上的整理,主要工作内容包括三项:①对回收问卷进行审查,剔除其中的无效问卷;②对回收问卷进行清点,计算出问卷回复率和有效率;③对回收问卷进行一定形式加工,如字迹不清应填写清楚,缺字漏字应适当补齐,破损问卷能够修复的适当修复,内容损失太多的问卷则视为废卷。

(五) 进行统计分析

问卷调查的统计分析工作是一项十分重要的工作。在问卷调查中,一般来讲,研究者回收的调查问卷,如果不经统计分析,是没有什么用的。就问卷调查作为一种需要说明调查研究总体情况的大样本调查来看,单独的一份调查问卷实际上是没有多少价值的,只有通过统计分析,问卷调查才能体现真正的科学价值。在问卷调查中,问卷调查的统计分析通常有手工统计和机器统计两种。现在的机器统计往往采用 SPSS 进行,其主要操作步骤有:①确定统计分析的内容、项目和要求;②根据有关要求编制编码手册;③根据编码手册将问卷中的资料数字化;④将数字化的资料信息输入到 SPSS 系统中;⑤根据统计分析的内容、项目和要求对资料进行统计分析,获得统计分析结果;⑥输出统计分析结果,进入理论分析过程。

三、问卷调查的实施方法

问卷调查的实施可以采用多种方法,但不同的实施方法在运作过程、资源耗费、调查效果等方面都有所不同。因此,在问卷调查的过程中,究竟采取何种实施方法,应根据研究课题的目的、研究任务的大小、研究精度的要求以及实施方法的特点等确定。

(一) 邮寄问卷调查

邮寄问卷调查是调查者通过邮政通道向被选定的被调查者寄发问卷,并要求被调查者按照规定要求和时间填答问卷,然后再通过邮政渠道将问卷寄回,以搜集调查资料的调查方法。采用这种分发方式的问卷通称为邮寄问卷。邮寄问卷调查扩散性强,地域分布面广,不受时空的限制,有利于增强被调查者的地区代表性,回答问题质量较高,比较节省时间、人力和费用。但是,邮寄问卷调查也存在一些明显的问题:①邮寄问卷调查需要知道被调查者的姓名、地址、邮政编码等信息,因而可能将被调查者限于熟人关系圈中;②邮寄问卷调查因为知道收件人是谁,匿名性受到一定限制;③邮寄问卷调查往往调查者不在场,难以控制被调查者回答问题的环境;④邮寄问卷调查的问卷回复率较低,难以保证符合调查设计规定的问卷份数。

(二)报刊问卷调查

报刊问卷调查是指将调查问卷印于报刊之上随报刊分发至有关读者手中,请报刊读者作为调查对象回答问卷提问,并通过邮政渠道回收,以搜集调查资料的调查方法。采用这种方式分发的问卷通称为报刊问卷。报刊问卷调查以报刊读者为调查对象,有稳定的传递渠道,而且分布面广,匿名性强,回答质量较高,能节省费用和时间,有较强的适用性。但报刊问卷调查也有许多缺点:①报刊问卷调查的调查对象基本上限于报刊订户,调查对象的代表性差;②报刊问卷调查的调查者比邮寄问卷调查的调查者更为缺位,根本无法对影响被调查者回答问卷提问的因素进行控制且无法做出客观分析,甚至回答中出现虚假现象也无法查证;③报刊问卷调查的问卷回复率极低,有的报刊问卷调查的问卷回复率甚至低于10%。

(三)网络问卷调查

网络问卷调查是借助于现代信息网络将调查问卷分发给被调查者并请其作答,而后由被调查者通过网络将答卷发送回来,以搜集问卷调查资料的调查方法。网络问卷调查有多种情况:①在网上设置专门调查网页征询网友答卷,这非常类似报刊问卷的情况,是报刊问卷在网络时代的延伸;②通过电子邮件分发给特定的被调查者请其作答,这类似于邮寄问卷情况,是邮寄问卷在网络时代的延伸;③在网络空间的其他交流方式,如聊天室、留言板、博客中发出调查问卷,请有关网友作答。网络问卷调查的优点是:问卷传递迅速,调查非常及时,特别节省费用。缺点是:受虚拟空间影响较大,调查对象很难明确;受网络普及率的限制,被调查者均为有网可上人员,调查样本的代表性较差;调查过程难以控制,调查质量难以保证。

(四)送达问卷调查

送达问卷调查是调查者派人将问卷直接送给被选定的调查者,待被调查者填答完成后,或请其通过邮局将问卷寄回,或再派人登门将问卷收回,以搜集调查资料的调查方法。采用这种方式分发的问卷通称为送达问卷。送达问卷一般适用于有组织的、集体性的问卷调查活动,以及调查者与被调查者相距不远的问卷调查活动。其最大的特点是回复率高,回收时间快,而且有利于调查者向被调查者作某些口头说明和解释,以实现对调查过程的某些控制。但送达问卷调查方式也有明显缺点：①它不适用于远距离调查,调查空间范围比较狭窄,调查对象在空间分布上的代表性较差;②有的被调查者本来对某项问卷调查兴趣不大或不感兴趣,但由于调查者已将问卷送达,碍于情面只好填答交差,往往有应付之嫌,答卷质量难以保证。

（五）带卷上门调查

带卷上门调查通常是指调查者根据调查方案和调查计划的要求,携带调查问卷上门,依据调查问卷上的题目及其顺序对被调查者进行访谈,并将访谈获得的信息及时记录于调查问卷之上的调查方法。这种问卷调查方法也称为当面访问或结构式访问,是一种代填问卷的调查方式。带卷上门调查有许多明显的好处：①由于是代填问卷,问卷的回复率极高;②由于有调查者在场指导回答问题,并由调查者填写问卷,所获调查资料的质量很高;③适用广泛的调查对象,哪怕是文盲或信息器官残疾的人都可以适用。当然,带卷上门调查也有缺点：①调查者的在场并直接与被调查者互动,不仅匿名性差,而且会影响调查结果;②带卷上门访问耗时长、费用高、代价大,不适用于调查众多的调查对象;③对调查者的依赖性大,要求高。

（六）电话访谈调查

电话访谈调查是指借助于电话中介实施问卷调查,以搜集问卷调查资料的调查方法。电话访谈调查是当面访谈和结构式访问的延伸,是一种在电话得以广泛普及的情况下发展起来的新兴调查方法。与当面访谈调查比较,电话调查有自己的一些特点：①搜集信息速度快;②调查费用比较低;③有较好的匿名性;可以实现远距离调查。当然,电话访谈调查也有自身的缺点：①调查活动难以控制。电话访谈调查由于受电话中介的制约,如果被调查者对调查内容不感兴趣或产生厌倦情绪,随时可以挂断电话,调查者不能有效地劝导其接受调查和完成访谈。②受电话普及率的制约较大。由于我国电话普及率不很高,电话访谈调查的样本代表性往往不够强,因而增大了调查的误差。尤其对于电话普及率低的农村地区,根本无法进行电话抽样调查。

四、调查问卷的回复促进

问卷调查的效率主要反映在问卷的回复率和有效率上。问卷回复率低是问卷调查的一个致命弱点。设法促进调查问卷的回复是问卷调查的关键所在。在问卷调查中,问卷回复率受多方面因素影响,主要包括调查课题的吸引力、调查主办单位的声望、调查对象的具体情况,以及调查问卷设计的质量和问卷调查采用的方式等。因此,要提高问卷的回复率和有效率,以至提高整个问卷调查的效率和效益,除了设计一份优良的调查问卷、搞好社会调查人员的业务培训之外,还要设法控制其他各种影响问卷回复率的因素。

(一)选择具有吸引力的课题

问卷调查的课题是否具有吸引力,往往会影响被调查者的重视程度和回答意愿。因此,要提高问卷回复率,首先应选择具有吸引力的调查课题。通常来讲,具有吸引力的调查课题主要有以下几类:①新颖的调查课题,这类调查课题容易使人产生新鲜感,对被调查者有较大的吸引力;②独特的调查课题,这类调查课题容易使人产生新奇感,对被调查者有较大的吸引力;③重大的调查课题,这类调查课题世人关注度高,对被调查者有较大的吸引力;④与被调查者关系密切的调查课题,这类调查课题最易为被调查者重视,它也具有很大的吸引力。问卷调查是要从上述四个方面考虑恰当地选择调查课题,以求提高问卷的回复率。

(二)提高调查主办单位的声望

调查主办单位的声望主要指调查主办单位的权威性和知名度,它往往会影响被调查者对问卷调查的信任程度和回答意愿。一般来讲,政府部门主办的问卷调查的回复率高于企业单位主办的问卷调查的回复率,上级机关和高级机构主办的问卷调查的回复率高于下级机关和一般机构主办的问卷调查的回复率,专业机构主办的问卷调查的回复率高于普通机构主办的问卷调查的回复率,以单位名义主办的问卷调查的回复率高于以个人名义主办的问卷调查的回复率,知名度高、美誉度高的优良形象单位主办的问卷调查的回复率高于知名度低、美誉度低的不良形象单位主办的问卷调查的回复率。为了提高问卷的回复率,社会调查的主办单位一方面要努力提高自己的声望,塑造良好的社会形象;另一方面应求得权威性强、知名度高的专业机构联合主办或公开支持。

(三)挑选适当的具体调查对象

在问卷调查中,调查对象的文化水平、合作态度以及他们理解和回答书面问题的能力,对问卷回复率有重大的影响。通常来讲,对问卷调查的内容比较熟悉的调查对象,有一定阅读理解能力和文字表达能力的调查对象,初次接受或较少接受问卷调查的对象,往往回复问卷调查的积极性高;反之,积极性就较低,甚至根本不予回复。因此,为了提高问卷的回复率,必须挑选适当的具体调查对象。通常来讲,挑选适当的具体调查对象包括三个方面的内容:①要将调查内容与调查对象正确匹配;②要注意考察调查对象群体的文化水平和兴趣爱好;③要通过调查测试调查对象接受问卷调查的积极性和回复问卷调查的主动性。通过这些方面的措施,有助于挑选适当的具体调查对象,从而提高问卷的回复率。

(四)采取有效的问卷发送方式

在问卷调查中,不同的问卷发送方式对问卷回复率的影响是不同的,或者说不同的问卷发送方式会形成不同的问卷回复率。根据问卷调查专家的实践经验我们大致知道,报刊问卷的最终回复率最低,一般为10%~20%;邮寄问卷的最终回复率也不高,一般情况为30%~60%;送达问卷的最终回复率较高,一般为80%~90%;带卷上门访问的代填问卷的最终回复率最高,几乎可达100%。正因为如此,要提高问卷的回复率,调查研究者必须根据客观实际要求,在条件许可的情况下,尽量采取最为有效的问卷发送方式。甚至在某项问卷调查进程中,起先采取的某种问卷发送方式如果被实践证明是不成功的,这时,还要尽力改善调查条件,选好调查人员,增加调查投入,改用某种回复率更高的问卷发送方式,使调查问卷的回复率达到较高的水平。

第二节 实地调查搜集法

在现实社会中,有些社会现象相对隐蔽,并不是通过问卷调查和社会测量就能了解和研究透的,它需要社会调查者亲自深入实际社会生活,深入具体社会实践,才能获得某些真正有意义、有价值的信息,才能真正对丰富多彩的社会生活有明确的了解和深刻的认识。与此同时,在现实社会中,并非所有的调查对象都具有接受问卷调查和社会测量的能力,一些有信息器官缺陷的残疾人,一些文化程度很低的人,还有一些言语不通的少数民族居民或不开化地区的居民是无法接受问卷调查和社会测量的,这就需要引入一种适应性和有效性更强的调查方式——实地调查进行调查资料的搜集。

一、实地调查的一般问题

在社会调查研究中,实地调查是与问卷调查等非实地调查相对的一种调查研究方式。与问卷调查相比,这种研究方式有其独特的性质和独特的功能,有其特定的适用范围与适用对象,还有其特有的运作程序与操作方法。了解和掌握实地调查的有关知识,有利于我们深入实地搜集调查资料。

(一)实地调查的基本含义

实地调查作为一种研究方式产生于20世纪初期,最早是由芝加哥学派倡导的一种研究方式。实地调查(field research)又称为田野研究、实地调查、田野调查,有的学者也称为田野工作(field work)。它是指研究者深入某种研究对象的社会生活背景之中,以参与式观察和非标准访谈的方式搜集有关现象的研究资料,并通过对这些研究资料进行深入细致的分析具体理解和解释这种现象的一种社会调查研究方式。

实地调查具有如下几方面的规定性:①实地调查是一种主要运用参与式观察和非标准访谈等方法到实地搜集较翔实的信息资料,以对研究对象进行深入考究的研究方式;②实地调查是一种需要研究者深入常人的生活领域,进入现象或事件的发生现场,亲自与研究对象进行接触才能具体实施的研究方式;③实地调查是一种以理解和解释为主,对社会现象进行定性分析的研究方式;④实地调查是一种需要研究者具有较高的业务水平和深入实际的工作作风才能实施的研究方式;⑤实地调查是一种只适合于对涉及范围不大的小样本或个案进行调查的研究方式。

(二)实地调查的主要优势

实地调查作为一种有特色的社会调查研究方式,与问卷调查、实验研究、文献研究相比,具有以下一些明显的特点和优势。

(1)在实地环境中作研究。研究者从事实地调查,必须深入到所研究对象的社会生活环境,且要在其中生活相当长的一段时间,真正靠日常的直接观察和询访、亲历感受和领悟来理解所研究的对象,而不是通过间接的方式调查,或在有控制的环境中做调查。

(2)重于情感和态度研究。实地调查是依靠研究者的主观感受和亲身体验理解研究对象,它主要寻求一种更具有情感性和人文主义类型的资料。完全可以这样说,在所有的社会调查研究方式中,除实地调查外,没有更好的办法能如此了解人们内心深处的情感和态度。

(3)适合纵贯式课题研究。实地调查通常要对研究对象进行较长时间的考察,并重于对调查对象及其所在地的政治制度史、社会文化史、社会生活史以及社区发展与变迁等的历时性考察,因而实地调查特别适合于纵贯性课题的研究,尤其适合于追踪研究和回溯研究。

(4)研究的效度相对较高。实地调查不像统计调查研究那么表面化、简单化,它强调深入实地,根据研究对象及其所处环境的实际情况,采用无结构观察和非标准访谈的方法有针对性地搜集资料,并在对获得资料进行分析的基础上确定研究问题,因而它往往有较高的效度。

(5)研究的方式比较灵活。相对于实验研究、统计调查,实地调查的运作程序不那么严格,它往往不带假设进入现场,准备工作不需要花很多时间,调查时间和调查内容也可根据研究进程自行掌握,甚至可以什么时候有时间就什么时间调查,有较强的灵活性。

(三)实地调查的重要作用

实地调查历来就是社会调查研究的一种特有方法。无论从社会调查方式的特殊性看,还是从社会调查对象的特殊性看,抑或从社会调查活动对实地调查的应用看,实地调查在社会调查中都具有十分重要的地位和作用。

1. 实地调查是社会调查的一种重要方法

社会现象是一种与人的社会行为、人的社会活动等有关的人类现象。人的社会行为是在一定的社会舞台上表现出来的行为,它具有明显的"实地"特性。同理,社会活动也是一种只有在"实地"才能进行的人类活动。因而所谓的社会现象,实际上是与"实地"——特定社会空间相联系的人类现象。要了解社会现象,如社会行为、社会活动,只有到"实地"进行才能真正达到目的。也就是说,只有在实地调查中,才能更好地获得对社会现象的深入了解和认识。任何间接的调查方法都无法真正有效地了解和认识具体的社会现象,理解和解释人们的社会行为和社会活动。

2. 实地调查是社会研究的一种重要方式

实地调查不仅是社会调查的一种重要方法,而且是社会研究的一类重要方式。社会研究包含宏观研究和微观研究、定量研究和定性研究、科学研究和人文研究等多方面的课题,它需要运用多种研究方法进行,单纯依靠某种研究方式而排斥另外的研究方式的做法都是不合适的。为此,社会研究在大量运用社会统计方式、思辨研究方式、实验研究方式的同时,也特别需要采用实地调查的方式进行实地研究。正如有的学者所言,实地调查可能还是更正宗的社会研究方法。可以说,如果不经过实地调查,威廉·怀特的《街角社会》、费孝通先生的《江村经济》的学术名著便无法问世。

3. 实地调查在现实社会中得到广泛应用

实地调查不仅在社会学、人类学研究中有广泛应用,而且在经济学、历史学、文化学、甚至旅游学研究中也一直被广泛采用。美国学者K.贝利认为,实地调查一直以来都是"描述某一特定文化的方法","近年来这一方法也逐步在复杂社会中得到应用"。从经济学领域看,费孝通当年的《江村经济》就属于实地调查。而在旅游学研究中,1977年,V.L.史密斯就主要运用实地调查方法,写出了《主人与客人:旅游人类学》一书。难怪有人认为,实地调查在旅游研究方面也有广泛的用途,"尤其在对旅游的社会文化影响(效应)方面加以研究时,这种方法常常是最重要的方法"。[1]

二、实地调查的观察方法

观察方法就是所谓的观察法。"观察方法可以说是一切科学研究的基本方法之

---

[1] 谢彦君.基础旅游学[M].北京:中国旅游出版社,2004:28.

一。"[①]在实地调查中,观察是一种十分重要的方法。无论对何种社会现象的实地调查,观察是最基本的研究环节。没有观察,就可能是瞎子摸鱼,粗枝大叶,甚至在基本的研究方向上都可能出错。当然,在实地调查中,观察主要指的是无结构的观察,有结构的观察在实地调查中用得相对少些。

(一)观察的类型划分

在社会调查中,观察是指调查者根据一定研究课题和研究任务的要求,亲临现场,直接观察调查对象的情况,以主动获得有关社会现象的非言语资料的资料搜集方法。在实地调查中,观察法是一种获取直接资料的资料搜集方法,它一般适用于具体社会现象的研究,是实地调查中最基本的方法。观察法本身也有多种具体方法,采取不同视角,可以对其进行不同的分类。

1. 直接观察与间接观察

依据调查者在观察时是否直接观察研究对象,可将观察法分为直接观察与间接观察。直接观察是研究者运用自己的感觉器官直接对调查对象进行观察,以便直接获得有关调查对象的研究资料。这种观察具有强烈的实在感,但对被观察者的影响较大。间接观察是研究者借助于某些中介物对调查对象进行观察,以便间接获取有关调查对象的研究资料。根据中介物的特点,间接观察又可以分为工具性中介物观察和过渡性中介物观察。工具性中介物观察是指借由望远镜、录像监控等方式对调查对象进行的观察。过渡性中介物观察则是通过观察某些中介物的变化了解调查对象的状态与特征的观察。过渡性中介物观察依据中介物的变化情况又可分为损蚀物观察(如对磨损程度的观察)、累积物观察(如对某些堆积物或聚积物的观察)和遗弃物观察(如对人类迁徙时的遗弃物的观察)。间接观察扩大了观察的范围局限,能获取人的感觉器官难以直接获取的信息,并能把观察和思考、调查与研究紧密地联系起来。

2. 结构观察与无结构观察

依据研究者对观察过程的控制性强弱,可将观察法分为结构观察与无结构观察。结构观察也称为控制观察,是指研究者对其研究的问题有严格界定,采用标准的观察程序和手段所进行的观察。例如,大型商场利用顾客记录卡对前来购物的顾客进行的有特定观测项目的观察就是结构观察。结构观察的突出特点是观察程序标准化,观察问题结构化。无结构观察也称为无控制观察,是指研究者根据总的观察目的和要求,确定大致的观察内容和范围,依据具体情况有选择地进行的观察。两者相比,结构观察能获得标准化的观察材料,并可进行定量分析和对比研究,非常适合于在统计调查中采用,但缺乏弹

---

① 风笑天.社会学研究方法[M].北京:中国人民大学出版社,2011:248.

性,显得模式化,有千篇一律之嫌。非结构观察机动灵活,简便易行,适应性强,非常适合于在实地调查中采用,但所得材料比较零乱,不具有统一的形式,无法进行定量分析和严格的对比研究,有随意而为之嫌。

3. 参与观察与非参与观察

根据研究者是否参与被观察者的活动,可将观察分为参与观察与非参与观察。参与观察是指研究者参与到被观察者的活动中去,通过与被观察者的共同生活,以"局内人"的身份进行的观察。参与观察按照研究者参与活动的深入程度不同,还可分为完全参与观察和不完全参与观察。非参与观察是指研究者不加入被观察者的群体,不参与也不介入他们的任何活动,完全以"局外人"的身份进行的观察。非参与观察也有两种形式,一种是公开的观察,即研究者向被观察者说明自己的身份和目的的观察,这种观察对被观察者有一定影响;另一种是隐秘的观察,即研究者不向被观察者说明自己的身份,也不让观察者知道他是否在观察和在观察什么,这种观察具有较强的客观性。一般而言,参与观察比较全面深入,能获得大量真实的感性材料,但主观性较大;非参与观察比较客观真实,但所搜集资料偶然性较大。

4. 连续性观察与一次性观察

根据研究者所实施的观察是否具有连贯性和持续性,可以把观察分为连续性观察与一次性观察。连续性观察是指研究者在一段较长的时期内围绕某一目的或某一课题对同一观察对象反复进行的观察。其特点是:研究问题的连续性——整段时间的观察都围绕某个研究课题展开;观察过程的反复性——观察不是一次即止而是反复进行;观察对象的同一性——在反复的观察中,被观察的对象始终如一。连续性观察有定期连续观察和不定期连续观察两种形式,前者依一定的时间周期进行观察,后者则不按严格的时间周期实施观察。连续观察适用于动态性问题或周期性事件的跟踪研究。在实地调查中,尤其是在人类学、民俗学的实地调查中,连续性观察有重要作用。一次性观察是观察一次即完成任务的观察。一次性观察没有观察时间的周期性变化。一般来讲,人们对于某些不可重复事件的观察都是一次性观察。

5. 实验观察与实地观察

根据研究者是否对实施观察的环境和条件进行控制,可将观察分为实验观察与实地观察。顾名思义,实验观察是指研究者在备有各种观察设施的实验系统中,模拟一定的社会活动过程和社会环境条件对被观察者实施的有控制的观察。例如,在高级司乘人员的考试中,对司乘人员的心理与应急能力的实验观测,就是实验观察。这种观察与自然科学中的科学实验非常相似,具有很强的控制性、严密性和精确性的特点。实地观察是指研究者在现实生活的场景中或者说在自然条件下对被观察者不加任何控制和任何影响的观察。实地观察的特点是,在自然状态下的社会场景中进行,不借助观测工具或仪器直接开展观察,观察过程显得自然,观察结果真实可信。一般来讲,由于实地调查对"实地"的某种程度的依赖性,实地调查主要采用的就是实地观察。

(二)观察的实施过程

观察的实施过程是指研究者围绕某一实地调查目的而实施观察的实际操作过程。观察的实施过程依观察类型的不同而有所区别。一般来讲,技术路线比较明晰、观察程序比较严格的观察类型是结构观察,在技术路线和观察程序上相对模糊和灵活的观察则是无结构观察。这里着重介绍结构观察的实施过程,无结构观察的实施过程可在这一过程的基础上灵活调整。

1. 明确观察目的,制定观察提纲

研究者运用观察法搜集资料时,需要根据研究目的的要求制定观察提纲。观察提纲与调查问卷或访问提纲相比,受限制较小,灵活性较大,只要观察者自己能理解即可。观察提纲常采用观察卡片形式,即将某项实地调查的观察提纲分为若干观察卡片,每张卡片列出某一类或某个项目方面的问题,然后由研究者通过观察逐一填写观察结果。观察卡片所列项目,除观察内容(观察项目、观察结果等)外,还应包括观察日期和时间、观察地点和环境、观察对象和工具等。在制定观察提纲时,应同时附上一个观察指南,它是帮助研究者正确理解和利用观察提纲,填写观察卡片和如何进行观察的指导性文件,对于受聘进行观察的非专职研究者来说,这一点尤为重要。

2. 依据具体情况,安排观察路径

一般来说,研究者实际观察的路径有三种安排方法,即主次程序法、方位程序法和分析综合法。主次程序法是分析主次,先对主要对象、主要部分和主要现象进行观察,然后再及其他;方位程序法是按照观察对象所处位置的不同依次进行观察,可以由近到远或由远到近、从内到外或从外到内、从上到下或从下到上等;分析综合法是依据思维的程序,先对观察对象的局部或个别现象进行观察,后对其整体进行观察,或者先对观察对象的整体进行观察,后对其局部或个别现象进行观察,然后再进行综合分析,作出结论。上述各种观察路径,各有其义,各有其功,也各有其用。在实地调查中,研究者应根据观察的具体目的、具体任务和具体对象等灵活选择。

3. 选择观察时空,控制观察环境

在实地调查中,研究者在不同的时间和场所观察同一观察对象往往会得到不同的结果。有时,只有在特殊的场合和特定的时间进行观察,才能搜集到所需要的研究资料。因此,能否选择最佳的观察时间和场所进行观察,对观察结果的可信度至关重要。例如,对晨练者具体晨练行为的观察,只能在其晨练活动中进行;对街头围观者围观行为的观察,只能在其围观过程中进行;对"走鬼"(南方对街头无证摊贩的一种叫法)向外地人推销劣质商品行为的观察,就只能是在其推销活动中进行。还有一件值得注意的事情是,研究者在实施观察的过程中,观察活动本身往往会对被观察者及其活动产生影响,被观察者及其活动很可能会发生改变而失去常态,从而降低观察结果的客观真实性。所以,在观察过程中,研究者应该对观察环境进行一定的控制。

4. 正式实施观察,写出观察报告

做好了所有准备工作,研究者就要进入观察场景或者说"实地"对观察对象进行具体的观察。观察既要反应敏捷,又要耐心细致。在观察的同时,研究者还要客观、及时、详细地做好观察记录,通常的情况是,在观察卡片上或观察记录本上记下观察的各项结果。观察记录是观察结果的文字体现,是调查研究者分析研究社会现象存在状况与发展趋势的依据,一般应以客观描述为主,辅以观察者适当的主观感受和概括。观察结束后,如果观察活动与当地地方政府、社会组织或相应社区有关,一般应与当地地方政府、社会组织或相应社区的领导交换意见,介绍自己对某一社会现象或社会事件的观察结果,并与他们一起商量解决问题的办法。接着,要抓紧时间整理观察资料,做好观察资料分析工作,尽快写出观察报告,以作为观察活动的初步成果。

(三) 观察的实施原则

在实地调查中,尽管结构观察已受到某些社会学家的重视,但对于一贯倡导实地调查的社会学家,尤其是人文主义社会学家来讲,他们更青睐的还是那种无结构观察,他们认为无结构观察才是实地调查的正宗方法。基于这样一种观点,加上无结构观察本身的适应性和灵活性,因而要确保实地调查的有效进行,我们有必要确立一定的社会观察的运作原则。这些原则是:

1. 客观性原则

客观性原则是指调查研究者在对社会现象的观察中要从实际出发,要对社会现象的本来面目进行观察和记录,不能按照纯粹属于自己的好恶对待所观察的社会现象,任意增减或歪曲客观存在的社会事实。须知,讲求客观性是所有社会调查研究都应遵循的基本原则,即使是无结构的观察也不应例外。

2. 全面性原则

全面性原则是指调查研究者在对社会现象的观察中应从不同侧面、不同角度和不同层次进行多方位观察,以求了解社会现象的全貌,而不能以偏概全,以局部代替整体。观察的全面性是客观性原则的内在要求,也是实地调查试图解决那些具有结构性的调查研究方式存在的搜集信息不全的出发点所在。

3. 深入性原则

深入性原则是指调查研究者在对社会现象的观察中要由此及彼、由表及里、由浅入深、由偶然到必然。社会现象和被观察者的活动本身错综复杂、千变万化，必须经过深入的观察才能认识其真实的存在状态。正因为如此，许多社会学家身体力行，甚至扮成囚犯、乞丐，对社会现象进行深入考察。

4. 持久性原则

持久性原则是指调查研究者在对社会现象的观察中要吃苦耐劳，持之以恒。运用观察法到实地搜集研究资料需要花费大量的时间，只有坚持观察的持久性，才能确保全面、客观、深入的观察要求的实现。这里，有必要提醒大家，怀特的街角社会研究从1936年到1940年观察了5年时间。

（四）观察的误差控制

任何观察都不可能完全符合客观实际情况，都会产生一定的误差，即使是经过专门观察训练的调查研究者所进行的观察也不例外。调查研究者应懂得这个道理。当然，认识观察存在误差的客观性并不是给我们摆脱某些窘境以理由，而是要我们重视观察误差，真正弄清误差产生的原因，想出各种有效控制误差的办法，从而使观察误差降到尽可能低的限度。造成观察误差的原因是多方面的，有观察主体的原因，有观察客体的原因，也有观察方法的原因。因此，要有效控制观察误差，必须做好以下工作。

1. 选择合适的观察助手

在实地调查中，研究者要开展有效的观察，除了自己必须认真对待观察活动之外，还必须配备适合进行观察活动的助手。合格的观察助手应具备两个最基本的条件：①感觉器官要正常，特别是视觉器官不能有缺陷；②要有求实精神，不能凭主观意愿歪曲事实或捏造事实。凡不符合上述两个条件的人员，都不宜于选作观察助手。

2. 做好充分的观察准备

研究者在观察前应做好充分的知识和物质准备。知识准备是指调查研究者应该具备较为广博的知识，包括三个方面：①要有与研究课题有关的专门理论知识；②要有关于观察对象的历史和现状的知识；③要有关于观察方法和观察工具使用的知识。物质准备主要是指调查研究者要事先准备好观察仪器设备，选择和确定好观察场所。

3. 合理安排观察的任务

观察有时是多人合作进行的，这就要明确各自的职责，安排好观察任务。观察任务的安排应以感觉器官的承受能力为限，并注意以下三点：①每位观察者的观察对象应尽可能专一，观察单位不宜安排太多，以避免产生无效观察；②观察项目应尽可能明确，避免出现观察中的遗漏现象；③每次观察时间不宜过长，避免因疲劳产生观察误差。

4. 充分利用观察的仪器

在实地调查中，调查研究者应结合实地调查的位移特性和远程特性，充分发挥科学仪器在观察过程中的辅助作用。具体来讲,就是要根据需要和具体情况,在条件许可和不影响观察结果的情况下,尽可能使用望远镜、照相机、摄影机、录像机等仪器设备,充分发挥其放大、延伸和记录的功能,提高观察的客观性和准确性,努力减少观察误差。

5. 自觉地控制观察活动

为了减少被观察者反应性心理或行为造成的观察误差,研究者应自觉控制自己的观察活动。在必要的时候,可以采取隐蔽、伪装或事先不作通知,采取突然出现的方式进行观察,以避免被观察者因为察觉自己正在被观察而掩饰其行为表现,造成观察误差。"实践证明,观察活动的突发性、隐蔽性和伪装方式,是减少反应性观察误差的有效措施。"①

6. 进行多方面对比观察

调查研究者在实地观察活动中,对于一些比较复杂的或难以准确判断的情况,应从多个角度对同一观察对象进行多向观察,或在不同的观察点对同一观察对象进行多点观察,或在不同的时间对同一观察对象进行对比观察,加以多方面的验证比较。一般而言,通过多点对比观察和重复对比观察得出的观察结果,产生误差的可能性会大大减少。

三、实地调查的访谈方法

访谈法又称为访问法、询访法,是社会调查研究者通过与被调查者面谈的形式搜集有关调研课题的研究资料的一种方法。同观察法一样,访谈法也是实地调查的一种基本方法。观察主要是用眼睛看,访谈主要是用口耳交流。在实际开展的实地调查中,这两种方法并非各行其道,而往往是结合使用、互相补充,它们都是直接感知社会现象的最基本的方法。

(一)访谈法的类型划分

在社会调查研究的长期发展过程中,访谈法形成了许多不同的类型,这些不同的类型各有其基本特点,各有其运作特色,各有其适用范围。具体了解访谈的类型,有助于研究者依据不同的情况正确选用。

1. 标准访谈与非标准访谈

依据访谈结构的不同,通常可将访谈划分为标准访谈与非标准访谈两种基本类型。标准访谈又称为结构访谈或正式访谈,是调查研究者按照事先统一设计的、有比较严谨的访谈结构的调查问卷进行的访谈。其特点是选择访谈对象的标准和方法,访谈中的提问内容、提问方式和提问顺序,以及对被访者回答的记录方式等都经精心设计,而且是相

---

① 水延凯. 社会调查教程[M]. 第 5 版. 北京:中国人民大学出版社,2010:195.

同的,甚至连开展访谈的时间、地点和周围环境等外部条件也基本一致,并要求所有的访谈对象(被访者)都回答同样的问题。其最大的好处是便于统计访谈结果,对不同的被访者进行对比分析。其缺点是缺乏弹性,不利于充分发挥访问者与被访者的积极性和主动性。这种方法不仅可以用于实地调查,而且可以用于带卷上门调查。

非标准访谈也称为无结构访谈或非正式访谈,是研究者按照一个概略性、指导性的访谈提纲所进行的访谈。这种访谈方法,对访谈对象的选择、提问内容、提问方式和提问顺序,以及对回答的记录等只作一般的要求,访问者可根据访谈进程中的实际情况作必要的调整;对于谈访时的外部环境等则可不作统一的规定和要求,而由研究者根据具体情况灵活处理。非标准访谈有利于发挥访问者和被访者的主动性与创造性,能较好地适应不断变化的客观情况,搜集到原设计方案中没有预计的许多新情况、新信息。但这种方法对调查研究者的要求较高,且不适用于访谈较多的调查对象,访谈获得的资料也难以进行定量分析。比较而言,这种方法是实地调查中较多采用的一种常规方法。

2. 个别访谈与集体访谈

依据被调查者一次同时接受访谈人数的不同,访谈可分为个别访谈与集体访谈两种类型。个别访谈仅指访谈对象为单个人情况下的访谈。这种访谈方法的特点是:访谈的对象是单个的人;访谈过程中限于访问者与被访者个人之间的信息交流;被访者回答问题不会受访谈架构外第三方人士的直接影响;访谈情境比较容易控制,易于打开被访者的言路,使被访者感觉轻松;访问者与被访者之间有可能建立相互信任的关系,使被访者讲真话,尤其有利于访问者与被访者之间的深入讨论。个别访谈特别适用于社会调查研究中的个案调查、敏感性问题调查和有关问题的深度调查。

集体访谈是指研究者邀请若干被访者作为访谈对象,通过集体座谈的方式搜集研究资料,了解有关情况。集体访谈即通常所说的"开调查会"。集体访谈的特点是:多人同时作为访谈对象参与访谈,可以搜集人们对同一问题的不同看法以及了解人们对该问题认识的差异;具有两个互动过程,一是访问者与被访者之间的互动;二是诸被访者之间的互动。这两个互动有利于相互讨论,相互启发,集思广益。但集体访谈也有不足,主要是多人共同参与访谈,易受"团体压力"的影响而产生从众心理。再者,集体访问的组织控制有较大难度,而且搜集的资料规范性差,处理起来也比较困难。集体访谈一般适用于征询多人意见、建议、思路的实地调查。

3. 一般访谈与深度访谈

依据访谈的深入情况,可以将访谈区分为一般访谈与深度访谈两类。所谓一般访谈也称面上访谈。按其访谈目的又可以分为两种,一种是探索性研究中的一般访谈,这种一般访谈比较随意灵活,主要目的是了解社会现象的一般情况;另一种是正式项目研究中的一般访谈,这类访谈在形式上控制比较严格,通常有一套完整的访谈提纲,访问者只需按照访谈提纲规定的内容及顺序提问和记录即可,无须探讨式地相互商洽。这种访谈方法所获资料具有较强的可比性,并便于整理加工和统计分析。使用这类方法通常是为了验证理论假设或开展政策评价,所以访谈过程中往往极少谈及与主题无关的问题。

深度访谈又称临床式访谈,它是为搜集特定对象的特定经验、动机和情感资料所作的访谈。深度访谈最初常用于个案工作的调查、囚犯的调查和精神病人的调查,其目的是进行临床诊断,挽救罪犯和治疗患有精神及心理疾病的人,后来广泛用于对一般人的个人生活史及有关个人行为、动机、态度等的深入研究。深度访谈主要包括重点访谈、临床访谈和非引导性访谈,一般适用于对问题的深入探讨、深度研究。这种访谈一般不拘泥于形式是否规范和程序严格与否,而是由某一始点出发,将所要研究的问题逐步深化,希望通过深入访谈获得一些新的发现,以期对某一问题的研究出现某些重大突破。

4. 探口气访谈与口述史访谈

按照访谈过程中提问与回答的方式与详略,可将访谈区分为探口气访谈与口述史访谈两类。探口气访谈是以一种意图不公开的方式与被访者进行攀谈,以获得一般访谈不易获得的某些情况和信息的访谈方法。在探口气访谈中,研究者一般将问题以一种比较巧妙的方式隐约地提出,试图引导被访者进行一定的回答,哪怕是最简略的回答。这种访谈通常是在访问者与被访者没有建立某种正式访谈关系的情况下进行的,一般对于社会调查研究中某些未有定论现象的研究,以及为特定目的搜集某种情报类信息比较有效。

口述史访谈是以一种意图公开的方式与被访者进行交谈,请求被访者就自己的个人生活经历或就自己的社会生活记忆进行相对完整的口述,以获取被访者详细研究资料的一种访谈方法。从某种意义上讲,口述史访谈应是访谈法的一种特殊形式。口述史访谈特殊,主要是因为口述史访谈有两个方面的特殊表现:①口述史访谈一般提问很少,也许只是提出一个请求,请被访者就自己的个人生活经历或就自己的社会生活记忆进行无拘无束的详细口述;②口述史访谈的成果通常是对口述史资料的系统整理。口述史访谈在研究特定个人的社会生活经历和特定小群体的集体生活感受时比较适用。

(二) 访谈法的实施步骤

正如观察法的实施过程依观察类型的不同而有所区别一样,访谈法的实施过程依访谈类型的不同也有所不同。一般来讲,技术路线比较明晰、访谈程序比较严格的访谈类型是标准访谈,而非标准访谈在技术路线和访谈程序上相对模糊和灵活。为此,这里介绍一般访谈的实施步骤。

1. 制定访谈提纲

访谈之前,社会调查研究者需要根据调查目的与要求制定访谈提纲。在标准访谈中,研究者只需按照制定好的调查问卷实施访谈。而对于非标准访谈,则需要制定访谈提纲,访谈提纲一般包括研究目的与要求、访谈题目、访谈内容三个方面,访谈内容一般要求围绕研究目的和访谈题目展开。与调查问卷比较,访谈提纲是一种询问和回答相对自由的搜集研究资料的工具,一般按一定的逻辑顺序和难易程度,把一些与研究目的和访谈题目密切相关的主要项目列出,而更详细的访谈内容则由研究者根据具体情况灵活处理,具有纲目粗简、结构松散、机动灵活的特点。访谈提纲对访谈起重要指导作用,是研究者实施访谈的基本依据。当然,还有的非标准访谈是为了发现某种问题而进行的访谈,这种访谈则可以没有任何访谈提纲,访谈的内容、访谈的问题是在一步一步推进的深入访谈中慢慢发现和适时提出的。

2. 熟悉基本情况

要有效地开展访谈调查,访问者必须熟悉访谈调查的基本情况。首先是熟悉有关调查研究课题的情况,要明确调查研究的目的,对访谈提纲了如指掌,同时要懂得与访谈内容有关的知识。只有这样,才能以清晰的思路开展访谈,并在访谈中沉着应对各种可能出现的问题。在访谈过程中,有时被访者也会主动与访问者讨论涉及访谈内容的各种问题,访问者如果熟悉情况,知识丰富,能深入交谈,被访者回答问题的积极性就会越来越高,否则,被访者可能失去交谈兴趣,甚至应付了事,随便搪塞。其次是熟悉有关访谈对象的基本情况。如果被访者是个人,其性别、年龄、职业、文化程度、专长、经历、性格、习惯、兴趣、爱好等都是应该熟悉的内容;如果被访问者是群体或组织,则其成员来源、群体结构、组织状况等都要作一定了解。这对于有效准备访谈问题,选择与运用适当的访谈方法和技巧具有重要意义。

3. 实地进行访谈

实地访谈是一项细致而艰巨的工作,既有脑力的操劳,也有体力的消耗;既要刻苦的精神,也要科学的态度;既要理论知识原理,又要实践经验技巧。依其总体进程,实地访谈包括访谈开始、访谈高潮、访谈结束和记录整理四个主要阶段。良好的开端是成功的一半。访谈开始时访问者与被访者应先经过一种礼节性和友谊性的交往才进入正题。一般的要求是,要在取得被访者的好感之后,再向被访者具体说明来意,并说明为什么要做这次访谈,以及这次访谈与被访者有什么关系,为什么找他访谈,取得被访者的积极配合。在取得被访者的配合之后,就可转入对中心问题的访谈。访谈进入中心问题,访谈的实质性阶段开始,研究者应努力使中心问题的访谈受到重视,并要设法引导被访者谈出更深刻和更有意义的看法。中心问题访谈结束,调查主要内容均已完成,访问者应择机谈论一些建立友谊的话,以此结束访谈。

4. 整理访谈资料

在访谈进行中,随时都应该进行访谈记录和资料整理。访谈记录不仅是搜集资料之必需,也是对被访者及其劳动给予尊重的一种表示。访谈中的资料整理称为实地整理,也就是边访谈边进行资料整理。这样一方面有利于及时发现问题,纠正偏差;另一方面可以使访谈不断深化,发现问题能及时追问、补充。例如,在一项关于被访者家庭经济状况的询问中,被访者提供的收入与支出有较大的差距,且为支出大于收入,这种情况与社会学所揭示的消费的量入为出原则不符,访问者便要做到及时发现、及时重访,以便及时更正。由于访谈中的记录和实地整理时间紧张,难免出现疏忽。因此,在访谈结束之后,访问者还应立即进行整理汇总,掌握访谈的总体情况并发现访谈中出现的各种问题,对于不够清楚或存在矛盾的地方,有把握通过回忆填补的,就通过回忆填补,通过回忆填补不了的,一定要再找被访者进行核实。

(三)访谈法的实施原则

访谈的原则是社会调查研究者必须掌握而且在访谈过程中应该遵循的基本原则。按照学术界的一般说法,访谈主要包括自由联想原则、非指示性原则、行为分析原则和调适引导原则,这四个原则简称为"访谈四原则"。"访谈四原则"是对大量访谈实践活动的理论抽象和科学概括,具有一般指导意义。在实地调查中,访问者应切实掌握这些原则。

1. 自由联想原则

自由联想原则的基本含义是:访谈对象的思路越开阔,其个人的看法、意见就表达得越充分;反之,越不充分。据此,在访谈中,访问者应该创造融洽、轻松与和谐的氛围,使被访者能够思维活跃,态度积极,畅所欲言。尤其是在集体访谈中,由于多人参与访谈,拘束的环境会使与会者益发感到紧张,创造一个融洽、轻松、和谐的气氛显得更加重要。自由联想原则的实践案例以"头脑风暴法"[①]会议著称,研究者可以吸取有关的经验。

2. 非指示性原则

非指示性原则的基本含义是:在访谈过程中访问者应少介入被访问者表达自己意见和愿望的过程。交往心理学认为,访问者介入访谈的程度越低,被访者表达个人意见的成分就越多。在访谈中,访问者应让被访者独立思考、自由作答,以保证所获信息的独立性和真实性,而不能越俎代庖,硬把自己的看法指示和暗示给被访者,或提示其如何回答。但须注意的是,当被访者对访谈的问题理解不准或理解不透的情况下,一定的提示是必要的。

---

① 头脑风暴法是1939年由时任美国最大的广告公司——BBDD广告公司副经理奥斯本(A. F. Osborn)在弗洛伊德(Singmund Freud,1856—1939)创立的自由畅想法的基础上提出的一种会议式创意征询法。这种会议式创意征询法的最大特点是"群言堂"。会上,人们可以无拘无束地进行思考,不拘一格地发表意见。绝对禁止批评别人提出的意见、指摘别人提出的构想。这种会议坚持四个原则,即禁止批评原则、自由畅想原则、借题发挥原则和多多益善原则。

3. 行为分析原则

行为分析原则的基本含义是：在不能直接考察某一社会现象时，可通过考察和分析与此现象相关的行为，从这些相关的行为分析中判断其真相。为此，在访谈中，访问者除了通过对方的语言表述搜集信息外，还要善于察言观色，从被访者回答提问时的体态、眼神、表情、动作中窥测有关信息，借以印证被访者的言语信息的真假或者其深层含义。值得注意的一种情况是，当被访者不愿回答某一问题时，行为信息就成了关于该问题的唯一信息来源。

4. 调适引导原则

调适引导原则的基本含义是：在被访者合作困难或不愿真诚合作的情况下，访问者有意识地设计某种情境使对方做出反应，并迅速掌握主动权，以打破访谈的被动局面或僵持状况是十分必要的。在访谈调查中，确实存在人们心存疑虑，不愿合作，或者高度紧张，难以合作的情况，为此，研究者应善于观察和揣摩被访者的心理活动和行为动机，随机应变地调适访谈情境，引导被访者积极合作。当然，调适引导必须把握一定的度，否则会影响访谈的质量。

（四）访谈法的实施艺术

访谈是一种特殊的人际交往，访谈是要讲究艺术的。在实地调查的访谈调查中，恰当地使用访谈调查的艺术是一件非常关键的事情。访谈调查的艺术多种多样，依访谈过程的一般程序可将访谈的艺术分为提问的艺术、引导的艺术、追询的艺术和记录的艺术四种，在此，我们予以简单的介绍。

1. 提问的艺术

被访者接受访谈，进入话题，访问者应按照预定访谈内容的次序提出问题。提问是访谈的主要手段与环节。善于提问的访问者，总是容易达到访谈的目的，并获得充分的调查资料和有关信息。而不善于提问的访问者，情况就大不一样。提问通常分为两种，一是实质性问题；二是功能性问题。实质性问题是为获得访谈对象的实质性信息而提出的问题，主要包括事实、行为、观念、情感、态度方面的问题；功能性问题则是指在访谈中为了对被访者施加某种影响而提出的问题，主要包括接触性问题、试探性问题、过渡性问题、检验性问题。提问的基本要求有两个：①言明要点，语言简洁，力避含糊不清或暗示答案；②轻松愉快，语言幽默，争取形成气氛融洽的访谈环境。

2. 引导的艺术

提出问题以后，访问者要根据被访者回答问题的情况加以适当的引导。通过引导，帮助被访者正确理解和正确回答已经提出的问题。引导是提问的延伸和补充，是访谈过程中不可缺少的一个环节和一种手段。引导也有时机问题,水延凯归纳出以下几种时机要注意适当地引导:①当被访者对所提出的问题理解不正确,答非所问,文不对题的时候;②当被访者顾虑重重,吞吞吐吐,欲言又止的时候;③当被访者一时语塞,对所提问题想不起来的时候;④当被访者口若悬河,滔滔不绝,而又漫无边际、离题太远的时候;⑤当访谈过程被迫中断,又重新开始的时候。也就是说,当访谈遇到障碍不能顺利进行下去的时候,或者偏离原定计划的时候,就应及时引导。①

3. 追询的艺术

在访谈实施过程中,有时还需对被访者进行追询。追询不是提问,也不是引导,不是提出新的问题,也不是排除回答中的障碍,而是为促使被访者更加明确、更为完整地回答访问者的问题。一般来讲,在以下情况下往往需要追询:①当被访者回答问题漫不经心、吞吞吐吐时;②当被访者回答问题含糊其辞、过于笼统时;③当被访者回答问题前后矛盾、不能自圆其说时;④当被访者回答问题明显做作、东拉西扯时;⑤当被访者回答问题残缺不全、不够完整时。追询的方式多种多样,有正面的追询、系统的追询、侧面的追询、补充的追询和插话式追询。访问者到底应该怎样实施追询,可视具体情况而定。当然,追询时要把握分寸,适可而止,或在引导启发之后再行询问。

4. 记录的艺术

能否完整无误地将访谈结果记录下来,是访问者访问能力的表现。记录总是和倾听联系在一起的,要做好记录必先认真听取被访者的回答。记录方式有两种:录制和笔录。录制包括录音和录像,其最大优点是能完整地记录下访谈内容和有关特殊音像信息,缺点是容易影响被访者的情绪和回答问题的积极性。笔录方法有三种:①速记,用速记符号把被访者的回答记录下来;②详记,用文字当场作详细记录;③简记,用一些简单的符号或缩略语作简要记录。如用"O"代表"办公室",用"H"代表"家",用"点"代表"购物点",用"亭"代表"电话亭",用"村"代表"农村社区"。记录内容主要重在五"点",即要点、特点、疑点、易忘之点、有感之点。

第三节　通信调查搜集法

社会调查本质上是一个人类社会信息的搜集、整理、编码、处理、输入、输出的信息变换过程,社会调查方法必然随着人类社会信息资源的开发及其呈现方式的变化而变化。事实上,正是由于现代信息技术的发展,特别是人类步入信息社会后,新的信息传输方式

---

① 水延凯.社会调查教程[M].第5版.北京:中国人民大学出版社,2010:208.

如电话、手机、电脑、网络的不断出现和日益更新,社会调查面临越来越多的挑战并被赋予更为丰富多彩的形式。在传统社会调查方法基础上发展起来的通信调查,正越来越引起社会调查者的重视,成为社会调查方法不断创新以适应当今社会变迁的重要动力来源。

一、通信调查的一般问题

通信调查是随着现代通信技术的不断发展而逐渐形成的一种社会调查方法。在现代信息社会中,尤其在当代信息网络化的社会中,通信调查已成为一种被人们普遍看好和深受重视的社会调查类型。深入了解通信调查的有关知识,对于有效促进现代社会调查的发展具有重要的现实意义。

(一)通信调查的基本含义

简单地说,通信调查是利用现代通信手段进行的社会调查。具体说来,通信调查是指社会调查者借助现代通信手段,设计出适合于现代通信手段的调查提问或调查问卷,向被调查者或有关信息系统提出问题,并请其借由现代通信手段作答而获得社会信息的调查研究资料搜集方法。通信调查是在访谈调查、问卷调查和文献调查等已有调查方法基础上的延伸,是现代信息技术和现代电信业务应用于社会调查领域的结果,是一种新兴的社会调查方法。与其他调查方法相比,通信调查具有自身的特征。

(1) 通信调查是一种借由通信手段进行的社会调查。以往的社会调查活动,通常是依靠人们之间的直接接触或书面来往来进行的,而通信调查则是借由现代通信手段开展的,调查者与被调查者之间既不需要直接接触,也不需要进行传统的书面方式的交往,就能获得所需要的信息。

(2) 通信调查是一种具有超越空间功能的社会调查。与所有传统的调查方法不同,通信调查可使调查活动的参与双方处于同一个信息网络或信息平台,真正进入卡斯特尔所说的没有地理摩擦的"流动空间",[1]从而可实现跨地区、跨国界的远程社会调查,形成一种超越空间的社会调查效果。

(3) 通信调查是一种具有时间同步特性的社会调查。在通信调查中,尽管调查活动的参与双方远隔重洋,但却能保持调查活动参与双方在时间上的同步性。像电话访谈、网上访谈等,都能在调查双方不直接接触的情况下实现同步对话,从而大大提高了社会调查的时间效率。

(4) 通信调查是一种调查费用非常节省的社会调查。通信调查因其以现代通信设施

---

[1] 曼纽尔·卡斯特尔.网络社会的崛起[M].北京:社会科学文献出版社,2001:466.

为调查手段,相对于访谈调查而言,它省去了调查活动中的差旅费用;相对于问卷调查而言,它减少了调查问卷的印刷邮寄费用。在现代信息社会中,网络空间的免费使用更使其费用大大降低。

(二)通信调查的特有作用

随着现代信息技术的迅猛发展,现代电信业务的不断开拓,通信调查得到了快速的发展。目前,通信调查已经不只是单一的电话调查,它已成为一个群类的调查方法,主要包括普通电话调查、电访系统调查、电子邮件调查、网上问卷调查、网上聊天访谈、网络信息查询六种形式。目前,在网络信息查询中,又出现了一种先进实用的网上记实信息法。在当代信息化、网络化、程控化、云计算化的信息社会中,通信调查必将在社会调查领域取得越来越重要的地位,发挥越来越重要的特有作用。这些作用主要包括:

1. 方便实施远程调查

远程调查历来是令社会调查者头痛的一件事情,它不仅耗费时间长,花费费用多,而且有的地方可能还不容易前往。例如,跨国调查就很难前往,并且很难接触调查对象。远程调查的这些困难,目前已由通信调查所克服。只要人们进入与调查研究者相同的信息网络或信息平台,调查研究者就可以在信息空间中找到适当的对象进行访谈,或者实施问卷调查,而不管人们身在何处。方便实施远程调查是通信调查最基本的优势所在。

2. 迅速获得社会信息

通信调查由于不需要在交通、邮政等方面花费任何时间,"从而可以用较短的时间完成一个调查研究项目"。[①] 正因为具有这样一个特性,通信调查非常适合于对有关社会现象的快速调查和民意测验。例如,当社会上发生一些重大或突发事件时,采用通信调查就可以迅速获得社会信息;当大众媒体需要把握有关社会舆论时,采用通信调查便可以迅速收集有关民意。与传统的社会调查方法相比,迅速获得社会信息是通信调查最重要的优势所在。

3. 缩短数据统计时间

通信调查往往采用调查与统计相结合的程序进行,可以实现边调查边统计,从而大大缩短调查数据的统计时间。现在,不管是电话访谈调查还是网上问卷调查,大多借由计算机开展,从而同步完成调查统计工作。例如,在 CATI 电话调查中,访问员在接收被访者的回答信息后,只要点击电脑问卷上的答案代码,计算机就能即时完成统计工作;在网上问卷调查中,只要被调查者点击有关答案代码,统计过程便由计算机自动完成。

---

① 宋林飞.社会调查研究方法[M].上海:上海人民出版社,1990:221.

二、通信调查的电话调查

电话调查是采用电话实施社会调查,收集调查资料。电话调查是访谈调查的延伸和发展,其一般实施过程与传统的访谈调查方法大致相似。当然,这里的电话调查是指普通电话或固定电话调查,不包括现在广泛普及的移动电话(手机)。实际上,只要掌握了普通电话调查的知识,在此基础上增加对移动电话"移动"因素的考虑,也就知道移动电话调查该怎么做了。

(一)电话调查概述

电话调查现在一般叫普通电话调查,是为与迅速兴起的电访系统调查区别而重新确定的电话调查名称。电话调查是面对面的访谈调查在技术层面上的延伸,是一种在普通电话得以广泛普及的情况下于20世纪80年代在国外盛行的通信调查方法。20世纪90年代,由于我国家用电话普及率不断提高,采用电话进行调查的条件日渐成熟,于是,我国电话调查得以兴起并不断发展。目前,电话调查已成为通信调查中应用比较广泛的一种方法。

电话调查是借助于电话实施的访谈调查,与面对面的访谈调查比较,它有自己的独特优势:①搜集信息速度极快。电话调查由于可以实施异地访谈,省去了调查者登门访谈调查的往返时间,使每次调查耗费的时间大大减少,搜集信息的速度非常之快。②调查费用比较节省。电话调查费用仅限于电话费用。短途电话调查花钱很少,即使是长途电话调查,其费用也远比派员上门调查节省。③实施调查灵活机动。电话调查只需要普通电话就可以有效实施,不受太多通信设施方面的限制。④具有较好匿名特性。电话调查是一种调查者与被调查者不直接见面的交谈,被调查者可以保持匿名,可以无顾虑地回答某些具有一定敏感性的问题和具有潜在威胁性的问题。

同面对面调查相比,电话调查存在某些不足:①调查活动难以控制。电话调查由于受电话中介的制约,如果被调查者对调查内容不感兴趣,随时可以挂断电话,调查者不能有效地劝其接受调查和完成访谈。②受电话普及率制约。尤其在农村地区,受电话普及率制约,样本的代表性往往不够充分,因而增加了推论总体的误差。③由于电话调查的样本主要是家用电话,这造成了课题研究中预期访谈之人跟实际受谈之人出入很大。也就是说,很可能经常在家的人接受了调查,这些人可能是老人、学生、待业在家的失业者、家庭主妇或保姆,而那些天天上班的青壮年人却难以访问到。这样,虽然电话号码抽样的随机性无可挑剔,但实际调查群体的随机性却难保证。

（二）电话调查实施要点

采用普通电话方法实施访谈调查，其一般方法与技巧同传统的访谈方法没有多大的区别。在实施过程中，需要加以注意的主要是与"电话"相关的一些特殊事项。具体来说，电话调查的实施要点在于：

1. 明确样本抽取方法

同一般调查样本的抽取方法比较，电话调查的样本抽取方法有它自己的特殊性。通常来讲，电话调查的样本抽取方法有三类：①电话号簿法；②随机拨号法；③综合抽样法。调查者应切实掌握。

电话号簿法是借助于电话号簿抽取样本的方法。电话号簿法抽样最常用的操作方式是机械随机抽样，具体程序是：①根据电话号簿的页数与样本规定，决定平均间隔多少页抽出一个样本，例如，可以假设这个间隔为 K；②在 1～K 确定一个随机数字 a，然后以这个数字为第一个样本所在的页数，那么第二个就是 K＋a，第三个就是 2K＋a，依此类推；③在第 a 上随机抽取一栏，作为第一个样本所在的栏，其余样本均在与第一个样本相同的栏；④在第一个样本所在的栏随机抽取某一号码作为第一个样本，以后的每一页均把这一位置的号码抽作样本。采用这种抽样方法，如遇无号页、无号栏、无号位置，均需用下一页或下一栏或下一位置替换。

随机拨号法是不按某种特殊规则抽样，而随机拨号抽样，被拨通的号码即为调查样本。这种拨号法能消除根据电话号簿抽样中由于某类人不公开电话号码、某类人电话号码变更给样本代表性带来的影响，使拥有电话的人都有同样被抽中的可能性。但它也存在一些问题，由于住宅电话与非住宅电话混合在一起，或一个家庭拥有两部以上的电话，这就会使一个家庭具有更多的被抽取的概率。此外，随机拨号还会时常遇上空号。

综合抽样法是综合电话号簿法与随机拨号法两者的特点而形成的一种新的抽样方法。常用的综合法有"随机双数法"和"加一法"两种。"随机双数法"分为两个步骤：首先，从电话号簿上抽取若干号码，然后随机改变已抽取号码的最后两位数字作为调查样本。"加一法"即每当从电话号簿中抽出一个号码，便在该号码后加上一，然后将此数作为调查样本。综合法最明显的特点在于，增大了电话号簿法的随机性，增强了调查样本的代表性。

2. 掌握受访选择方法

在电话调查中，通过上述某种方法抽出一个样本户后，并不表示样本抽取工作就此完成，按照有关专家的设计，这时还应择定具体的受访者。通常的择定方法有两种，即任意访谈法和随机抽选法。

任意访谈法即户内任意一个人均可作为受访者。使用任意访谈法，大多数情况是第一个接话人作为受访者,少数情况是由第一个接话人传呼来的第二个接话人作为受访者。这种方法的接受询访率高,但样本代表性较差。例如,在早期拥有家用电话的家庭中,很可能第一个接电话的人是佣人。

随机抽选法又叫做随机选择受访者表法,它根据帕斯勒的"随机选择受访者表"择定受访者。这种方法选择样本有规则,但由于各种原因,如择定人不在家或无此人,会导致接受询访率较低。另外,采用这种方法也会给调查活动的参与双方都带来一些麻烦。表 6-1 为帕勒斯的随机选择受访者表。

表 6-1 帕斯勒的随机选择受访者表

样本户中不在家的成人数	其中:不在家的女性数	应选受访者
1	0	男性
	1	女性
2	0	年轻男性
	1	男性
	2	年轻女性
3	0	最年长男性
	1	较年长男性
	2	较年长女性
	3	最年长女性
4	0	次年长男性
	1	次年长男性
	2	较年轻女性
	3	次年长女性
	4	次年长女性
5人以上	0	第三年长男性
	1	次年轻男性
	2	最年轻男性
	3	最年长女性
	4	次年长女性
	5人以上	第三年长女性

资料来源:Paisley et al.(1965).

3. 把握电话调查时间

开展电话调查需要注意以下问题:①电话调查受访谈时间的限制。电话是一种适用于短时间交谈的通信工具,时间长了,一是话费较多;二是容易使人厌烦。因此,电话访谈时间一般应控制在 15~20 分钟。②电话调查须选择最佳实施时间。电话调查的实施时间最好在傍晚下班之后晚餐之前,或在晚上的新闻联播之后。如果是周末,一般选择在上午 9 点以后,同时应该避开午休或者用餐时间。无论怎样,电话调查的实施时间应充分考虑和尊重调查对象的作息时间与生活习惯,否则,电话调查是不受欢迎的。

三、通信调查的网卷调查

网卷调查是当代社会信息化、网络化的产物。自从有了网络,人类社会的通信方式和交往方式都发生了重大变化,传统的纸质问卷可以通过数字化、信息化的处理变成网卷,并经由网络传递,快速联接调查者和被调查者。网卷调查是问卷调查的一大进步,当给予高度重视。

(一)网卷调查概述

网卷调查也称为网上问卷调查或网页调查,是将调查问卷发布在一定的网站或网页上,请相关网友作答,以搜集社会信息的一种通信调查方式。网卷调查与网上信息查询、网上聊天访问、网上在线座谈、电子邮件调查一起构成网上调查的五种主要形式。网卷调查是信息网络化的产物,在 20 世纪 90 年代开始热门。[①] 随着 20 世纪 90 年代以来国家信息结构的逐步形成,信息网络触角的广泛延伸,以及网民数量的迅速增加,网卷调查逐渐受到社会调查者的重视,并成为一种日益流行的社会调查方式。

网卷调查是问卷调查网络化的产物,与通常的问卷调查比较,网卷调查的优点在于:①能节省问卷印刷、发送的时间和费用。网卷调查将问卷直接做成网页挂在网上,不仅节省了问卷调查的问卷印刷与问卷发送两个工作环节,降低了调查的费用,而且能以极快的速度获得被调查者的回答信息。②能节省访问员的组织培训工作及各种费用。网卷调查不像问卷调查那样需要动员大量的访问员完成,不仅节省了大量的组织工作,而且节省了大量的费用和时间。③能省去数据录入及查错的过程。网卷调查依靠事先设计好的信息录入与统计程序,不需要像问卷调查那样另做数据录入和统计工作,这也就不易出现登记性误差。④能吸引大量网民参与调查。网上图文及超文本特征可以用来生动地展示调研内容或相关内容,有利于吸引许多的网民参加网卷调查。⑤能加强对调查项目的监控。网卷调查每一项调查统计工作都是在线即时完成,因而有利于调查者及时掌控调查进展。

尽管网卷调查有许许多多的优点,但它也有一些难以克服的缺点,这主要是:①调查样本通常缺乏代表性。网卷调查由于其实际调查对象仅限于网民,因而它主要适用于对网民群体的调查,对于一些上不了网或不经常上网的社会群体的调查,网卷调查就难以实施。即使某些社会群体中有一部分人能经常上网,但因其只是这一社会群体中的一部分"能够上网"的特殊人群,因而也易造成样本代表性缺乏。②容易受无限制样本困扰。

---

① 范伟达.现代社会研究方法[M].上海:复旦大学出版社,2001:262.

这有两层意思,一是填答问卷的人往往是无限制的,即使不属于调查对象范围的人也可能前来作答,从而使样本的代表性更差;二是有的填答者出于某种"灌水"心理多次重复填答,以至于调查研究无法进行。例如,*Info World* 这一电脑使用者杂志1997年进行的一项读者意向调查,就因为一些"网虫"重复投票,调查结果极其离谱,以至于调查工作无法进行。①

(二) 网卷调查实施要点

网卷调查是近年来才逐渐受到人们重视的一种通信调查方式。目前,网卷调查仍处于积极开发与逐步推广过程中,很多理论问题和实际操作问题还有待进一步研究。不过,就网卷调查已有的实践经验看,需要注意的问题很多。通常来讲,实施网卷调查,需要做好以下事情。

1. 科学制作网上问卷

网卷调查的显明特征之一是将调查问卷制作成网页挂在网上,以供人们浏览并参与调查活动。因此,科学制作网上问卷是重要一环。科学制作网上问卷,就是要从网卷调查活动的特殊性、高效性、安全性出发制作网上问卷。网卷调查有其特殊性,主要是调查问卷的发送属于一种多向传播,调查对象的针对性不强,这样,在网上问卷制作中,如何使调查问卷真正吸引网民的关注和参与是一个值得认真考虑的问题。网卷调查需要考虑其高效性,在网上问卷制作中,不仅要考虑调查资料的快速获得,而且要考虑调查资料的即时统计。网卷调查还要考虑其安全性问题,当今网上病毒、网络黑客等都可能给网上调查带来麻烦,必须给予高度重视。

2. 有效甄别被调查者

就调查问卷的发送来说,网卷调查属于一种问卷多向传播的调查。问卷多向传播的调查实际上是一种无特定对象的调查,它虽然有利于诸多网民的参与,但就其调查对象的针对性和适当性来说,却是一种明显缺陷。为了解决这个问题,有关专家提出了"甄别被访者"的建议,为弥补网卷调查的这一缺陷提供了途径。"甄别被访问者"建议的要点是:根据每一访问的要求,在调查机构的数据库中以随机抽样方式进行初步选择,然后以 E-mail 发出简单的邀请通知,或者在人流最大或符合特定条件的网站上开设 POP OUT,发出简单的邀请通知,并附上邀请其到调查机构特定的平台上接受访问的网址。问卷的第一部分即甄别题目,它只对符合甄别条件的被访者继续访问。②

---

① 郭强. 网络调查手册[M]. 北京:中国时代经济出版社,2004:3-4.
② 郭强. 网络调查手册[M]. 北京:中国时代经济出版社,2004:10-11.

3. 切实加强过程监控

从当代网络技术的发展看,网卷调查通过相应的技术设计和调查者的在线把关是可以对调查过程进行必要监控的。例如,对于访问者的甄别和调查质量的把握,不仅可以进行上面提及的前馈控制,而且可以进行网卷填答过程的实时控制和网卷填答完成后的后馈控制。具体的方法是:①在被调查者参与网卷调查的过程中,调查者可以在调查机构的特定网络平台上不断跟随被调查者的回答给予下一步的提问,并开展逻辑检查,从而甄别被访者,且引导其提高网卷填答质量;②通过技术设计,使网卷调查只允许被调查者在线做完网卷所有题目后才提交全部回答,这样既可以保证网卷填答的完备性,也可以通过整卷检查甄别被访者;③通过设置某些控制性问题,使被调查者的不当回答不能"过关",无法提交所有的回答。

4. 及时开展数据分析

网卷调查一个重要的功能是可以对收集的数据进行在线即时统计。社会调查者要充分利用这一功能,在网卷调查进行过程中及时开展数据分析。及时开展数据分析当然可以即时获得网卷调查的结果,但其主要的目的并不在此。具体来说,及时开展数据分析的主要目的在于把握网卷调查的进展,发现网卷调查过程中出现的各种问题,从而有效调控调查进展,及时解决有关问题。这些问题主要包括:①调查问卷方面的问题,如调查问卷设计的质量问题,调查问卷的信度与效度问题;②调查对象方面的问题,如实际调查对象的针对性和适当性问题,或者说与设计调查对象的吻合度问题;③调查进展方面的问题,如网卷调查的网页挂出多日后仍少有人问津,这就需要深入分析其原因,并有效解决相关的问题。

四、通信调查的 CATI 调查

CATI 是英文 "Computer-Assisted Telephone Interviewing" 的缩写,通常称为 CATI 调查。CATI 调查是一种新兴的社会调查研究方式,它是借助于 CATI 系统(Computer-Assisted Telephone Interviewing System)实施的调查,是电话调查在信息社会、网络时代的新的发展。目前不少高等学校、科研机构、调查公司,都相继引进了 CATI 系统,用以实施先进的社会调查。CATI 在社会调查中发挥了重要作用,在此介绍一些关于 CATI 调查的知识,显得很有必要。

(一) CATI 调查概述

CATI 调查是在电话调查的基础上引入计算机技术而发展起来的一种新型电信调查方式。早在 1927 年,柯乐利调查公司(Crossley Survey,Inc.)就在 44 个城市完成了 3 万个电话样本的访问,目的是进行广播收听率的调查研究。这应当算是较早采用电话方式进行社会调查的案例。1970年,CATI在美国出现。访问员在电话访问时,能够同步将数据录入电脑,并实现数据录入和数据统计的同步整合。1975年,加利福尼亚大学洛杉矶分校(University of California at Los Angeles)将CATI系统应用于教学研究。

CATI的发展在欧美发达国家已有30多年,目前许多国家半数以上的调查访问均通过CATI完成,有些国家的CATI访问量甚至高达95%。据有关资料显示,美国一家市场研究公司CATI的访问坐席竟多达550个。CATI技术在国外之所以如此流行,一方面得益于计算机的出现和电话的高度普及,即计算机的出现与电话的高度普及为CATI调查提供了物质技术条件;另一方面是由于城市入户调查访问成功率越来越低。在西方国家,城里人的私人住宅是一般人难以进入甚至难以接近之处,入户调查成了一件很难实施的活动。

在中国,由于过去电话普及率一直不高,因而在正式的社会调查中,运用电话调查方法者较为鲜见。当然,在较早的时候,一些行政统计方面的调查也有不少采用了电话调查的方式,这主要因为,虽然当时中国家用电话的普及率不高,但政府行政管理部门的电话还是有保证的。在社会调查方面,电话调查直到1987年才开始被一些专业调查机构采用,主要用于民意测验和媒体接触率的研究。1999年,四川卫视利用当地的电话网络进行收视覆盖率调查;2000年春节,中央电视台春节联欢晚会对晚会的收视率进行了即时调查。

2004年以来,CATI在中国得到较为广泛的应用,市场研究机构、高等院校、政府机关、社会科学院、新闻机构、卫生机构、大型企业、信息中心等都出现了CATI的身影。这时的CATI已被应用于品牌知名度研究、产品渗透率研究、品牌市场占有率研究、产品广告到达率研究、广告投放效果跟踪研究、消费习惯研究、消费者生活形态研究、顾客满意度调查、服务质量跟踪调查、家庭用品测试、客户回访、电话市场营销、居民健康问题调查、选举期民意测验、社会公众意愿调查、社会舆论调查、社会热点调查等诸多领域。

(二) CATI调查实施要点

采用CATI进行社会调查有许多的事情要做,其总体运作过程同一般社会调查没有多少差别,也应经历筹划准备、资料搜集、整理分析、总结评估四个基本步骤,以及众多具体的工作环节。限于篇幅,在此不打算全面展开,只就CATI实施的几个要点加以阐述。

1. 重视问卷设计

采用CATI开展的社会调查属于统计调查,如何借助于CATI系统的问卷设计功能设计一份质量精良的调查问卷,便成为 CATI 调查的一个重要环节。以电访专家(Itacati)为例,CATI 调查问卷设计的关键在于:充分利用 CATI 系统的问卷设计功能具体设计调查问卷。CATI 提供了一个功能强大、机动灵活、简便易用的问卷设计器。通过简单的鼠标拖曳,便可以轻松设计各种题型。在选项的设计中,CATI 设有选项显示设定功能,对"属性"加以简单的设置,便可使访问过程中的访问员面对的问题和选项的显示次序出现丰富变化,如顺序、倒序、随机、轮替、乱序。在问卷的逻辑控制中,系统提供脚本书写方式控制跳转、互斥、包容、关联、哑题等。另外,通过 CATI 系统,用户还可以建立题库。在问卷设计过程中,问卷设计者可以方便地引用、编辑题库,迅速生成一份新的问卷。问卷设计者还可以灵活设定"访问提示"、"报错提示"。在编辑问卷时,问卷设计者随时都可对问卷中的所有问题和提示性、控制性内容进行调试、预览。这些功能也是问卷设计时需要掌握和利用的。

2. 加强样本管理

样本的抽取及管理是 CATI 运作过程中一项不可忽视的工作。在 CATI 调查的样本抽取与管理中,访问者应着重关注两件事情:①选择样本生成方式。在 CATI 调查中,样本生成方式主要有三种,一是通过电访专家(Itacati)软件系统随机生成;二是借用以前开展 CATI 调查时系统中已经积累的样本;三是采用来自外部的样本,如已有的数据库、客户提供的号码库。对于上述这三种方式,访问者可根据实际情况选用或者交互使用。当然,在样本导入系统过程中或系统随机生成电话号码时,必须将一些无用号码,如空号、传真、严重拒访样本预先过滤,以提高访问效率。②强化样本控制管理,主要措施包括:一是配额设定,即用电访专家(Itacati)实现对样本的多维配额控制;二是定义样本状态,即定义本次调查需要统计的样本状态,以了解样本的使用情况,作为改进访问工作的依据;三是设置样本优先级,即根据项目需要定义需要优先访问的样本;四是搞好样本分配,即结合访员的特长,进行有针对性的样本分配;五是注重母体库管理,即通过电访业务的积累,建成一个庞大的样本库。

3. 做好访问工作

访问员头戴耳麦,向电话对方的被访者读出计算机屏幕上依次显示的题目,并将被访者回答的信息录入计算机,这就是访问工作。做好访问工作是 CATI 调查的关键,需要注意两个问题:①正确掌握拨号技巧。CATI 可以自动拨号,但还需要做一些其他工作,一是要注意调出样本的详细信息,掌握哪些已经拨号,哪些尚未拨号;二是要注意利用手动拨号、更改号码、拨分机号等方式应付特殊情况;三是对于某些未通电话,要做出是否回访的决定;四是对于某些中途停止的访问,要保存已有答案并与被访者约定续访时间,续访时间一到,即应拨号访问。②认真做好访问执行。CATI 系统已将访问工作简化为"读、点击、记录"的简单过程。问卷变化、配额控制、跳转控制等都可通过系统自动完成。但在访问执行中,访问员并非无事可做,除一般访谈外,还应做好三件事情,一是根据被访者实际情况,注意采用问题跳转方式进行访问;二是对于需要播放录音的调研,应把握好录音播放时间;三是对于某些数值性的问题,应通过计算机进行计算,为被访者提供详细的提问信息。

4. 实施管理监控

CATI调查从机制和人事上都给管理监控提供了良好基础。CATI调查不仅有较为完备的监控机制,而且设有督导。督导通过CATI系统的监控界面,可以对多个访问项目进行监控;通过话机,可以监听访员的访问对话,并可通过"文字消息"对访员工作进行管理;通过对访员工作状态显示,可以进行访问工作的科学调度。当然,要有效实施管理监控,督导还应把握两个要点:①全面监控与重点监控相结合。全面监控是督导对整个调查访问项目的样本情况、配额情况、访问员工作情况、调查访问的效果进行整体的监控;重点监控是对个别访问员的访问工作或者个别调查提问进行有针对性的监控。②即时监控与事后监控相结合。监控从时间上可分为事前监控、即时监控和事后监控。事前监控的重点是访问员培训。即时监控是在访问进行中的监控。在CATI调查中,督导要做的大量工作是即时监控,及时发现调查访问中的问题,并及时加以改进。事后监控是对整个调查访问过程或调查访问过程中的某一阶段完成后实行的一种监控。事后监控可以总结经验教训,以利改进调查工作。

5. 进行数据处理

调查访谈过程结束,应对调查数据进行处理。尽管CATI调查的数据可以通过计算机自动处理,但是,计算机毕竟是计算机,它只能为人所利用,而不能完全取代人的作用。因此,在访谈结束后,社会调查者应组织力量,对调查访问数据进行必要的处理。具体要做好的工作包括两项:①答卷审核与问题编码。在CATI调查中,答卷审核工作通常由答卷审核员具体负责。答卷审核的依据是CATI系统即时进行的访谈录音。审核的方式是:答卷审核员边听访问录音,边对问卷进行审核,并及时做好记录。②数据统计与数据导出。CATI虽然可以在访问进行中对访问结果进行实时统计,以满足调查者"希望了解阶段性成果"的要求。但是,真正的统计工作应该在调查访谈结束后才能全面实施。调查访谈结束后,社会调查者应借助于CATI系统的统计功能对调查数据进行统计。这些统计包括单题频数统计、题间交叉统计。CATI系统能够自动计算出80多个相关数据,数据中隐含的信息一目了然。当然,社会调查者也可以将这些数据导出,通过专业统计软件SPSS、SAS、QUANTUM等进行统计分析。

复习思考题

1. 问卷调查有哪些特点？如何提高问卷的回复率？
2. 什么叫实地调查？实地调查有哪些特点？
3. 如何减小实地调查中的观察误差？
4. 试述标准访谈与非标准访谈的区别。
5. 试述 CATI 调查的实施要点。

第七章 社会调查的资料整理

[**本章导读**]

  一项社会调查研究成功与否,在很大的程度上取决于调查资料的质量,而调查资料的整理是确保调查资料完备、合格、真实、准确、可靠的重要工作,是对社会调查资料搜集工作的全面检查与有效深化。从某种意义上来说,调查资料整理乃是社会调查从调查阶段过渡到研究阶段、由感性认识上升到理性认识的重要环节,也是提高社会调查的信度和效度的重要步骤。另外,调查资料的整理还起着由调查阶段转入研究阶段的中间过渡的重要作用,是资料收集和资料分析的中间环节。调查资料整理工作的内容非常丰富,整理方法多种多样。在实际工作中,由于社会调查的对象、性质与形态的不同,具体调查资料整理方法的选用也会各不相同。在本章中,根据调查资料整理的一般程序,主要介绍调查资料的审核整理、调查资料的分划整理和调查资料的汇总整理三个方面的内容。

第一节 社会调查资料审核整理

  社会调查的资料整理是根据调查研究的目的,运用科学的方法,对调查获得的大量原始资料(即调查资料)进行科学的、严密的、实用的审核、分划、汇总等的整理过程。调查资料的整理具有十分重要的意义,它是提高调查资料质量和使用价值的重要手段,是深入分析调查资料和开展社会现象研究的重要基础,是社会调查从调查阶段过渡到研究阶段、由感性认识上升到理性认识的重要环节。社会调查资料整理的工作内容很多,从目前社会调查实践的实际情况看,主要包括三项重要内容,即调查资料的审核整理、调查资料的分划整理、调查资料的汇总整理。在本节中,我们先介绍调查资料的审核整理。

一、调查资料审核整理的作用

调查资料审核整理是社会调查资料整理的最基础的工作内容之一。从大的方面来讲,在调查资料搜集工作完成之后,就要对调查资料进行分析,而在着手调查资料分析之前,通常先要对调查资料进行认真的审核,以确保调查资料的真实性、完整性和准确性。调查资料的审核整理,是对调查过程获得的原始资料进行仔细推敲和详尽考察,以看其是否真实可靠和符合要求。社会调查资料审核整理的目的主要是消除原始资料中的虚假、差错、短缺、冗余等现象,以保证调查资料的真实、可靠、完备、有效。其重要作用在于:

(1) 发现并弥补调查资料的缺漏问题。调查资料审核整理最为直接的作用就是能发现调查资料中有关数据、资料和信息的缺漏问题。在社会调查过程中,调查者和被调查者的粗心大意,以及被调查者的理解不透或心存疑虑等,都可能造成调查资料中数据、资料和信息的缺漏。数据、资料和信息的缺漏乃是调查资料的致命伤,也是社会调查工作中的大忌。通过调查资料的审核整理,调查者可以直接发现调查资料中缺漏的数据、资料、信息,从而能够借助于有关方法与措施弥补调查资料的这些缺漏,从而有效地提高调查资料的质量。

(2) 发现并纠正调查资料的错诈问题。调查资料审核整理的第二大作用就是能够发现调查资料中有关数据、资料和信息的错诈问题。通常来讲,无意的出错叫做错,有意的出错叫做诈。在社会调查所搜集的数据、资料和信息中,错与诈都是可能存在的,它们会直接影响社会调查的质量,甚至可能导致得出错误的调查结论。通过调查资料的审核整理,调查者可以具体发现调查资料中错诈的数据、资料、信息,并采取得体的和可行的办法进行纠正,从而使调查资料更为真实,调查结论更为准确,更好地反映现实社会的状况。

(3) 发现并解决调查资料的欠准问题。调查资料中也存在一些不够准确的信息,有的文不对题,有的前后不一,有的以老代新,有的表述欠妥,有的含糊不清,有的片面,有的笼统,这些都可以概括为调查资料的欠准问题。调查资料中出现的这些问题,会对社会调查质量产生严重影响,值得高度重视。通过调查资料的审核整理,可以较好地发现这些问题,并通过补充调查或追踪调查较好地解决这些具体问题,从而获得更为准确、完备、可靠、有效的调查资料,为调查资料的整理加工和分析研究打下合格的基础。

二、调查资料审核整理的内容

调查资料审核的作用相当于企业生产过程中产品的检验,就像只有经过检验合格的产品才能进入市场一样,只有通过审核过关的原始调查资料才能进入汇总加工和分析研究程序,否则,原始调查资料中的某些错误,经过汇总加工后就难以被发现和修正,从而导致出现错误结论,失去调查研究的科学性。为此,社会学家和社会调查专家往往要求人们从多方面进行调查资料审核。

(一) 调查资料的真实性审核

调查资料的真实性审核也称信度审核,是指通过对调查资料进行逻辑检验以判明调查所得的资料是否符合实际情况,资料中有无相互矛盾的地方。对调查资料本身的真实性审核,一般采用以下几种方法:

1. 根据已有经验和常识进行审核

经验和常识是人们认识自然和认识社会的重要知识内容。在人类社会实践活动中,很多问题是通过我们的经验和常识解决的。在调查资料的审核中,经验和常识同样起重要作用,一些调查资料中,简单问题的发现和核准,往往依靠经验和常识就能解决。运用经验和常识进行调查资料的审核,其基本的方法是,一旦发现与经验、常识相违,就要根据事实进行核实。例如,某份调查问卷中的年龄一栏内被调查者填写的是 25 岁,而在婚龄栏内填写的是 15 年,这显然是不符合常识的,这时就要根据事实进行核实,搞清楚这其中到底是"25 岁"填错了还是"15 年"填错了,抑或两者都有错误。

2. 根据资料的内在逻辑进行核查

在调查资料的审核中,如果发现资料有前后矛盾的地方或违背事物发展逻辑的地方,就要找出问题之所在,剔除不符合事实的材料。根据资料的内在逻辑进行调查资料的审核不难,通常来讲,顺着问卷的提问和回答的逻辑,或顺着事物发展的推进逻辑就能达到目的。例如,某一问卷在出生年栏填写 1979 年生,而填答问卷时间是 2008 年,年龄栏却填写 35 岁,前后数据显然不符合逻辑。为此,需要查明是属于调查人员的误填,还是被调查者的错报,并予以及时校正。再如,一项有关劳动就业情况的调查中,某一问卷填写的是未就业,而在填写月工资收入中填写了 3 000 元,这就存在前后矛盾,需要详加核准。

3. 借由资料之间的比较进行互审

社会调查搜集资料的方法和途径很多,有时,我们可能会采用多种方法和途径搜集有关调查资料。如果调查资料是用多种方法获得的,如对某个具体问题,既有访谈资料,又有文献资料及观察资料,就可以将这些资料进行比较,看它们之间有无出入,以判断真伪。借由资料之间的比较进行互审,方法是,对于问卷调查资料,通常借由访谈调查资料和实地观察资料进行审核;对于网络信息资料,通常借由文献资料进行审核;对于文献资料中的数据资料,通常利用统计资料进行审核;等等。通过这样一些互审,可以发现一些调查资料中的真实性和准确性的问题。当然,发现问题后,最好到实地进行访谈或观察进行最终核准。

4. 根据资料的具体来源进行判断

调查资料的来源不同,其真实性、准确性等都会有所不同。一般来说,当事人反映的情况比传说的情况更为真实,权威机构发布的信息比一般机构发布的信息更为真实,政府统计数据比民间调查数据更为真实,正式出版的文献资料比网络发表的文献资料更为真实,学术性文章比宣传性文章更为真实,引用率高的文献比引用率低的文献更为真实,等等。正因为如此,在调查资料的审核中,调查资料的审核者要对调查资料的来源进行具体分析,不能"捡到封皮就是信"。尤其在当今信息社会中,各种虚假信息、不实信息、片面信息大肆泛滥,需要对调查资料的来源进行认真判断,尤其对于来源不明的信息资料,更应加以慎重对待。

(二)调查资料的可靠性审核

调查资料的可靠性是建立在调查资料的真实性基础上的一个特性。调查资料的可靠性审核是指在一个不太长的时间间隔内,对同一个调查对象前后调查所得资料的一致性程度进行审核。如果在不太长的时间内,两次或多次调查同一调查对象,得到的调查结果大致相同,就可以说调查资料的可靠性较高;反之,两次调查或几次调查中有比较大的差异,则调查资料的可靠性就较低。造成调查资料可靠性较低的原因,既可能是调查目的不明确、不具体导致的,也可能是调查者本身的疏忽大意造成的,当然还可能是调查对象不明真相,或不愿意反映真实情况,或是道听途说和主观臆断引致的。

对调查资料可靠性的审核,一方面是要审核收集到的资料符合原调查设计要求及对于要分析研究的问题具有效用的程度。对于那些离题太远、不着边际、效用不大或不符合要求的调查资料要坚决剔除。另一方面是要审核调查资料对于事实的描述是否准确,特别是有关人物、事件、时间、地点、状态、程度等的事实和数字等更要准确无误,切忌事实资料含糊不清,模棱两可,数据资料笼统模糊,没有定准。调查资料可靠性审核一般可采用三种方法。

1. 个别核对法

个别核对法是依据可靠的权威性的相关资料或以往的实践经验与个别调查资料的内容进行对照、比较、发现或纠正个别调查资料中的某些差错。如果发现调查资料中有明显违反可靠性要求的内容,那就应重新进行社会调查或核实。例如,某城市最低生活保障线的保障水平为257元/月,而某份问卷中的被调查者填写的每月领取的最低生活保障金为238元/月,这就要进行核实,或者找原调查对象进行核实,或者到最低生活保障金发放单位进行核实。再如,某地区总共为失地农民进行职业技能培训6次,而某份问卷中在回答参加本地区举办的职业技能培训次数时,填写了8次,这也有必要进行核实,否则,就无法知道该被调查者多填的2次培训是如何出来的。

2. 整体复查法

整体复查法是对调查资料所反映的情况再以小范围验证的方式进行直接的实际调查,以检查调查资料整体的真实性与准确性。复查法的具体做法可以分为两种:①在原来调查范围内的样本中选择小范围的样本进行调查,用以核实原调查样本资料整体的可靠性;②在原来调查范围外另选一个较小的样本进行调查,用以核实原调查样本资料整体的可靠性。在具体工作中,人们一般采用第一种方法进行复查,主要考虑节省样本抽取时间,同时较好地把握原调查样本的实际情况。同时,整体复查法也并非对所有问题进行复查,而是选择那些容易出错的调查问题进行复查。整体复查法在调查资料可靠性审核中具有特殊作用,但它一般只用于审核某些关键性的调查资料。

3. 系统分析法

系统分析法是根据调查资料所反映的情况与问题进行系统的内在逻辑分析,审核其调查问卷是否科学,回答问题是否合乎情理,是否夸大其词,是否自相矛盾,是否含糊笼统,以发现资料中的疑点和破绽。如果发现调查资料的内容前后矛盾,或者违背事物发展的客观规律,那么就应剔除那些不符合事实的资料,必要时还要进行补充调查或重新调查。例如,在针对"幸福社区"创建工作所进行的调查中,居民对"幸福社区"创建的多项指标的回答都比以前有所提升,而在"幸福感"这一指标上却有所降低,这就不是个别调查资料的核对能解决的问题,而是需要进行系统分析。后经分析发现,问题出在调查问卷的设计上,因为调查问卷中的创建指标全是硬件指标。

(三) 调查资料其他特性审核

在社会调查的资料审核阶段,除了对调查资料的真实性和可靠性进行审核外,还有必要对调查资料的其他特性进行审核,具体包括调查资料的完备性审核、调查资料的合格性审核、调查资料的适用性审核等。

1. 调查资料的完备性审核

调查资料的完备性是调查资料是否符合社会调查要求的一项基本指标。我们经常看到这样的情况,在某些收集的调查问卷,尤其是通过邮寄方式收集的调查问卷中,有的调查问卷答卷不全,缺这少那;或者对某些问题的答题不完整,说半句话。这些问卷,实际上是调查资料不完备的问卷。调查资料的完备性审核,主要就是对调查问卷中的这些问题进行审核。遇有这样的调查问卷,通常的做法是,能补充调查的补充调查,不能补充调查的弃之不用。当然,如果某一调查问卷仅仅是个别资料缺失,尤其只是个别非关键资料缺失,也可以留下来勉强用之,相应的处理办法是在具体的统计分析过程中将缺失值考虑进去。

2. 调查资料的合格性审核

调查资料的合格性审核主要是审查调查资料是否符合原社会调查设计的要求和科学计量的要求等。在某些社会调查中,如果被调查者对调查指标理解错误,计算公式不正确,计量单位不统一,甚至答非所问等,这些都应列入不合格调查资料。例如,在某次调查中,对街道社会工作者数量的调查,单位是"社工人数/千人",而被调查者填写的是这一街道的全部社工人数,这就是一份不合格的调查资料。对不合格的调查资料的处理,最简单的办法是根据上下文进行推算,但要注意可能出错;最有效的办法是进行补充调查,即通过补充调查使之成为合格的调查资料。在没有办法进行核准时,要坚决剔除这种问卷,以免影响整个调查资料的合格性和可靠性。

3. 调查资料的适用性审核

调查资料的适用性审核是调查资料审核工作中的一项高级审核内容。调查资料是否适用会直接影响调查资料整理和调查资料分析。因此,在对调查资料进行真实性、可靠性和合格性审核与鉴别后,还应审核调查资料的适用性状况,也就是要考察调查资料是否适合于对有关研究问题进行分析与解释。调查资料的适用性审核涉及调查问题分类是否合适、资料的深度与广度如何、资料是否集中紧凑和完整等多个方面。例如,在上述"幸福社区"创建工作调查中,由于调查设计者考虑问题过分偏重对社区硬件设施建设的调查,对社区软件建设和社会心理问题缺乏调查,从而无法解释为何该社区居民对社区建设多项指标评分较高,而幸福感评价较低。

三、调查资料审核类型与过程

调查资料的审核,从具体操作的层面或角度讲,既有不同的审核类型,也有不同的过程安排,了解和熟悉调查资料审核的主要类型和基本过程,对于我们有效安排和具体开展调查资料的审核工作具有重要指导作用。

(一)调查资料审核的类型

我们知道,对于调查资料的审核,通常一部分是在搜集调查资料的过程中进行的审核,也就是即时审核,另一部分是在调查资料搜集工作完成后集中进行的审核,也就是事后审核。这就导出了调查资料审核的两种主要类型。具体来说,一种是即时审核,也称为实地审核、分散审核,就是调查者在具体搜集调查资料的过程中边搜集边审核。另一种是事后审核,也称为系统审核、集中审核,就是在调查资料搜集工作完成后集中对所有调查资料进行的审核。这两种调查资料的审核类型,在实际的社会调查工作中各有其用。

一般地说,调查资料的搜集方法不同,采取的审核方式不同。通常来讲,对于邮寄问卷等间接搜集的调查资料,实地审核法就显得无能为力或无法适应,必须采取事后审核。对于采用访谈法和观察法搜集的调查资料,采取实地审核方法十分重要。这是因为,实地审核法可以防止对某些事情的遗忘,而且能在发现错误、遗漏和矛盾时就地补充和改正,及时弥补准确性和适用性上出现的问题,对于新发现的问题和新出现的线索也能及时开展追踪调查。

学术界的研究表明,实地审核法在实地研究法中还有更大的作用。访问者通过对资料提供者的考察,观察者通过对产生资料的实地社会背景的考察,以及通过互相讨论,或派专门人员抽查等方式,对影响调查资料的各种因素进行分析和控制,对资料的信度和效度进行评估,[①]可以获得"实地源"资料比"文献源"资料更为可靠的效果。因此,对调查资料的审核,在可能的情况下,最好是在调查过程中进行,即采用实地审核,以便于及时发现和修正错误。

(二) 调查资料审核的过程

调查资料审核有一个过程,这一过程叫做调查资料审核过程。调查资料审核过程既是一个整体,也是一些具有不同任务的阶段组成的集合。有关调查资料审核所要经历的具体过程,人们往往将其分为三个重要阶段:

第一个阶段,是由调查员自行进行审核。调查员的自行审核是调查资料审核中最重要的审核,也是最方便的审核。具体来讲,调查员肩负搜集调查资料的责任,调查资料如果出现不完备、不合格、不真实、不可靠等情况,可以说是调查员未能很好地完成调查资料的搜集任务,所以这种审核显得非常重要。另外,调查员按部就班地搜集调查资料,可以在搜集过程中当面向被调查者及时提出遗漏的问题或有疑问的问题,从而获得全面、准确、真实的信息,这也非常方便。因此,调查员在调查对象回答完问卷上所有的问题、访问即将结束时,或去调查对象处收取自填问卷时,调查员要对问卷或访问记录进行初步检查,看有无明显的漏记项目、记录不全项目和回答问题出现偏差的情况等。

第二个阶段,由现场检查员进行检查。现场检查员是跟随到某一社区(或单位)作调查的若干名调查员并随调查进度开展调查资料审核的人员。在大型社会调查中,现场检查员是必设的岗位,目的是能在现场就做好调查资料的审核,不让各种调查资料的完备性、合格性、真实性、可靠性等问题留到最后才解决。在现场审核中,现场检查员当着调查者的面,将调查员搜集回来的问卷或其他调查资料进行核查。具体审核内容包括:问卷有无填写遗漏、填写不完全或字迹模糊不清之处,回答问题是否存在错误、回答的填写方法是否统一,是否所有应调查者都进行了调查,以及发现某些调查员没有发现的真实

[①] 袁方.社会研究方法教程[M].北京:北京大学出版社,1997:426.

性、可靠性等方面的问题。

　　第三个阶段,由调查总质检进行抽查。一项规模较大的社会调查,通常都会设置一名总质检员。总质检员负责整个调查工作中的质量检查工作。总质检员除了平时督促调查员和现场质检员做好调查资料的审核工作外,本身也要开展调查资料的审核工作。一般来讲,总质检员的审核工作大致分为三个部分:①深入调查第一线,抽查调查员搜集的调查问卷或其他调查资料,督促调查员做好调查过程中的实地审核工作;②指导现场检查员的调查资料审核工作,抽查现场检查员审核过的调查资料;③在现场调查完成后对集中的调查资料进行最后抽查。最后抽查工作完成后,总质检员应写出调查资料质检报告,指出易错易漏的地方,提醒调查资料录入者继续注意有关问题。

　　综上所述,在调查资料审核整理中,通过调查资料审核发现的表格不齐、答案不全、数据不实、计算错误等,都应及时查明原因,采取相应措施予以补充或更正。对于一些关键资料无法补充或更正的调查问卷(或调查表格),应将其作为无效问卷剔除,以免影响整个社会调查的真实性、准确性和有效性。另外,必须正确认识和理解的是,对一项社会调查获得的各种原始资料的审核,只是对资料进行了初步的检查和筛选,调查资料仍然处于原始状态,仍然是无法直接使用的。因此,在对调查资料进行审核整理以后,调查者还需按照一定的标准将所有调查资料划归到不同的类别和组别中去,即分门别类,也就是调查资料的分划整理。

第二节　社会调查资料分划整理

　　在整个社会调查过程中,调查资料整理是调查资料搜集和调查资料分析的中间环节。要对调查所取得的资料进行科学的、合理的整理,除了对调查资料进行审核整理之外,开展调查资料的分划整理是必不可少的一个步骤。从调查研究作为一项科学研究的角度讲,调查资料的分划整理是调查资料整理的一个关键环节。

一、调查资料分划整理的意义

　　分划也叫做区分,英文是"divide",就是将事物或现象划分成不同的类别或组别。调查资料分划整理,也叫做调查资料区分整理,就是根据社会调查的目的,运用科学的方法,依据有关标准,对社会调查获得的大量原始资料进行分类和分组整理。进行调查资料分划整理,目的是使调查资料条分缕析、系统编排,以便对其开展进一步的深入分析。从广义的角度讲,调查资料的分划整理,实际上指在资料分析之前所做的资料区分工作,它既包括对定性资料的分类,也包括对定量资料的分组。

调查资料的分类是调查资料分划整理的一种基本方式。通过实地调查、文献搜集、网络搜集获得的各种调查资料，往往种类庞杂，数量繁多，不可能马上着手进行资料分析，因此需要将资料分类归类，这就好比图书馆的文献分类，人们可以按照不同的分类标准将文献区分为不同类别，并将其归为不同类目的文献库（架）中，以方便人们按类找到所需要的文献。

调查资料的分组是调查资料分划整理的另一重要方式。它通常是针对定量化的调查资料进行的一种分划整理方式。调查资料的分组本身是一种数据分组，但其实际意义也是一种事物或现象分类。例如，在对居民收入进行调查时，将居民家庭收入的数据划分为若干组，事实上是划分为若干类，如低收入家庭、较低收入家庭、中等收入家庭、较高收入家庭、高收入家庭。

按照通常意义，调查资料的整理是从调查阶段过渡到研究阶段、由感性认识上升到理性认识的重要环节，也是提高社会调查研究信度和效度的重要步骤。调查资料的分划整理则是这一过渡过程的关键环节，更能体现社会调查从调查阶段到研究阶段的过渡特性。调查资料分划整理工作的好坏直接关系资料分析和研究结论的质量，其重要意义主要体现在三个方面。

（1）调查资料的分划整理是提高调查资料质量的重要手段。正如前面所提及的，由于原始资料具有分散、零乱和平列的性质，其中还可能存在一些虚假、短缺、冗余，在一定程度上会影响调查资料的质量，所以必须对调查资料进行审核整理。但要通过审核整理解决这些问题还不够，有的问题必须通过分划才能发现，因而还必须在研究阶段开始时进行一次分划整理，区分调查资料的类别或组别，更好地消除调查资料中的假、错、缺、冗，以及分散、零乱和平列等问题。从这种意义上说，调查资料的分划整理实际上是对调查资料的一种分类整理和分类审理。在分划整理的过程中，如果发现某些类别、组别的资料缺项，还可以组织力量进行补充调查，保证调查资料系统、全面，提高调查资料的质量。

（2）调查资料的分划整理是深入分析调查资料的重要基础。科学地、合理地、系统地整理调查资料对于深入分析社会现象具有重要意义。在社会调查中，分析阶段的重要任务在于获得有深度的信息，而有深度的信息来源于科学的统计分析和系统的加工。科学的统计分析和系统的加工又依赖于社会调查资料的系统化和层次化。为此，关键是要对调查资料进行科学的区分，将各种定性调查资料进行分类，将各种定量调查资料进行分组，从中了解各种调查资料的类型和层次分布。按照前人经验，只有将调查资料进行分划或类型区分，才能把大量调查资料加以类别化、等级化、系统化，才能真正方便人们对调查资料进行深入分析，便于人们对不同的社会现象作出适当的比较。

（3）调查资料的分划整理是系统认识调查对象的有效方法。调查资料的分划整理本质上是对调查资料的分类（或分组）。分类（或分组）是根据事物或现象的各种特征，把事物或现象区分开来的逻辑方法。分类(或分组)是在比较的基础上进行的,通过分类(或分组)弄清研究对象的相同点、不同点,进而把这些相同点和不同点分开,由一级到更多级地把对象分成不同等级的分类体系。分类(或分组)方法能够实现以类聚物、条理分明、层次清楚,从而促进人们系统认识研究对象。在社会调查中,建立在分类(或分组)基础上的调查资料分划整理同样显示其相同的重要作用,具体来讲,它对于增强社会调查者对调查对象或相关社会现象的系统认识具有不可忽视的基础作用。

二、调查资料分划整理的原则

调查资料的分划整理并非随意进行的。对调查资料进行分划整理的主要目的是按照某一标准将调查资料划分为不同的类或组,使调查资料的各种特征透过类别的划分或组别的区分得以体现,便于人们对作为调查研究对象的有关事物和现象进行比较、鉴别、分析、综合。因此,在调查资料的分划整理过程中,调查者不可任意为之,而要坚持和遵循以下几条原则。

(一)科学性原则

科学性原则是指调查资料的分划整理要讲科学。具体来说,就是在对调查资料进行分划整理的过程中,无论是对定性调查资料的分类,还是对定量调查资料的分组,都必须坚持科学依据。这里的科学依据包括科学理论依据和科学方法依据两个方面。举例来说,要将不同的调查资料按照不同的社会阶层区分开来,就要有科学的社会分层理论支持,并根据合理的社会分层方法加以区分。要将残障人士的调查资料按照不同的残障类型加以区分,同样要有科学的残障分类分级理论作为支持,并依据可行的残障分类分级方法加以区分。如果没有科学理论和科学方法作为依据,调查资料的分划整理显然缺乏科学性。

(二)统一性原则

统一性原则有两层含义:①在对定性资料的分类中应该有统一的分类标准,不能在一次定性资料的分类中采用多重分类标准。如果在定性资料的分划整理中采用多重标准,就很容易造成资料分类混乱,从而在汇总资料和分析资料的过程中,无法真正做到分划。②在定量资料的分组中应该有统一的分组标志和统一的组距。如果在一次定量资料的分组中采用多个分组标志,就会出现上述混乱局面。尤其值得重视的是,定量资料的分组中还有一个组距的统一问题,如果我们在定量资料的分组中采用不同的组距,也会给定量分析带来麻烦,无法进行数据的精确分析。

（三）完备性原则

调查资料的分划整理必须讲求完备性。这里所说的完备性，主要是指分类或分组的完备性。也就是说，按照某一标志进行的分类或分组，必须类别具备，组别齐全。举例来说，依据收入将人们分为高收入阶层、中等收入阶层、低收入阶层、无收入阶层，那么这种分类应该说是齐备的。但是，如果按照这一标志将人们分为中等收入阶层、低收入阶层、无收入阶层，类别就不完整了。对人们收入的分组也是如此，假如将人们的月收入分为 1 000~3 000 元、3 000~5 000 元、5 000~7 000 元、7 000~9 000 元、10 000 元以上，事实上存在 1 000 元以下的月收入者，那么这一分组显然是不完备的。

（四）互斥性原则

互斥性原则也叫做非交叉原则。在调查资料的分划整理中，各类或各组之间必须做到互斥或互不交叉。如果有语义交叉，应通过对各种类别的界定和说明加以明确区分。例如，我们将正式出版的印刷型文献区分为报纸、期刊、图书三类，而在现实中有一种以书代刊的情况，那么，就应当确定这种"以书代刊"到底归到何种类别之中。不管是将其划分为图书一类还是期刊一类，都应在相应类目中加以"含以书代刊"的说明。对于定量资料的分组，也同样需要互斥。假如将月收入分为 3 000 元以下、3 000~6 000 元、6 000~9 000 元、7 000~10 000 元、10 000 元以上，这其中就有交叉，显然不符合互斥性原则。

（五）有效性原则

调查资料的分划整理还要讲究有效性原则。这里的有效性有两层基本含义：①调查资料分划整理对于调查研究目的的有效性，即要有利于调查研究目的的达成；②调查资料分划整理能有效地反映现实社会现象。也就是说，分类首先必须服从于研究目的。如要研究公众的经济状况，可选择收入作为分类标准。如果不是按研究的需要设立分类标准，研究问题就无法得到恰当的解释。同时，调查资料的分划整理必须能够反映现象的本质特征。社会现象的诸多特征中有本质和非本质特征，事物的特征是由本质特征决定的，因此，调查资料分划整理要有效地反映社会现象的真实情形，能够抓住其本质特征。

三、文字资料的分类整理

社会调查所搜集的调查资料一般可以分为数据资料和文字资料两类。数据资料一般是通过结构化的调查问卷及访问表格得来的，它涉及大量调查对象，符合大数定律，对于这种调查资料通常需要进行分组整理。文字资料则多为无结构观察、访谈获得的资料（一般是少数典型或个案的材料），以及通过文献法搜集的文献资料，对于这种调查资料，通常是对其进行分类整理。这里先介绍文字资料的分类整理,然后再对数据资料的分组整理进行专项介绍。

(一) 文字资料分类整理的含义

按照文献分类学的相关理论知识,文字资料的分类整理属于文献资料分类整理的范畴。文字资料分类整理,是根据文字资料的性质、内容及其相关特征,将相异的调查资料区别开来,将相同或相近的调查资料合成一类的过程。文字资料的分类具有两重意义:①对于全部资料而言是一个分(分类)的过程,即将相异的资料区别开来;②对于各份资料而言则是一个合(归类)的过程,即将相同或相近的资料合成一类或归为一类。因此,也可以这样说,文字资料的分类整理,就是将调查资料分门别类,使繁杂的文字资料类别化、条理化、系统化,为找出事物内部或事物之间的规律性联系提供科学依据。

在社会调查研究过程中,文字资料的分类整理具有重要意义,它不仅有利于建立调查资料的分类存取系统,而且有利于提高人们对研究对象的科学认识。首先,文字资料的分类整理有利于建立调查资料的分类存取系统。就像图书馆一样,通过对文字资料的分类整理,可以将文字资料按照分类体系进行编排汇总,对文字资料进行分类保存,并能根据需要借由分类方法进行检索。其次,文字资料的分类整理还有利于提高人们对研究对象的科学认识。文字资料的分类整理将文字资料按其内容特征进行分类排列,形成了有关研究对象的知识分类体系,有利于人们形成对研究对象的基于分类体系的系统的科学认识。

(二) 文字资料分类标准的确定

分类是否正确,首先取决于分类的标准是否科学。如调查企业生产经营的好坏,就不应只以产值的增长速度为依据,而应以企业的经济效益、社会效益和生态效益为标准。分类的标准可分为品质标准和数量标准两大类。品质标准,是反映事物属性差异的标准。例如,人的性别、民族、职业、文化程度,企业单位的所有制,社会组织的性质等均属于品质标准。数量标准,是反映事物的数量差异的标准,例如,年龄的大小、企业规模的大小等均反映了数量上的差异。分类标准还可以分为现象标准和本质标准。现象标准是反映事物的外部特征与外在联系的标准,如地域、时间。本质标准则是反映事物的本质特征或内部联系的标准,如阶级、阶层的划分。按现象标准所进行的分类能够帮助建立调查资料的档案系统,便于调查资料的存取和查找。按本质标准所进行的分类则不仅便于形成调查资料的存取、检索系统,而且是调查者对客观事物和规律认识的总结系统,因此,它常常代表调查者一定的理论观点和价值取向。

分类标准的确定是一项较为复杂的工作,其本身就是一个具有较强学术性、专业性的研究过程。因此,社会调查者必须以科学理论为指导,以客观事实为依据进行科学、合理的分类。首先要讲究类目设置的完备性。完备性是指分类标准的确定应当能使每一份资料都有归属,分类结果要使所有资料全部包容进去,无一遗漏。例如,在对公众进行年龄组分类时,应该把每一个年龄组都考虑进去,而不应出现遗漏。其次,要讲究类目之间的互斥性。互斥性是指分类标准应当互斥,以使同一件资料只能归于一类,不能既属于此类又属于彼类,从而避免出现重复分类的现象。如把企业分为公有企业、集体企业、私营企业、外资企业,就明显违背了分类的互斥性原则。最后,要讲究类目之间的层次性。层次性是指所分各个类别须处于同一分类层次。例如,把自然界分为无机物、生物、动物、植物、微生物,这就混淆了层次界限,犯了"超级类的错误"。

(三) 文字资料分类整理的方法

文字资料分类整理有两种方法,即前分类和后分类。前分类,是在设计社会调查提纲、表格和调查问卷时,就按照事物或现象的类别设计指标,然后再按分类指标搜集资料、整理资料。这样分类工作在调查前就安排好了。通常来讲,各种有结构观察的卡片、标准化访问的记录、问卷中的封闭式回答等,大多是采取前分类方法。后分类,是指在调查资料搜集后,再根据资料的性质、内容或特征,将它们分别集合成类。如文献调查所收集的资料、无结构观察和非标准化访问的记录、问卷调查中的开放式回答,一般都无法事先作出明确分类,只有在调查资料搜集后再做分类工作。

无论是前分类还是后分类,都必须遵循科学性、统一性、完备性、互斥性和有效性等原则。同时还应指出,有关文字资料的分类,并不是一个简单的纯技术性问题。在我们的知识体系中,有一门重要学问叫做文献分类学。文献分类学认为,文献资料的分类不仅具有科学性和专业性,还具有思想性和实用性。在调查资料的分类整理中,不同的分类往往会对社会调查结论产生巨大的,甚至决定性的影响。列宁曾经说过:"由于分类的方法不同,同一个材料竟会提供截然相反的结论。"[1]因此,要对调查进行有效的分类整理,就必须严格坚持调查资料分划整理诸原则,正确地选择分类标准,合理地采用分类方法。

四、数据资料的分组整理

在调查资料的分划整理中,对于调查获得的数据资料,往往需要分组整理。数据资料的分组整理,是按照一定标志,把调查所得的数据资料划分为不同的数据组别。对数据资料进行分组的目的在于,了解各组事物或现象的数量特征,考察总体中各组事物或现象的构成情况及依存关系等。对数据资料进行分组的一般步骤是:选择分组标志,确

---

[1] 列宁全集. 第27卷. 北京: 人民出版社, 1984: 202.

定分组界限,编制变量数列。

(一)选择分组标志

在调查资料的分划整理中,数据资料分组的关键一环在于选择分组标志。分组标志是数据资料分组的标准或数据资料分组的依据。数据资料分组的标志是多种多样的,其中就有一个如何选择的问题,调查目的不同,调查对象不同,选择的分组标志会有所不同。一般来说,数据资料的分组标志主要有四种,即质量标志、数量标志、空间标志和时间标志。在进行数据资料的分组整理时,应该根据调查目的、调查对象等的不同加以适当选择。

1. 按质量标志分组

按质量标志分组是按照事物的性质或类别进行分组。如人口可按性别分为男人和女人,可按民族分为汉族和少数民族;产品可按质量分为优质产品和劣质产品,合格产品和不合格产品;企业可按行业、规模、经营情况、所有制性质等标志分成多种多样的企业类型。按质量标志分组,可以把不同性质或类别的事物所呈现的数量特征区分开来,有利于认识不同质事物的不同数量特征,有利于对不同质的事物进行数量关系的研究。

2. 按数量标志分组

按数量标志分组是按照事物发展的规模、水平、速度、比例等数量特征分组。如城市可按常住非农业人口的数量分为特大城市、大城市、中等城市和小城市等;农民家庭可按年人均纯收入的多少,分为贫困户、温饱户、小康户、富裕户等。按数量标志分组,可以把不同发展规模、水平、速度的事物较好地区别开来,有利于从数量上准确地认识客观事物的差异,有利于对不同数量特征的事物之间的相互关系进行分析和研究。

3. 按空间标志分组

按空间标志分组是按事物的地理位置、区域范围等空间特性分组。如有关中国经济发展状况的数据,可按东部、中部、西部三大经济地带进行分组;有关义务教育的普及程度,可按省、地、县、乡等行政区划的范围进行分组;有关收入情况,可以按城市与农村进行分组。按空间标志分组,可以把不同地域的事物区别开来,有利于了解事物在空间上的分布状况,有利于对不同的地理位置、区域范围内的事物进行对比研究。

4. 按时间标志分组

按时间标志分组是按事物的持续特性和顺序分组。如企业组织的经济效益可按日、按月、按季、按年度进行分组;社会组织的发展计划可按1年、5年、10年,分为短期计划、中期计划和长期计划;社区居民参与社区公益活动的次数可按参与时间长度进行分组。按时间标志分组,可把不同时点或时期上的事物区别开来,有利于认识事物在不同时点或时期的发展状况,有利于揭示事物不断运动、变化、发展的规律。

质量标志、数量标志、空间标志和时间标志虽是数据资料分组的基本标志。但实际上,许多复杂的事物,往往能采用两个或两个以上的标志分组,这就要求我们在实际调查研究工作中,慎重地选择分组标志,并力争遵循以下几个方法原则:①根据研究的具体目的选择分组标志;②选择那些能反映被研究现象本质的分组标志;③根据具体研究的任务来确定分组标志;④用来分组的标志应明确而不模糊,应尽量穷尽并力图做到前后一致。

(二) 确定分组界限

在数据资料的分组整理中,分组界限是指划分出的组与组之间的限隔。确定数据资料的分组界限是很讲究的一件事情,通常来讲,确定分组界限涉及组数的确定、组距的确定、组中值的计算等具体工作内容。

1. 组数的确定

组数的确定应从实际出发。当数量标志的变动范围很小,而且标志值项数不多时,可直接将每个标志值列为一组。这时,组数等于数量标志值的项数。当数量标志的变动范围很大而且标志值项数又很多时,就可将邻近的几个标志值合为一组,作为分组的依据,以减少分组的数量。例如,在对顾客年龄结构的某次调查中,可将邻近的5个年龄合为一组,即每5岁为一组,这样就可大大减少组数。一般来说,对标志值项数较多的数据资料进行分组,以分成5~7组较为适宜,并且组数应尽可能是奇数,避免偶数。

2. 组距的确定

组距是各组中最大数值与最小数值之间的差距。在有组距的数列中,各组组距相等的,叫等组距数列;各组组距不相等的,叫不等组距数列。编制组距数列时,究竟采用等组距数列还是不等组距数列,应从实际情况出发。如编制等组距数列,应在对总体资料进行分析的基础上,先确定组数,再用全部变量的最大数值与最小数值之间的差距(即全距)除以组数,就可得出组距的大小。为了计算方便,人们经常采用等组距数列。当然,在实际整理资料过程中,根据研究任务的特殊需要,也可采用不等组距数列。

3. 组限的确定

组限是组距两端的数值。一般将每组的起点数值(最小数值)称为下限,终点数值(最大数值)称为上限。组限的表现形式有两种,一种是封闭式;另一种是开口式。封闭式组限是指在变量数列中,最小组的下限值和最大组的上限值都是完全确定的。划分组限时需要注意的一个问题是,如某一标志值正好与组限范围的某一组限值一致时,应遵循统计学中的"上限不在内"原则,将其划归属于下限的那一组,这是一个基本规则。

4. 组中值计算

组中值是指各组标志值的代表值。组中值由各组的上限与下限之间的中点数值确定。其一般计算公式为：

$$组中值 = \frac{下限 + 上限}{2}$$

但是，各种数据并非都是具有上限和下限的闭合式组距数列。对于开口式组距数列，组中值的计算公式就应有所变化，具体分为两种：

$$缺下限的组中值 = 开口组上限 - \frac{相邻组的组距}{2}$$

$$缺上限的组中值 = 开口组下限 + \frac{相邻组的组距}{2}$$

（三）编制变量数列

在数据资料分组完成后，为了清晰地显示统计分组的结果，往往需要编制变量数列，将各组的次数、比例、比率等汇总数值表现出来。数量标志在各组中表现的具体数值，统计上称做变量。所以，根据数量标志编制的数列又简称为变量数列。选择分组标志、确定分组界限之后，就可编制变量数列，即在统计分组的基础上，把各标志值（变量值）汇总、归类、整理并依次编排而成数列。

第三节 社会调查资料汇总整理

调查资料的汇总整理是在调查资料分类、分组的基础上，根据分类、分组的标志和具体数据，按照一定的逻辑结构把所获得的调查资料归纳和分别列入各组类中去。调查资料汇总整理的目的是要使搜集的原始资料经过汇总、归纳，转化为综合性的资料，以便于对调查资料作进一步的分析和研究。

一、调查资料汇总整理一般方法

在社会调查过程中，我们搜集了各种各样性质和类型不同的调查资料。这里值得注意的是，调查资料的性质和类型不同，其汇总的方法也有所不同。下面，简单介绍文字资料汇总整理和数据资料汇总整理的一般方法。

（一）文字资料的汇总整理

文字资料的汇总整理，是按照社会调查的目的和要求，对文字资料进行逻辑编排，使之成为能反映社会调查对象总体客观情况的系统、完整、集中、简明的材料的过程。按照前面所述的文字资料分类整理知识,可以说,文字资料汇总整理最基本的方法是分类汇总整理。当然,文字资料汇总整理除分类汇总之外,根据需要还可进行提问汇总、主题汇总等多种汇总编排。

1. 分类汇总

分类汇总是按照一定的分类标准及其所确定的分类体系将文字资料进行汇总。分类汇总的具体要求是:①应根据研究的目的、要求和客观情况,确定合理分类标准和分类体系,使汇总和编辑后的文字资料能够反映文字资料的内容特征,表现研究对象的客观情况,说明社会现象的实质问题;②要对文字资料进行初步加工,如给予各种文字资料以类名或分类号码,并按照分类的逻辑结构或分类号码对文字资料进行科学的编排。

2. 提问汇总

提问汇总是按照社会调查过程中所设置的提问及其顺序,将所获得的文字资料进行汇总。提问汇总有它的好处,主要的是:①通过将每一提问所获得的资料汇集在一起,可以较好地把握调查对象对某一问题的具体回答情况,同时能够很容易看出不同的调查对象对同一问题的领悟程度、认识差距和表述差别;②通过按照提问顺序汇总所有的文字性调查资料,还有利于调查者从总体上把握调查对象在本次调查中总体回答的状况。

3. 主题汇总

主题汇总是按照社会调查内容涉及的主题词,将所获得的文字资料进行汇总和编排。例如,一次有关社会组织的社会调查,所涉及的主题词包括社会组织名称、社会组织性质、社会组织特征、社会组织功能、社会组织分类、社会组织发展、社会组织登记、社会组织管理等,那么,就可以将调查获得的各种资料按照这些主题词进行汇总和编辑。通常来讲,按照主题词对文字资料进行汇总,有利于从不同角度对调查对象作出整体分析。

4. 其他汇总

文字资料的汇总还可以按调查对象的类别、事件发生的时间顺序或事件发生的相关原因等进行汇总。例如,要了解人们对某一事件的认识,就可以将调查获得的文字资料分政府官员、普通百姓、专家学者、媒体人士等几类看法进行汇总整理;要分析影响企业经营状况不良的因素,就可按因素的种类,如资金短缺、管理不善、市场不景气、领导班子不团结、企业缺乏凝聚力进行汇总编辑;要反映某一事件的发展过程,则可以按时间进行汇总。

文字资料汇总的方法多种多样。但不管采用何种汇总的方法,文字资料汇总都应遵循以下基本要求:①要完整和系统。所有可用的调查资料都要汇总编排到一起,大类小类要井井有条,层次分明,能系统完整地反映社会调查对象总体的面貌。②要简明和集中。要用尽可能简短、明了的文字,集中地说明社会调查对象总体的客观情况,并注明资料的来源和出处。如有必要,还可对资料的价值和作用等作些简短述评,以供进一步分析研究参考。

(二) 数据资料的汇总整理

数据资料的汇总整理,是根据调查研究的目的,把分组后的各种数据(标志值)汇集到有关图表中,并进行计算和加总,集中地、系统地反映社会调查对象总体的数量情况。数据资料汇总整理的目的主要在于四个方面:①初步了解调查数据分布情况;②为编制变量数列表作准备;③为深入统计分析作准备;④便于有效地集中保存调查资料,以防止散化零乱。

数据资料的汇总可分为手工汇总、机器汇总两大类。现在的机器汇总主要是指计算机汇总。这里,我们先简略介绍手工汇总的几种主要方法。

1. 划记法

划记法也称点线法,是在汇总表的相应组内,用划点或划线作为记号的汇总方法。具体步骤是:首先,制作数据汇总表;其次,根据各标志值出现的次数标点、划线;最后,对点和线加总计算,将结果填入统计表。划记法手续简便,但点线太多时则易出错漏。常用的点线记号是打正字。

2. 折叠法

折叠法即按相同的项目或指标栏次,把社会调查表或初级统计报表一张一张地加以折叠,排列在一条线上,然后对齐加总,得出汇总数字。具体步骤是:先将统计报表进行适当折叠,然后对齐叠放,再计算加总,并把汇总的数字填入统计表。这种方法比较简单易行,但如果统计报表的份数太多、折叠太厚时则不便计算,而且出了差错也无从查找,需要从头返工。

3. 分表法

分表法即按汇总要求,将社会调查表分类,然后分别计算。一般来说,要对多少个项目进行汇总,就要分多少次表。这种方法,适用于汇总项目较少的表格,而且只能计算单位数。

4. 过录法

过录法即先将调查资料过录到预先设计的过录表或汇总表上,然后计算加总,得出各组及总体的单位数和标志值合计数。这种方法计算简便,能防止遗漏和重复,不易出错。但过录工作量较大,一般在调查单位不多的情况下使用,调查单位过多时往往少用此法。

5. 卡片法

卡片法即利用特制的摘录卡片进行分组汇总的方法。具体步骤是:首先根据社会调查表的内容和分组的需要设计卡片,然后将有关内容摘录到卡片上相应的空格内,再分组设计,最后将计算的结果填入相应统计表内。用卡片法汇总大规模社会调查资料时,比划记法准确,比折叠法和过录法简便,但如果调查资料不多,分组种类简单,则不必使用此法。

总的来说,上述五种汇总整理方法相比较,前三种方法较简便,但容易出错,后两种方法准确程度较高,但花费时间较多。具体进行汇总时,应根据对汇总的质量要求和各种主客观条件,选择恰当的方法进行整理。需要指出的是,随着计算机的日益普及,手工汇总已逐渐为计算机汇总所代替,尤其对于一些海量数据,手工汇总方法已显得不适用。

二、计算机汇总整理的基本步骤

电子计算机在社会调查中的广泛应用带来了数据资料处理的快捷化、精确化。应用电子计算机处理数据资料,通常是在前面所述的对数据资料进行审核、鉴别等整理工作的基础上进行的。计算机数据资料汇总整理的工作过程一般是按照如下几个步骤进行:对调查资料进行编码,终端录入调查数据,检查录入数据是否有错误,根据要求进行有关程序编制,按编制的程序对录入的原始数据作统计计算,打印输出数据处理结果。

(一) 资料编码

编码是把社会调查所获得的资料中所有的文字信息数字化,转换成电子计算机能够识别的数字符号形式。在问卷调查中,问题和答案都很多,比如,调查人们的性别,答案有男和女两种,为了简化资料,可以使用数字代替这两个答案,如用"1"代表男,用"2"代表女。因此,编码就是给一个问题的各种答案指定一个数码,而这个数码通常是一个阿拉伯数字。

在电子计算机汇总整理调查资料中,编码是调查资料汇总整理阶段重要而基本的环节。编码的目的是用一组变量表示各项调查问题,用每一个变量的不同取值表示对这一问题的回答。编码的原则,首先是要明确区分每一种答案类别,已设计的可能答案都必须有一个数码代表;其次是当有新的答案出现时,要经过研究给予补编编码。编码一般可分为先编码和后编码两种。

1. 先编码

先编码也叫预编码、前编码,指的是调查者在设计问卷的时候就已经为每一个问题的答案设置了一个代码,在调查资料汇总整理的编码阶段,无须进行另外编码,只要逐一记录被调查者回答的选项的代码即可。这种编码方式是与问卷设计同步进行的,它一般印在问卷上。先编码主要限于回答类别事先已知的问题,这些问题主要是封闭式问题。例如:

您最早接触"全球化"一词大约是在哪一年？ □
① 1980 年以前
② 1980—1990 年
③ 1991—1995 年
④ 1995 年以后

这里，每一个回答前的数字就是其编码。如有人回答是"1995 年以后"，那么，在以后进行计算机录入时，要输入的编码就是"4"。

2. 后编码

后编码是指对问卷的编码不是与问卷设计同步完成的，而是在问卷回收之后，根据情况进行编码。这种编码方式多用于开放式问题的编码，或封闭式问题中"其他（请说明）"选项的编码。因为，这些问题的答案往往难设计，只有在调查问卷回收之后，才能根据具体答案设定具体的编码。比如，在调查人们的职业分布时，可以提出这样一个问题：

您现在的职业是_____。

社会上的职业是多种多样的，这个问题的答案会有很多。显然，这个问题是一个开放式问题，人们可根据自己的情况作答。我们只能根据人们提供的答案的不同职业种类，待问卷回收以后，再分别给各种职业指定编码。

后编码与先编码相比，比较费人力、费时间。所以，仅当问卷上要不可避免地提出开放式问题时，一般才使用此法。此外，有些开放性问题还很难进行编码处理。

（二）数据录入

数据录入是将已编码的调查资料的数字代码输入电子计算机或其他机械内储存。数据录入通常是通过计算机的终端键盘完成的，数据录入可由一名录入员进行，也可由多名录入员同时进行。现在更为先进的调查数据录入方式是扫描和条形码判读，这些新的调查数据录入方式，可以概括为光电录入方式。无论怎样录入，数据录入的基本任务都是将调查资料中的数据汇集起来，形成一个按一定结构组成的数据集合，建立一个有一定逻辑结构的数据文件。在这一数据录入过程中，调查资料与数据文件形成一种对应关系，见图 7-1。

由图 7-1 可知，全部问卷调查资料即抽样总体，其数据形成一个总体文件，每份问卷就是一个记录，每一个编码就是一个数据项。在采用计

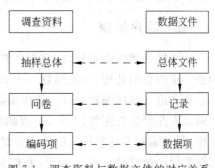

图 7-1　调查资料与数据文件的对应关系

算机键盘录入时,很有可能产生的错误之一是录入串位。一项社会调查的问卷一般有上百个编码项,一长串的数字在录入时容易发生数据移动位置,即录入串位。比如,有一项编码应占三位,应编为"010",但在录入数据时如果输成"01",这时,此项后面的数据都会发生移位。因此,录入数据一定要耐心细致,避免发生人为差错,影响整个调查资料的准确性。

(三) 编辑检查

数据录入后,还要对数据进行编辑检查,即在录入原始数据(指录入后形成的数据文件)的基础上,按顺序存取方式编辑数据顺序文件、索引文件等,以及按一定的技术对全部原始数据进行有效性、一致性、完整性的检查,这种检查又称资料的净化。就检查数据的有效性和一致性而言,资料净化的方式有两种:①检查是否存在特定编码之外的其他数据。例如,被调查者的性别编码为"1"或"2",如果出现了数字1和2之外的其他数字,就可以判断存在明显错误。②运用变量之间的逻辑关系检查错误。如问卷中的第1题是询问年龄,其编码是16岁以下为1,16~25岁为2,25~40岁为3,40~60岁为4,65岁以上为5。而第3题是询问婚姻状况:已婚为1,未婚为2。假如第1题的编码为1,而第三题的编码也为1,那么,完全可以断定它们中有一个答案编码输错了。再如,某人的年龄为25岁,工龄却有20年,这显然是不合逻辑的。

当然,上述两种资料净化的方法都是非完全性检查,它与完全检查、校对不是一回事,它只能查出一部分错误,而且在很多情况下无法修改。因此,还需要对原始资料在整体结构上进行完全性检查。完全性检查主要工作内容有三:①检查调查样本是否齐全,如发现样本不齐,要及时查找所缺的样本资料;②检查每一样本资料是否收齐,如果不齐,要查找遗漏何处,并尽量保证问卷调查表全部录入计算机;③从原始数据中检查其录入的数据是否完整,这要求拿所有原始调查表核对和检查输入的数据资料。此外,数据资料的净化过程也是数据资料输入质量的提高过程,在此过程中,可能要求调查者修正一部分数据,也可能要求调查者剔除个别被判定为无效的问卷,以保证资料的可靠性。

(四) 程序编制

计算机处理数据资料,在数据资料录入计算机后,要对这些数据资料进行汇总整理和进一步的数据处理,必须编制一个计算机运算程序。也就是说,这时计算机数据资料汇总整理进入程序编制阶段。程序编制即编制一个实用可行的计算机统计运算程序,以便对录入并经检查完整、有效、一致的数据进行加工处理。编制程序是一项专门的技术工作,要求编制者熟悉计算机语言。对于大多数非计算机专业人员来说,编程比较困难。现在编程已由软件工作者做了,我们只要学会使用软件包就可以了。计算机接到指令后,就会按要求输出各种统计结果。

目前,社会上较适于对社会调查数据资料进行统计分析的软件主要有"社会科学统计软件"(SPSS)、"统计分析系统"(SAS)、"统计包"(SP)等。其中 SPSS 系统是目前世界上最流行的社会调查数据资料统计分析软件,它具有次数分布、交互分类(列联分析)、相关分析、回归分析、方差分析以及多元分析等多种功能。SPSS 可以在计算机的 Windows 下直接使用,其所需的计算机必要配置只要求 CPU 为 Pentium 133MHZ 以上,内存为 32MB 以上。目前市场上的 SPSS 软件通常是英文版,可能给初学者带来不便,但只要用心学,便会很快掌握其使用方法,这将大大简化数据处理过程。

(五)统计计算

统计计算是按统计运算程序进行统计和计算,并将统计、计算的结果及各种图表输出,以供调查人员使用。统计计算的内容,主要有单向描述统计的集中趋势(如众值、中位值、平均值)和离散趋势(如异众比率、四分位差、标准差),也有相关统计(如定类、定序、定距的 TU-Y、GAMMA、R 等单相关系数统计)和多变项的相关统计计算,以及统计推论与假设检验的统计计算等。这些统计计算一般都可以由专业的统计分析软件(如 SPSS)完成,大大节约了时间和人力。由于采用电子计算机对调查数据资料进行汇总往往需要数学和计算机等多方面的知识,因此,调查者必须加强对这些知识的学习。

三、调查资料统计图表制作方法

调查资料尤其是数据资料经过汇总后,为简洁和直观表达的需要,一般用统计图表形式将数据资料显示出来。为此,制作调查资料的统计表和统计图便成为社会调查资料汇总整理阶段的一个重要环节。统计表是用表格显示各种统计指标及指标含义,它能以简洁的方式表达丰富的数据和内容。统计图则是用点、线、面、体等几何图形表示统计数字,它具有直观、形象和生动的特点。在此,我们简单介绍统计表和统计图的制作方法。

(一)统计表的制作方法

在调查资料的汇总整理中,统计表是一种常用的调查资料汇总整理工具。统计表的结构大致分成两个部分:①从内容上看,调查统计表由主词与宾词两部分组成,主词是调查统计表格上所要说明的总体或总体的各个组成部分,是排列在表格左方位上的内容;宾词是调查统计表上用来说明或解释主词的各种指标,是排列在表格右方位上的内容。一个设计良好的统计表应该是由若干个完整通顺的句子组成的一篇规整的文章。②从形式上看,调查统计表有序号、总标题、横行和纵行标目、说明和来源等项。具体结构见表 7-1。

表 7-1 文明社区生态环境指标考核体系

指标名称	单位	标准	分值
绿化覆盖率	%	≥35	3
垃圾袋装化、分类化及定时定点倾倒率	%	≥95	1.5
"三废"及噪声达标率	%	100	2
蚊蝇密度达标率	%	100	2
社区公共地保洁率	%	≥98	2.5

（序号←→总标目；纵行标目、横行标目；主词、宾词）

资料来源：《我国城市文明社区指标考核体系初探》，《城市发展研究》，2000(2)

根据统计表主词、宾词的组成情况，调查统计表一般可分为简单统计表、分组统计表和复合统计表三种类型。简单统计表是指主词未作任何分组，仅罗列各单位名称或指标数值的统计表。这种统计表因其便于比较和分析总体各单位的情况，一般适用于初步的统计工作。分组统计表是指主词按一个标志分组的统计表，一般适合于深入分析现象的内部结构和各现象之间的相互依存关系。复合统计表是指主词按两个以上标志分组的统计表，又称为交互统计表或条件次数统计表，一般适合于比较和指示社会事实之间的重要联系和差别，它在统计分析中具有非常重要的作用。表 7-1 是一个典型的复合统计表。

在调查资料统计表的制作过程中，通常要注意以下事项：①统计表的标题和统计表中的各个标目应做到简明扼要，并能一语道破统计表的主题内容；②统计表中的标目要合理安排，有共同特征的纵标目或横标目要放在一起，并冠以一个标目；③数字上下要对齐，四位数以上的分位点要标出，数字空缺时要用"—"表示，有效位数要一致；④表头与表身之间要用线条隔开，表的横栏之间可以不用线分开，而纵栏之间一般用细线隔开为好；⑤统计表的左、右两端一般不画线，采用不封闭的"开口"表式，但有时为了整齐美观，也有画线的情况；⑥根据需要，在表的下面要加注，对表中的内容、指标数值、资料来源等作出说明。

（二）统计图的制作方法

在调查资料的汇总统计中，统计图也是一种常用的调查资料汇总整理工具。统计图，乃是利用点、线、面、体等绘制成几何图形，表示各种数量间的关系及其变动情况的工具，同时也是对表现统计数字大小和变动的各种图形的总称。在统计学中，把利用统计图形表现统计资料的方法叫做统计图示法。其特点是：形象具体、简明生动、通俗易懂、一目了然。主要用途有：表示现象间的对比关系；揭示事物的总体结构；检查计划的执行情况;揭示现象间的依存关系;反映总体单位的分配情况;说明现象在空间上的分布情况等。①

在统计图的制作中,常用的统计图是几何图,是利用点、线、面表示统计资料的图形。一般有条形图、直方图、饼形图和折线图四种。此外,还有一种特殊的统计图——统计地图,它在社会调查中也被广泛应用。

1. 条形图

条形图是用长方条形的长度表示统计数字。条形图又可以分为单式和复式两种。单式或复式是指并列的若干组是一个长条为一组,还是两个及两个以上的长条为一组。绘制条形图的关键在于尺度选择要适当,并要求始终一致。条形图中的条形既可以纵向绘制,也可以横向绘制,主要看何种分布更美观、实用。图7-2是某小学教师年龄结构图,属于单式条形图。

2. 直方图

直方图又称柱状图、质量分布图,是以矩形面积表示分组距资料的次数分布的图形。直方图要根据有组距的数列绘制。直方图是一种统计报告图,在绘制时,要求利用直角坐标,坐标的横轴表示组距数值,纵轴表示各组的频数或频率(频数除以样本总个数即为频率)。图7-3是频率直方图,要将频率直方图转换为频数直方图,应将频率乘以样本总个数。

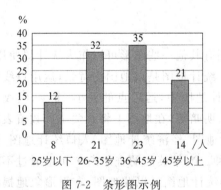

图7-2 条形图示例

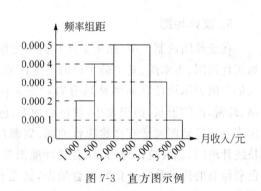

图7-3 直方图示例

3. 饼形图

饼形图是一种划分为几个扇形的圆形统计图表,用于描述量、频率或百分比之间的相对关系。它用一个圆圈代表现象总体,分开的每一扇形代表现象中的一类,其大小代表它在总体中所占的百分比率。饼形图的制作方法是将变量每一取值的频率乘以360°,所得

---

① 统计图制作方法中的统计图示例,均通过百度搜索获得,谨向原作者致谢。

数值就是此取值扇形的圆心角度数。饼形图形式多样,既可以采用平面圆形图(图7-4),也可以采用立体圆形图等。

4. 折线图

折线图又称为曲线图,是用直线或曲线连接直方图中条形顶端的中点形成的折线。制作折线图或曲线图的主要目的是通过折线或曲线的上下波动直观反映变量的变动情况,表明现象的总体分布或总体发展趋向(图7-5)。

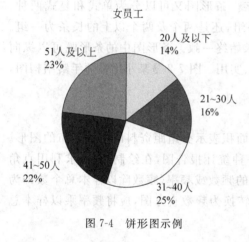

图7-4 饼形图示例

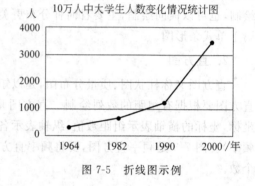

图7-5 折线图示例

5. 统计地图

在统计图的制作中,除了上述几何图之外,还有其他一些图形可以作为统计图使用,如统计地图、美术图,其中最主要的是统计地图。统计地图是以地图为背景,运用点线面或形象图表示统计资料的地域分布状况。在统计地图中,运用点的大小、多少,线纹粗细、疏密,面的形状、面积大小,颜色的种类、色度、明暗等,在地图上将有关统计数值表示出来。统计地图通常有自然统计地图、资源统计地图、经济统计地图、人口统计地图、科技统计地图、教育统计地图、社会统计地图等多种。当年英国的查尔斯·布思通过不同色彩绘制的伦敦贫富分化的社会地图,就是社会统计地图。以此地图,布思形象地揭示了资本主义社会贫富分化的地区区隔和社会区隔。

在绘制调查统计图的过程中,通常需要注意以下事项:①统计图的类型很多,在绘制统计图时,要根据绘图的目的和调查资料本身的特性选取适合的图形。②图示的内容要简明扼要,突出重点。图示的标题、数字单位以及文字说明,都应简明清晰,一目了然。③图形的设计必须依据准确的资料进行计算和加工,做到图示准确、数据分明、表现真实。④绘制的图形要美观、大方、生动、鲜明,具有较大的吸引力和说服力。⑤统计图的序号和标题文字,习惯上应置于统计图的下方,这一点正好与统计表的序号和标题文字的位置相反。⑥调查资料汇总整理后,是否要绘制统计图,须根据调查的具体目的和客观需要决定,不能为作图而作图,尤其不能为了增加篇幅而绘图。

复习思考题

1. 简述调查资料审核整理的作用。
2. 对调查资料的真实性审核主要有哪些方法?
3. 简述文字资料分类整理的含义和意义。
4. 简述数据资料分组整理的工作内容。
5. 什么叫编码?编码有哪两种具体方式?

第四篇 Part 4

社会调查分析研究方法

四条

おさな友達会国合式株

第八章 社会调查的定量分析

[本章导读]

社会调查的定量分析也称为数理分析、统计分析或量化分析。它是指对社会调查中获得的数据资料进行量化分析,从而得出有关社会现象的具有数量特征的研究结论的分析方法。在自然科学研究领域,定量分析是首要的分析方法;在当代社会科学研究领域,定量分析具有越来越重要的地位,显示越来越重要的作用。在社会调查中,定量分析也已成为一种基本的和关键的研究方法。社会调查的定量分析具有数量性、客观性、科学性、严密性、简化性等特点,借由定量分析,有助于提高社会调研水平,有助于精确描述社会现象,有助于获得新的社会信息,有助于有效实施社会预测。在社会调查中,定量分析的方法多种多样,本章重点介绍几种最基本的和最常用的分析方法,包括平均指标与相对指标分析,集中量数与离中量数分析,相关统计与回归统计分析。

第一节 社会调查的定量分析概述

在社会调查的分析研究阶段,通常要做两类分析,一是定量分析;二是定性分析。社会调查的定量分析也称为统计分析、数理分析或量化分析,它是对社会调查中获得的各种数据资料进行量化分析,从而得出有关社会现象的具有数量特征的研究结论的分析方法。在社会调查中,定量分析一直为多数社会学家所推崇,并成为社会调查资料分析中最受重视的一类方法。

一、社会调查定量分析的特点

社会调查的定量分析是建立在数学尤其是统计科学基础之上的一种分析方法。注重深入社会调查、重视开展定量分析是实证主义社会学的优良传统。与社会调查的定性分析比较,定量分析具有一些明显的特点。

(一) 数量性

在社会调查中,定量分析的一个重要特点在于它是对社会现象的数量方面进行研究。它的分析对象是在社会调查过程中所搜集的大量的数据资料,分析过程和结果都是通过数字、符号、公式和图表等数学语言表达,分析目的和目标在于发现和反映社会现象的存在状态和发展变化的数量特征和数量关系。总体来说,数量性特征是社会调查定量分析的一个基本特征。

(二) 客观性

社会调查的定量分析是一种对社会调查中所搜集的有关社会现象的大量数据资料进行客观处理的过程,它只能如实地反映纷繁复杂的数据资料或量化信息,而不能按社会调查者的喜好随意地增加或臆想某种原始信息,也不能按社会调查者的厌恶随意剔除或减少某种原始信息。社会调查定量分析的这种客观性,可以使社会调查工作减少随意性,避免许多差错的出现。

(三) 科学性

社会调查的定量分析是建立在统计科学基础之上,统计科学则是建立在数理科学的基础之上。社会调查定量分析采用的具体分析方法和具体分析程序都有其科学的依据。定量分析的运算结果、推论估计有相当的精确性和可信度,无论在描述性研究、解释性研究还是在预测性研究中,社会调查的定量分析都有助于保证其研究过程、研究结论、研究成果的科学性。

(四) 严密性

建立在数理科学、统计科学基础之上的定量分析方法,其显著特征之一是严密性。著名科学家钱学森指出,科学是严肃的、严格的、严密的,是不允许马虎的。社会调查定量分析作为一种统计分析和数量分析,由于其科学性的规范,面对错综复杂、千变万化的社会现象,它总是运用严格的数理逻辑方法,进行严谨缜密的逻辑思考和数学运算,从而体现其严密性特点。

(五) 简化性

社会调查涉及许多变量,包括众多个案,这些变量之间的关系往往错综复杂,这就使每项调查获得的数据资料十分繁杂,令人无法轻易地把握社会现象的特征和规律。建立在统计科学基础上的定量分析能帮助人们提高控制数字的能力,它能对繁杂的数据资料进行提炼压缩,能以精简的数字综合大量事实资料,从而对社会现象的特征和规律作出极为简洁的描述。

二、社会调查定量分析的发展

定量分析的方法最早出现于化学领域,但其应用却不局限于化学领域。近代以来,由于统计学的发展,定量分析已成为一种对事物和现象存在与发展的规模、程度、范围,事物的数量构成及事物之间的数量关系等进行分析的普适性科学方法。在社会调查甚至整个社会科学研究中,定量分析也受到广泛重视,得到广泛应用。社会调查的定量分析是随着定量分析方法在社会调查中的推广和应用而逐步发展起来的一种社会现象分析方法。

17世纪下半叶,欧洲的一些思想家和政治家意识到,要有效地管理社会,就必须客观地了解社会经济状况,其中较著名的是英国的威廉·配第和法国的柯尔柏。威廉·配第(1623—1687)在《政治算术》(1690)中指出,对社会现象都应当用数字、重量和尺度等来说明并加以比较。他曾运用统计分组法、图表法和一系列统计指标定量地分析英国的社会经济状况。马克思称他为"政治经济学之父,在某种程度上,也可以说是统计学的创造人"。①

柯尔柏(1619—1683)是一位政治家,他曾担任过法国的财政大臣,事实上也可以说是当时法国政府国内外政策的实际决策人。在当政期间,柯尔柏大力倡导基于社会调查的政策与决策研究,他曾经主持一系列大规模的社会调查。其中1664年的法国社会概况调查、1665年的制造业调查,以及一些不定期的人口状况调查等,都是一些统计调查。这些统计调查中,对调查资料的定量分析已得到正式运用,为以后行政统计调查的制度化奠定了基础。

随着统计学的发展和国家行政管理的完善,在整个18世纪到19世纪初,欧洲各国的行政统计调查盛行于世,并逐步得到制度化。1801年法国建立了国家统计局,进行了各种普查工作。随之,英国也建立了国家的行政统计机构。尤其是人口统计学的建立,使人口普查得到了特别的重视。英国和法国都于1801年开始了全国性的人口普查,英国还作出了对全国人口每10年进行一次普查的规定。其后,欧洲许多国家纷纷仿效。欧洲的行政统计调查和普查工作为定量调查和调查资料的定量分析提供了广阔的实践领域和发展空间。

19世纪中叶,数理统计的奠基人法籍比利时学者凯特勒(Quetelet,1796—1874)开拓了社会调查定量分析的创新发展路径。在社会调查方法方面,他和英国学者布思可说是有特别贡献的两位学者。他们被人们并称为"经验社会学之父"。凯特勒可谓是著名的社会统计学家,他通过对犯罪、自杀、婚姻、道德等社会现象的统计和研究,发现社会生

---

① 马克思恩格斯选集:第23卷.北京:人民出版社,1972:302.

活具有一定的统计规律性。他将数理统计引入社会现象的研究,第一次提出了"平均人"的概念和变量分析的思想,建立了一门当时称为"社会物理学"的社会统计学学科。

布思(1840—1916)曾经是一名造船企业家,后来投身于社会调查研究。他从1886年开始,苦心奋斗18年,对英国伦敦的市民生活和社会概况进行了深入的实地调查,写成了17卷本的《伦敦居民的生活和劳动》(1891—1903)。在这一社会调查研究中,布思综合运用各种调查方法,如参与观察、访问调查、问卷调查,同时运用统计分组法、图表法、综合指数法等对社会调查资料进行了系统的分析,对当时伦敦的社会状况进行了精确的描述。

凯特勒和布思的工作对后来的学者影响很大,有力推进了社会调查定量分析的发展。到20世纪,经验社会调查开始与理论研究和政策研究密切结合。法国社会学大师迪尔凯姆的《自杀论》不仅创立了社会调查的"研究假设—经验检验—理论结论"的实证程序,而且还为如何利用统计分析方法构建社会理论提供了范例,标志着社会调查进入实证方法阶段。在迪尔凯姆"社会学方法的规则"[①]的影响下,社会调查定量分析进入一个新的发展时期。

1928年,费希尔创立了抽样理论,为社会调查的定量分析提供了更广的应用范围和更高的实践要求。1935年,在美国创办的"盖洛普民意调查所",更使定量调查和调查资料的定量分析成为常用的调研方法。1948年,美国社会学家斯托福等人在《士兵研究》一书中创立了统计调查模式,调查资料的定量分析成为其模式的重要组成部分。在大致相当的时间里,以拉扎斯菲尔德为首的哥伦比亚学派,使社会调查的多变量分析方法走向成熟阶段。

值得一提的是,自20世纪40年代到70年代,是社会调查的总体数量化发展时期。抽样调查的广泛应用、问卷法和访谈法的精密化、态度测量方法的精密化、社会计量法的出现、多变量分析和统计检验的普及、实验法和心理测验方法的引入、内容分析法的提出、结构式观察法的发展、计算机技术的广泛应用、研究程序的标准化等,这些具体调查方法与技术的发展,都为社会调查定量分析的发展提供了更为完善、更为有利的条件。此后,由于社会科学统计软件的开发应用,社会调查的定量分析已成为一种常规分析方法。

三、社会调查定量分析的作用

客观地讲,定量分析是随着科学研究水平的不断提高和实际工作的迫切需要而迅速发展起来的一种科学研究方法。在自然科学研究领域,定量分析是首要的分析方法;在社会科学研究领域,定量分析具有越来越重要的地位;在社会调查中,定量分析也已成为一种基本的和关键的研究方法。

---

① 迪尔凯姆.社会学方法的规则[M].北京:华夏出版社,1999.

(一)定量分析有助于提高社会调研水平

人们对社会现象的认识,是随着科学方法的不断进步而扩展的。在古代,人们认识和描述社会现象,多是用游记的方法加以记述。由于各方面的限制,他们既不可能对社会现象作出确切描述,更不可能对社会现象之间的相互关系和影响作出量化分析。随着生产力的发展和科学技术的进步,科学研究领域出现了大量新的科学方法,定量分析方法即其中最为重要的分析方法之一。定量分析方法的出现,不仅增强了人们对社会现象研究的定量意识,而且增强了人们对社会现象数量关系的控制能力,它使人们由浅入深,由粗到精,由片面走向全面,由微观走向宏观,极大地开阔了人们对社会现象的观察范围,增强了人们对社会现象的认识能力,提高了人们对社会现象的研究水平。

(二)定量分析有助于精确描述社会现象

对社会现象进行精确描述是社会调查的一项科学目标,使用定量分析技术则是社会现象描述方法科学化的一条重要途径,定量分析有助于精确描述社会现象,以实现社会调查的科学目标。这是因为:①定量分析以其量化分析方式,通过使用科学的测度指标和分析方法,能对社会调查的资料进行数量化或定量化的处理,进而具体揭示社会现象的数量特征和数量关系,实现对社会现象的精确描述;②定量分析以数学为主要研究手段,通过清晰、准确的数学语言,能把社会现象陈述得更为清楚、简洁和精确;③定量分析还可以借助于计算机处理数据,而计算机处理数据有精心设计的严格程序和可加控制的计算精度,所以更能使定量分析实现对社会现象的精确描述。

(三)定量分析有助于获得新的社会信息

在社会调查中,借由统计方法的定量分析有助于获得某些新的社会信息。具体体现在:①通过统计可以获得某些新的数值化社会信息。统计不仅能将数值化的社会调查资料进一步升华,而且能将某些非数值化的社会调查资料转化为数值化的社会信息,从而使非数值化的社会调查资料反映更加深刻的道理。②通过统计可以获得某些宏观性社会信息。借助于统计方法,可以对有关社会调查样本的微观信息进行综合加工,从而获得层次更高、指导作用更大的宏观性社会信息。③通过统计可以获得某些社会现象的未来性信息。统计可以使人们建立有关社会现象存在与发展的数学模型,借由这些模型,人们能够推知社会现象的未来变化,获得有关社会现象的未来性信息。

(四)定量分析有助于有效实施社会预测

社会预测是指人们运用一定的方法和手段,预先推知和判断社会的未来和未知状态的结果的调研过程。人们对社会现象进行调查,首先要了解社会现象的状态,接着要回答为何会出现这种状态,找出其中的规律,然后再根据过去和现在的实际资料,运用科学的理论和方法,探索社会的发展趋势,并作出估计和判断,此即社会预测。社会预测有两类方法:根据事实、经验和判断能力,运用定性分析方法进行预测称为定性预测;根据数据、统计资料,运用定量分析方法进行预测称为定量预测。定量分析不仅是对客观社会现象数量关系描述的工具,还是进行科学抽象的思维方法,它使人们能够具体发现仅凭直觉感悟不能发现的社会发展规律,从而有效实施社会预测。

四、社会调查定量分析的原则

定量分析在社会调查中虽然有十分重要的作用,但定量分析在整个社会调查过程中毕竟只是一个环节和一种方法,因而其作用的发挥要受到许多因素的影响和制约。正因为如此,在实际的社会调查工作中,要使定量分析的作用得以充分发挥,必须遵循一定的原则。这些原则主要包括:

(一)与定性分析结合的原则

社会调查的分析方法有两大类,即定量分析方法和定性分析方法。定量分析主要是对社会现象的规模、范围、水平、程度、速度等进行数量化的处理和揭示,以把握社会现象存在状态与发展变化的数量特征和数量关系;定性分析主要是对社会现象的存在状态与发展变化进行主观判断和推理,以把握社会现象的性质及其发展变化的取向。对于这两类分析方法,有两个值得注意的问题:①它们各有其重,各有其用,不能独自解决全部问题,不能相互取代;②它们相互联系,相互补充,其中定性分析要以定量分析为基础,定量分析要以定性分析为指导。因此,在社会调查中,极有必要将定量分析与定性分析有机地结合起来,使定量分析不至于成为没有实质内容的数字游戏。

(二)与调查目的结合的原则

社会调查的目的是要正确认识社会现象,包括正确描述社会现象,合理解释社会问题、有效预测社会发展等,为社会管理的实施和社会工作的开展提供可靠的依据。社会调查的具体目的多种多样,不同情况下会有不同目的。如一项社会调查的目的可能是描述某种社会现象的存在状况,也可能是解释某个社会问题的发生原因,还可能是预测某一社会领域的发展趋势。社会调查的目的决定社会调查过程的具体运作,当然也决定社会调查资料分析方法的具体运用。因此,在社会调查中,进行定量分析一定要考虑社会调查的目的,要将定量分析方法的运用与一定的研究目的结合,使定量分析具体接受社会调查目的的指导,并使定量分析有助于社会调查目的的实现。

(三) 与调查过程结合的原则

社会调查过程是由许多阶段和许多环节有机构成的一个完整的科学认识过程,社会调查的定量分析只是整个社会调查过程的一个环节,必然会受整个社会调查过程的制约。在筹划准备阶段,确立调查任务实际上要涉及定量研究还是定性研究的问题;开展研究设计,包括研究课题设计、调查指标设计、调查样本设计、调查问卷设计、调查过程设计等,直接关系社会调查资料的定量分析问题。在资料搜集阶段,需要定量分析的调查资料必然要考虑其完备性和量化性,并需全面核实资料。在整理分析阶段,需要定量分析的调查资料必须进行信息编码和数据汇总等。正因为如此,社会调查的定量分析必须与整个社会调查过程结合,方能充分发挥作用,取得好的效果。

(四) 与实际情况结合的原则

社会调查的定量分析必须与实际情况相结合,主要有三层含义:①在社会调查的定量分析之初,必须保证社会调查资料客观准确地反映社会现象的实际情况,这就要求我们在社会调查资料的搜集和整理过程中具有严肃认真的态度和求真务实的作风,不能捏造数据,夸张掺水;②在对社会调查资料进行定量分析的过程之中,必须考虑社会调查资料的特点选用定量分析的方法,也就是说,要考虑社会现象所具有的特点选用定量分析的方法,不能脱离实际,故弄玄虚;③在对社会调查资料进行定量分析之后,必须将分析结果拿到社会现实中与实际情况进行比较,作出评估,确保社会调查资料定量分析的结果与客观存在的社会现象的存在形式与运动状态的一致性。

第二节 平均指标与相对指标分析

平均指标分析与相对指标分析是社会调查定量分析的两种最简单、最常用的分析方法。这两种方法的共同之处是将反映社会现象的指标数值抽象化为一个统计指标数值,用以表明社会现象的一般情形与水平。平均指标分析与相对指标分析尽管算法简单,实际含义却颇深刻,有必要加以讨论。

一、平均指标分析

这里讲的平均指标也就是人们通常所说的平均数,其基本含义是在同一质的社会现象的总体内,将各个个体的数量差异抽象化,用以表示总体在某一时期或某一范围内的一般水平的统计数字。平均指标分析是运用平均指标说明社会现象在某一时期或某一范围内的一般水平的定量分析方法。

（一）平均指标分析的作用

平均指标作为一种说明社会现象在某一时期或某一范围内的一般水平的统计数字，是对同一质的社会现象的概括描述，是将大量同类社会现象抽象化的结果。在社会调查的定量分析中，平均指标分析的作用如下。

(1) 用于表明某一社会现象总体各单位在某一属性上的一般水平。例如，通过对某一社会群体年龄的平均指标统计，可以看出这一社会群体年龄的一般情况，用以分析这一社会群体的社会需求特征、社会行为特征以及其他社会特征；通过对居民家庭收入的平均指标统计，可以看出居民家庭收入的一般水平，从中发现居民家庭收入与居民消费之间的某种相关关系。

(2) 用于进行同类社会现象之间的横向比较，可以反映同类社会现象之间的差异。比如，在建立社会工作人才队伍的评估中，有一项社会工作者比较的指标，这时，直接比较两个区县社会工作者的总人数难以服众，就可以采用平均指标分析法，即用两个区县总人口中的社会工作者的平均数进行比较，以准确、公正地比较这两个区县社会工作者的拥有情况。

(3) 用于对同一社会现象不同时期的变化作纵向比较，可以反映社会现象在不同时期的实际状况。例如，对居民某年教育平均支出与其他年份居民教育平均支出作比较，便可具体掌握居民教育支出的增减情况，避免只由直观的全民教育支出总量增加就断定居民教育支出增加，或只由直观的全民教育支出总量减少就断定居民教育支出减少。

(4) 用于分析有关社会现象之间的依附关系，可以深入认识事物。例如，根据企业不同时期经营效益和人均奖金的变动情况，可以看出经营效益和人均奖金之间的依附关系，即随着经营效益的提高，奖金水平不断提高的量化规律；根据城市居民家庭人均收入和家庭消费人均支出的变化情况，可以看出某一城市居民家庭消费人均支出与家庭人均收入之间的依附关系。

（二）平均指标分析的方法

在社会调查中，依据其所用平均指标计算方法的不同，平均指标分析可以区分为算术平均指标分析和几何平均指标分析。算术平均指标分析和几何平均指标分析还可以进一步加以区分。下面介绍几种常用的方法。

1. 简单算术平均指标分析

简单算术平均指标分析是指以规定范围内或观察期内某一社会现象总体的各个数据之和除以总体数据的个数，得出简单算术平均数值，并以所得简单算术平均数值说明某一社会现象的一般水平。其计算公式为：

$$\overline{X} = \frac{X_1 + X_2 + \cdots + X_n}{n} = \frac{\sum_{i=1}^{n} X_i}{n}$$

【例8-1】 某社区有专职工作人员7人，他们的年龄分别是23、28、32、38、39、41、58岁，求该社区专职工作人员的平均年龄。

解：已知 $n=7$，$X_1=23$，$X_2=28$，$X_3=32$，$X_4=38$，$X_5=39$，$X_6=41$，$X_7=58$。

$$\overline{X} = \frac{\sum_{i=1}^{n} X_i}{n} = (23+28+32+38+39+41+58) \div 7 = 37(岁)$$

答：该社区专职工作人员的平均年龄为37岁。

2. 加权算术平均指标分析

加权算术平均指标分析是在求平均数值时，根据规定范围内或观察期内某一社会现象总体的各个数值重要性的不同，分别给予不同的权数（f_i），再求每个数据与它所对应的权数之积的总和除以诸权数之和，得出加权算术平均值，并以所得加权算术平均值说明某一社会现象的一般水平。其计算公式为：

$$\overline{X} = \frac{X_1 f_1 + X_2 f_2 + \cdots + X_n f_n}{f_1 + f_2 + \cdots + f_n} = \frac{\sum_{i=1}^{n} X_i f_i}{\sum_{i=1}^{n} f_i}$$

【例8-2】 抽样调查获得某福利企业200名职工的月工资收入如表8-1所示，试求该福利企业200名职工月工资收入的算术平均数。

解：已知 $X_1=1\,300$，$X_2=1\,500$，$X_3=1\,700$，$X_4=1\,900$，$X_5=2\,100$，$X_6=2\,300$，$f_1=20$，$f_2=39$，$f_3=64$，$f_4=34$，$f_5=29$，$f_6=14$。

根据加权算术平均指标计算公式有：

$$\overline{X} = \frac{\sum_{i=1}^{n} X_i f_i}{\sum_{i=1}^{n} f_i} = (1\,300 \times 20 + 1\,500 \times 39 + 1\,700 \times 64 + 1\,900 \times 34 + 2\,100 \times 29 + 2\,300 \times 14) \div (20+39+64+34+29+14) = 1\,755(元)$$

答：该福利企业200名职工月工资收入的算术平均数为1 755元。

表8-1 职工月工资收入

月收入/元	人数/人
1 300	20
1 500	39
1 700	64
1 900	34
2 100	29
2 300	14
合计	200

从例 8-2 可见,加权算术平均指标适用于对分组资料的算术平均数的计算和分析。上例即为一分组资料,是一种无组距的分组资料。对于有组距的分组资料,加权算术平均数值的计算需要增加一个步骤,即求各组的组中值。在统计学中,组中值的计算公式为:

$$X_{mid} = \frac{上限 + 下限}{2}$$

这时,加权算术平均值的计算公式可修改为:

$$\bar{X} = \frac{\sum_{i=1}^{n} X_{mid} f_i}{\sum_{i=1}^{n} f_i}$$

3. 几何平均指标分析

从统计学的角度讲,几何平均指标也是一种平均数,通常称为几何平均数。它是 n 个变量值乘积的 n 次算术方根。几何平均指标分析是指以规定范围内或观察期内某一社会现象总体的 n 个数据之积开 n 次方,得出几何平均值,并以所得的几何平均数值说明某一社会现象的一般水平。其计算公式为:

$$G = \sqrt[n]{x_1, x_2, \cdots, x_n} = \sqrt[n]{\prod_{i=1}^{n} x_i}$$

二、相对指标分析

在社会调查中,相对指标又称为相对数,是指两个有相互联系的反映社会现象的指标数值之间的比值。相对指标分析也称为相对数分析,它是以两个相互联系的反映社会现象的指标数值之比表明某些社会现象数量的对比关系。相对指标数值一般有两种形式:一是无名数;二是有名数。无名数通常以系数、倍数、成数、百分数或千分数等表示。

(一)相对指标分析的作用

相对指标分析是以一个抽象化的数值表明某些社会现象所具有的数量比例关系,它能从总量上将社会现象之间的质的差异抽象,不受总体规模大小、时间长短的影响。在社会调查中,相对指标分析有许多重要作用。

(1)显示社会现象的某些部分在总体中的位置。例如,在志愿服务调查中,通过对某市女性志愿服务人次与总的志愿服务人次的对比,可以显示该市女性志愿服务的发展情况。在某一地区中,通过对该地区社会基础设施建设经费预算与该地区总的基础设施经费预算的对比,可以显示该地区社会基础设施建设在该地区总体基础设施建设中的地位及受到重视的程度。

（2）反映社会现象发展变化的趋势。运用相对指标分析法，可以考察某一社会现象在不同时期的对比情况，从而认识该社会现象的发展方向与变化程度，较好地预测社会现象的发展变化趋势。如通过考察发现，近3年来，某城市社会工作领域的海外督导在总的督导中所占比例逐年下降，那么，就可以预料，某城市社会工作的本土化程度将在未来一定时间内不断提高。

（3）体现不同性质的社会现象之间的差异。运用相对指标分析方法，能帮助我们对两类不同性质的社会现象的某方面作总体量上的比较，说明这两类社会现象在某些方面的差异。例如，通过相对指标，可以对福利企业职工工资的增长速度与福利企业经营效益的提高速度进行比较，从而看出二者的差异，说明福利企业职工的相对工资收入到底在提高还是在降低。

（4）表明社会事业发展计划、社会福利发展计划、社会工作发展计划等的完成情况。相对指标可以通过将某城市社会事业发展计划指标（或社会福利发展计划指标、社会工作发展计划指标、社会工作人才队伍建设计划指标等）与实际完成指标的对比，表明某城市社会事业发展（或社会福利发展、社会工作发展、社会工作人才队伍建设）计划的执行与完成情况。

（二）相对指标分析的方法

相对指标一般可分为结构相对指标、动态相对指标、比例相对指标、强度相对指标等几种类型。这几种相对指标的含义及计算方法如下。

1. 结构相对指标

结构相对指标是总体按某一标志分组后，各组的总量指标与总体总量指标的比值，它可以用来表明总体内部的构成情况。其计算公式如下：

$$结构相对指标(\%) = \frac{某组总量指标}{总体总量指标} \times 100\%$$

【例8-3】 南方经济发达地区某中心镇2000年和2010年常住人口构成如表8-2所示。试求该中心镇2000年和2010年常住人口的结构相对指标。

表8-2 某中心镇2000、2010年常住人口构成

时间/年	户籍人口/人	外来人口/人	合计/人
2000	93 975	54 971	148 946
2010	103 800	131 556	235 356

解：2000年：

户籍人口结构相对指标为：$\dfrac{93\,975}{148\,946} \times 100\% = 63.09\%$；

外来人口结构相对指标为：$\dfrac{54\,971}{148\,946} \times 100\% = 36.91\%$。

2010年：

户籍人口结构相对指标为：$\dfrac{103\,802}{235\,355} \times 100\% = 44.10\%$；

外来人口结构相对指标为：$\dfrac{131\,553}{235\,355} \times 100\% = 55.90\%$。

答：略。

2. 动态相对指标

动态相对指标是同一空间不同时期同一指标的不同数值之间的比值，它可以用来表明社会现象的变化方向和程度。其计算公式为：

$$动态相对指标(\%) = \dfrac{报告期指标数值}{基期指标数值} \times 100\%$$

动态相对指标也称发展速度，借助于这种指标可以对某一社会现象进行纵向比较分析。

【例 8-4】 某省人口 1995 年年底有 6 788.74 万人，1996 年年底有 6 896.77 万人。试求该省人口 1996 年的发展速度与增长速度。

解：根据发展速度计算公式得：

$$发展速度 = \dfrac{6\,896.77}{6\,788.74} \times 100\% = 101.6\%$$

$$增长速度 = 发展速度 - 100\% = 1.6\%$$

答：该省人口 1996 年的发展速度为 101.6%，增长速度为 1.6%。

3. 比率相对指标

比率相对指标是总体按某一标志分组后，各组之间总量指标数值之比的比值或比率。它可以用来表明社会现象总体内各部分之间的数量联系程度和比率关系。其计算公式为：

$$比率相对指标 = \dfrac{总体中某组总量指标数值}{同一总体内另一组的总量指标数值}$$

【例 8-5】 某福利工厂共有职工 108 人，其中行政管理人员 18 人，求该厂行政管理人员同技术人员和工人的比例。

解：根据题意知，该厂技术人员和工人人数为：108－18＝90（人）。

该厂行政管理人员同技术人员和工人的比例为：18/90＝1/5。

答：该福利工厂行政管理人员与技术人员和工人的比例为 1∶5。

值得注意的是，比率相对指标根据需要可以用分数或小数表示，也可以用百分数、千分数等形式表示。

4. 比较相对指标

比较相对指标是同一个指标在不同空间条件下的数值相比的比值或比率,它可以用来进行横向比较,表明不同空间条件下同一指标的数量对比关系,揭示同一指标在不同空间条件下的非平衡特性。其计算公式为:

$$比较相对指标 = \frac{某空间中某一指标数值}{另一空间中同一指标数值} \times 100\%$$

【例8-6】 2006年,甲社区人口密度为每平方公里700人,乙社区人口密度为每平方公里350人,求甲、乙两社区人口密度的比较相对指标。

解:根据比较相对指标计算公式得:

$$比较相对指标 = \frac{700}{350} \times 100\% = 200\% = 2$$

答:甲社区的人口密度为乙社区的人口密度的2倍。

比较相对指标可以用百分数表示,也可以用倍数表示。

5. 强度相对指标

强度相对指标是两个有联系但性质不同的总体总量指标数值的比值,可以用来表明社会现象的某种强度、密度或普遍程度。其计算公式为:

$$强度相对指标 = \frac{某总体总量指标数值}{另一有联系总体总量指标数值}$$

【例8-7】 某市民间社工机构2010年共提供社工专项服务96项,已知当年该市共有12家民间社工服务机构提供社工专项服务,求该市民间社工机构提供社工专项服务的强度相对指标。

解:根据强度相对指标计算公式得:

$$平均每家民间社工机构提供社工专项服务数 = \frac{96}{12} = 8(项/机构)$$

答:2008年该市平均每家民间社工机构提供社工专项服务为8项。

强度相对指标大多是用有名数或复名数表示的,在计算强度相对指标时或利用强度相对指标对社会调查资料进行分析时,都应注意。

第三节 集中量数与离中量数分析

在社会调查中,社会调查者通常可以利用统计表或统计图汇总反映某一社会现象的数据资料,但是,统计表或统计图都只是对数据资料的一种整理工作,只能对数据资料作出一种粗略的、直观的概括和显示。要想深入分析问题,单有统计表和统计图还不够,要将数据资料进行更为深入的数学概括,即要对数据资料用某些特定的计算公式算出一些量数,用以描述数据的全貌和各种特征。集中量数和离中量数是对一组数据的集中趋势和离中趋势两个基本特征的描述。通过对数据资料集中量数和离中量数的计算认识数据资料的集中趋势和离中趋势,即所谓集中量数分析和离中量数分析。

一、集中量数分析

集中量数是反映数据资料的集中趋势特征的一种指标。集中趋势是指社会现象总体内各单位在某个数量标志上的集中状况、集中程度和一般水平。集中量数分析也称为集中趋势分析,它是把社会现象总体内各个单位某标志数值的具体差异抽象,计算出反映数据资料集中趋势的指标数值,用以表明总体的综合特征,代表各个单位某一数量标志的一般水平。集中量数分析是通过计算和运用数据资料的集中量数进行。集中量数的类型很多,主要有众数、中位数、算术平均数等。

(一)众数

众数是总体中各单位在某个数量标志上出现次数最多的变量值。它可以用来表示被研究的社会现象中最普遍、最常见的情况。在描述某一社会现象时,有时不需要通过算术平均数、中位数反映数据资料的集中趋势,只要掌握最普遍的、最多见的情况就行了,这时便可以采用众数。

众数的计算方式可分为两类,即从单项分组资料计算众数和从组距分组资料计算众数。

从单项分组资料计算众数的方法比较简单,一般采用观察法即可。例如,某社会学院有教师 28 人,其中教授 6 人,副教授 12 人,讲师 8 人,助教 2 人。因为副教授的人数最多,所以副教授就是该社会学院教师的众数。再如,某村青年中有文盲 2 人,识字程度者 6 人,小学文化程度者 22 人,初中文化程度者 30 人,高中文化程度者 25 人,大专文化程度者 2 人。由于初中文化程度者最多,有 30 人,因而可以确定,该村青年文化程度的众数是初中文化程度。

从组距分组资料计算众数,一般来说要复杂一些,通常分为两个步骤:第一步,对资料进行观察,确定次数最多的组为众数所在组;第二步,根据众数组的组距进一步计算众数值。根据众数组的组距计算众数值有几种方法:

(1)组中值法,其计算公式为:

$$M_O = \frac{L+U}{2}$$

式中：M_O 代表众数；L 代表众数所在组的下限；U 代表众数所在组的上限。

(2) 摘补法，其计算公式为：

下限公式：$$M_O = L + \frac{\Delta_1}{\Delta_1 + \Delta_2}d$$

上限公式：$$M_O = U - \frac{\Delta_2}{\Delta_1 + \Delta_2}d$$

式中：M_O 代表众数；L 代表众数所在组的下限；U 为上限；Δ_1 代表众数所在组出现的次数与以下一组（数字小的方向）次数之差；Δ_2 代表众数所在组出现的次数与以上一组（数字大的方向）次数之差；d 代表众数组的组距。

【例 8-8】 某社会企业工人月工资收入情况如表 8-3 所示，求该社会企业工人月工资收入的众数。

表 8-3 某社会企业工人月工资收入

月收入/元	人数/人
1 000～1 200	25
1 200～1 400	41
1 400～1 600	83
1 600～1 800	176
1 800～2 000	184
2 000～2 200	202
2 200～2 400	314
2 400～2 600	304
2 600～2 800	523
2 800～3 000	407
3 000 元以上	289
合计	2 548

解：(1) 用组中值公式计算：
$$M_O = \frac{L+U}{2} = \frac{2\,600 + 2\,800}{2} = 2\,700（元）$$

(2) 用摘补法下限公式计算：
$$M_O = L + \frac{\Delta_1}{\Delta_1 + \Delta_2}d$$
$$= 2\,600 + \frac{523 - 304}{(523-304)+(523-407)} \times 200$$
$$= 2\,730.75（元）$$

(3) 用摘补法上限公式计算：
$$M_O = U - \frac{\Delta_2}{\Delta_1 + \Delta_2}d$$
$$= 2\,800 - \frac{523 - 407}{(523-304)+(523-407)} \times 200$$
$$= 2\,730.75（元）$$

答：略。

从上述计算可知，利用摘补法下限公式和上限公式计算出的结果是一致的。而利用组中值法计算，其结果与摘补法有较大出入。造成这种情况的原因在于，利用组中值法计算众数，由于参与计算的数据很少（只采用了一组数据），因而计算出的众数只能是一个大略的结果。

利用众数分析数据资料的集中趋势具有某些优势，这主要是：①众数极易求得，一般采用直接观察法即可。即使需要计算求得众数，其运算过程也不复杂。因此，它的适用范围较广，尤其能用于表明定类变量的一般水平。②众数一般不受个别数值的影响，也不受开口组数据的影响，它直接反映总体次数分布的集中状况。③由于众数是总体中出现次数最多的变量值,因此,众数在对社会调查结果的分析中有其特殊用途。例如,在进行社会意向调查时,众数组公众的社会意向无疑应当引起高度重视。

必须加以注意的是,利用众数分析数据资料的集中趋势也有其劣势,主要包括:①众数不能进行所有数据资料参与的代数运算,它包含的隐性信息是各种集中量数中最少的,因此,它作为集中量数的代表性显得不够强;②计算众数需要一定的条件,只有在数据资料呈现明显的集中趋势时才能计算众数,而在总体各单位的数值很少相同、无明显集中趋势时,众数对总体就缺乏代表性;③在分组资料中,众数易受数据分组情况的影响,如果数据分组数改变,众数可能会显示较大的变化。

(二)中位数

中位数也叫中位值,简称中值。它是将总体中各单位按某一标志值大小顺序排列起来,居于中间位置的那一个标志值。中位数是平均数的一种,因其是从位置上确定的中间位置的平均数值,故也称为位置平均数,它可以用来反映某一社会现象的一般水平,表明数据资料的集中趋势。

中位数的计算方式可以分为三类,即由原始资料计算中位数、由单项分组资料计算中位数和由组距分组资料计算中位数。

原始资料是以单项标志值形式表现的资料。由原始资料计算中位数比较简单,只须指出中位数的位置。通常的方法是,先把各个标志值按照大小顺序排列,然后用总体单位数加 1 除以 2,即中位数的位置 $=\frac{n+1}{2}$。当 n 为奇数时,处于中间位置的那个标志值就是中位数;当 n 为偶数时,中位数就是处于中间两个标志值的平均数。

【例 8-9】 某社会服务中心社工参加社工职业水平考试,第一组 7 名社工的成绩分别是 70、75、82、87、90、92、93 分,第二组 6 名社工的成绩分别是 81、83、85、87、89、91 分。分别求出两组社工考试成绩的中位数。

解:(1)第一组社工考试成绩中位数的位置 $=\frac{7+1}{2}=4$,其中位数为 87 分。

(2)第二组社工考试成绩中位数的位置 $=\frac{6+1}{2}=3.5$,其中位数为:$\frac{85+87}{2}=86$(分)。

答:略。

由单项分组资料计算中位数也比较简单,与由原始资料计算中位数的方法大致相同。通常的计算过程是:首先计算中位数所在的位置,即中位数的位置 $=\frac{n+1}{2}$;然后找出处于中位数位置上的标志值,即得出中位数。

【例 8-10】 某村青年文化程度统计如表 8-4 所示,求该村青年文化程度的中位数。

表 8-4　某村青年文化程度

文 化 程 度	人数/人	累 计 次 数
文盲	2	2
半文盲	6	8
小学	22	30
初中	30	60
高中	25	85
大专	2	87

解：因为中位数所在位置 $=\dfrac{87+1}{2}=44$，所以中位数为初中文化程度。

答：该村青年文化程度的中位数是初中文化程度。

由组距分组资料计算中位数比较复杂，通常分为两个步骤：首先应采用 $\dfrac{\sum f}{2}$ 公式确定中位数所在组的位置，然后再用下列公式计算中位数的值。

$$下限公式：M_d = L + \dfrac{\dfrac{\sum f}{2} - cf_{m-1}}{f_m} \cdot d$$

$$上限公式：M_d = U - \dfrac{\dfrac{\sum f}{2} - cf_{m+1}}{f_m} \cdot d$$

式中：M_d 表示中位数；f 为总次数；cf_{m-1} 为中位数所在组以下各组的累计次数；cf_{m+1} 为中位数所在组以上各组的累计次数；f_m 为中位数所在组的次数；L 为中位数所在组的下限；U 为上限；d 为中位数所在组的组距。

【例 8-11】　某省高校勤工俭学学生月基本工资状况统计如表 8-5 所示，求该省高校勤工俭学学生月基本工资的中位数。

表 8-5　某省高校勤工俭学学生月基本工资状况

按月工资分组/元	学生数/人	向上累计次数	向下累计次数
500⁻	100	100	1 000
500～600	200	300	900
600～700	400	700	700
700～800	200	900	300

续表

按月工资分组/元	学生数/人	向上累计次数	向下累计次数
800～900	70	970	100
900$^+$	30	1 000	30
	1 000		

解：首先确定中位数所在的位置：

$$\frac{\sum f}{2} = \frac{1\,000}{2} = 500$$

由表 8-5 可知，中位数所在的组是 600～700 元组。这时 $\sum f = 1\,000$，$cf_{m-1} = 300$，$cf_{m+1} = 300$，$f_m = 400$，$L = 600$，$U = 700$，$d = 100$。

（1）利用下限公式计算：

$$M_d = L + \frac{\frac{\sum f}{2} - cf_{m-1}}{f_m} \cdot d = 600 + \frac{\frac{1\,000}{2} - 300}{400} \times 100 = 650(\text{元})$$

（2）利用上限公式计算：

$$M_d = U - \frac{\frac{\sum f}{2} - cf_{m+1}}{f_m} \cdot d = 700 - \frac{\frac{1\,000}{2} - 300}{400} \times 100 = 650(\text{元})$$

答：该省高校勤工俭学学生月基本工资的中位数为 650 元。

在社会调查中，利用中位数分析数据资料的集中趋势有某些优势，这主要是：①中位数可以代替算术平均数反映某种社会现象的一般水平；②中位数的计算不受开口组数据的影响；③中位数还不受少数特大值或特小值的影响。一般来说，在变量中有极端值出现时，中位数作为分析社会现象集中趋势的数值，比平均数的代表性更强。

利用中位数分析数据资料的集中趋势也有明显劣势：①由于中位数的确定要依赖数据资料的大小顺序，因此，它不适合于对定类变量的分析；②由于中位数的计算并不是所有的标志值都参与运算，所以，中位数所包含的隐性信息也不如算术平均数丰富；③当要分析的数据资料是有组距的分组型数据时，中位数的计算显得比较复杂。

（三）算术平均数

在社会调查资料的集中量数分析中，算术平均数是一种十分重要的集中量数指标，它通过将总体内各单位某一标志值的差异抽象化，得出反映标志值一般水平的统计指标，用以表明数据资料的集中趋势。关于算术平均数的作用和计算，前面已作了介绍，在此不再赘述。但需要进一步明确的是：

(1) 利用算术平均数分析数据资料的集中趋势有特殊的优势，具体体现在两个方面：①算术平均数概括了总体所有单位对总体的影响，因而可以综合反映总体的一般水平，成为描述总体集中趋势的最重要和最有效的指标；②算术平均数的计算是总体内所有单位的标志值都参与运算，所以，算术平均数所包含的隐性信息与众数、中位数所包含的隐性信息相比更为丰富。在通常情况下，众数、中位数、算术平均数三者中，算术平均数作为集中量数的代表性最强，而中位数的代表性次之，众数的代表性最弱。

(2) 利用算术平均数分析数据资料的集中趋势也有某些局限，主要包括三个方面：①由于算术平均数的计算要涉及每个变量值的大小，一般只适用于定距变量和定比变量的情况。②由于算术平均数是根据全部标志值计算出来的，因此，在标志值有极端数值时，它易受极端值的影响而减小其作为集中量数的代表性。例如，27、28、29、30、33、99 六个数值，算术平均数为 41，而实际上前五个数的算术平均数只有 29.4，41 根本无法代表它们，当然，41 更无法代表极端值 99。③算术平均数的计算因其十分严密，因而它不大适用于对有开口组数据的分析。当数据资料为有开口组数据时，集中量数分析一般要借助于众数或中位数。若非用算术平均数不可，则必须根据相邻组的组距将开口组变通，改为虚拟的闭口组，从而粗略地计算算术平均数。

二、离中量数分析

离中量数在统计学中是一种重要量数。离中量数也称为离散量数或差异量数，是反映数据离中趋势特征的一种指标。所谓离中趋势也叫离散趋势，是指某一社会现象总体内各单位在某个数量标志上的离散状况和差异程度。在社会调查的定量分析中，对某一社会现象总体进行集中量数分析，只是考虑了总体内各单位数值集中趋势的一面，而未考虑总体内各单位数值离中趋势的一面。为了揭示社会现象总体的全面特征，还需要进行离中量数分析。

离中量数分析也称为离散量数分析、离中趋势分析或离散趋势分析，它是把社会现象总体内各单位某标志值的具体差异抽象，计算出反映数据资料离中趋势或离散趋势的指标数值，用以表明社会现象总体的离散状况和差异程度的一般情况。离中量数分析主要是通过计算数据资料的离中量数进行。离中量数的种类很多，主要包括全距、异众比率、四分位差、标准差和离散系数等。相对于集中量数，异众比率与众数相对应，四分位差与中位数相对应，标准差与算术平均数相对应，它们互有参照意义。

在离中量数中，全距是一种容易理解和计算的离中量数，它是指一个数列中两个极端值之差，故又称为极差。全距越大，数据的离散趋势越大；反之，越小。由于全距是一种容易理解和计算的离中量数，在此不展开讨论。下面主要介绍异众比率、四分位差、标准差和离散系数的含义及其计算方法。

（一）异众比率

异众比率是指非众数的次数与总体内全部单位数的比值，一般用 VR 表示。其计算公式为：

$$VR = \frac{n - f_{mo}}{n}$$

式中：n 为总次数，f_{mo} 为众数的次数。

【例 8-12】 试计算例 8-8 中某社会企业工人月工资收入的异众比率。

解：根据例 8-8 中提供的数据可知，$n=2548$，$f_{mo}=523$，故

$$VR = \frac{n - f_{mo}}{n} = \frac{2\,548 - 523}{2\,548} = 0.795$$

答：该社会企业工人月工资收入的异众比率为 0.795，即 2 548 个工人中约 79.5% 的工人月工资收入不在 2 600～2 800 元，更不是 2 730.75 元。

异众比率是相对于众数而言的离中量数，其作用在于指出众数所不能代表的那一部分单位数在总体中的比重到底有多大，并由此说明众数的代表性如何。一般来讲，异众比率越大，众数作为集中量数的代表性越小；异众比率越小，则众数作为集中量数的代表性越大。

（二）四分位差

四分位差又称为四分位间距。它是把总体中各单位按某一标志值大小顺序排列起来，然后分成四个数目相等的段落，各段落分界点上的数称为四分位数。一共有三个四分位数，第一个四分位数为 Q_1，包括以下 25% 的数据；第二个四分位数为 Q_2，即中位数，包括以下 50% 的数据；第三个四分位数为 Q_3，包括以下 75% 的数据。这样，Q_1 和 Q_3 之间正好包括中段 50% 的数据。Q_3 和 Q_1 这两个四分位数之差就叫做四分位差，一般用 Q 表示。

四分位差的计算可依据数据资料的不同情况采用不同的计算方法。

1. 对未分组型数据资料计算四分位差

对未分组型数据资料计算四分位差的公式为：

$$Q = Q_3 - Q_1$$

Q_1、Q_3 的位置可以用下列公式求得：

当 n 为偶数时：Q_1 的位置 $= \dfrac{n}{4}$，Q_3 的位置 $= \dfrac{3n}{4}$；

当 n 为奇数时：Q_1 的位置 $= \dfrac{n+1}{4}$，Q_3 的位置 $= \dfrac{3(n+1)}{4}$。

式中：n 为全部变量的个数。

【例8-13】 试求下列16个数据的中位数和四分位差：30、40、50、60、70、80、90、100、110、120、130、140、150、160、170、180。

解：（1）计算中位数：

$$\text{中位数的位置} = \frac{n+1}{4} = \frac{16+1}{2} = 8.5$$

所以

$$\text{中位数} = \frac{100+110}{2} = 105$$

（2）计算四分位差：

$$Q_1 \text{ 的位置} = \frac{n}{4} = \frac{16}{4} = 4, \quad Q_1 = 60$$

$$Q_3 \text{ 的位置} = \frac{3n}{4} = \frac{3 \times 16}{4} = 12, \quad Q_3 = 140$$

$$Q = Q_3 - Q_1 = 140 - 60 = 80$$

答：该组数据的中位数为105，四分位差为80。

2. 对定序类型资料计算四分位差

对定序类型资料计算四分位差，首先同样要找出 Q_1 与 Q_3 的位置，再求 Q_1 和 Q_3，最后求 Q。

【例8-14】 试求例8-10中某村青年文化程度统计数据的四分位差。

解：根据例8-10中给出的数据可知：

$$Q_1 \text{ 的位置} = \frac{87+1}{4} = \frac{87+1}{4} = 22$$

第22个数据在"小学"内，故 Q_1 值为小学。

$$Q_3 \text{ 的位置} = \frac{3 \times (87+1)}{4} = 66$$

第66个数据在"高中"内，故 Q_3 值为高中。

$$Q = Q_3 - Q_1 = \text{高中} - \text{小学}$$

答：某村青年文化程度的四分位差是高中－小学，即该村87名青年中，处于中间的50%的人其文化程度在小学到高中之间。

3. 对定距类型资料计算四分位差

定距类型数据资料的四分位差计算比较麻烦，计算公式为：

$$Q = Q_3 - Q_1$$

其中 Q_1 和 Q_3 可以用下列公式求得：

$$Q_1 = L_1 + \frac{\frac{n}{4} - cf_1}{f_1} \cdot d_1$$

$$Q_3 = L_3 + \frac{\frac{3n}{4} - cf_3}{f_3} \cdot d_3$$

式中：L_1 为 Q_1 所在组的真实下限；L_3 为 Q_3 所在组的真实下限；f_1 为 Q_1 所在组的次数；f_3 为 Q_3 所在组的次数；cf_1 为 Q_1 所在组以下的累积次数；cf_3 为 Q_3 所在组以下的累积次数；d_1 为 Q_1 所在组的组距；d_3 为 Q_3 所在组的组距；n 为全部变量的个数。

【例 8-15】 试求例 8-11 中某省高校勤工俭学学生月基本工资的四分位差。

解：根据例 10-11 中提供的资料可知：

$$Q_1 \text{ 的位置} = \frac{1\,000}{4} = 250$$

$$Q_3 \text{ 的位置} = \frac{3 \times 1\,000}{4} = 750$$

所以 Q_1 落在 500～600 元，Q_3 落在 700～800 元。

$$Q_1 = 500 + \frac{\frac{1\,000}{4} - 100}{200} \times 100 = 575(\text{元})$$

$$Q_3 = 700 + \frac{\frac{3 \times 1\,000}{4} - 700}{200} \times 100 = 725(\text{元})$$

$$Q = Q_3 - Q_1 = 725 - 575 = 150(\text{元})$$

答：该省高校勤工俭学学生月基本工资的四分位差为 150 元。这个值告诉我们，该省 1 000 名高校勤工俭学学生中，处于中间的 50% 的高校勤工俭学学生的月基本工资在 575～725 元之间。

四分位差是相对于中位数而言的离中量数，运用四分位差可以检验作为集中量数的中位数的代表性大小。一般来说，四分位差越大，中位数作为集中量数的代表性越小；四分位差越小，中位数作为集中量数的代表性越大。值得一提的是，如要说明数据相对于中位数的离散程度，这时可用 $M_d \pm \frac{Q}{2}$ 求得，它表示在 $M_d \pm \frac{Q}{2}$ 的区间内包括了全部数据个数的一半。上例说明，月工资在 $M_d \pm \frac{Q}{2}$，即 (650 ± 75) 元的区间内包括了该省高校勤工俭学学生数目的一半。

（三）标准差

标准差又称为均方差或均方根，它是指社会现象总体中各单位的标志值与算术平均数之差的平方和的算术平均数的平方根,一般用 σ 表示。

标准差的计算依据数据资料的不同情况分为不同的计算方法。

1. 未分组型数据计算标准差

对于未分组型数据,计算标准差的公式为:

$$\sigma = \sqrt{\frac{\sum(X-\overline{X})^2}{n}}$$

【例 8-16】 某社区服务中心 5 名社工的社会学考试成绩分别为 68、69、70、71、72 分,求该社区服务中心 5 名社工的社会学考试成绩的标准差。

解:

$$\overline{X} = \frac{\sum_{i=1}^{n} X_i}{n} = \frac{68+69+70+71+72}{5} = 70(\text{分})$$

$$\sigma = \sqrt{\frac{\sum(X-\overline{X})^2}{n}}$$

$$= \sqrt{\frac{(68-70)^2+(69-70)^2+(70-70)^2+(71-70)^2+(72-70)^2}{5}}$$

$$= 1.41(\text{分})$$

答:该社区服务中心 5 名社工的社会学考试成绩相对于平均成绩 70 分来说,其标准差为 1.41 分。

2. 单项分组型数据计算标准差

对单项分组型数据,计算标准差的公式为:

$$\sigma = \sqrt{\frac{\sum(X-\overline{X})^2 \cdot f}{\sum f}}$$

【例 8-17】 某社区家庭人口数的次数分布如表 8-6 所示,求该社区家庭人口数的标准差。

表 8-6 某社区家庭人员数的次数分布

家庭人口数(X)	家庭数(f)	家庭人口数×家庭数($X \cdot f$)
1	24	24
2	275	550
3	430	1 290

续表

家庭人口数(X)	家庭数(f)	家庭人口数×家庭数($X \cdot f$)
4	382	1 528
5	210	1 050
6	86	516
合计	1 407	4 958

解：

$$\overline{X} = \frac{\sum_{i=1}^{n} X_i f_i}{\sum_{i=1}^{n} f_i} = 4958/1407 = 3.5(人/家)$$

$$\sum (X - \overline{X})^2 \cdot f = (1-3.5)^2 \times 24 + (2-3.5)^2 \times 275 + (3-3.5)^2 \\ \times 430 + (4-3.5)^2 \times 382 + (5-3.5)^2 \times 210 + (6-3.5)^2 \times 86 \\ = 1981.75$$

$$\sum f = 24 + 275 + 430 + 382 + 210 + 86 = 1\,407$$

$$\sigma = \sqrt{\frac{1\,981.75}{1407}} = 1.19(人)$$

答：该社区的家庭人口数相对于家庭平均人口数 3.5 人来说，其标准差为 1.19 人。

3. 组距分组型数据计算标准差

对于有组距的分组型数据资料，其标准差的计算公式为：

$$\sigma = \sqrt{\frac{\sum (X_{mid} - \overline{X})^2 \cdot f}{\sum f}}$$

【**例 8-18**】某福利企业工人月工资收入状况如表 8-7 所示，求该福利企业工人月工资收入的标准差。

表 8-7 某福利企业工人月工资收入状况

月收入/元	人数/人
600～700	20
700～800	39
800～900	64

续表

月收入/元	人数/人
900~1 000	34
1 000~1 100	29
1 100~1 200	14
合计	200

解：

$$\overline{X} = \frac{650 \times 20 + 750 \times 39 + 850 \times 64 + 950 \times 34 + 1\,050 \times 29 + 1\,150 \times 14}{20 + 39 + 64 + 34 + 29 + 14}$$

$$= 877.5(元)$$

$$\sum(X - \overline{X})^2 \cdot f = (650 - 877.5)^2 \times 20 + (750 - 877.5)^2 \times 39 + (850 - 877.5)^2$$
$$\times 64 + (950 - 877.5)^2 \times 34 + (1\,050 - 877.5)^2 \times 29$$
$$+ (1\,150 - 877.5)^2 \times 14 = 39\,200$$

$$\sum f = 20 + 39 + 64 + 34 + 29 + 14 = 200$$

$$\sigma = \sqrt{\frac{\sum(X_{mid} - \overline{X})^2 \cdot f}{\sum f}} = 14(元)$$

答：该福利企业工人月收入相对于平均数877.5元来说，其标准差为14元。

标准差是相对于算术平均数而言的离中量数，算术平均数和标准差是描述性统计分析中最重要的一对指标。运用标准差可以检验作为集中量数的算术平均数的代表性大小。一般而言，标准差越大，算术平均数作为集中量数的代表性越小；标准差越小，算术平均数作为集中量数的代表性越大。值得注意的是，在不同数据组的分析中，即使算术平均数相等，其集中趋势并不一定相同，这可以通过计算其作为离中量数的标准差对算术平均数的代表性加以区分。

【例8-19】 某社区服务中心的社工分为三个社工小组，在某次考试中，已知三个社工小组各5名社工的社会学考试成绩分别为：

甲组：68,69,70,71,72；

乙组：45,62,70,78,95；

丙组：15,60,80,95,100。

求各组社会学考试成绩的算术平均数，并运用标准差比较各组社会学考试成绩算术平均数的代表性大小。

解：(1) 求算术平均数：

$$\overline{X}_甲 = (68+69+70+71+72)/5 = 70(分)$$

$$\overline{X}_乙 = (45+62+70+78+95)/5 = 70(分)$$

$$\overline{X}_丙 = (15+60+80+95+100)/5 = 70(分)$$

(2) 求标准差。

根据 $\sigma = \sqrt{\dfrac{\sum(X-\overline{X})^2}{n}}$ 计算可得：$\sigma_甲 = 1.41$；$\sigma_乙 = 16.6$；$\sigma_丙 = 30.8$。

答：该社区三个社工小组社会学考试成绩的算术平均数相等，都是70分。尽管如此，三个社工小组社会学考试成绩的标准差显然是不同的，甲组的标准差为1.41分，乙组的标准差为16.6分，丙组的标准差为30.8分。甲组的标准差最小，因而其算术平均数的代表性最大；丙组的标准差最大，因而其算术平均数的代表性最小。

（四）离散系数

离散系数是标准差与算术平均数的比值，一般用百分数表示。其计算公式为：

$$CV = \dfrac{\sigma}{\overline{X}} \times 100\%$$

式中：CV为离散系数；σ为标准差；$\overline{X}$为算术平均数。

离散系数与前面所讲的几种离中量数都不同，前面所讲的离中量数是绝对差异量数，而离散系数是相对差异量数。绝对差异量数的作用在于可以直接比较集中量数相等的不同数据组的差异程度。在实际的社会调查中，能够满足集中量数相等的条件的数据资料并不多，这就使得绝对差异量数的应用范围受到明显限制。为了解决这一问题，有必要引进相对差异量数。

离散系数作为一种相对差异量数，它可以不受集中量数相等这一条件的限制，能够自如地比较算术平均数不相等的不同数据组的离散程度及算术平均数代表性的大小。在算术平均数不为零的情况下，离散系数越大，数据的离散程度越大，算术平均数的代表性越小；离散系数越小，数据的离散程度越小，算术平均数的代表性越大。

【例8-20】 根据调查，某社工服务中心员工人均月工资为3 030元，标准差为66元；人均月奖金196，标准差为17.6元。试比较该社工服务中心员工月工资和月奖金哪一个差异程度更大。

解：

$$CV_{工资} = \dfrac{\sigma}{\overline{X}} \times 100\% = \dfrac{66}{3\,030} \times 100\% = 2.18\%$$

$$CV_{奖金} = \dfrac{\sigma}{\overline{X}} \times 100\% = \dfrac{196}{17.6} \times 100\% = 11.14\%$$

答：该社工服务中心员工月奖金的差异程度比月工资的差异程度更大。

第四节 相关统计与回归统计分析

很明显,前面介绍的社会调查资料的定量分析方法都只涉及单变量的分析,确切地讲,它们对于认识和了解社会现象,只能起到一些最基本的描述作用。实际上,对社会调查资料的定量分析绝不能止于这一步,还需要对社会调查资料进行双变量分析和多变量分析。这里介绍的相关统计分析和回归统计分析,就是双变量或多变量分析的两种基本方法。进行相关统计分析和回归统计分析,有利于我们了解社会现象发生和变化的原因,揭示社会现象的发展规律,预测社会现象的发展趋势。

一、相关统计分析

社会现象之间常常是相互联系和相互影响的。这种联系有两种不同的类型,即函数关系和相关关系。函数关系反映变量之间严格的、确定的依存关系。相关关系则反映变量之间不严格的、非确定的依存关系。社会调查资料的相关统计分析就是通过对社会调查所获得的数据资料的统计和分析,求出一个数值,用以说明社会现象之间相关关系的方向和程度。它主要包括两项内容:一是确定社会现象间相关关系的基本类型;二是测量社会现象间相关关系的密切程度。

(一)确定相关关系的基本类型

社会现象之间的相关关系的类型很多,可以根据不同的标准进行划分。按照相关关系的方向,可将相关关系分为正相关、负相关和零相关。正相关是指两个相关的变量的变动方向相同,即一个变量变动时,另一个变量也向同一个方向变动;负相关是指两个相关的变量变动方向相反,即一个变量变动时,另一个变量随之向相反的方向变动;零相关也称为无相关,它是指一个变量变动时,另一个变量不发生变动,或虽有变动却无规律可循。按照相关关系的表现形式,可将相关关系分为直线相关和曲线相关。直线相关是指一个变量的值发生等量变动时,另一个变量也发生大致均等的变动,其运动轨迹大致表现为一条直线;曲线相关则是指一个变量的值出现大致等量的变动时,另一个变量的值也随之变动,但是这种变动是不均等的,其运动轨迹大致表现为一条曲线。此外,还可按照相关关系的强弱,将相关关系分为强相关和弱相关。相关关系的基本类型一般可以根据社会调查所获得的数据资料在直角坐标系中描绘散点,形成散点图。相关统计分析中通常都要绘制散点图,即要根据社会调查获得的数据绘制散点图,以确定相关关系的类型。

（二）测量相关关系的密切程度

社会调查资料的相关统计分析不仅要确定两变量间是否存在某种相关关系，而且要根据社会调查所获具体数据求出一个统计值，以说明两变量间相关关系的密切程度。两变量间相关关系的密切程度用相关系数表示。相关系数是表明两变量间相关关系密切程度的量数，一般用 r 表示，其计算公式为：

$$r = \frac{n\sum XY - (\sum X) \cdot (\sum Y)}{\sqrt{[n\sum X^2 - (\sum X)^2] \cdot [n\sum Y^2 - (\sum Y)^2]}}$$

或

$$r = \frac{\sum(X - \overline{X}) \cdot (Y - \overline{Y})}{n\sigma_x \sigma_y}$$

式中：X 为 X 变量数列的变量值；Y 为 Y 变量数列的变量值；n 为变量数列的项数；σ_x 为 X 变量数列的标准差；σ_y 为 Y 变量数列的标准差。

相关系数 r 取值范围在 $-1.00 \sim 1.00$，其数值最少用两位小数表示。如果 $r=-1.00$，两变量为完全负相关；如果 $r=1.00$，两变量为完全正相关。这两种情况都属于函数关系。如果 $r=0$，则两变量为零相关(无相关)。r 是负值，说明随着 X 变量增大，Y 变量减小，两变量变动的方向相反；r 是正值，说明随着 X 变量增大，Y 变量也随之增大，两变量变化的方向相同。如果 r 的绝对值介于 $0 \sim 0.3$，可以认为两变量低度相关；介于 $0.3 \sim 0.7$，是中度相关；介于 $0.7 \sim 1.0$，则是高度相关。

值得注意的是，相关系数 r 只是表示相关关系类型和程度的定序量数，它既不是反映相关量的百分数，也不是相关量的等单位度量。因此对于相关系数 r 有两个需要明确的要点：①相关系数只能比较大小，不能作加减乘除运算，既不能说相关系数从 0.1 到 0.4 与从 0.3 到 0.6 增加的程度一样多，也不能说相关系数 0.8 是相关系数 0.4 的 2 倍；②绝对值相等的相关系数表示的相关程度一样，只是相关方向有所差异。如相关系数 +0.5 与 -0.5 可表示相关程度相同，相关方向相反。

【例 8-21】 试根据表 8-8 中提供的资料，求 9 名社区居民 2 年内参加社区文化活动次数与其受教育年限之间的相关系数，并说明该相关系数表示的相关关系类型及含义。

表 8-8　9 名社区居民 2 年内参加社区文化活动次数与其受教育年限情况

居民	受教育年限 X	参加活动次数 Y	XY	X^2	Y^2
A	16	7	112	256	49
B	16	5	80	256	25
C	12	5	60	144	25

续表

居民	受教育年限 X	参加活动次数 Y	XY	X^2	Y^2
D	12	4	48	144	16
E	9	3	27	81	9
F	9	2	18	81	4
G	6	1	6	36	1
H	4	1	4	16	1
I	2	0	0	4	0
合计	86	28	355	1018	130

解：根据相关系数计算公式，将表 8-8 中的数据代入可得：

$$r = \frac{n\sum XY - (\sum X)\cdot(\sum Y)}{\sqrt{\left[n\sum X^2 - (\sum X)^2\right]\cdot\left[n\sum Y^2 - (\sum Y)^2\right]}}$$

$$= \frac{9\times 355 - 86\times 28}{\sqrt{(9\times 1018 - 86^2)\cdot(9\times 130 - 28^2)}}$$

$$= 0.953\,2$$

答：表 8-8 中 9 名社区居民 2 年内参加社区文化活动次数与其受教育年限之间的相关系数为 0.953 2。该相关关系类型为强正相关，它明确地表现出，社区居民受教育年限越多，其参加社区文化活动的次数越多。

二、回归统计分析

相关统计分析是用以说明社会现象之间相关关系的方向和程度的定量分析方法，它只对社会现象即变量之间的关系进行描述和一般性解释，它不具有预测的性质，不能根据一个变量的数值变化预测另一个变量的数值变化。因此，要使统计分析具有对两变量或多变量之间的变化情况作出定量预测的功能，还必须引入回归统计分析。

回归统计分析是通过对社会调查所获得的数据资料的统计和分析，建立一个回归方程，用以对社会现象进行预测的定量分析方法。回归统计分析与相关统计分析尽管有不同的性质和功用，但回归统计分析是建立在相关统计分析基础之上的。回归统计分析的第一步实际上是要进行相关统计分析。当相关统计分析中所求得的相关系数 r 等于或接近于 ± 1.00 时，这时变量之间的关系表现为函数关系，这样才能具体进行回归统计分析，即这样才能根据某些变量的变化情况预测另外一个变量的变化情况。

回归统计分析最关键的步骤是建立回归方程。根据涉及的变量的多少，回归方程有一元回归方程和多元回归方程之分。通过建立一元回归方程对社会现象进行预测分析称为一元回归统计分析,通过建立多元回归方程对社会现象进行预测分析称为多元回归统计分析。下面分别予以简单介绍。

（一）一元回归统计分析

一元回归统计分析是运用两个变量进行预测分析的方法。如果两个变量之间呈线性关系,则称为一元线性回归。一元线性回归方程式为：

$$Y = a + bX$$

式中：$a = \bar{Y} - b\bar{X}$。

$$b = \frac{n\sum XY - \sum X \cdot \sum Y}{n\sum X^2 - (\sum X)^2}$$

$$X = \frac{1}{n}\sum_{i=1}^{n} X_i$$

$$Y = \frac{1}{n}\sum_{i=1}^{n} Y_i$$

式中：Y 为因变量,即预测值；X 为自变量,即引起因变量变化的某个影响因素；a、b 为回归系数,a 为截距,b 为斜率；其他符号的意义均同算术平均数公式中的含义。

根据以上所述,利用社会调查所获得的数据资料,可先求出 $\bar{X}$、$\bar{Y}$，再求出回归系数 a、b，代入一元线性方程 $Y = a + bX$，即得出预测方程。然后将未来相关因素 X 的值代入预测方程，即可求出预测值 Y。

【例 8-22】 试根据例 8-21 中的资料,建立一元线性回归方程,以此计算受教育程度为 5 年、10 年时社区居民参加社区文化活动的次数。

解：将例 8-21 中的数据代入一元线性回归方程式中的 b、a 项计算公式可得：

$$b = \frac{n\sum XY - \sum X \cdot \sum Y}{n\sum X^2 - (\sum X)^2} = \frac{9 \times 355 - 86 \times 28}{9 \times 1018 - 86^2} = 0.45$$

$$a = \bar{Y} - b\bar{X} = 3.11 - 0.45 \times 9.56 = -1.19$$

将 a、b 值代入一元线性回归方程式 $Y = a + bX$ 可得：

$$Y = 0.45X - 1.19$$

当 $X = 5$ 时，$Y = 0.45 \times 5 - 1.19 = 1.06$；

当 $X = 10$ 时，$Y = 0.45 \times 10 - 1.19 = 3.31$。

答：依题意,通过建立一元线性回归方程 $Y = 0.45X - 1.19$，可预知当社区居民受教育年限为 5 年时,其参加社区文化活动的次数约为 1 次；当受教育年限为 10 年时,其参加社区文化活动的次数可能超过3次,但很难达到4次。

(二) 多元回归统计分析

多元回归统计分析是指当一个因变量与数个自变量有依存关系时采用的预测分析方法。多元回归方程式为:

$$Y = a + b_1X_1 + b_2X_2 + \cdots + b_nX_n$$

二元回归方程回归系数的确定,一般假定离中值为0,运用最小二乘数法,可得出以下公式:

$$\sum Y = na + b_1\sum X_1 + b_2\sum X_2$$

$$\sum X_1Y = a\sum X_1 + b_1\sum X_1^2 + b_2\sum X_1X_2$$

$$\sum X_2Y = a\sum X_2 + b_2\sum X_2^2 + b_1\sum X_1X_2$$

式中:Y 为预测值;X_1、X_2 为两个不同的自变量;a、b_1、b_2 为回归系数。

根据社会调查所获得的数据资料,按上述三式先求出 a、b_1、b_2,并将其代入二元回归方程,便成为具体的二元回归预测方程,依此即可进行预测性统计分析。

复习思考题

1. 简述社会调查中定量分析的特点和作用。
2. 试举例说明相对指标分析的作用。
3. 利用众数分析数据资料集中趋势的优势何在?
4. 利用中位数分析数据资料集中趋势的劣势何在?
5. 简要说明离散系数的性质与作用。
6. 社会现象之间的相关关系可以分为哪些类型?

第九章 社会调查的定性分析

[本章导读]

科学研究的过程通常是定量分析与定性分析高度统一的过程。任何一项科学研究,除了要对客观事物的量的规定性加以认识,进行必要的定量分析外,还必须对客观事物的质的规定性加以认识,进行必要的定性分析,以反映客观事物的本质属性和运行规律。同其他科学研究一样,在社会调查中,除了需要对社会现象进行必要的定量分析外,还必须对社会现象进行定性分析。定性分析具有抽象性、概括性、探究性和能动性,是社会调查者开展社会现象定量分析的先导与指南,进行社会现象理性认识的方式与途径,深入揭示社会现象本质的工具与手段。社会调查定性分析的具体方法很多。在本章中,结合社会学类专业的实际需要,着重介绍社会现象的比较分析与类型分析、因果分析与矛盾分析、结构分析与功能分析六种方法。

第一节 社会调查的定性分析概述

定性分析,从社会调查研究的一般角度讲,是指从分析对象质的规定性出发,对调查资料中所反映的社会现象的存在状态及发展变化趋势进行理性判断和科学阐述,从而得出理论化的研究结论。定性分析是使社会调查资料转化为一般研究结论的桥梁,因而定性分析的深层机制是以思考和思辨为主。具体而言,定性分析是利用概念、命题、推理、比较、分类、归纳、演绎、分析、综合等抽象思维的概念与方法对调查资料进行侧重于"从具体到抽象"方面的分析,以得出抽象而有条理的结论。

一、社会调查定性分析的特点

社会调查的定性分析,实际上是定性分析方法在社会调查过程中的具体应用。其基本含义是:从社会现象质的规定性出发,对所获得的社会调查资料中反映的社会现象的存在状态及发展变化趋势,进行理性判断和科学阐述,从而得出理论化的研究结论的方法。其具体内容是:借助于定性分析的概念工具和方式方法,确定社会现象的性质,划分社会现象的类别,比较不同社会现象的异同,探究社会现象间的因果联系,发现社会现象的内在矛盾,明确社会现象的结构和功能,概括社会现象的运动、变化与发展规律。与社会调查的定量分析比较,社会调查定性分析有其明显的特点,主要特点在于:

(一)抽象性

抽象性是指在思维中舍弃研究对象非本质的属性和特征,抽取研究对象本质的属性和特征的特点。由于社会调查定性分析是对社会现象的内在本质和一般规律的把握,这就使它必然失去感性的、具体的特点,从而具有抽象性特点。社会调查定性分析的抽象性主要表现在两个方面:①社会调查定性分析是对感性的、具体的社会调查资料内容的"去粗取精,去伪存真,由此及彼,由表及里"的加工处理,只能运用抽象思维才能进行;②社会调查定性分析特别注重对社会调查资料的抽象化与一般化,往往舍弃其中个别的、偶然的、表面的东西,抽象出社会现象的本质属性或一般特征。

(二)概括性

社会调查定性分析的目的和要求表明,社会调查定性分析具有概括性特点。社会调查定性分析的概括性特点主要表现在于:①社会调查定性分析的目的在于得出一般的、普遍的理论认识和结论,这必须建立在概括的基础上才能达到目的;②社会调查定性分析不能停留在单纯抽象的层次上,它必须通过概括扩大抽象的成果,否则,就很难真正揭示和形成具有普适性的社会运行的丰富理论;③社会调查定性分析要求不仅抽象出社会现象的本质,而且需要找出社会现象之间的各种联系,从而形成对社会现象整体的和系统的认识,这正好是社会调查定性分析概括性特点的优长之处。

(三)探究性

对社会调查资料的定性分析不仅要确定社会现象的性质是什么,更重要的还要追踪溯源地探究社会现象为什么产生,怎样产生,并对其产生的原因和过程作扩展研究和深入探讨,即不仅要"知其然",而且要"知其所以然"。例如,运用定性分析方法对反映城乡居民社会差异问题的调查资料进行研究,首先要确定什么是城乡居民的社会差异,城市居民与农村居民之间到底有哪些社会差异;其次要进一步明确为什么城乡居民之间存在社会差异,引起城乡居民社会差异的因素有哪些,在诸多因素中,哪个因素是决定性因素,等等。因此,社会调查定性分析总是乐于追踪溯源,具有明显的探究性。

(四) 能动性

社会调查定性分析是社会调查主体认识的能动性充分发挥的过程。社会调查定性分析的能动性,首先表现在社会调查者对调查资料的分析与综合的能动性。社会调查定性分析实际上是社会调查主体凭借其已有的知识,对所获得的社会调查资料进行分析和综合的过程。其次表现在社会调查者对社会理论建构的能动性。社会调查定性分析实际上是社会调查者依靠自己的思维能力揭示社会现象的本质和规律的理论认识过程。最后表现在社会调查者对社会问题的发现和提出解决问题方案的主动性。社会调查定性分析实际上是社会调查者通过自己深入研究社会问题,提出社会问题解决方案的过程。

二、社会调查定性分析的作用

社会调查定性分析具有多层次、多方面的作用,不仅对社会现象能起到分析、解释、提炼、凝聚的作用,而且对社会现象分析的结果有论证、反思、提升的作用,还能有效地解答实际问题。定性分析能使社会调查在理论上和实践上有所发现,有所突破,能使社会调查资料的价值由隐性变为显性,增强社会调查资料的有效利用率。社会调查定性分析概括起来有以下三大作用。

(一) 开展社会现象定量分析的先导与指南

社会调查定性分析是社会调查定量分析的先导与指南,这可从两个方面理解:①社会调查的一般过程是先揭示它所研究的社会现象的性质,然后再通过数量关系将它表达出来。马克斯·韦伯把社会研究分为三个阶段:在确定学术研究目标(课题)时是价值介入的,而在研究过程中(即搜集资料加以论证)要保持价值中立,最后作出结论时又必须价值介入。这恰好与定性—定量—定性的分析过程一致。②社会调查定性分析还能对社会现象定量分析提供指南,有效指引社会现象定量分析的方向。在定量社会调查中,如果对社会调查资料缺乏定性分析,调查材料就成了数字的堆积和直述,"只讲事,不讲理",反映社会现象的各种数量特征也会缺乏相应的内在联系。

(二) 进行社会现象理性认识的方式与途径

通常来讲,社会调查者在对社会现象进行研究的过程中,在开始接触研究对象时,主要是从研究对象的外观观察考究社会现象,或者说是借助于感觉认识社会现象。然而,感觉是主观的,再说凭感觉也很难分辨一种社会现象是真是假、是符合科学还是不符合科学。这样所获得的感性材料,实际上是关于社会现象的外部联系和外部特性的整体表象。要把这些"真假相混,表里难一"的经验材料上升到理性的、科学的认识,就必须借助于定性分析方法。可以说,社会调查的实际价值直接取决于对取得的事实材料所作的理论概括的深度。真理并不等于事实本身,真理是知识的理论体系,真理也好,理论知识也罢,只有通过定性分析的途径才能具体获得。

(三) 深入揭示社会现象本质的工具与手段

社会现象往往具有多方面的质和多方面的属性。如作为社会人的质可以有自然属性、社会属性、心理属性等。在社会人的诸种属性中,社会属性是社会人的根本属性,从基本属性的层次看,它是人与人以外的动物区别开来的本质属性;从特殊属性的层次看,它是人的社会性与人的非社会性区别开来的本质属性。由于社会现象质的规定的多重性和属性表现的多样性,作为对社会现象调查结果的资料也会呈现多重性和多样性。这样,社会调查资料往往是模糊不清的,不仅质的规定性与量的规定性相互交织,而且不同质的规定以及不同属性也相互交错,这就需要通过定性分析方法将社会现象的各种质以及质的多样表现悉心分辨,系统揭示,以认识社会现象的本质。

三、社会调查定性分析的过程

社会调查定性分析虽说不像定量分析那样讲究程序,但它也有一个基本的分析过程。这一分析过程大致包括以下几个步骤:①确定定性分析的目标和分析材料的范围;②对社会调查资料进行必要的整理分析;③选择适当的研究方法和基本的分析维度;④对资料进行深度分析并提出分析的结论。在此,我们通过对"农民工子女教育问题"的研究案例了解社会调查定性分析的大致过程,以反映社会调查定性分析的一般要求和基本步骤。

【案例 9-1】 随着我国工业化、城镇化进程的不断推进,全国各地大力发展劳务产业,广大农民纷纷进城务工就业。随之而来的人口迁移带来了许多社会问题,尤其是农民工随迁子女接受教育的问题日趋突出。以广东省为例,目前全省义务教育阶段非户籍学生总数超过244万人。广东省教育厅厅长在2008年9月16日举行的广东省人大常委会贯彻义务教育法执法检查活动中指出,广东非户籍务工人员子女接受义务教育呈现三个特点:数量多,目前在广东居住半年以上的登记在册的农民工达2600万人,全省义务教育阶段非户籍学生达到244.08万人,占全省义务教育阶段学生总数的16.27%;增长快,从2001年到2007年,全省义务教育阶段非户籍学生增加了164万人,增长205%;区域分布集中,珠三角地区8个市就有207.6万人,占总数的85%以上。[1]

---

[1] 广东省采取多种形式解决流动人口子女教育问题[EB/OL].(2008-9-13)[2008-12-18].http://www.jyb.cn/basc/xw/200809/t20080916_195601.htm.

在上述案例中，该厅长对广东省流动人口子女教育的状况及其特点进行了归纳和总结。这里可以进一步对上述材料整理加工和深入分析。

（1）确定研究目标和研究性质定位。可以把研究目标确定为"农民工子女教育问题"，这比"非户籍常住人口子女义务教育状况"的研究范围要窄。同时可以从社会问题的视角研究农民工子女教育"状况"。

（2）对研究资料做必要的整理分析。农民工子女教育既然是作为问题研究，就要进一步从分析问题的现状及其表现、问题的成因、农民工对解决问题的期望和要求等方面进一步搜集和整理资料。

（3）选择适当方法对资料进行分析。可以运用类型分析方法将农民工子女教育问题分为在公办学校就读的问题与在民办学校就读的问题、在家庭中存在的困境与在社会上存在的困境、在观念上存在的困惑与在现实中遇到的困难等；运用比较分析方法，将农民工子女学生与城市居民子女学生作具体比较，发现教育公平发生偏差所引起的城乡教育失衡问题；运用因果分析方法，探寻农民工子女教育问题的种种原因及其带来的后果。

（4）作出结论或提出主要解决措施。如进一步完善义务教育管理体制，打破城乡割据局面；探索建立适应"就地入学"的教育管理服务机制；挖掘现有公办学校教学资源和潜力，大力扶持兴办农民工子弟学校；改革户籍制度，破除城市学生与农村学生的界限；建立农民工子女教育救助资金，提供"富有爱心"的平等教育；强化农民工依法送子女入学的观念。

此外，也可进行分项定性分析，如探索建立适应"就地入学"的教育管理服务机制，可建立农民工子女入学"钱随人走"的财政转移支付制度，将中央财政安排用于义务教育"两免一补"和提高公用经费等的补助资金进行转移支付，加大对接收农民工子女较多地区的经费补助力度。

四、社会调查定性分析的原则

任何社会调查定性分析都应讲究原则，原因是，与社会调查定量分析比较，社会调查定性分析的科学性、程序性相对较弱，主观性、随意性表现较强。要确保社会调查定性分析的正确有效，必须遵循以下基本原则。

（一）客观性原则

社会调查定性分析的客观性原则，是强调社会调查者在分析社会调查资料所反映的社会现象时，应当摆脱个人成见的束缚，对社会调查资料进行客观的分析，力求原原本本地认识社会现象。由于定性分析主要是一种理性分析，它很容易脱离社会现象的感性原貌，造成分析的主观性，甚至歪曲社会现象的本来面貌，因此，提出客观性原则有十分重要的意义。按照客观性原则的要求,社会调查者在社会调查材料面前,绝不应带有任何偏见或倾向,也不能把主观猜测与客观事实混淆起来,而是要忠实于社会调查获得的资料,因为社会调查获得的资料是客观实际的反映。当然,社会调查资料也有不全、不足、不准甚至不实的情况,但即使如此,也不能成为以我们的想象代替的理由,而是要重新开展社会调查,具体解决调查资料本身的问题。

(二)全面性原则

社会调查定性分析的全面性原则,是强调社会调查者在分析社会调查资料所反映的社会现象时,应当全面、系统地分析问题。在社会调查定性分析的运作中,具体要注意两个方面:①分析的事实要全面,即从社会调查资料反映的全部事实出发,而不能简单地从个别事实出发分析问题;②分析的角度要全面,即从多个角度分析社会调查资料,而不是从某个单一的角度分析社会调查资料;③分析的结论要全面,即分析研究的结论要力求与社会调查资料的全部事实一致(无论是证实还是证伪都应当如此),而不能满足于与社会调查资料的个别事实取得一致。总的说来,就是要保持社会调查资料本身的全面性和完整性,准确地把握社会调查资料的全部事实,并从全部事实出发进行定性分析,把握整体问题,得出分析结论。

(三)深入性原则

社会调查定性分析的深入性原则,是强调社会调查者在分析社会调查资料所反映的社会现象时,应当深入地分析问题。在社会调查中,深入开展社会调查资料的搜集工作,并不能完全代替深入的社会调查资料的分析工作。一般来说,社会调查搜集来的研究资料理应是反映客观事实的资料。然而,事实上,有反映现象的事实,也有反映本质的事实;在事物的本质结构中,有初级本质,还有深层本质,甚至有多级本质。因此,对社会调查资料的定性分析,要善于透过现象看到本质。尤其对于复杂的社会现象,要认真,透彻地进行研究,不仅要发现社会现象的一级本质,而且要由外到内,由表及里,由浅入深地揭示社会现象的更深刻的隐藏于深层结构中的本质。否则,定性分析仍然是肤浅的、表面的,很难达到定性分析的真正目的。

(四)结合性原则

定性分析方法与定量分析方法各有其优点,也各有其局限性。定性分析能够使人们对社会现象的分析做得深刻,但不能做到定量分析那样精确;分析过程灵活,具有很强的能动性,但往往笼统,容易陷入主观性。因此,定性分析的研究结果往往因人而异,具有非唯一性和或然性,有时甚至出现"公说公有理,婆说婆有理"的局面。要弥补定性分析方法的不足,克服定性分析方法的局限,最好的办法就是将定性分析方法与定量分析方法结合起来,对社会现象进行全面、深入、科学的认识。例如,在对失业者的研究中,不仅需要采用深度访谈、参与观察等定性的调查方法深入研究个人失业的原因和状况,而且还要采用定量的调查方法(如问卷调查)分析失业的社会结构性问题。这样,才能找到解决失业群体就业的有效途径。

第二节 比较分析与类型分析方法

面对丰富但零碎的感性社会调查资料,首先需要的是对其进行整理、加工。经过对社会调查资料的初步整理、加工,便可进入整个社会调研过程的分析研究阶段。在这一阶段中,从定性分析的运行逻辑和基本环节看,首先要做的就是比较分析与类型分析。在社会调查的定性分析中,比较分析与类型分析两种方法往往是交织在一起的,二者密不可分,这是很值得我们注意的。

一、比较分析方法

有比较才有鉴别。比较是人类认识客观事物的一种重要手段,是分析客观事物的一种最为基本的定性分析方法。以此推之,比较也是人们认识社会现象的一种重要手段,是分析社会现象的一种最为基本的定性分析方法。正因为如此,迪尔凯姆提出了"比较社会学是社会学本身"的著名论断。

(一)比较分析的含义与作用

比较分析是将两个或两类社会现象相对比,从而确定它们之间的差异点和共同点的一种逻辑分析方法。任何社会现象总是既有共同性,又有差异性,然而这些异同只有通过必要的比较才能发现。社会现象尽管千差万别、千姿百态,但都处在相互联系之中,并通过相互联系表现自己的多种属性。在这些属性中,既有同其他事物相同的属性,也有同其他事物相异的属性,人们只有把握这些相同点和相异点,才能较好地陈述事实并给予一定的理论解释。

比较分析是初步整理经验材料不可缺少的逻辑方法。初步整理经验材料,就是通过比较各种各样的对象的相同点与相异点,对其进行适当的分类,相同点多而相异点少的对象归为同一类,相同点少而相异点多的对象归为不同的类。这样,人们对其所研究对象的认识就不再是孤立的和零碎的,而是全面的和系统的。通过比较对平列的、杂乱无章的经验材料分门别类,这样才能找到事物或现象间比较稳定的联系,为探索事物或现象的规律构建基础平台。

比较分析在社会调查中具有重要的作用,它成为研究社会现象的重要方法。我们可以借助于比较方法鉴别是非,取长补短。例如,通过中西社区文化、社区服务、社区管理等的比较,可取长补短,直接从西方社区文化、社区服务、社会管理中吸取营养,发挥我国社区文化、社区服务、社区管理的长处。

比较分析对预测社会发展和社会变迁起着重要作用。这主要是因为,社会现象之间的差异可以引起社会的变迁。

比较分析在预测和预防社会问题方面也具有积极作用。如城乡二元结构中存在"剪刀差"现象,包括城乡公共设施投入上的"剪刀差"、城乡教育事业投入上的"剪刀差"、城乡社会保障发展上的"剪刀差"、城乡社会服务提供上的"剪刀差",都会成为城乡社会矛盾与社会冲突的根源,成为社会不和谐、不稳定的因素。通过比较分析可以了解这些方面的情况,提出有关对策措施,缩小和控制这种差距,促进城乡社会的良性运行和协调发展。

(二) 比较分析的内容和方法

社会现象的共同性和差异性不仅是比较分析的客观基础,而且是比较分析的基本视点和基本内容。社会调查中的比较分析方法,实际上是对社会现象之间的共同点和差异点进行比较,或者是发现共同点和差异点。

1. 共同点的比较分析

通过比较分析,确立社会现象间的相同点,即共同点的比较分析。其具体内容包括两个方面:①找出共同性质,即同类社会现象的共同属性,这是比较分析的前提;②找出共同特点,即这些社会现象所具有的一致性和相似性所在。通过共同点的分析,可以为制定社会发展的一般政策、规划提供基本依据。共同点的比较分析模式如下:

社会现象　被比较的特性
A　　a、b、c、…
B　　a、b、c、…

A 与 B 两对象具有相同的特性 a、b、c、…。

社会调查中的比较研究,首先要找出表面上差异极大的事物间的共同点。例如,我国许多作为省会的古老城市的城市规划,尽管各市情况有许多差异,但它们之间的共同点是有的,总结起来大概有以下几点:①强调省会城市历史上和现实中作为政治中心、信息中心和管理中心的功能;②强调省会城市历史上和现实中作为经济中心、金融中心和商业中心的作用;③强调省会城市历史传统文化和现代城市文化在城市文化发展中的地位,突出历史文化名城的特色。

2. 差异点的比较分析

差异点的比较分析是通过比较分析,确定社会现象之间的不同点,即找出社会现象表现的不同特点,针对这些相互之间存在差异的特点进行深入的分析,从而得出不同的结论,提出不同的对策建议,采取不同的手段和方法解决有关具体社会问题。差异点的比较分析模式如下:

$$\begin{array}{cc} 社会现象 & 被比较的特性 \\ A & a、b、c、\cdots \\ B & \bar{a}、\bar{b}、\bar{c}、\cdots \end{array}$$

A 对象以特性 a、b、c,…与 B 对象相异。

社会调查中的比较研究,也要找出表面上极为相似事物的差异点。例如,广州的都府、六榕、盐运西、南湾等社区都是具有厚重历史文化的社区,它们之间有许多共同点,但也存在明显差异,其中一个差异是,前三个社区都在广州老城区,而南湾却是一个"转制"社区。为此,南湾社区建设的定位,虽说可以与前三个社区一样在弘扬历史文化上大做文章,但它必须与前三者有所区别,否则可能会"东施效颦"。

无论是对共同点的比较分析还是对差异点的比较分析,比较分析既可在异类社会现象之间进行,也可在同类社会现象之间进行,还可以在同一社会现象的不同时空状态之间进行。当然,最重要的前提是具有可比性。在社会调查资料的定性分析中,比较分析大致有以下两种基本方法。

(1) 横向比较分析,是根据同一标准对同一时间的有关社会现象进行异同比较分析。它可以是同类现象间的比较,如某一区域的社会发展水平与另一区域的社会发展水平的比较,也可以是异类现象间的比较,如城市居民与农村居民生活方式的比较,还可以是同一现象不同方面或不同部分的比较,如对同一阶层内部不同群体的社会期望的比较,在职干部与退休干部处世行为的比较。横向比较分析是在既定时空内的比较,它能够使我们区分或辨认各种不同的社会现象的特点及其发展变化状况,消除思想上的狭隘观念。

(2) 纵向比较分析,是对同一社会现象在不同时期的具体特点进行异同比较分析。它可以是同一社会现象不同时期的比较,如对我国城市居民改革开放前与改革开放后的闲暇生活状况的比较,也可以是同一社会现象不同发展阶段的比较,如人们在青少年阶段、中年阶段、老年阶段社会活动不同特点的比较,古人与今人社会生活的比较。纵向比较是在历史形态上的比较,它是揭示社会现象不同时期、不同阶段的特点及其发展变化趋势的思维方法,有助于增强我们思想上的动态观念,防止静止地看待社会现象。

(三) 比较分析应注意的问题

比较分析作为定性分析方法中基本的研究方法,运作相对简单,实用性强,用途广泛。然而,在运用比较方法时须注意几个问题。

1. 注意比较对象的可比性

只有具有可比性的社会现象之间才能进行异同比较分析。可比性是正确进行异同比较分析的首要条件。例如,在一定层面上,企业组织的生产效益不能与社会管理部门的工作效率相比较,地理学意义上的"遗产保护"不能与历史学上的"遗产保护"相比较,政治经济学上的"价值"不能与社会学上的"价值"相比较。

2. 注意比较标准的恰当性

不同社会现象的比较,要有恰当的比较标准,否则就无法进行比较。确定恰当的比较标准的关键,是要根据社会现象本质上的同一性和差异性设定比较的项目,换句话说,确定比较标准要有利于明了社会现象之间本质上的同一性或本质上的差异性。例如,要区分社会主义现代化和资本主义现代化,如果把是否采取先进的科学技术作为二者比较的标准就不恰当,正确的做法是应选择社会制度作为比较的标准。

3. 注意比较方法的互补性

对社会现象作比较分析有纵比和横比两种方法。这两种方法有自己的特定向度和特殊功能,因而都有助于达到对社会现象的某些方面的深入认识。如果把它们结合起来,便会产生互补效应,从而形成新的比较分析功能,达到全面、准确地把握社会现象运动变化规律的目的。例如,在制定社会政策时运用比较研究方法,可以我国为第一案例国家和基本参照背景,进行与福利国家之间的国际横向比较研究,并且必须搜集、分析大量资料,将福利国家作为一个历史现象进行纵向的比较研究。

4. 注意比较内容的全面性

社会上客观存在的社会现象,不论简单还是复杂,都有其相同点和相异点。在对社会现象进行比较研究时,要全面比较社会现象的特点,就要既考虑社会现象的共同点,也考虑社会现象的差异点。这样才能够保证比较研究内容的全面性。从更宽泛的意义上看,比较内容的全面性还要求我们从更多角度比较,如从特殊与普遍的角度比较,从个性与共性的角度比较,从个体与社会的角度比较,从整体与区域的角度比较,从历时与即时的角度比较。

二、类型分析方法

上述对社会现象的比较分析,找出了社会现象间的共同点和差异点,但还没有形成对社会现象的认识。分析社会现象,不可能逐一考察各个特殊的社会现象,往往是通过一定的社会现象类型把握规律,增强规律的广泛适用性。因此,在对社会现象进行考察时,除了对社会现象进行比较分析外,还有必要对社会现象进行类型分析。

(一) 分类与类型分析的含义

分类是根据事物的共性与特性区分事物、聚集事物的一种方法,也是认识事物的一种思维方式,是人们思维活动的一种本能。在社会调查中,分类是根据社会现象的共性与特性区分社会现象、聚集社会现象。是人们认识各种社会现象的一种基本思维方式。

分类作为一种认识事物的方法,在世界上已有几千年的历史。我国春秋战国时期,著名哲学家荀况在其所著《正名篇》中说:"故万物虽众,有时而欲偏举之,故谓之物。物也者,大共名也。推而共之,共则有共,至于无共然后止。有时而欲偏举之,故谓之鸟兽。鸟兽者也,大别名也。推而别之,别则有别,至于无别然后止。"还说:"同其所同,异其所异。"公孙龙曾说:"万物毕同毕异。"东汉许慎在《说文解字·序》中说:"方以类聚,物以群分;同牵条属,共理相贯;杂而不越,据形系联;引而申之,以究万物。"

在国外,对于分类这一方法,有过许许多多学者进行研究。英国学者穆勒说:"分类者,乃一种方法,使事物之观念,以最善之次序,排列于吾人心中者也。"英国学者赫胥黎也说过:"我人之所以将事物分类者,所以分其异,类其同,以求区别事物,而便于辨识记忆也。"在社会学领域,关于分类方法的研究,最著名的莫过于德国社会学家马克斯·韦伯"理想类型"的提出,这一思想具有极为重要的方法论意义,它是韦伯用以研究社会和解释现实的比较研究的根据,也是他建立比较社会学的方法论的一个重要基础。

可见,长期以来,人类社会的思想家在科学研究中,已广泛运用分类的方法区别事物、分析事物、认识事物,并且在一些学科中,已形成专门研究的课题或独立发展的学科分支。最为典型的学科是生物学、文献学和知识学,生物学中有生物分类学,文献学中有文献分类学,知识学中有知识分类学。此外,也可以根据社会调查对象的特点和社会调查发展的需要,建立社会分类学或者社会现象分类学,以认识错综复杂的社会现象。

这里所说社会调查的类型分析,是根据社会现象的共同点和差异点将社会现象区分为不同类型的逻辑分析方法。从理论上讲,社会调查的类型分析,其本质是对纷繁复杂的社会现象分类,从而分门别类地对社会现象开展学术研究,对社会现象进行深度认识。

在社会调查中,无论是分类还是类型分析,其分析的对象都是各种各样的社会现象,包括社会人、社会群体、社会组织、社会活动、社会环境等,分析的直接结果是社会现象的各种类型。类型,应该说是这样一个概念,它代表一组在性质上相同或相似的社会现象。也就是说,那些性质相同或相似的社会现象就是同一类型的社会现象,也叫做"一类"。

在社会分类学中,类的形成是以社会现象之间的相同性和同等性为条件的。相同大类的社会现象,如果加上一点不同的因素,又可形成不同大类中的一个小类;同时,把不同社会现象根据彼此的相互联系,也可以联成一个系统。其过程是按照诸种社会现象大的相同点,把社会现象先分成大类,再按大类中诸社会现象次一级的相同点,把社会现象分成次一级的类型。由这些不同等级的诸类社会现象构成的系统,就成为某一大类社会现象的类型系统。

例如,社会安全是一个有不同层次的系统,可把社会安全的一级层次分为主体因素和客体因素两部分。在主体因素中,根据主体二元构成模式,又可分主体生理(身体)因素、心理（情感）因素两个二级层次，前者是主体的客观子系统；后者是主体的主观子系统。在客体因素构成的第一级子系统中，按照安全管理活动的范围，主要包括自然环境状况、社会治安状况、公共卫生状况，还包括职业稳定、家庭和睦、食品质量、诚实信用、人际关系等多个二级子系统，这种分类有助于界定社会安全的问题领域及其不同特征。

（二）类型分析的特点与作用

在社会调查中，要对社会现象进行类型分析，首必应正确认识类型分析的两个基本特点，即类型分析标准的多样性和类型分析结果的相对性。

社会现象可以根据其不同的标准进行不同形式的类型分析，这就是社会调查类型分析标准的多样性。社会调查类型分析标准的多样性是由社会现象本身具有多种属性这一特点决定的。一般来说，我们最需要的是按照社会现象的本质属性对社会现象进行类型分析。但由于同一社会现象在不同侧面、不同状况、不同联系上往往有不同的属性占据主导地位，成为通常所说的本质属性，所以，绝对的单一的类型分析标准是不存在的。实际上，在任何现象领域，类型分析标准的多样性是一种普遍存在。在社会调查的类型分析中，依据社会现象的不同属性对社会现象进行类型分析，不仅是可能的，而且是必要的。通过这种多维度或多角度的类型分析，使人们有可能通过对某些基本社会现象类别的分析研究，达到对大量具体社会现象类别的认识。同时，了解社会现象类型分析标准的多样性，掌握有关社会现象多维度或多角度类型分析的方法，还可以引导人们从不同侧面、不同属性和不同联系全面地看待各种社会现象，分析各种社会问题，提出解决各种具体社会问题的对策。

在社会调查中，由类型分析得出的社会现象的各个子类间并非具有严格区别、彼此排斥、相互隔绝的特征，而是具有彼此联结、互相倚靠和相互渗透的特性。这就是社会调查类型分析结果的相对性。正如古代思想家墨翟曾经说过的："彼，彼止于此；此，此止于彼。"社会调查类型分析结果的相对性，是由现实社会中社会现象的内在统一性和存在于社会现象之间的普遍相关性决定的。正因为如此，对社会现象的类型分析一般应分两步进行，第一步是要割断各种社会现象之间的联系，形成相对独立的、固定的社会现象类型。这里需要运用的是抽象思维的方法。第二步则要把割断的联系再次连接起来，使固定的社会现象类型"沟通起来"，"流动起来"，从社会现象之间的相互联系、相互作用和相互转化中把握各种社会现象。这里需要借助对立统一的辩证思维方法才能做到。认识社会现象类型分析结果的相对性特点，对于在社会调查类型分析中以灵活的、转化的、变通的观点看待各种社会现象，思考各种社会问题，提出解决各种具体社会问题的对策具有积极的意义。

在社会调查中，要对社会现象进行类型分析，还应懂得类型分析的重要作用。大致说来，类型分析的第一个作用是可以划分社会现象的类别。从理论上讲，在科学研究领域,类型分析的基本目的是对事物或现象进行分类,将各种事物或现象区分或归纳各种于人们的认知和行动有益的类型和类型系统。在社会调查中,类型分析的基本目的是对社会现象进行分类。因此,可以明确地说,社会调查类型分析的第一个作用是可以划分社会现象的类别。事实正是如此,在社会调查中,人们就是通过对千差万别的社会现象加以整理、区分,由此归纳、概括出社会现象的各种类型和类型系统的。

类型分析的第二个作用是可以深入地认识社会现象。把社会现象划分为不同类别并不是社会调查类型分析的最终目的,对社会现象进行类型分析的最终目的是为了更深入地认识社会现象。从一定意义上说,社会调查中的类型分析,是分析社会现象属于什么类型和性质的矛盾运动,从而区分和把握社会现象的性质特征。例如,在社会调查中,将行动者社会交往的互动类型分为工具理性行动和沟通理性行动,前者以利益为导向,以个人的私利为目的;后者以理解为导向,以实现行为双方一致为目的。按照哈贝马斯的看法,工具行为的过度合理化会加剧行为主体之间的冲突与矛盾。因此,人类奋斗目标不是使"工具行为"合理化,而是使"交往行为"合理化。

又如,在社会调查实践中,将行动者的社会冲突分为涉及价值观的冲突和不涉及价值观的冲突,按照科塞的观点,在不涉及价值观的冲突中,各方能理性地分析冲突问题的现实性,清晰地表达各自的利益,相互之间讨价还价,从而达成妥协。这样既促进了冲突各方日趋联合,又提高了社会系统内部的弹性协调程度和对外部环境的适应能力。因而冲突如果不涉及基本价值观、信仰等,它就具有积极的功能;反之,则会起瓦解社会结构的副作用。正因为如此,对社会领域的社会交往或社会冲突进行分析,要看这种社会交往或社会冲突属于什么类型的矛盾运动,从而确定这种社会交往或社会冲突的性质特征及其对社会领域的良性运行和协调发展的基本功能和重要作用。

类型分析的第三个作用是可以整体地把握社会现象。社会调查类型分析可以由点到面,由个别到一般,逐步建立社会现象的类型以致类型系统,由此可以将人们对某些社会现象的零碎的、个别的、片面的认识提升为对社会现象的整体的、一般的、全面的认识。比如,要研究某个地区城市居民的社会愿望,可以先调查该地区一些典型的城市居民,对他们作深入的解剖分析或个案分析,然后概括该地区各种城市居民类型和社会愿望类型,这样就能逐步认识和把握这个地区城市居民社会愿望的全貌,从而对加强该地区的社会建设、社会管理和社会服务起到积极有效的指导作用。

类型分析的第四个作用是可以扩大社会调查的视野。类型分析法可以是一种移动的模式,它可以对各种社会现象类型进行分析,从而克服就事论事的弊端,帮助我们扩大社会调查的视野。例如,在对消费模式进行研究时,可以通过对"消费者类型"的研究扩大社会调查的视野,发现不同消费者的不同消费愿望和消费行为特征,从而建构不同消费者的消费模式;在对社区社会资源开发方式进行研究时,也可以通过对社区社会资源进行类型分析,发现不同社区社会资源所具有的不同特点、不同价值和不同开发要求,从而对不同社区社会资源采取不同的开发方式,更好地实现开发的目标。

(三)类型分析的方法与原则

在社会调查中,类型分析所针对的社会现象往往是一种相对复杂的社会现象。为此,在对社会现象进行类型分析时,社会调查者必须明确一定的分析路径,选择一定的分析方法,同时还应遵循一定的分析原则。

1. 类型分析的路径

一般科学领域通常将关于研究对象的类型分析过程区分为分类和归类两种不同路径,社会调查的类型分析过程也可以区分为社会现象的分类和社会现象的归类两种不同的分析路径。

(1)社会现象的分类。社会现象的分类是将考察范围的社会现象某或所有的社会现象依据一定的分类标准分门别类地区分为若干具有共性的小类,以便分别揭示各小类社会现象的特殊性质。例如,在考察社区管理主体的时候,依据社区管理主体的性质,可以把社区管理主体区分为政府组织、企业组织和社会组织三类,然后再依据政府组织的层级把政府组织区分为市政府、区政府和街道办事处,依据企业组织的性质把企业组织区分为生产性企业组织和服务性企业组织,依据社会组织的性质将社会组织区分为社区社会组织和外来社会组织。如此可以进一步细分下去,以致不可继续细分为止。这样就可以建立一个社区管理主体的详尽分类体系。从分析路径看,社会现象的分类是"由大到小"的社会现象类型分析过程,即所谓"推而别之,别则有别,至于无别而后止"的社会现象分析过程。社会现象的分类是社会现象类型分析的基础工作,也是社会现象类型分析的关键环节。只有将社会现象分类的工作做好,才能求得社会现象类型分析的系统、正确、有效。

(2)社会现象的归类。社会现象的归类是把某些具体社会现象或某些社会现象小类按其共性或相关性结合成为一个社会现象类别或一个社会现象大类,以便从更广的视角考察社会现象的分析过程。例如,对社区新兴的服务设施进行考察,发现各种新兴的社区服务设施有社区综合服务设施、社区养老服务设施等类型。根据这些社区服务设施相同的或共有的功能是社会服务功能,便可将这些新兴的社区服务设施概括为一个大类,这就是"社区社会服务设施"。然后,如有必要,还可将"社区社会服务设施"归入"社会服务设施"之中。从分析路径看,社会现象的归类是"由小到大"的社会现象类型分析过程,即所谓"推而共之,共则有共,至于无共而后止"的社会现象分析过程。通过这种归类,可以不断地提升考察层次,对新兴的社区社会服务设施进行综合研究,探讨这类社区社会服务设施的共同属性、相似结构和相同功能,并更好地与其他类型的社会服务设施区别开来。社会现象的归类是社会现象类型分析的重要内容,也是社会现象类型分析不可缺少的重要过程和环节。

2. 类型分析的方法

对社会现象的类型分析可以采用多种多样的方法。具体来讲,可以采用自然的分类法,也可以采用人为的分类法,还可以采用理想的分类法。

自然的分类法是完全从客观现实中得出社会现象的分类。在这种情况下,社会现象可以说是天生就有分类的,而对我们来说,最重要的问题在于发现这些分类,认知这些分类。例如,在对社区进行分类时发现,在有的情况下,各种社区天生就是分好类的,并不需要我们人为地设定分类的依据,只要充分认识其中的规律就行了。举例来说,依据社区的区域特点把社区分为城市社区和农村社区,这就是自然的分类;依据社会工作者的年龄把社会工作者分为老年社会工作者、中年社会工作者、青年社会工作者等,这同样是一种自然的分类。运用自然的分类法,关键在于掌握社会现象之间自然形成的共同点和差异点,把握不同社会现象的存在状态与运动规律。

人为的分类法是人们根据不同的自身需要和不同的研究目的将社会现象进行分类。在这种情况下,社会现象自然的分类标准往往不再是人们对其进行分类的依据,人们通常根据自身的需要或研究的目的对社会现象进行分类。例如,人们以各个国家人均GDP是否超过1 000美元,将这些国家区分为享乐型消费需求高的国家和享乐型消费需求低的国家,以社区具有的主要社会功能将社区区分为经济社区、政治社区、文化社区、宗教社区、科技社区、军事社区,或者在研究过程中自行地设定其他的标准将其他社会现象进行分类等,这些都是属于人为的分类。总体讲,人为的分类法与自然的分类法的最大区别在于,自然的分类法客观性强,而人为的分类法主观性强。运用人为的分类法关键在于设定一个比较恰当和比较实用的社会现象分类标准或分类标志。

理想的分类法是由德国社会学家马克斯·韦伯提出的一种社会现象分类法。在社会学中,理想的分类法是从具体独特的社会现象中抽取一些主要性质,舍弃其他次要性质而建立的被称之为"理想类型"的典型或标本,如"资本主义企业"、"现代官僚制度"、"工业化国家"、"新教伦理精神"。在社会调查中,理想的分类法同样也是为了建立"理想类型",体现各类社会现象的主要性质、特点和功能。因为,有了"理想类型",就可以将具体社会现象与其他社会现象作比较,并用"理想类型"作为对某些社会现象进行衡量的尺度。例如,韦伯提出的"资本主义社会"作为一种合乎理性的社会类型,必然具有如下一些特点:明确分工、讲求效率、工于计算、长于经营、缺乏人情味等。有了这样一种"理想类型",就可以将其他社会类型与"资本主义社会"这一典型的社会类型进行比较,从而概括其他社会类型的性质、特点和功能。

3. 类型分析的原则

在社会调查中,为了保证社会现象类型分析的正确性、合理性和有效性,特别是保证被称为"社会现象分类"的正确性、合理性和有效性,必须遵循一些基本的类型分析原则。

(1) 体现本质特征。有科学依据的分类应从本质特征出发。按照这一观点,对社会经济形态的类型分析,其根据是生产方式;对人的类型分析,其根据则是人们在生产过程中的地位。这样就使类型分析充分体现了事物的本质特征。在社会调查的类型分析中也应该如此。当然,事物的本质特征与非本质特征之间并无截然的界限,非本质特征在一定条件下也可转化为本质特征,因此,绝不能将类型分析的根据看成是固化的、一成不变的东西。

(2) 讲求循序渐进。对任何现象的类型分析在程序上都必须是逐级进行的。在社会调查的类型分析中,类型分析可以由粗到细,层层划分,但一定要循序渐进,逐层展开。具体来讲,必须按属种包含层次进行逐级分类,不得越级划分。如在对社区环境进行类型分析时,可以先把社区环境划分为自然环境和社会环境,接着可以把自然环境划分为地理环境和资源环境等,然后再把地理环境划分为地理位置、地貌、水文、气候、动植物等更细微的地理环境,把资源环境划分为土地、水、矿产等更细微的资源环境。

(3) 保证互斥完备。互斥是分类后各子项不能相互交叉,否则就会出现交叉重叠的逻辑混乱。如把企业划分为中国企业、外国企业和生产性企业,就是逻辑混乱,因为无论在中国企业还是外国企业中,都有生产性企业,而在生产性企业中,又有中国企业和外国企业。完备是分类所得的子项之和必须与分类的母项相等,否则就会出现分类过窄或过宽的逻辑错误。如从中国企业性质的角度划分,中国企业无非是国有、集体、私营这三种性质的企业,这三种企业就从性质的规定上构成中国企业类型的整体。

(4) 坚持同一标准。同一次分类应该按同一个标准进行,否则会出现分类重叠或分类过宽的逻辑错误。如把城市划分为沿海城市与内陆城市,这是根据城市区位划分的;把城市划分为大城市、中等城市、小城市,这是根据城市规模划分的;把城市划分为旅游城市和非旅游城市,则是根据城市旅游功能的有无划分的。假若在分类中,把城市划分为沿海城市、内陆城市、旅游城市和大城市,这就把多个分类标准混在一起同时使用,因而出现了逻辑错误。为此,在对社会现象进行分类时,一定要坚持同一个标准。

第三节 因果分析与矛盾分析方法

社会现象具有普遍的联系。社会现象之间的相互联系也多种多样,从不同的角度可以把这些相互联系分为直接联系和间接联系、主要联系和次要联系、内部联系和外部联系、空间联系和时间联系、本质联系和非本质联系等。马克思主义哲学启示我们,在对社会现象多种多样的联系都不忽视的前提下,要特别注意对事物本质联系的认识。在社会调查的定性分析中,为了实现这一认识目标,有必要引入因果分析的方法和矛盾分析的方法。

一、因果分析方法

对社会调查资料进行定性分析在很大程度上是要从理性的角度对社会现象进行科学解释。科学解释的主要类型是因果解释。法国社会学家迪尔凯姆曾指出:"社会学的解释主要是建立社会现象的因果关系。对于一种现象,要研究它原因何在;对于一种原因,则要考察它的有效结果。"[①]显然,在对社会现象进行的社会调查研究中,因果分析方法具有重要意义和作用。

(一) 因果分析的含义与作用

原因和结果的关系是客观事物之间相互联系的一种重要辩证关系,也是客观事物之间相互作用的一种重要表现形式。原因指的是引起另一事物或现象的事物或现象,它是造成某种结果的条件。结果指的是作为原因的事物或现象所造成的事物或现象,它是在一定条件(原因)下事物或现象发展所达到的状态和表现的形态。任何事物或现象的产生,都是由其他事物或现象引起的,任何事物或现象的消失,都转化为其他事物或现象;任何原因必然导致一定的结果,一定的结果必然有一定的原因作前导。这就是客观事物或现象相互联系的因果关系原理。根据因果关系原理对事物或现象之间的因果关系进行分析,或由原因推导结果,或由结果探究原因,就是所谓的因果分析。

具体地说,事物或现象之间的因果分析可以这样描述,假设事物或现象 A 是事物或现象 B 的原因,那么事物或现象 B 就是事物或现象 A 的结果。换句话说,即事物或现象 A 的变化引起了事物或现象 B 的变化,事物或现象 B 由于事物或现象 A 的变化而变化。通过因果分析,可以揭示事物或现象之间因果联系的链条,实际上也就能抓住事物的本质联系。因果分析通常采取两种办法:①考察产生结果的所有原因,找出其中最重要的原因,即找出对结果的产生起决定性作用的原因,这样才能揭示出因果联系,掌握事物或现象的本质;②分析原因所能造成的一切结果,包括消极的、积极的、直接的、间接的结果等,从中揭示它们之间的因果联系,把握事物或现象的本质。

在社会调查中,因果关系分析对社会现象的研究作用主要有解释作用和预测作用两种。一方面,在对社会现象的研究中,通常需要运用因果分析方法解释社会问题,具体来讲,就是要通过因果分析解释社会问题产生的原因,如资源开发带来的社会问题,环境污染带来的社会问题。另一方面,通过对社会现象原因的把握,可以预测社会现象的发展趋势。假如我们探讨一定时空范围内居民消费水平与居民人均收入之间的关系,建立起

---

① 迪尔凯姆.社会学方法的规则[M].北京:华夏出版社,1999:102.

一个因果模型,就可以预测在一定的时空范围内,随着居民人均收入的增加,居民消费水平提高的趋势和水平。通过因果分析方法,可以把未来移置到现在,把现在移置到过去,通过分析过去和现在则可以展望未来,为社会的良性运行和协调发展提供预测,为评价和制定社会政策和社会规划打下基础。

(二) 因果分析的一般方法

因果关系分析的具体方法很多,通常采用的因果关系分析法有求同法、求异法、求同求异法、共变法、剩余法五种。因果关系分析方法自中世纪后期以来就有不少学者对其作过研究,1843年英国哲学家穆勒对历来的研究结果进行了系统的总结,概括为上述五种方法,故这五种方法亦称"穆勒五法"。下面结合社会调查中的情况加以简要介绍。

1. 求同法

求同法亦称契合法,是异中求同,即当研究的某一社会现象在两个或两个以上的场合出现,在这些场合中只有一个条件是相同的,那么,这个相同的条件就可能是该社会现象产生的原因。求同法的结构式为:

场合	先行情况	被研究现象
1	A、B、C	→a
2	A、D、E	→a
3	A、F、G	→a

由上可得,A 可能是 a 的原因。

例如,在奴隶社会、封建社会和资本主义社会三个社会历史阶段中,都存在对抗的社会阶级和人对人的剥削。那么,这种社会现象的根本原因何在,这就是一个需要运用求同法探讨的问题。在上面列举的三种社会形态中,整体来说,三种社会形态彼此极不相同。但仔细分析,它们也有一种共同的属性,这就是生产资料的私有制。根据求同法,由此可以作出这样一个归纳结论,即生产资料的私有制是对抗阶级和人对人的剥削存在的原因。

求同法的特点是通过排除不同的因素寻找共同的因素确定原因,能够将事物或现象之间的关系加以简化。但应注意,这种推理的结论往往是或然性的。就对社会现象的考察来讲,许多社会现象在不同场合存在的相同条件可能不止一个,有时只有其中的一个同观察的社会现象形成因果关系,有时几个同时出现的条件结合起来同所观察的社会现象形成因果联系。因此,运用求同法得出的结论,还应通过其他方法加以检验。另外,在对社会现象的考察中,通过增大比较场合的数目,也有助于增加研究结论的可靠程度。

2. 求异法

求异法也称差异法或唯一契合法,是同中求异,即在其他条件保持不变的情况下,某一条件出现时,被研究的社会现象也出现,该条件不出现时,被研究的社会现象也不出

现,那么,这一不同的条件就可能是被研究的社会现象产生的原因。求异法的结构式为:

   场合 先行情况 被研究现象
    1   A、B、C   →a
    2   -、B、C   →-

由上可得,A 可能是 a 的原因。

  例如,某市有甲、乙两社会工作机构,它们在机构性质、机构规模、组织目标、人员结构、外部环境等方面相同,但是两者内部的团结力、内聚力程度却相去甚远。通过调查发现,甲机构的领导民主作风好,并注意与员工双向沟通,而乙机构领导独断专行,与员工格格不入。由此可知,领导作风是影响甲、乙两社会工作机构内部的团结力、内聚力的原因。

  运用求异法进行因果分析较求同法有较大的可靠性,因为它进行了两种情况的比较。但值得注意的是,所选择的两类场合,除去一个条件不同外,其他条件应该相同,否则就很难确定究竟是何种条件与研究对象构成因果关系。同时,在运用求异法的时候,还要特别注意寻找"唯一不同情况",只有"唯一不同情况"这个"异"找得准确,才能发挥求异法的作用。

3. 求同求异法

  求同求异法即既求同又求异,是求同法和求异法的综合运用,是一种复合性的因果关系分析方法。求同求异法的结构式为:

      场合 先行情况 被研究对象
      ⎧ 1   A、B、C   →a
   正面场合⎨ 2   A、D、E   →a
      ⎩ 3   A、F、G   →a
      ⎧ 1   X、H、I   →-
   反面场合⎨ 2   X、J、K   →-
      ⎩ 3   X、L、M   →-

由式可得,A 可能是 a 的原因。

  例如,对社会组织的凝聚力状况进行调查可以发现,其中有些社会组织的凝聚力非常强,它们的具体情况虽然各不相同,但有一个共同点,即它们实行的是民主管理;反之,另一些社会组织的凝聚力不强,深入分析,也有一个共同点,即它们实行的是专制管理。根据求同求异法,可以得出结论,是否实行民主管理,是一个社会组织能否形成较强凝聚力的重要原因。

  运用求同求异法进行因果关系分析应注意程序问题。一般来说,首先是进行求同,即在正面场合和反面场合分别用求同法得出不同结论;其次是求异,即将正反两个场合的结论进行比较,用求异法得出最后结论。也就是说,先要进行两次求同,再进行一次求异。在运用求同求异法时,如果这个程序颠倒了,那么,就可能得不出正确结论,甚至出现分析不下去的情况。

4. 共变法

共变法是在其他先行条件不变的情况下,只要某一条件发生变化,被研究的社会现象也随之发生一定的变化,由此可推断出该条件可能是被研究的社会现象产生或变化的原因。共变法的结构式为:

场合	先行情况	被研究对象
1	A_1、B、C	→a_1
2	A_2、B、C	→a_2
3	A_3、B、C	→a_3

由上得出,A 可能是 a 的原因。

例如,我们从事一项居民文化消费调查,重点分析居民文化消费水平提高的根本原因。通过调查发现,居民人均收入提高,居民文化消费水平也随之提高;居民人均收入发展到怎样的程度,居民文化消费水平就发展到怎样的程度。由此得出一个这样的结论,即居民人均收入提高是居民文化消费水平提高的一个原因。当然,如果作进一步地推导,也可以把经济的发展这样一个条件看成文化消费水平提高的根本原因。

共变法的特点是在变化中求因,它在复杂的社会现象研究中有明显的优越性。采用这种方法,不必把所有不同的社会现象一一排除,也不必搜集所有的相同或相异的社会现象,然后再进行比较。只需把两种性质虽然不同,但在某一时期中有共变关系的社会现象找出来,就可作为两种社会现象之间存在因果关系的证据。但应强调的是,运用共变法所得出的结论同样具有或然性。这是因为,两种共变的现象不一定存在因果关系,例如,经济增长与自杀增多是呈共变性的,经济增长愈快,自杀之风愈盛,这是一种客观事实。然而,经济与自杀这两者之间并没有必然的联系。实际上,这两种现象变化的原因要从第三者或第四者方面去找。因此,在运用共变法时要特别注意共变现象之间是否确实存在必然因果关系,以及这种共变关系的有效定义区域。

5. 剩余法

剩余法亦称残余法,即已知某一复合社会现象是另一复合社会现象的原因,又已知前一复合社会现象中的一部分是后一复合社会现象一部分的原因,那么前一复合社会现象的剩余部分,就可能是后一复合社会现象剩余部分的原因。剩余法的结构式为:

场合	先行情况	被研究对象
1	A、B、C	→a b c
2	B	→b
3	C	→c

由上可得,A 可能是 a 的原因。

例如,一个国家的人口增长受多种因素因素影响。人口增长作为一种复合社会现象,一般由下列因素构成:出生人数、死亡人数、移民国外人数、迁入国内人数。影响一个国家人口增长的因素则有:计划生育政策、医疗卫生条件、迁出移民政策、迁入移民政策。如果已知计划生育政策是影响出生人数的原因,医疗卫生条件是影响死亡人数的原因,迁出移民政策是影响移民国外人数的原因,那么,就可以推论迁入移民政策是影响迁入国内人数的原因。

剩余法的特点是由余果推出余因,它可以用来研究社会现象间的因果关系。但它也存在许多局限,主要表现在:①运用剩余法推论社会现象的原因,必须以前面几种因果关系分析法推出的结论为基础,受前面有关因果关系分析法所得结论或然性的影响,剩余法所推出的结论也具有或然性;②运用剩余法研究社会现象的原因,必须预先知道有关复合社会现象间一部分因果关系,所以剩余法不能成为研究社会现象的起始方法;③运用剩余法探究社会现象的原因,在对复杂社会现象进行研究时,要将一种千头万绪的社会现象用剩余法清点,使它只留下一种可见的结果,并且还要从众多的原因中削剩到一个原因,进而说明正是这种原因产生了这种结果,这不仅是困难的,而且结论也容易牵强附会。因此,剩余法很难适用于复杂社会现象研究。

二、矛盾分析方法

任何科学研究领域和科学研究活动,都不能离开唯物辩证法,尤其在社会调查领域更是如此。列宁指出:"马克思和恩格斯称之为辩证方法(它与形而上学方法相反)的,不是别的,正是社会学中的科学方法。"①唯物辩证法的核心是矛盾分析方法。毫无疑问,唯物辩证法中的矛盾分析方法也是我们分析社会调查资料,从而深刻认识社会现象的重要研究方法。

(一)矛盾分析的含义与内容

矛盾是唯物辩证法中一个非常重要的基本范畴,它是指事物内部或事物之间既统一又对立的关系。矛盾无处不在,无时不在,它推动事物的运动和发展。矛盾千差万别,千变万化,必须具体分析,区别对待。毛泽东同志曾指出:"所谓分析,就是分析事物的矛盾。不熟悉生活,对于所论的矛盾不真正了解,就不可能有中肯的分析。"②社会调查是我们了解社会领域矛盾状况的有效途径,社会领域的矛盾分析必须建立在社会调查的基础

---

① 列宁选集:第1卷.北京:人民出版社,1972:32.
② 毛泽东选集:第5卷.北京:人民出版社,1977:413-414.

之上。因此,这里所讲的矛盾分析,是在唯物辩证法关于矛盾的科学原理的指导下,以社会调查资料为依据,具体地分析社会现象中的矛盾和矛盾运动的方法。

分析社会现象的矛盾和矛盾运动,是为了认识社会发展的内在动力,把握社会现象的特殊矛盾和矛盾运动,有效促成社会现象发展变化过程中质的飞跃。为此,社会调查中的矛盾分析主要包括以下具体内容。

1. 对社会现象内部存在矛盾的分析

善于发现和抓住社会现象的内部矛盾,找到决定和影响其发展变化的根本原因,这是十分重要的一环。比如,影响社会发展的矛盾因素很多。在研究各种因素对社会发展的作用时,我们要看到,社会领域的生产力和生产关系的矛盾运动,始终是社会发展的内在原因,始终是社会发展的决定力量。而地理区位因素作为社会发展的外部原因,仅仅是影响社会发展的重要因素,但不是社会发展的决定力量。我们可以看到这样的情况,有地理区位优势的地方社会发展缓慢,而没有地理区位优势的地方社会发展较快。究其各种原委,其关键是生产力和生产关系的矛盾运动使然。

2. 对社会现象的矛盾特殊性的分析

按照社会现象运动发展的层次深入分析社会现象矛盾的特殊性,是社会调查矛盾分析的重要内容。毛泽东同志具体发展了矛盾分析法。他指出,对于矛盾的特殊性问题,应当多方面进行研究。这里的多方面主要包括:①各个物质运动形式中的矛盾带有特殊性;②各个运动形式在各个发展过程中的矛盾带有特殊性;③各个发展过程的矛盾的各方面带有特殊性;④各个过程在其各个发展阶段上的矛盾带有特殊性;⑤各个发展阶段上的矛盾的各方面带有特殊性。社会调查矛盾分析也须如此,步步推进,层层深入,防止主观性、片面性和表面性。

3. 对社会现象矛盾双方转化的分析

矛盾的转化包含两层含义:①矛盾地位的转化,即主要的矛盾转化为次要的矛盾,次要的矛盾转化为主要的矛盾;或矛盾的主要方面转化为矛盾的次要方面,矛盾的次要方面转化为矛盾的主要方面。②矛盾性质的转化,即"事物内部矛盾着的两方面,因为一定的条件而各向着和自己相反的方面转化了去"。① 在社会领域也可以看到矛盾转化的情况,如区域资源劣势与区域资源优势的相互转化,金融政策放宽与金融政策收紧的相互转化。在运用矛盾分析方法考察社会现象中的矛盾转化时,通常的做法是:首先,分析矛盾的各个方面和总体上的特殊性,确定矛盾转化的具体条件;然后,分析矛盾双方力量的可能变化,把握矛盾转化的方向和质的飞跃的时机。

---

① 毛泽东选集:第1卷.北京:人民出版社,1991:328.

（二）矛盾分析的步骤与原则

矛盾分析是定性分析中一种高级类型的分析方法。在社会调查中，要采用矛盾分析法分析有关社会现象，必须按照矛盾分析的科学步骤、遵守矛盾分析的有关原则进行，才能取得好的分析效果。

1. 矛盾分析的步骤

社会调查中的矛盾分析有三个基本步骤：发现矛盾、认识矛盾和解决矛盾。具体来说，发现、认识和解决社会现象发展变化过程中的矛盾和矛盾运动的过程，是社会调查中进行矛盾分析的基本运作过程。

（1）发现矛盾，即发现问题。本阶段的任务是从模糊杂乱的一大堆社会现象中找到问题（即矛盾）所在。通过社会调查搜集了有关社会现象的资料，就可以对这些资料进行比较分析和类型分析，借以发现矛盾的两个基本方面。通过比较，在同一组资料中发现相异的东西，并加以归类，使之构成"这一方"与"那一方"的对立，这是同中求异。同时，在对立的两方面的相互比较中，又发现统一的东西，使对立的"这一方"和"那一方"又相互联结起来。这是异中求同。通过比较和归类，对矛盾双方有了一个大体的认识，对矛盾的性质有了一个笼统的了解，这就是发现问题、揭示矛盾阶段。

（2）认识矛盾，即认识问题。本阶段的任务是暴露矛盾双方的内在联系，具体包括三个方面：①分析矛盾双方的特点和性质。例如，把生活分解为劳动和休闲之后，再进一步分析两者不同的特点。劳动反映的是人的第一需要，休闲反映的是人的第二需要。这些不同的特点，规定了矛盾双方各自的特殊性。②揭示矛盾双方的内在联系。如劳动和休闲二者间的辩证关系是劳动决定休闲，休闲对劳动有反作用。③预测矛盾的未来发展，概括其发展规律。如通过劳闲关系的矛盾运动研究，可以概括社会发展的一条重要规律——通过高效劳动可以获得更多休闲，不会劳动就没有休闲，不会休闲也不会劳动。

（3）解决矛盾，即解决问题。解决矛盾是对前两个阶段的一种综合，其任务是指明矛盾的性质和拿出解决矛盾的办法。在关于矛盾总体性质的认识中，已经包含解决矛盾的一些认识，根据这种认识，可以提出解决矛盾的具体措施和方案。这种措施和方案就是解决矛盾的有效办法。例如，关于劳动与休闲关系的研究得出了通过高效劳动可以获得更多休闲，不会劳动就没有休闲，不会休闲也不会劳动的结论。那么，在现实中可以提出解决劳动与休闲矛盾的具体办法，即劳闲结合的思路和策略。

由上可知，在定性分析中，无论问题怎样复杂，无论矛盾多么严重，发现矛盾、认识矛盾、解决矛盾的过程，实际上就是矛盾分析的思维过程和矛盾分析的实践过程。

2. 矛盾分析的原则

在现实社会中，矛盾是普遍的和多样的，而且在很多时候错综复杂，千变万化。因此，在社会调查中，运用矛盾分析法对现实社会的矛盾进行分析，通常必须遵循以下一些原则。

（1）具体问题要具体分析。矛盾分析法的基本要求是具体问题具体分析，既要全面分析共同的矛盾，找到共同的本质，又要具体分析特殊的矛盾，找到特殊的本质。人类社会中各种各样的社会现象，其内部都包含特殊的矛盾，构成一事物区别于他事物的特殊本质，如旅游开发与生态保护的矛盾不同于工业生产与生态保护的矛盾，体育运动与休闲的矛盾不同于生产劳动与休闲的矛盾。要认识不同社会现象的特殊本质，就必须具体分析具体情况、具体矛盾和具体问题。

（2）用全面的观点看问题。在通过社会调查广泛搜集到的有关资料的基础上，还须进行全面研究，既要了解社会矛盾正的方面，又要看到其反的方面；既要看到其肯定的方面，又要看到其否定的方面；既要看到其主要的方面，又要看到其次要的方面。例如，在分析社会经济发展的作用和影响时，既要认识到，社会经济发展不仅能带动区域经济与区域社会的发展，改善人民群众的社会生活，同时还要看到，在社会现实中，社会经济的不适度增长也会对区域生态起某种破坏作用，造成区域文化的差距。只有这样，才能对社会领域的社会矛盾和社会问题有一个全面的认识。

（3）用联系的观点看问题。任何社会现象都不是孤立的，而是处在普遍的联系中。矛盾分析法强调的联系是社会现象间对立统一的联系。因此，在对社会调查资料及其反映的社会现象的分析中，要抓住对立统一关系这种社会现象的本质。比如，研究个人的社会行为问题，要从个人行为与社会行为相互联系的角度进行分析；研究经济发展中的环境保护问题，要从自然与社会、资源开发与环境保护相互联系的角度进行分析。

（4）用发展的观点看问题。矛盾分析法不仅要分析矛盾的现状，而且要分析矛盾的发展过程。矛盾分析法强调的发展是事物在对立统一中的发展。因此，我们要在矛盾运动中把握研究对象的发展。例如，从定居生活与走向社会的矛盾关系考察人口流动的形成与发展规律；从劳动与休闲的矛盾关系考察人类社会的进步，以及广大人民群众生活质量的提升；从城市与乡村的矛盾关系考察城市发展与乡村发展的互动与互补机制。

第四节　结构分析与功能分析方法

结构和功能属系统科学范畴。结构分析与功能分析，是系统分析的基本角度和核心内容。这里所说的结构分析与功能分析，主要是指以社会系统理论为指导，以社会调查资料为依据，对社会系统中的社会现象反映的社会系统的社会结构和社会功能所作的定性分析。社会系统的社会结构和社会功能是相互联系、相互作用的，因而社会结构分析和社会功能分析这两种方法也不能截然分开。为行文方便，在此对两种分析方法分别叙述。

一、社会结构分析

社会是一个复杂的综合性系统,对社会现象的分析可以有多种角度,一般地来说,可以从两个基本角度进行分析:一个是从静态的角度,从社会的组成因素分析社会的结构;另一个是从动态的角度,从人的社会活动分析社会的功能。社会学创始人孔德把社会静力学与社会动力学加以区分,并明确前者是研究社会结构的形成和平衡的学问,而后者是研究社会的变迁和进步的学问。可见,社会结构分析是研究社会现象的重要方法。

(一)社会结构分析的含义

社会结构的基本意义是社会系统诸要素的关系及其构成方式。但在社会学史上,不同的社会学家对社会结构有不同的解释。迪尔凯姆认为,社会结构主要是指社会结合的组织形式及其功能。齐美尔认为,社会结构是指社会关系的形式,如竞争、分工、对抗、合作。韦伯、舍勒则视文化现象为社会结构的中心,认为社会结构主要指各种文化要素形成的不同社会形态。早期功能学派认为,社会结构是指由相互依存的社会诸因素的总和构成的社会组织体系。后来,帕森斯、默顿等结构主义者把社会结构定义为一个社会中诸因素稳定的布局,如制度化的角色关系。

20世纪中期以来,在系统论的深刻影响下,人们对社会结构的认识不断取得新的进步。现在我们所讲的社会结构,一般是指社会系统内各要素在空间和时间上的相互联系和相互作用。简言之,社会结构是社会系统内部诸要素的稳定的联系方式。社会系统的结构是社会系统保持整体性及其具有特定功能的内在根据。任何事物都存在一定的结构。社会作为一个系统,本身就是由各个社会单位组成的结构整体。任何社会单位,大至国家、地区、民族、部门、行业、领域,小至车间、班组、家庭、小群体,都毫无例外地以特定的结构形式存在,都有系统性和系统内部的结构性特征。

社会作为一种系统,是由各种要素组成的,有自身的结构,各要素之间在时间和空间上相互联系和相互作用。不仅如此,社会系统同样存在多种多样的结构,如社会的基本要素结构、社会的人口结构、社会的群体结构、社会的阶层结构、社会的地域空间结构、社会的生活方式结构。社会结构分析是应用社会系统理论关于社会结构的概念与原理,把社会看成一个系统,以剖析调查对象系统的结构要素、关系与层次为内容,以揭示调查对象的社会结构特征及发展变化规律为目的的一种思维方法。

(二)社会结构分析的特点

相对于社会调查研究中运用的其他定性分析方法,社会结构分析具有明显的自身特点,这些特点主要表现在三个方面。

(1) 以社会系统的结构优化为价值取向。社会系统的结构决定社会系统的功能。社会结构分析的目的与灵魂,在于通过分析揭示社会系统的内部联系及其发展变化机理,探究社会系统的组成要素及其相互关联在时空分布上达到最优结合,产生整体组合效应,实现社会系统的最佳功能。关于社会系统的产业结构、职业结构、阶层结构等的研究,目的皆在探究其内在机理与运动变化规律,求得理想的社会系统功能,以推动社会的变革与进步。

(2) 以社会系统的整体研究为视角取向。整体性原理是系统方法的核心。这一原理认为,任何系统都是由部分组成的,但整体不等于部分的机械相加。整体性原理要求,无论考察何种社会现象都要立足于整体。因此,在对社会现象进行研究时,不管是什么社会现象,都必须放置于社会系统的整体中,放置于一定的社会环境和历史背景中,放置于各种社会关系的相互作用中考察。这样才能理解一种社会现象为什么会出现或为何会发生变化。

(3) 以把握社会系统深层结构为研究方向。社会系统的结构是有层次的,可以区分为表层结构和深层结构。只有透过复杂的社会现象获得本质的认识,才能把握社会现象内在的深层结构。但社会现象的深层结构往往是隐蔽的、模糊的,不易揭示,需要通过结构分析方法进行透视,才能有效把握。社会的发展规律蕴藏于社会现象的深层结构之中,为此,必须深入认识社会现象的深层结构,以充分认识和把握社会现象发生与发展的客观规律。

(三) 社会结构分析的作用

结构分析方法是现代社会调查的一种常用方法,尤其是在系统论创立后,许多学科都开始采用结构分析方法对有关现象进行研究,取得了好的成效。在社会调查中,运用结构分析方法开展社会结构分析非常重要,主要在于:

(1) 对社会系统进行社会结构分析,有助于了解社会系统的有机构成,说明研究的社会现象在整个社会系统中所处的地位和作用,揭示社会发展的动力和规律。例如,要了解当前青少年中出现的"御宅族"这种新的社会现象,就必须把它放在整个社会结构体系中考察,甚至把它放在整个国家的宏观社会系统中考察,从它与整个社会文化的发展、教育事业的发展、动漫网络的发展,甚至从整个社会经济和社会文化发展的关系考察。

(2) 对社会系统进行社会结构分析,有助于弄清社会系统中各种社会现象间的相互关系和相互作用机制,从而对社会现象做出科学解释。社会结构分析决非"就事论事"之举,它重在从"关系"上把握社会现象,达到对社会现象系统、深刻的认识,从而指导社会实践活动。比如,在当前医疗保障改革中,要改革一项制度,只对该制度本身进行考察不行,必须从其与整个社会保障系统各种制度的关系上加以综合考察,方能收到好的效果。

(3) 对社会系统进行社会结构分析,有助于从部分与整体的关系上把握社会现象的性质和特点,从而把握一种社会现象与它所在的社会系统整体的关系。例如,个人与组织的关系就是部分与整体的关系。不同的组织管理结构塑造不同的人格。像科层制是一种具有专业化功能、固定规程和权威分等的组织结构,处于这种组织中的个人就成为"有组织的、谨慎的、训练有素的个人"。科层制组织结构对个人的影响说明,只有从一定社会结构的"整体质"系统分析某种社会现象,才能全面、深入地了解这种社会现象。

(四) 社会结构分析的内容

社会结构分析,是结合社会调查材料,按照社会结构的特点及相关因素对社会现象进行分析。社会结构分析的内容是多方面的,从社会结构的基本范畴来讲,主要可分为六个方面。

1. 社会结构成分分析

在社会系统中,结构成分(要素、组元)是影响社会系统整体性质的重要因素,对社会系统的结构成分进行分析是社会结构分析的首要一环。在对社会系统的结构成分(要素、组元)开展分析时,必须注意两个问题:①充分肯定社会系统的整体效应,不把社会系统的整体性质简单地归结于某种要素;②深入认识社会系统的要素对社会系统整体性质的影响,懂得个别的局部依存于整体,整体也依存于个别的局部。管理学中的"短板理论"认为,木桶能装多少水是由最短的那块木板决定的。由此原理可知,社会系统的整体性质受基质最差的成分制约。因此,社会系统整体结构优化的一个重要方面,就是要以转化那些基质差的成分作为必要条件。

2. 社会结构关系分析

系统结构是结构成分或要素间全部关系的总和,是"相关关系的集合"。系统结构的性质与状态,在很大程度上取决于结构成分间关联的性状,因而相关性分析是社会结构分析最基本的内容。在社会结构的分析中,相关分析是对构成社会系统的社会现象间相互作用、相互制约与协调性状的分析。比如说,城市内部区位结构的一个基本特点,是各功能分区之间彼此联系、相互依赖、相互依存。拿城市中的工厂区、住宅区、商业区和郊区来说,工厂区离不开住宅区,住宅区离不开商业区,商业区离不开郊区。由此推而广之,可以得出这样一个结论,各个社会单位(包括城市的功能分区、企业中的部门分组等)在空间位置的适当分布,是由该社会单位与其他社会单位的关系决定的。

3. 社会结构层次分析

如果说,对社会系统结构成分和结构关系的分析,主要是从横向结构的角度考察对象的,那么,对社会系统结构层次的分析,则主要是从纵向结构的角度考察对象的。进行社会系统结构层次分析,其着眼点在于将社会系统进行适当的分层,而其关键点在于分层标准是否确定和层次定位是否恰当。以家庭为例,对家庭结构进行分层,首先必须确定合理的分层标准,然后才好将家庭区分为不同的层次。例如,根据家庭收入水平这样一个分层标准,可以将家庭分为高收入家庭、中等收入家庭、低收入家庭。分层标准可以是人口标准,也可以是收入标准;可以是职业标准,也可以是文化标准等。但不管采用何种分层标准或何种分层标志,都必须严格坚持,准确把握。

4. 社会结构形成分析

社会系统中各种成分(要素)的结合和排列,不是随意的、杂乱的混合,而是一种有机的联系。它们之间为什么会形成有机联系,是什么东西在起纽带作用或控制作用呢?这就要求对社会系统结构形成的机制进行分析。比如,分析社工服务机构的形成,就要考察社工服务机构结构的形成情况。如果解剖社工服务机构的结构,可以得出社工服务机构有总干事、业务部人员、通联部人员、后勤部人员等角色。我们知道,每一个社会对一定角色赋予的行动意义是稳定的。一定的社会规范(如行业规范、职业道德规范)决定了总干事、业务部人员、通联部人员、后勤部人员等的角色期望和身份地位,也决定了社工服务机构作为一种组织结构的存在状态与结合方式。

5. 社会结构分化分析

分化是社会现象作为结构存在的一个重要特征。社会发展的一个重要标志体现在社会系统结构的分化。如我国社会组织的分化形成了社会团体、行业商会、基金会、民办非企业组织,我国基金会的分化形成了公募基金会和私募基金会等,我国社会工作实务的分化形成了个案社会工作、小组社会工作、社区社会工作等,我国社会工作对象的分化形成了老年社会工作对象、残障社会工作对象、青少年社会工作对象、妇女社会工作对象、贫困群体社会工作对象等。对社会结构分化的分析主要包括结构分化的过程分析、结构分化的因果分析、结构分化的程度分析、结构分化前后的比较分析、结构分化与功能分化之间的关系分析、结构分化的历史过程与发展趋势分析等。

6. 社会结构变迁分析

社会结构变迁分析是从时延性角度对社会系统或社会现象的结构变化所作的分析。社会系统或社会现象的结构反映的是社会系统或社会现象内在的联系,因而它具有稳定的趋向。但是,这种稳定只是相对的,不是绝对的。社会作为一种开放系统,其结构始终是一个"变量",因而它的"结构"也始终是一个流动着的概念。对社会进行结构变迁分析,目的是把握社会系统或社会现象的持续性、转换性、革新性。其分析内容主要包括:对社会现象结构"持续性"的分析,对不同社会现象结构之间"转换性"的分析,对同一社会现象不同发展阶段的结构变化特征的分析,对社会现象构成要素的新陈代谢情况的分析,对社会现象结构变迁引发原因和引致结果的分析等。

二、社会功能分析

任何系统都处于内部联系和外部联系之中。系统内部要素的联系,使系统具有结构性;系统与外部的联系,使外部环境成为系统的作用对象,从而使系统具有功能性。在社会领域,社会系统必须与外部环境发生各种联系,才能表明存在的价值,因而社会功能是社会系统存在的客观的普遍的形式,对社会系统和社会现象进行社会功能分析,是社会调查的重要内容。

(一)社会功能分析的含义

以系统的观点讲,社会功能指的是社会系统与外部环境相互作用的能力,它是社会系统所具活力与存在价值的体现,是社会系统整体质的外在表现。由于社会系统也只是相对的,因此,一种社会现象的社会功能,在社会系统范围可看作某一社会系统与外部环境的相互作用,但如果从更高一层次的系统范围来看,则可视为这一更高层次系统内部的社会现象与其他社会现象的相互作用。因而功能概念的运用也是相对的。但为有效分析问题起见,我们一般将功能视为某一社会系统或社会现象对外部环境的功效和能力。

社会系统的社会功能体现社会系统所具活力与存在价值,这在当今社会领域是非常直观的。例如,作为社会系统的子系统的社工服务机构,乃是指具体执行一定的社会职能,完成特定的社会目标,形成一个独立单位的社会组织。具有一定的社会功能,是一个社工服务机构存在的依据和意义所在。一个社工服务机构社会功能的强弱大小,不仅是该社工服务机构存在价值的标志,也是衡量该社工服务机构所具活力的尺度。这里的社会功能分析,实际上是应用社会系统理论关于社会功能的概念与原理,以特定社会系统或社会现象的系统性能或系统功效为内容,以优化其社会功能为目的的社会分析。

(二)社会功能分析的特点

相对于社会调查研究中运用的其他定性分析方法,社会功能分析具有自身明显的特点,这些特点主要在于两个方面。

(1)以社会系统的开放性为条件研究社会系统的社会功能。社会系统的开放与否决定社会系统功能的有无。社会系统的开放性表现为社会系统与外部环境的相互作用。一个社会系统之外的各种外部条件之总和称之为社会环境。一个社会系统的社会功能体现了一个社会系统与其外部社会环境之间的物质、能量和信息的输入与输出的变换关系。任何社会系统都是一个开放的系统,都有其特定的社会功能。但是,在与社会环境发生作用前,这种社会功能还只是一种潜在的功能,社会环境因素是社会系统的潜在功能转化为现实功能的外部条件。显然,社会系统的功能是社会系统开放的结果,只有开放的、非孤立的社会系统才具有社会功能。因此,社会功能分析的基点在于社会系统的开放性。社会系统的开放性特点要求我们在分析社会现象时,必须从一定社会系统与其社会环境的联系把握该系统所具有的社会功能。否则,社会系统的"输入"就成了无源之水,社会系统的"输出"就成了无的放矢。

(2) 以社会系统的结构性为基础研究社会系统的社会功能。结构功能主义的社会学认为,社会是由相互依存的各部分构成的有机系统,各部分都在系统中担负一定的功能,社会系统的功能分析必须同其结构分析结合。帕森斯更明确提出,一个社会要正常存在就必须满足自身需要的四个方面的功能要求：A(适应)、G(达鹄)、I(整合)、L(维模)。这些需要是可以通过社会系统的结构部分(子系统)得到满足的：社会经济子系统保障社会系统具有"适应"外部环境的功能；社会政治子系统使得社会系统有能力确定目标和调动系统内部的能量以实现系统目标(达鹄),社会法律子系统起"整合"社会系统的作用；社会的家庭、宗教等子系统则帮助社会系统维持人际互动关系的模式,延续社会文化的运行(维模)。从最一般的意义上讲,社会系统结构对社会系统功能的作用,表现为社会系统的结构在输入—输出关系中起中介作用。这种中介作用包括两个方面：首先体现为社会系统的结构具有吸收消化功能。结构合理,吸收消化功能就好,结构不合理,吸收消化功能就差。其次体现为社会系统的结构具有转换功能。结构合理,就可能产生新的功能,或原有功能被放大；反之,则可能使功能降低或消失。在外在环境条件既定的情况下,系统功能的性质、大小取决于系统的内在结构。比如,现在的一些企业,在面临同样的社会环境条件下,有的兴旺发达,有的朝不保夕,甚至倒闭,究其原因,就在于内部结构的性状有别。可见,社会系统的结构决定社会系统的功能。进行社会功能分析,必须基于这种机理确定可行的分析思路。

(三) 社会功能分析的内容

在社会调查中,社会功能分析的基本内容,是结合社会调查所获得的丰富调查资料,按照社会功能的特点及相关因素对社会现象进行分析所涉及的内容。社会功能分析的内容概括起来可以分为三大方面。

1. 对社会系统适应环境功能的分析

社会系统性能的优劣,是以其适应环境的能力量度的。这种能力体现在三个方面：①系统的价值性。任何社会系统,其生存与发展的能力,主要表现在它满足社会环境需要的程度。一个社会系统只有当其输出适应社会的需要时,才具有客观的价值性和实现这种价值的可能性。如社会工作作为社会系统中的一个重要的子系统,它也是由许多要素组成的系统,而社会工作是为满足或适应某种社会需求服务的。我们分析一种社会工作是优是劣,是否合理,是否具有存在的价值,主要看它是否具有满足社会需要的功能。②系统的可塑性。系统的可塑性意味着它的灵活性、机动性、柔韧性以及根据外部条件的重大变化自我调整的调适性。社会系统是一种有机系统,它充满了各色各样的人及各种人的行为方式,因此它具有能动的自调适性,即能进行自组织调节。一个社会系统是否具备自组织调节的能力,是它是否具备可塑性以适应环境变化的功能的重要表现。③系统的能动性,是社会系统随着环境变化应变的功能性。社会系统对环境的"适应"看似被动而实际上是一个能动的过程,它突出表现在对环境的选择与改造上。正是这种选择与改造的有机结合才"扩大"了其"适应",并且变消极适应为积极适应。这种选择与改造与自然界的自我更新不同,它带有价值判断,因而本质上是一种自觉的行动。社会系统的能动性是我们分析其适应环境功能的重点所在。

2. 对社会系统所具功能类型的分析

系统功能本身也是一个系统,称为功能系统。功能系统有一定的结构,并形成一定的功能类型。社会系统的功能类型可以这样划分:①从功能的重要程度划分,有原生功能与次生功能。例如,社会工作的原生功能是社会工作立足于社会的基本功能,如"助人"的功能;次生功能则是社会工作运转并活动于社会的连带功能,如促进社会和谐的功能。其中原生功能起决定作用。②从功能发挥的空间范围划分,有局部功能与整体功能。这种从功能发挥的空间范围划分的功能类型有四种组合:局部优、整体也优;局部有的并不优,而整体却优;局部虽优,但整体不优;局部不优,整体也不优。正因为这样,功能选择便成为社会功能分析的一项重要任务。③从功能发挥的时间维度划分,有短期功能和长期功能。在这样两种功能的关系处理上,两者兼顾固然很好,但若存在矛盾,当以长期功能为重。如发现只为眼前利益而过度开发、破坏生态、污染环境等现象,应坚决否定。④从功能的影响结果是否为人们意识到的角度划分,有显在功能和潜在功能。在对各种社会现象功能的分析中,除分析其显在功能外,还要注意分析其潜在功能,尤其要留心那些容易被忽略的潜在功能。⑤从功能的作用方向划分,有正功能和负功能。一种社会现象既有正功能也有负功能,在功能分析中,通常需要首先确定功能的正负方向及主次地位,从而确定该社会现象的价值到底何在。

3. 对社会系统功能协调性状的分析

从某种角度说,社会功能的发挥也是一个过程,它通过社会系统的整体运行表现出来。在社会系统的运行过程中,社会系统的功能协调性状是一个至关重要的问题,它直接影响社会系统社会功能的发挥。社会系统的功能协调性状可以分为功能协调与功能失调两种情况。社会系统的诸要素在活动和作用上如果相互配合和相互促进,就是功能协调;如果配合不上,甚至相互促退、相互抵消就是功能失调。社会系统的结构包括横向与纵向两个方面,因而功能上的协调也有两种情况:一种是横向的协调,这是指社会系统各组成部分的功能在水平方向上的协同合作。例如,公司各部门的成员要在部门的成员间协调自己的活动,各部门要在分公司的各部门间协调自己的活动,分公司要在总公司各分公司间协调自己的活动。另一种是纵向的协调,这是指系统各组成部分的功能在垂直方向上的配合一致,是一些组成部分的功能对另一些组成部分的功能的从属,以及全部组成部分的功能毫无例外地对整体系统功能的从属。因此纵向功能也可称作隶属功能。例如,我们可以把社会制度体系分为经济制度、政治制度、法律制度、教育制度、家庭制度等,它们各有特定的社会功能,但它们之间的功能是密切联系的,存在隶属功能的关系。其中经济制度对社会的影响具有决定性意义,它不仅决定社会的面貌和发展方向,而且还决定其他社会制度功能发挥的情况。另外,功能上的失调同样可从横向和纵向两个角度加以分析。

复习思考题

1. 简述社会调查中开展定性分析的作用。
2. 开展比较分析,需要注意哪些问题?
3. 结合实例,谈谈何为理想类型分析。
4. 试举一例,说明何为求同求异法。
5. 简述矛盾分析的步骤与原则。
6. 简述社会结构分析和社会功能分析的内容。

第五篇

Part 5

社会调查成果撰述

第十章 社会调查报告的撰述

CHAPTER 10

[本章导读]

社会调查作为一个完整的信息变换过程,不仅要关注信息的输入,而且重视信息的输出。也就是说,社会调查者通过广泛深入的社会调查搜集了大量社会信息,并对这些社会信息进行了认真细致的整理、加工、分析、研究,取得了相应的研究成果后,还应将研究成果以一种书面报告的形式表现出来,将其提供给相应的政府机构、企事业单位、社会组织或学术刊物,以为更多的人了解和有效利用。这就是社会调查报告的撰述过程。社会调查报告的撰述是整个社会调查过程的重要一环,是社会调查总结阶段的一项重要工作。社会调查报告撰述质量的好坏直接关系社会调查学术水平的高低及社会作用的大小。因此,社会调查者必须予以高度重视。在本章中,我们首先介绍社会调查报告的一般知识,然后按照社会调查报告的规范结构介绍具体的撰述方法。

第一节 社会调查报告概述

在社会调查中,社会调查资料搜集与社会调查资料分析的完成,并非整个社会调查工作的结束,这时,社会调查进入总结评估阶段。社会调查总结评估阶段的工作内容非常丰富,但其中最重要的一项工作是撰写调查报告。社会调查报告也称为社会调研报告,简称为调查报告或调研报告,是社会调查者对某一社会现象或社会问题进行广泛深入的调查后撰写的调研成果报告。它是社会调查者获得的重要信息的概括提炼,是社会调查者取得的多方面的重要调研成果的集中体现。社会调查报告不同于一般的学术论文,更不同于一般的理论文章,它有其自身的内容特征和形式特征,并有某些特殊的撰写要求。悉心了解社会调查报告的一般知识,是开展社会调查报告撰述的重要基础。

一、社会调查报告的基本特点

社会调查报告是社会科学中一种常用的研究报告,是一种调查与研究、理论与实践、客观与主观相结合的实用文体。同其他文体相比,社会调查报告无论在内容、体裁,还是表述方式等方面都具有鲜明特点。

(一)论题的针对性

社会调查报告在论题上具有强烈的针对性。社会调查报告在论题上的针对性,首先取决于社会调查的目的性。任何社会调查都是为了一定的目的而开展的,具体来讲,任何社会调查活动都是为了发现、掌握、研究和解决某一具体的社会问题,这就决定了社会调查的目的性。社会调查的目的性,实际上也就决定了作为社会调查成果的社会调查报告在论题上的针对性。社会调查报告在论题上的针对性,其次取决于社会调查的服务性。社会调查通常是依据一定的社会需要而开展的一种智力服务,这种服务包括为政府部门服务、为企事业单位服务、为社会组织服务、为科学研究服务、为社会公众服务等。社会调查的这种服务性,决定了社会调查报告的论题必须针对服务对象的实际需要确定。

(二)内容的真实性

社会调查是人们通过直接地、系统地搜集有关社会现象的经验材料,并对这些材料进行分析与综合,进而科学地阐明社会生活状况及社会运行规律的科学认识活动。社会调查报告作为社会调查的主要成果,尊重客观实际,用事实说话是其基本撰述准则。内容真实是社会调查报告的生命力所在,也是社会调查报告的本质特征。一篇好的社会调查报告,它反映的社会事实及各种数据资料,都是经过深入社会获取并经过反复核实的,就是交研究背景、介绍研究对象、叙述研究过程,都必须做到真实、准确、可靠。正由于社会调查报告内容真实、可信度高,因而它往往具有很高的社会信任度,深受政府部门、企事业单位、社会组织甚至学术刊物的重视,并在社会管理中发挥重要参考作用。

(三)见解的新颖性

社会调查报告虽然特别强调让事实说话,但它决非简单、机械地陈述事实,或像照相一样地"拍照"事实。社会调查报告还有一个重要特点,即它必须通过对事实的分析形成新的见解。社会调查报告的这一特点,首先是由社会调查的目的决定的。通常来讲,社会调查的目的是要发现新的社会现象,找出新的社会问题,揭示新的社会规律,因而在社会调查报告的撰述中,必须依据事实材料,展示新的发现,提出新的见解,得出新的结论。

其次是由社会调查选题的创新性决定的。社会调查选题的创新,必然带来其调研成果的创新,或能提供新的信息,或能创造新的知识,或能启发新的思路。那些已成定论的观点或尽人皆知的理论,虽然在社会调查报告中也有可能引用,但决非其核心内容所在。

(四) 表达的明确性

社会调查报告在表达方式上非常强调内容的明确性。社会调查报告在表达方式上的明确性主要体现在两个方面:①社会调查报告非常重视对社会现象或社会问题的明确反映。普通性社会调查报告或描述性社会调查报告,通常是以对具体社会事实的直接叙述和准确描述为主,而学术性社会调查报告,即使在有关观点的表述和论证中,也非常重视表达的明确性。②社会调查报告非常重视以图表形式表现有关社会现象及其相互之间的各种关系。如采用各种统计表、统计图表现社会调查中获得的各种数据资料,采用散点图表现两变量之间的相关关系,采用方阵图表现两变量之间的组配关系。这种借助于图表的表达方式使社会调查报告的内容更直观、更明确,便于人们阅读理解。

(五) 价值的时效性

社会调查报告在价值上具有明显的时效性。时效性是指事物的价值或所起的作用受时间制约的特性。时效性反映的基本规律是:耗费的时间越短,事物的比较价值或作用越大;耗费的时间越长,事物的比较价值和作用越小。国外有一种说法:今天的消息是金子,昨天的消息是银子,前天的消息是垃圾。讲的就是社会信息的时效性。社会调查报告作为一种社会信息的输出或提供方式,同样有时效性问题。在现实社会中,社会调查面对的是迫切需要解决的问题,这更突出体现了社会调查报告的时效性。如果社会调查报告的撰述延误时间,错过时机,便无法满足及时解决社会问题的迫切需要,成为事后诸葛亮,从而大大贬值。因此,社会调查报告在价值上的时效性值得高度重视。

二、社会调查报告的类型划分

社会调查报告是对纷繁复杂的现实社会中的有关问题进行调研,经过科学的整理和分析撰写的书面形式的研究成果报告。社会调查目的、对象、范围等的不同,社会调查课题性质、规模、特点等的不同,以及社会调查报告内容范围、读者对象等的不同,都可能造成社会调查报告类型的多样性。

(一) 基于社会调查内容范围的分类

基于社会调查内容范围的不同,可以将社会调查报告分为综合性调查报告和专题性调查报告两类。

1. 综合性调查报告

综合性调查报告也叫做概况性调查报告或普遍性调查报告,是指围绕调查对象的基本状况和发展变化过程,对全部调查的结果进行较为全面、系统、完整、具体反映的社会调查报告。综合性调查报告通常是就某一地区(或某一国家)进行调查,着重分析区域性或地区性社会的基本状况,研究某一区域或地区中某些带有共性的问题,内容往往涉及政治、经济、文化、人口、地理、历史等各方面的基本社会概况。如李景汉在20世纪30年代通过"定县调查"撰写的《定县社会概况调查》(1933),就是我国社会调查史上非常重要的综合性调查报告。综合性调查报告由于研究课题重大,涉及问题广泛,反映情况翔实,一般要求搜集的社会信息资料全面、系统,因而其篇幅较之其他的社会调查报告更大。同时综合性调查报告是在广泛全面的调查和分析基础上写出的,它具有一定的权威性,能为相关决策部门提供有价值的信息及有益的工作指导。

2. 专题性调查报告

专题性调查报告是指围绕某一特定社会现象或社会问题进行深入调查、深度分析撰写成的社会调查报告。专题性调查报告主题比较集中,内容较为专一,能比综合性调查报告更深入、更细致地反映某一社会现象或社会问题的情况。由于专题性调查报告针对性较强,涉及范围较小,调查资料较少,篇幅不是很大,因而报告的撰写较为及时,能迅速向相关部门提供信息、反映问题。如费孝通主持撰写的《小城镇大问题》系列调查报告,王来华等撰写的《老年生活保障与对社区的依赖——天津市南开区老年生活保障调查问卷分析》,[①]就属于专题性调查报告。应当指出的是,综合性调查报告与专题性调查报告的分类只是相对的。其实,一项综合性调查研究也可以按专题写出系列调研报告。这种系列调研报告,通常被认为是综合性调查报告的特殊形式。像中国科学院组织的"二十一世纪中国的发展前景"的调查研究成果,就是以能源、资源、工业、农业等专题性系列调研报告形式展现的。

(二)基于社会调查基本功能的分类

基于社会调查基本功能的不同,可以将社会调查报告分为描述性调查报告和解释性调查报告两类。

1. 描述性调查报告

描述性调查报告是指用以展示描述性调查研究的发现和结果的社会调查报告。描述性调查报告的功能在于对所研究的社会现象或社会问题进行全面、系统的描述,主要

---

① 王来华,等. 老年生活保障与对社区的依赖——天津市南开区老年生活保障调查问卷分析[J]. 社会学研究,1998(3):119-125.

回答社会现象"是什么"或"怎么样"。它通过对调查研究资料和调查研究过程中的发现的详细描述,向读者展现社会调查对象的基本状况、主要特点或发展变化的过程。如褚庆喜、林双川撰写的《心酸打工路——珠江三角洲外来工生存处境扫描》,①就是一篇描述性调查报告。从内容特征看,描述性调查报告一般要求广泛而详尽;从撰写要求来看,描述性调查报告要求全面而清晰;从基本功用看,描述性调查报告主要是进行社会信息的详细提供。因此,描述性调查报告一方面可以使读者对社会现象或社会问题有一个全面深入的了解和认识,为社会政策的制定提供基础信息支持;另一方面可以为进一步解释社会现象或社会问题发生发展的原因奠定感性认识的基础。

2. 解释性调查报告

解释性调查报告是指用以展示解释性调查研究的发现和结果的社会调查报告。解释性调查报告的功能在于对所研究的社会现象的存在状况和发展变化进行深入的解释,阐明社会现象发生发展的原因,说明不同社会现象之间的关系,回答社会现象"为什么"的问题。它通过对社会现象发生发展的原因和各种影响因素的分析,揭示社会现象发生发展的某些规律。当然,解释性调查报告也要对社会现象进行具体的描述,但这种描述通常不是为描述而描述,而是为解释提供具体背景或铺垫。从内容看,解释性调查报告注重理论分析,研究深度大,学术价值高;从撰写要求看,解释性调查报告注重学术规范,层次结构清楚,分析论证严密。从功能看,解释性调查报告主要是进行社会问题的深度分析。如李春玲、李实的《市场竞争还是性别歧视——收入性别差异扩大趋势及原因解释》②就是解释性调查报告一个比较典型的例子。

(三)基于社会调查成果特性的分类

基于社会调查成果特性的不同,可以将社会调查报告分为应用性调查报告和学术性调查报告两类。

1. 应用性调查报告

应用性调查报告是为社会管理部门和社会工作机构了解社会现实状况、研讨社会政策措施、解决现实社会问题撰写的社会调查报告。应用性调查报告通常以社会管理部门和社会工作机构的领导者和有关管理人员为主要的目标对象,主要目的是为社会管理部门和社会工作机构提供了解社会状况、分析社会问题、制定社会政策、开展社会工作的依据,以备社会管理部门与社会工作机构的相关人员查询或参考。应用性调查报告又可分

---

① 褚庆喜,林双川. 心酸打工路——珠江三角洲外来工生存处境扫描[J]. 半月谈,1999(5):8-13.
② 李春玲,李实. 市场竞争还是性别歧视——收入性别差异扩大趋势及原因解释[J]. 社会学研究,2008(2):94-117.

为信息提供型调查报告和政策建议型调查报告两类。信息提供型调查报告主要为相关部门或机构提供了解社会现实状况的重要社会信息或重要社会动态;政策咨询型调查报告主要为相关部门或机构提供解决某个社会问题的参考方案或具体对策。无论哪种情况,应用性调查报告都是重于实际应用的社会调查报告。如《北京老年人社会支持网调查——兼与英国利物浦老年社会支持网对比》,[①]即属于应用性调查报告。

2. 学术性调查报告

学术性调查报告是指以专业研究人员为目标对象,运用大量的经验研究资料,借助于科学的统计分析手段,提出各种学术见解的社会调查报告。学术性调查报告侧重于对社会现象的理论探讨,既注重对社会现象的真实情况进行具体描述,也注重对相关学术文献的综述和引用,更注重对各种社会现象间的相互关系和因果关系进行深入分析,以达到检验理论和构造理论的目的。学术性调查报告还有一个重要特征是注重学术规范、强调学术源流、崇尚学术创新。当然,学术性调查报告同一般的学术论文或学术著作还有明显区别,后者主要是通过大量的逻辑推理与论证提出某些观点和形成某种理论,对经验事实的分析不进行更多的关注和陈述;学术性调查报告则是基于大量经验研究资料的分析提出各种学术见解,比较注重调查研究方法、过程和工具的描述或交代。如《关于"研究生形象"的调查研究》[②]一文,就是一篇学术性调查报告。

(四) 基于社会调查分析方法的分类

基于社会调查分析方法的不同,可以将社会调查报告分为定量型调查报告与定性型调查报告两类。

1. 定量型调查报告

定量型调查报告是指基于定量的调查研究撰写的社会调查报告。定量型调查报告以调查研究中获得的各种统计数据和其他数据资料为研究基础,通过对量化资料的统计分析展现调查研究的发现和调查研究的结果。定量型调查报告的撰述特点在于:①体现社会现象的数量特征及有关社会现象之间的数量关系;②采用公式和图表等数量化的工具体表述其调查研究的结果;③注重报告的规范格式以及各部分之间的逻辑关系。在当今的社会调查中,定量型调查报告的比重越来越大,各种通过抽样及借由问卷进行的调查研究,大多以定量型调查报告作为其主要研究成果。如张海波、童星的《被动城市化群

[①] 珂莱尔·婉格尔. 北京老年人社会支持网调查——兼与英国利物浦老年社会支持网对比[J]. 社会学研究, 1999(2): 56-66.

[②] 林伟连, 等. 关于"研究生形象"的调查研究[J]. 社会心理科学, 1999(51): 29-33.

体城市适应性与现代性获得中的自我认同——基于南京市561位失地农民的实证研究》①,就是属于定量型调查报告。当然,定量型调查报告也少不了要做定性分析,为此,定量型调查报告实际上是以定量分析为主的社会调查报告。

2. 定性型调查报告

定性型调查报告是指基于定性的调查研究而撰写的社会调查报告。定性型调查报告以实地调查研究中获得的各种定性资料或某些文献资料为基础,通过对定性资料的文字描述和定性分析展现调查研究的发现和调查研究的结果。定性型调查报告的撰述特点在于:①重视揭示社会现象的本质特征以及各种非本质的属性;②重视采用非量化性的文字和图表表述其研究结果;③通常不具有固定的格式,在结构和文字的表现上比较灵活,在描述和解释之间没有明显的区分。在当今的社会调查中,尤其是人类学、民俗学的调查研究中,定性型调查报告也受到人们的特别关注和积极采用,各种实地研究成果通常都是定性型调查报告。定性型调查报告的例子不少,如卢晖临的《集体化与农民平均主义心态的形成——关于房屋的故事》②即属此类。值得注意的是,定性型调查报告并非一味排斥定量资料和定量分析,有时适当定量还是必要的。

三、社会调查报告的撰述要求

社会调查报告撰述是在社会调查中获得的第一手资料的基础上通过深入的分析研究而后进行的,第一手资料如果不全面、不完整、不系统,或不真实、不准确、不可靠,必然会使整个调查研究工作受到损害其至失败,更谈不上撰述一篇较好的社会调查报告了。在此,有必要基于真正实现调查全面、研究深入的社会调查目标具体谈谈社会调查报告的撰述要求。

(一)明确论题,提炼主题

通常来讲,体现社会调查报告基本价值的关键在于明确论题,提炼主题。所谓论题,就是社会调查报告所要研究讨论的问题。社会调查报告的论题包括基本论题和具体论题两种。基本论题是一项社会调查的基本研究问题;具体论题则很多,如"调查研究对象到底是什么"、"调查研究对象所处状态如何"、"调查研究对象为何处于这种状态"、"调查研究对象的发展趋势怎样"。论题明确了,就要对所获得的调查研究资料进行总体分析,综合驾驭,从而顺利提炼出一个有价值的、能体现社会调查报告中心思想和基本观点的主题。

---

① 张海波,童星.被动城市化群体城市适应性与现代性获得中的自我认同——基于南京市561位失地农民的实证研究[J].社会学研究,2006(2):86-106.

② 卢晖临.集体化与农民平均主义心态的形成——关于房屋的故事[J].社会学研究,2006(6):147-164.

（二）精心鉴别，严选材料

社会调查过程中所获得的大量社会事实材料是构成社会调查报告的信息基础。然而，社会调查获得社会事实材料多且复杂，要合理、有效地使用这些材料，就必须进行精心鉴别，严格挑选。精心鉴别和严格挑选材料的总原则是：去粗取精，去伪存真，由此及彼，由表及里。如果材料不完整、不典型，就需要补充，不要草率使用；如果材料陈旧、琐碎而无意义，则一般不宜使用。对材料进行鉴别和选择，目的是合理、有效地使用其中的典型材料、综合材料、对比材料和统计材料，因为只有这些材料才能更好地说明观点、表现主题。

（三）理顺思路，拟写提纲

社会调查报告的写作思路与写作提纲是社会调查报告构成的蓝图和基本逻辑框架。在社会调查报告的撰述过程中，如果能"照图施工"，一个部分一个部分地写作下去，便不至于出现跑题或缺项现象。社会调查报告的写作提纲通常有两种：①简略式，即以简单的条文形式把各层次的内容加以提示；②详列式，即用完整的语言具体明确地把各层次的内容概括起来。社会调查报告提纲的拟写，无论采用何种形式，都应紧扣主题，有纲有目，层次清晰，简洁醒目。社会调查报告如果是多人合作，编写一个写作提纲显得更为重要。

（四）行文客观，分析周密

行文客观、分析周密是写好社会调查报告的关键所在。那些只是罗列某种社会现象或社会问题的事实材料，缺乏分析与归纳，没有形成创新观点的社会调查报告，要么不知所云，要么平淡无奇；如果只有调查者的某些观点与看法，未能用必要的材料加以阐述与印证，那么这样的社会调查报告势必内容空虚，结论难以令人置信，缺乏说服力。因此，行文时须注意：①运用质朴的语言表达观点，并用社会事实说明问题；②叙述社会事实力求客观，力避个人的主观成见；③要对各种社会事实及其相互之间的关系进行周密的分析。

（五）要件完备，结构完整

社会调查报告的结构是社会调查者根据调查研究的内容特点而在报告格式上所作出的一种整体化的结构性安排。总体来说，社会调查报告的类型多样，各种类型的社会调查报告并不存在一种统一的或者固定的结构模式。当然，从目前发表的大多数社会调查报告来看，一般的结构还是有的。具体来讲，一篇完整的社会调查报告通常应包括几个要件：标目、摘要、导言、研究方法、研究结果、讨论、参考文献、附录等。在社会调查报告的撰述中,一般的要求是:要件完备,结构完整。当然,人们也可以视情况进行必要的调整。

第二节　标示性内容的撰述

在社会调查报告中,标示性内容是指社会调查报告的标题、作者、摘要、关键词、课题来源等内容。标示性内容撰述是社会调查报告撰述过程的一个重要阶段。从社会调查报告的结构来看,标题、作者、摘要、关键词、课题来源等可谓社会调查报告的"脸面",一篇社会调查报告能否将调查研究的成果有效地展示给读者,或读者能否较快地发现这篇社会调查报告的存在及其价值,标题、作者、摘要、关键词、课题来源等标示性内容起重要作用。从目录学的角度看,社会调查报告的标示性内容还可以通过编目直接转化为目录信息,为读者记认和查询社会调查报告提供检索。因此,在社会调查报告撰述中,起好标题、列好作者、做好摘要、定好关键词是不可忽视的环节,如果是基金项目或得到资助的项目,标示课题的来源也是很有必要的事情。

一、标题的制作

任何现代文体都应有明确的标题。标题又称题目,是用以揭示、评价、反映社会调查报告内容的文字。在社会调查报告中,标题是引起读者注意的关键因素,也是整体社会调查报告中的"眼睛"。标题通常以简洁、生动的文字交代调查报告的内容。一个既形象又贴切的标题,不仅能吸引读者注意,而且能为读者提供"关键的信息"。据估计,在人类获取信息的过程中,来自标题的信息占50%。所以,任何调查报告的撰写者都必须重视标题的制作。

一个好的社会调查报告标题,要做到"四精":①精练,即用高度概括的语言准确、精致地表明调查报告的主题;②精新,即标题要有新意,突出调查报告的创新之处,真正使人感觉耳目一新;③精彩,即标题要有特色,甚至要有"冲击力",能引人深思,给人留下深刻印象;④精到,即用脚注形式说明课题来源,以体现权威。"四精"的标题不仅区别于其他相关作品,而且能够打动读者,引起读者注意,将读者的目光引向正文。

社会调查报告的标题制作虽然要按照一定的要求进行,但也并非千人一面,千篇一律,完全可以八仙过海,各显神通。从近年国内公开发表的大量社会调查报告的标题看,可供参考的标题形式大致有以下几种。

（一）概述式

概述式标题概括地交代社会调查的对象、内容和方法。如《中国北方两座孔庙之实地考察》、《中国大学生就业现状调查》、《北京老年人社会支持网调查》、《大龄女青年的婚恋问题调查》就属于这类标题。概述式标题文字简练，朴实无华，使读者能对社会调查的对象、内容，甚或采用的调研方法一目了然。概述式标题信息充分，通俗易懂，不仅揭示了社会调查报告的基本主题，而且为读者传递了社会调查报告的实质内容，有利于读者即使没有时间细读正文，单看标题也能够做到知其欲知。但概述式标题也有缺点，显得比较呆板，有千篇一律之感，缺乏吸引力。因而，这类标题的调查报告通常发表在各种专业出版物上，非专业刊物很少采用这类标题。

（二）结论式

结论式标题直接以社会调查过程中的某种结论、评价、判断、观点式的语言作为标题。如《择友不当是青少年犯罪的重要原因》、《网络进农家乃大势所趋——对因特镇网络村村通的调查》、《责任重于泰山——对玩忽职守犯罪的调查》、《负担不能重，干部不能凶——农村稳定的调查分析》就属于结论式标题。此类标题的优点是，不但能将调查报告的中心思想和主要内容揭示给读者，而且能表明作者的观点、态度及调查研究的基本结论，具有很强的概括性和针对性，冲击力大，比较醒目，能够吸引读者的注意力。这种标题既可以用于学术性调查报告，也可以用于普通的调查报告。此类标题也有其局限性，即学术性较强，不很通俗易懂，有些不看副标题难以明白揭示的主题为何。

（三）提问式

提问式标题以提问（包括设问或反问）方式表达社会调查报告主题。如《中国品牌为什么走不远》、《物欲横流的时代，我们追求什么》、《降息：风险何在》、《政治体制改革为何不能缓行》、《男女性格的差异真的会消失吗》就属于提问式标题。提问式标题的特点是简洁明快，尖锐泼辣，反映的问题既是人们关心的热点问题，也是社会调查者要回答的现实问题。提问式标题的优点在于：可以吸引读者的注意力，引发读者阅读欲望，启发读者深入思考。提问式标题从其反映的社会现象来讲，一般多是社会热点问题的调查报告；从其适用的调查报告的类型来讲，通常多用于揭露性、说明性的调查报告；从其适用刊载的刊物来讲，一般多是普通报纸、杂志刊载的调查报告。

（四）复合式

复合式标题又称双标题，是指由主标题和副标题两者共同构成的标题。如《国有企业管理的性别策略与女工的企业依赖——对经济改革前后广州两家国有企业的女工研究》、《社区何为——对北京流动人口聚居区的调查》、《消费者都是上帝吗——对长沙市1000名消费者的调查》就属于复合式标题。在复合式标题中,主标题是标题的核心部分,多用来表达主题、提出疑问或展示结果。副标题则多用来说明社会调查的对象和方法,或用作对主题的解释和补充,这主要在主题不写事实只提一种论断或疑问时采用,或主题已承担一部分叙事任务,但其余事实仍有点出的价值时采用。这种形式的标题综合了上述几种标题形式的优点,可用于专题性、学术性、应用性的多种社会调查报告。

二、作者的标列

作者又称为创作者,是指进行文学、艺术或科学等作品创作的人。从法律的角度讲,作者有实际作者与名义作者之分。实际作者是文学、艺术或科学等作品的实际创作者;名义作者则是指某些未直接参与创作活动的人,依照《著作权法》的有关规定,通过与实际作者的某种合同约定取得作者资格的作者。社会调查报告的作者,首先应该是社会调查报告的实际撰述者(即实际作者),但如果有某种合同约定,非实际撰述者也可成为名义作者。为了超越实际作者与名义作者的界限,图书馆学给予作者一种新的说法,即责任者。

在社会调查报告中,作者的标列本非一件困难的事情,即谁开展社会调查,谁撰写社会调查报告,谁就是应该标列的作者。但是,由于当今社会调查活动更多地表现为集体性活动,加上某些名义作者的存在,社会调查报告的作者标列同样面临一些新的问题。这些问题包括:社会调查的出资方是否署名;社会调查的组织者如果没有直接参与调研报告的撰述怎样署名;所有参与调查研究活动的人(如访问员)是否都要署名等。这些问题确实很值得学术界尤其是著作权法研究者加以深入研究,在此不展开讨论。

社会调查报告作者的标列是一件不可忽视的事情,从社会的角度讲,它涉及对作者劳动成果的承认问题;从法律的角度讲,它涉及对作者拥有权利的确定问题;从学术的角度讲,它涉及对作者所负责任的明确问题;从声誉的角度讲,它涉及对作者社会影响的传播问题;从利用的角度讲,它涉及对作者所撰作品的查询问题。因此,对于社会调查报告作者的标列问题,无论从哪一个角度看都是非常重要的,社会调查者必须认真对待,尤其不能因为作者的标列问题而闹出纠纷,引发官司,伤了和气。

社会调查报告的作者标列包括三方面的内容,即作者名称的标列、作者单位的标列和作者简介的标列。这三方面内容的标列,总体上都是为了详细地传达有关作者的信息,无论是为了权利、财富和声望,还是为了对学术负责和对社会负责,有效传达作者信息应是作者标列最基本的功能。为了规范传达作者信息,在此简要介绍作者名称标列和作者单位标列的一些基本做法。至于作者简介的标列,由于各种学术刊物的要求差异颇大,在此不加详细介绍。

(一)作者名称的标列

作者名称按照作者的类型可以分为个人作者、合作作者和集体作者三种。在三种作者名称的标列中,个人作者和集体作者的标列比较容易,只需将个人作者的姓名(亦可以是笔名、别名、化名)或集体作者的名称标列于报告标题下即可。合作作者的标列同个人作者或集体作者的标列在形式上并没有多大区别,将所有合作作者的姓名按照某一确定顺序依次标列于报告标题下就行。

对于合作作者的标列需要注意到底如何确定这些合作作者的顺序。按照当前学术界的一般做法,合作作者的标列顺序有四种:①贡献标列法,即将贡献大的作者排在前面,贡献小的作者排在后面;②威望标列法,即将威望大的作者排列在前,威望小的作者排列在后;③字序标列法,即按照某种字序依次排列所有作者;④自行商定法,即由所有作者自行商定排序。

作者名称的标列除上述标列法之外,还应考虑以下几个问题:①外国作者的国别名问题。外国作者的标列通常要求在作者姓名之前标注国别,如"(美)约翰·奈斯比特","(法)埃米尔·迪尔凯姆"。②外国作者的外文名问题。如果作者是使用外文名作为作者名称,应按照该文种中姓名的排列习惯进行标列,如"(美)Daniel Bell","(英)Jonathan B. Jones"。

(二)作者单位的标列

在当今一些专业学术刊物上发表的社会调查报告中,除标列作者名称外,往往还需要标列作者单位。标列作者单位主要源自于这样几种想法:①区分同名作者,即以将同名不同单位的作者区分开;②表现权威机构,即将一些权威机构展示出来,以体现所提供或发表的社会调查报告的权威性;③提供通信联系信息,作为人们与作者取得联系的一种通信联系方式。

作者单位的标列通常包括三项内容,作者单位名称、作者单位地址、作者单位邮编。在我国,一些专业刊物往往要求作者提供这三个方面的信息。对于作者单位,通常要求标列出大单位及具体的专业学术单位,如"广州大学公共管理学院"或"广州大学社会学系";对于作者地址,通常要求标列省份和城市,如"广东广州";对于邮政编码,则列出即可。

作者单位的标列还有几个值得注意的问题:①每位不同单位的作者都必须标列出各自的作者单位信息;②同一作者可以提供多于一个的作者单位信息,如某教授在两所大学任职,他就可以提供两所大学的单位信息,至于两所大学的排序,可由其自行决定;③如果在报告发表前作者流动到新的单位而报告又与原单位没有多大关系,可以考虑更改信息。

三、摘要的撰述

按照当代学术论文的结构要件要求,在专业性和学术性的社会调查报告中,通常需要在标目之下正文之前撰写一段对社会调查报告进行简要介绍的文字,这段文字就是摘要。摘要也称为提要、文摘,简单地说,就是社会调查报告的要点摘录。具体来说,摘要是为向读者揭示、报道、传递社会调查报告的关键信息而简要摘述社会调查报告中的主要内容和数据。霍顿认为,摘要"应该是文章内容的概括"。① 如以人像比拟摘要,那么,社会调查报告的摘要就是一个人的简笔画。摘要反映的是社会调查报告的精要内容。

社会调查报告为何需要摘要,主要原因在于摘要有多方面的作用。具体来讲,摘要通过简明扼要的文字对社会调查报告加以介绍,可以使读者迅速了解社会调查报告的基本内容,获得较为具体的调查研究成果信息,从而决定是否阅读全文;可以使学术刊物的编辑迅速发现社会调查报告的价值,尽快决定对稿件的取舍;可以使图书馆专家直接利用社会调查报告中的摘要尽快编成文摘类检索工具,提供文献检索重要信息。

根据摘要内容详略不同,社会调查报告的摘要可分为指示性摘要和报道性摘要两种。指示性摘要也称为简介,用简短的几句话来绍社会调查报告的重要内容;报道性摘要对社会调查成果的介绍较为详细,一般是照摘社会调查报告原文的某些重要部分。通过报道性摘要,读者即使不阅读社会调查报告的原文,也可知其调查研究成果信息,因而可以大大节约阅读社会调查报告的时间,提高了解和认识有关社会现象和社会问题的效率。

社会调查报告的摘要通常较短,在国外为 250 个单词左右,在国内为 200~300 个汉字。尽管摘要比较短小,但要写好并非很容易的事情。换句话说,摘要之所以不容易写好,主要原因是它的篇幅十分有限。为了在有限的篇幅内写好一篇社会调查报告摘要,在此特提出几个撰写要点。

(一)明了摘要的基本内容

任何一篇社会调查报告的摘要,实际上是社会调查报告内容的高度概括与浓缩。根据这样一个基本道理,社会调查报告的摘要一般包括以下几方面内容:①该项社会调查的主要目的;②该项社会调查的基本对象;③该项社会调查的关键方法;④该项社会调查的主要成果;⑤该项社会调查的基本结论。值得注意的是,摘要绝不应提及与调查报告没有涉及的内容与结论,也不要引用与该调查报告有关的参考文献中的内容。

---

① 转引自:罗伯特·A.戴.如何撰写和发表科学论文[M].北京:原子能出版社,1986:23.

（二）区分摘要的不同类型

人们之所以要将摘要区分为提示性和报道性两类，是因为两者写法明显不同。提示性摘要也叫叙述性摘要，其内容是说明性的而非实质性的，通常是对一篇社会调查报告进行简要的介绍，可以充当目录表，以引起读者的注意为目的。报道性摘要也叫情报性摘要，其内容是实质性的而非说明性的，通常要求将调查研究的目的、方法、主要数据和基本结论具体反映出来，以为读者提供实质性情报为目的。社会调查报告的摘要通常应该是报道性摘要。

（三）注意摘要的行文要领

撰写一篇摘要，其行文要领包括：①表述必须精练。摘要中应尽量使用简明而有实际意义的语句，不必采用的长句坚决不用。②用词必须规范。摘要中使用的词语必须符合规范要求，尽可能采用通用的词语表述内容。③赘词必须避免。一些牵涉人称的词语如"笔者""本人""我们""本文"在摘要中都被看作赘词，应尽量避免。④独立成篇。麦克吉尔认为："当你写提要时，要记住提要可以单独发表，因而应该是独立的。"[①]

四、键词的标引

社会调查报告的摘要之后，通常还要附上几个键词。键词也就是关键词，按照我国国家标准的界定，为了文献标引工作而从报告、论文中选取出来的用以表示全文主题内容信息款目的单词或术语。根据这种说法，社会调查报告中的关键词，实际上是用于表示社会调查报告主题内容信息的单词或术语。它是从社会调查报告的大标题、小标题、正文和摘要中挑选出来的能反映社会调查报告主题内容的某几个单词或术语。

严格地讲，关键词在文献中的标引是为了适应计算机检索的需要而提出来的。早在1963年，美国《化学文摘》(Chemical Abstracts)从第58卷起就开始采用电子计算机编制关键词索引，提供快速检索化学文献资料的途径。在社会信息爆炸性增长的今天，全世界每天发表科技文献有数十万篇，要直接检索全文实属不易，为此，标引关键词不仅成为文献信息工作者一项重要的任务，也成为作者撰写和发表学术文献过程中必不可少的一个环节。

无论是从传递信息的角度考察，还是从存储信息的角度考虑，关键词的标引都将给文献的存储和检索带来极大方便。为此，我国国家标准局1983年9月13日发布了《文献主题标引规则》(GB3860—83)国家标准，规定了文献主题分析、主题词选定、标引、组配等

---

① 转引自：罗伯特·A.戴.如何撰写和发表科学论文[M].北京：原子能出版社，1986：24.

规则。20多年来,我国许多科技类学术刊物发表的论文和报告,大都附有关键词。近年来,大多社会科学学术刊物也要求作者在论文和报告,包括在社会调查报告中进行关键词标引。

关键词的标引看似简单,有的人甚至认为,在调查报告的标题、小标题、正文、摘要中选择几个词语就可以应付,没有必要过多考虑。其实这是对关键词的性能不够了解。关键词是为文献标引、文献存储和文献检索的方便而设置的,关键词选择是否恰当,直接关系一篇社会调查报告被检索的成功率和社会调查报告被利用的可能性。为此,在社会调查报告的撰述中,社会调查者必须掌握关键词标引的相关知识和技巧。

(一)理解关键词的标引意图

对社会调查报告进行关键词的标引,大致有以下三种意图:①对社会调查报告的主题内容进行比摘要更简要的揭示,以便于读者清晰了解社会调查报告的主题内容;②适应电子计算机信息检索要求,为社会调查报告顺利进入文献信息检索系统提供重要条件和途径;③借由社会调查报告进入文献信息检索系统,实现对社会调查报告的推广。在社会调查报告的撰述中,只有深入理解进行关键词标引的这些意图,才会认真做好关键词标引工作。

(二)懂得关键词的不同来源

关键词的来源有两种:一种是叙词,即经过规范化的收入《汉语主题词表》等词表中的可用于标引文献主题概念的词或词组;另一种是自由词,即尚未被主题词表收录的新的词语或在叙词表中找不到的词语。在关键词的标引过程中,最好选用叙词表中的词作为关键词,这样更具规范性和通用性。当然,叙词表中没有的单词和术语(即自由词),在符合规范的条件下也可以作为关键词使用,用得好可使调查报告更加出彩。

(三)避免关键词的随意标引

无论从调查报告中的何处抽取词汇,都要与社会调查报告的主题内容匹配。如《基层民警在执法中存在的问题及对策》这一调查报告,如果作者标引的关键词是"执法素质、执法形象、素质教育",那么,假如只看关键词,就很难看出这篇调查报告的主题内容。造成这种情况的原因是没有将词汇与调查报告的主题进行匹配,属于随意标引。假设作者采用"基层民警、执法、问题"之类的词汇,便与这篇调查报告的主题内容匹配得多,合适得多。

(四)重视关键词的选用策略

最大程度地宣传成果,吸引读者,求得社会调查报告较高的被检索率和被利用率,是关键词标引的基本目标。要有效实现这一目标，必须重视关键词的选用策略。选用策略主要有：①选用标题中的主要词汇。标题本身就可以作为检索途径，这样选词可以提高检索率。②选择社会上的常用词汇。社会上的常用词汇容易为读者想起，有利于提高检索率。③选用叙词表中的词汇。叙词表中的词汇规范、通用，有利于提高检索率。

第三节　主体性内容的撰述

社会调查报告的主体性内容即社会调查报告的正文，它是社会调查报告的躯体，是社会调查报告最基本的部分。没有主体性内容，当然也就不可能有社会调查报告。主体性内容通常由导言、方法、结果、讨论四大要件构成，主要反映一项社会调查的研究对象、研究问题、研究思路、研究方法、研究结果和研究结论等。主体性内容撰述的水平，直接决定整个社会调查报告的质量和价值。因此，社会调查者从来都是将主体性内容作为社会调查报告的撰述重点。

一、导言部分的撰述

根据科学论文与研究报告的规范写法，在社会调查报告正文的开篇，通常需要写作一段详略不一的导引性话语，这段导引性话语就是导言。导言也称为引言、导语，在篇幅较大的调查报告中也可以称为绪论。顾名思义，所谓导言，就是社会调查报告正文开篇的一段总论性质的话语，用以揭示社会调查的主旨与要义，提出社会调查的问题与视角，表述社会调查的方法与手段，介绍社会调查的成果与结论，从而有效引导读者详细阅读报告全文。

在社会调查报告中，有的并不标出"导言"二字，但无论是否标出，导言都是不可或缺的组成部分。一般来讲，在普通的调查报告中，导言的篇幅比较短小，通常用三四百字将有关导引性内容概括出来，对读者加以引导，这时"导言"二字可以不标出。在专题性和学术性调查报告中，导言的篇幅往往较大，通常为千字以上，此时应标示"导言"或者其他字样。这种导言述说内容详细，反映问题深刻，对读者的启发引导作用更大。

导言在社会调查报告中的基本功能是引导，具体体现在三个方面：①通过导言，让专业人士对社会调查的总体情况有一个基本的了解，帮助他们理解和重视本项社会调查的结果与发现；②通过导言，激发普通读者对本项社会调查研究问题的好奇心，增强其阅读调查报告全文的动机；③通过导言，使作者本人全面理清调查报告的写作思路，真正做到事先描绘一个写作构图，有效地驾驭整个调查报告的撰述过程。

社会调查报告的导言撰述情况不一。对于普通调查报告，通常只要简明扼要、直截了当地把研究目的、研究意义、研究对象、研究内容、研究方法加以概述,总体展示给读者就行。而对于专题性和学术性的调查报告,导言的撰述比较严格,通常要将研究的问题与背景、他人的研究与文献、自己的设想与构思,完成的研究与特色等非常明确地展示出来。在此,以学术性调查报告为例,对社会调查报告导言中主要内容的规范性撰述方法加以简要介绍。

(一) 研究的问题与背景

在社会调查报告导言的撰述中,首要的事情是明确说明研究的问题与背景。具体来讲,就是要清楚地陈述一项社会调查所要研究的问题是什么,以及为什么选择这一问题进行研究,同时还要说明这一问题的来源和背景。在陈述和介绍中,应该首先将问题放到一个较广阔的社会背景中,然后逐渐缩小到自己研究的现象或问题上来。这样做的好处是:一方面可以使读者从叙述中了解此项研究的意义何在,为什么重要,为什么值得研究;另一方面还可以使读者从思想上、学术上做好继续了解和深入探讨研究问题的有关准备。

例如,一篇《高学历青年的婚姻问题》的调查报告是这样说明研究问题与研究背景的:"高学历青年,由于其所受教育程度较高,对生活的认知有别于其他的青年群体。在婚恋及生育观上,其价值取向也呈现出自身的特点,越来越成为社会婚恋生态中引人注目的景观。但是,目前高学历青年这个特殊群体的婚恋状况,尚未引起研究界足够的重视。这不能不说是青年婚恋问题研究上的一个缺陷。进行深入广泛的高学历青年婚恋及生育观的调查研究,不仅对于高学历青年群体的婚育问题具有直接的现实意义,而且对于国家有关部门相关政策的制定,对于计划生育国策和优生优育政策的研究与实施,也将提供新鲜的可靠的依据……为此,我们专门对高学历青年的婚恋及生育观进行了一次调研,以期引起有关方面对此问题的重视,并尽量为国家制定政策的部门提供一些有价值的信息和资料。"① 这算是一篇写得较好的导言。它以简洁的语言、清晰的层次,向读者具体展示了此次社会调查的研究问题、研究背景和研究价值。

在社会调查报告导言的撰述中,值得注意的是:由于导言主要起引导性作用,因而无论研究问题多么理论化、多么深奥难懂,研究背景多么复杂,在研究问题与背景的说明部分,都得从目标读者甚至普通读者可能接受的角度表述,使目标读者甚至普通读者能够抓住问题的性质,引起他们对这一研究问题的关注,不要一开始就造成一种令人头大之感。因此,必须记住以下几条基本规则:①尽可能清楚地提出所研究问题的性质与范围;②尽可能用通用语言表述,避免过于生僻的专业术语;③尽可能给出研究问题提出的逻

---

① 周晓燕.高学历青年的婚恋问题——2002年中国高学历青年婚恋及生育观的调查报告[J].中国青年政治学院学报,2002(4):21-26.

辑线索,逐步将读者引入对特定研究问题的思考。

(二) 他人的研究与文献

在社会调查报告导言的撰述中,要说明他人的相关研究与文献。我们知道,任何科学研究都是一种知识积累的过程,社会调查也不例外,同样是一种知识积累的过程。任何一项社会调查,都是在前人已有成果的基础上进行的。为此,在导言的撰述中,在对研究的问题与背景进行了陈述之后,接下来就是要在全面了解与自己研究问题有关的理论和方法,掌握最新的研究动态和成果资料的基础上,对这一问题领域中他人已有的相关研究及成果进行必要的研究综述或文献评论。

在研究综述或文献评论这一部分中,社会调查者应该考虑这样一些问题:①在特定问题领域,前人的研究做了哪些工作;②对于这一特定现象,是否存在相关的理论,有哪些不同的理论;③前人的这些研究采取了哪些研究方法,已得到了哪些有价值的结果;④已有的研究还存在哪些缺陷或不足。当然,按照本书前面所讲的步骤,在进行调查研究之前,研究者往往已进行了广泛的文献阅读,即已经了解和熟悉这一领域的研究状况,现在的工作不过是根据需要对这些研究进行一番小结和评论罢了。

研究综述并非要将所有相关的文献都拿来介绍,它具有一定的选择性。在选用文献时,通常要考虑几个因素:①课题的相关度,即他人在研究中采用的样本类型、研究变量、理论依据、研究架构与自己所要进行的研究的相关度,相关度越高,越有选用价值。②文献的时间性。文献发表的时间越近,越具有选用价值,因为它们本身已汇集了早期的研究成果。③作者的权威性。通常来讲,文献作者的权威性越高越具有选用价值。当然,不能因此而对其他研究者形成学术偏见,重要的是应视其实际成果而论。

如果是以文献评论的方式出现,那么,研究者必须做到既综述,又评论。具体来说,既要简要地介绍每一文献的主要结果和结论,又要对这些结果和结论的优劣长短作出自己的评价。综述和评论并不是要讨论文献的细节,它的指向始终集中在自己的研究问题上。须知,开展综述和评论的目的应该是:①参考借鉴,即通过对他人研究的综述和评论确立他人研究对于自己研究的参考价值和借鉴作用;②创新发现,也就是通过对他人研究的综述和评论发现他人研究的不足,从而准确地界定自己所要研究的问题和研究起点。

(三) 自己的研究与特色

在社会调查报告导言的最后部分,社会调查者通常要对自己的调查研究进行综合性的介绍。对自己的研究进行这种综合性介绍的主要目的,并不在于详细地介绍本项社会调查的研究成果,而在于展示本项社会调查的活动概貌。通过这样一种综合性的介绍,一是让读者对本项社会调查有个总体性的了解,以引起读者对本项社会调查及其成果的重视;二是使自己对本项社会调查有一种宏观性的把握,沿着既定的研究思路深入地研究下去。

本部分需要介绍的内容大致分为两项:①自己的研究设想,即介绍自己的研究问题是什么、研究目标是什么、研究假设是什么、研究变量有哪些、研究内容有哪些、研究重点有哪些、研究难点有哪些、研究路径是什么、采用哪些理论和方法进行研究等;②自己的研究特色,即说明自己的研究与已有的研究具有的不同地方,说明自己本项研究的特殊意义,体现自己研究的特色与创新,而不是详细讨论社会调查有关内容的细节。

二、研究方法的撰述

在社会调查中,研究方法也可以称为调研方式,讲的是社会调查者针对提出的研究问题如何进行调查研究的,或者说这项调查研究是"如何做的"。可以用于社会调查活动的研究方法多种多样,任何社会调查都有个研究方法选用问题,因而,任何调查报告都有必要对其所采用的研究方法加以明确的介绍。尤其在专业性调查报告和学术性调查报告中,研究方法部分更是其正文最为关键的组成部分之一。因而对研究方法的介绍往往成为专业性调查报告和学术性调查报告区别于普通调查报告的一个突出标志。

与一般读者大多只关心调查研究的结果相比,专业读者的关注点有所不同,他们不仅关心调查研究的结果,而且关心调查研究中研究方法的运用,原因是透过研究方法,可以判定一项社会调查的科学水平和实用价值。为此,在社会调查报告中,将所采用的研究方法尽可能清晰明确地介绍出来是非常必要的。通过研究方法的具体介绍,对调查研究者来说,可以有效确定自己此项调查研究的科学水平或"技术含量",提高调查研究结果的可信度;对目标读者来说,可以明了调查研究结果的由来,增强其对调查研究结果的信任度。

在社会调查报告的撰述中,研究方法的撰述实际上是对本项调查研究所采用研究方法的一种具体介绍。一般来讲,普通的调查报告通常只需在导言部分对所采用的研究方法加以简单的介绍,而专业性调查报告与学术性调查报告则不然,通常要以专门的节段、较大的篇幅系统全面地介绍。具体来讲,对研究方法的介绍一般应包括以下几项内容:研究方式与研究设计,研究对象与样本设计,主要变量与指标设计,资料搜集与资料分析,调查质量与研究局限等。下面就这些具体研究方法的介绍问题予以一定讨论。

(一)研究方式和研究设计介绍

在社会调查前期,社会调查者必须针对其提出的研究问题,决定采用何种研究方式进行社会调查研究,并具体做好研究设计工作。研究方式和研究设计的介绍,即根据社会调查者当时作出的决定和以后在实际调查研究工作中的调整情况用一定的文字介绍出来,以便目标读者正确理解和准确把握。研究方式和研究设计介绍在研究方法撰述中占有重要的地位,它是研究方法介绍的先导性内容,其他具体研究方法的介绍都必须与它做到一一呼应。

研究方式介绍通常是要告诉读者,本项社会调查具体采用的是何种研究方式。一个社会调查项目可以采用的研究方式很多,有问卷研究方式、实验研究方式、实地研究方式、文献研究方式等。本项调查研究到底采用何种研究方式,应联系社会调查中的资料收集和分析方法、研究过程和技术要求以及具有指导作用的方法论等加以表述,不能随意乱说。如果采用的是多种方式,那就得对多种方式都加以介绍,并需表明主次关系。

研究设计的介绍是在研究方式介绍的基础上进行的,其具体内容和重点也会随研究方式的不同而有所不同。当社会调查项目采用的研究方式是问卷研究方式时,研究设计部分需要介绍的内容有:调查是定量的问卷调查还是定性的问卷调查;是自填问卷调查还是访问问卷调查,并要介绍调查设计甚至问卷设计的具体内容,如调查对象的总体和样本,调查的方式与方法,调查的时间与地点、调查工作的组织与调查员的挑选培训,以及资料回收安排等。

同样,如果社会调查项目采用的研究方式是其他研究方式时,也要简略介绍其研究设计。当采用实验研究方式时,要介绍实验是传统的经典设计或是独创性设计,并介绍实验的程序安排等;当采用实地研究方式时,要介绍地点的选择、进入现场的方式、所扮演的角色等方面的设计内容;当采用文献研究时,要介绍文献的来源、文献的选取、文献的处理和分析等;当采用先进的电信调查方式时,其研究设计还要尽可能说得详细明确一些。

(二) 调研对象与样本设计介绍

上面提到的几种社会调查研究方式中,除了文献研究方式是以文献资料作为调研对象外,其他的研究方式都是以社会中一定的人群作为调研对象,从这些调研对象中获取研究工作所需的社会现象的相关资料。但是,社会中的人很多,不可能把每个人都作为具体调研对象,只能有选择地将一定人群中的部分人作为具体调研对象。为此,在进行研究方法的介绍时,应对调研对象的总体和样本进行详细的说明,以便读者了解本项调查研究存在的误差。

首先要说明调研对象的总体。说明调研对象总体包括两个方面:①对调研对象总体进行界定。调研对象总体的界定很为重要,只有对调研对象总体进行了界定,才能确定样本的性质,也才能确定本项社会调查研究结果的适用性和推广价值。②对调研对象总体进行内涵说明或外延诠释。比如,一项研究要调查"某厂在职职工计划生育实施情况",那么"某厂的全体在职职工"就是调研对象总体。为了让读者对调研对象总体有更清楚的认识,在对调研对象总体进行界定的基础上,还应具体说明该调研对象总体的基本情况,如某厂有在职职工有1 350人,其中青年职工(18～35岁)有843人,约占全厂在职职工人数的62.4%;中年职工(36～50岁)有459人,约占全厂在职职工人数的34%;老年职工(56～60岁)有48人,约占全厂在职职工人数的3.5%。

其次要说明样本及其抽取方法。具体可分两项加以说明:①说明样本的数量,这主要是为了体现样本与总体的比例关系。②说明抽取的方法。社会调查者不仅要对样本数量做具体的介绍,还要对样本的抽样方法作具体的说明,否则,目标读者将不知道本项调查到底调查了哪些人,他们在研究总体中是否具有代表性,以及本项社会调查的调研成果可能应用的范围和程度等。例如,某项社会调查抽取的样本是某市的小学生,可以将该样本的抽取方法和过程这样介绍清楚:我们得到某市教育局对该市小学的统计数据和名单,共有128所小学,按照教育局的分类方法,这些小学分为重点小学、一般小学和较差小学,数量分别为24所、89所和15所。我们采取按比例分层随机抽样的方法,分别从重点小学当中抽取了2所,从一般小学中抽取了10所,从较差小学中抽取了1所。接着,再按简单随机抽样的方式,抽取高、低年级各一个,并在该年级随机抽取一个班级。于是,抽样共计小学13所,班级26个,学生1 316人。

(三) 研究假设与主要变量介绍

在社会调查报告的研究方法撰述中,对研究假设和主要变量的介绍也是必不可少的一项内容。众所周知,社会调查中有两个非常关键的研究环节:①通过对研究问题的分析提出相应的研究假设。没有研究假设,就无法明晰所要研究的具体问题,无法知道具体应该搜集哪些研究资料。②要通过对研究假设的分析确定相应的主要变量。只有确定测量的变量,才能具体设计调查指标,设计调查问卷,搜集有关社会现象的研究资料。为此,研究假设与主要变量也就成了社会调查者和相关读者特别关注的方法性内容之一。

研究假设介绍大致涉及四项具体的内容:①研究假设的具体陈述;②研究假设的理论来源和实践来源;③由基本研究假设推导出的具体研究假设;④对与研究假设相关的问题的讨论。研究假设的介绍可以通过不同的形式加以陈述,如条件式陈述和差异式陈述,这在前面已经讲过。当然,在现实中,有的研究假设介绍并非那么过细,有的研究假设介绍则显得非常的细。例如,张春泥、刘林平在《网络的差异与求职效果:农民工利用关系求职的效果研究》[①]一文中,对其提出的四个研究假设的介绍,就是比较细的。

主要变量介绍通常包括如下内容:①需要测量的变量有哪些;②这些变量中哪些是自变量,哪些是因变量;③这些变量的操作定义是什么;④这些变量通过哪些具体指标

---

① 张春泥,刘林平.网络的差异与求职效果:农民工利用关系求职的效果研究[J].社会学研究,2008(4):138-162.

进行测量。"蒙汉通婚研究"项目设计的表述可作为参考。其表述是:"影响民族通婚的变量:(1)某一民族在一个村的总户数的比重;(2)居民的平均文化水平;(3)户主的年龄;(4)户主的文化水平;(5)职业;(6)户口类型;(7)是否移民;(8)掌握另一民族语言的能力;(9)邻居中另一民族成员的多少;(10)与另一民族成员的交友情况。"①

(四)资料搜集和资料分析介绍

资料搜集与资料分析是社会调查最为重要的两项具体工作,要做好这两项工作,关键问题是方法问题。社会调查,实际内容就是资料的搜集和资料的分析;调查研究方法,说到底也就是资料搜集的方法和资料分析的方法。正因为如此,在社会调查报告有关方法问题的介绍中,必然离不开对资料搜集方法与资料分析方法的介绍。当然,在社会调查报告中,资料搜集方法与资料分析方法的介绍也必须适当进行,不能将资料搜集方法与资料分析方法的介绍说得天花乱坠,冲淡了调查研究结果的展示。通常,资料搜集方法与资料分析方法的介绍可按以下办法进行:

首先要向读者说明资料搜集方法。资料搜集方法的介绍因研究方式不同而有所不同。比如,对于文献研究,需要详细说明文献形式、取得方法、抽样方式、内容摘录、编码方式,具体操作人员的专业经历、培训情况,以及相互间评审、判断的一致性程度。对于实地研究,需要详细说明采用的资料搜集方法是访谈法还是观察法,并对其过程加以描述。对于问卷调查,需要说明是带卷上门访问还是自填问卷调查,如系带卷上门访问,要说明访员队伍的基本结构、调查经历、培训情况等,如果是自填式问卷调查,应说明问卷发送的方式、问卷回收的方式、问卷的回收率、有效回收率等。

关于资料搜集方法介绍的例子很多,具体介绍的内容重点和表述形式各异。前面提到的对某市小学生的调查,社会调查者对其资料收集过程作了这样的描述:"调查资料的收集工作是采用自填式问卷的方式进行。问卷表由所抽中的班级的班主任老师发给全班的每一个学生,由学生亲自填写,填好的问卷交回给班主任,然后由班主任集中寄回给我们。在调查中,共发送问卷1 316份,收回1 291份,其中有效问卷是1 286份,有效回收率为97.7%。未收回的极少一部分问卷主要由于部分学生不认真对待调查工作或者学生请假旷课等原因所致。从总的情况看,学生填写问卷十分认真,问卷资料的价值较高。"

资料搜集方法介绍完后,接着要向读者介绍资料分析方法。这里也应注意一个问题,即资料分析方法会因为所采用研究方式的不同而有所不同。比如,采用问卷调查和抽样调查的方式,要着重介绍定量分析方法的运用情况;采用实地研究或观察或访谈,应着重介绍定性分析方法的运用。通常来讲,资料分析方法的介绍主要包括三个方面的内

---

① 参见袁方.社会调查原理与方法[M].北京:高等教育出版社,1990:128-139.

容：①资料分析的方法类型，即是定性分析还是定量分析，是描述分析还是相关分析等；②资料分析的基本过程，即资料分析经过了哪几个主要阶段；③资料分析的重要手段，如使用计算机和 SPSS 等分析软件进行分析，应具体加以说明。

（五）调查质量与研究局限介绍

社会调查的成功在很大程度上是研究方法运用的成功，社会调查的失误在很大程度上也是研究方法运用的失误。因此，在社会调查报告的研究方法介绍中，对调查质量及其研究局限加以介绍，也是一件非常必要的事情。通过对调查质量与研究局限的介绍，对于目标读者来说，可以使其更深入地了解本项社会调查研究的科学水平和技术含量，并对调查研究成果的应用价值进行较为准确的评估；对于调查研究者来说，则可以总结本项社会调查的经验，发现本项社会调查中存在的问题，从而吸取教训，明确今后继续努力的方向。

任何一项社会调查都不可能十全十美，每一位社会调查者都应抱着对委托者负责、对读者负责、对科学负责、对社会负责的态度，实事求是地进行调查质量与研究局限的介绍。对调查质量与研究局限的介绍，具体包括两方面的内容：①对调查整体质量作出评估，如社会调查的总体质量如何，是否实现了调查研究的目标，受到哪些方面的条件限制，存在哪些误差，发现哪些问题，在哪些方面有待改进；②对调查关键过程作出估价，如对样本设计、问卷设计、量表设计、资料搜集、资料分析有关方面的情况作出估价。

三、研究结果的撰述

在社会调查中，研究结果是指调研过程中获得的重要数据资料及其对各种数据资料的分析结果，包括定量和定性两种。它有两层含义：①社会调查中获得的重要数据和资料；②对各种数据资料进行分析得出的新的数据和资料。它表明，在社会调查中，有的研究结果实际上通过调查过程就已经取得，有的研究结果却要通过深入的分析才能够得出。但不管怎样，研究结果始终都是社会调查报告要展示的核心内容，它是社会调查报告的重心所在。

在某些专业刊物发表的较为短小的社会调查报告中，研究结果和讨论两部分通常合并在一起，成为"结果与讨论"部分。这种情况下，在介绍研究结果的同时，实际上也要对研究结果进行讨论，或者说，要一边陈述研究结果，一边讨论研究结果的意义和应用，并指出研究结果的局限性和改进建议等。但是，如果一项调查研究的内容较多，研究结果较复杂时，通常只能先详细介绍研究结果，至于讨论部分的内容，则是另辟一个部分单独撰写成文的。

当然，即使将研究"结果与讨论"分成两个独立的部分，研究结果部分也不可能一点讨论也没有。因为，谁也不可能只在研究结果部分中只把数据和资料交给读者，并且指望他们把这些数据和资料记在头脑中，直到最后才加以讨论。实际上，对较复杂的调查报告作这种划分，主要目的是在研究结果部分着重介绍和讨论分项研究的结果。而在讨论部分中，则着重表达和讨论整体研究的结果。这样，由于分项研究结果已在报告的研究结果部分详细表达和分析，从而到了讨论部分，对整体研究结果的表达和讨论就有了好的基础。

在将研究结果和讨论部分分开时，如何撰述研究结果，是一个值得重视的问题。总的原则是：先给出总体的、一般性的陈述，然后才是个别的和具体的细节陈述。不论是在对各个分项结果的陈述中，还是对整体研究结果的陈述中，都要遵循这一原则。在对各个分项研究结果的陈述中，应该先陈述基本的结果，然后在关键细节上详细阐述或描述。在对整体研究结果的陈述中，也是应该先给出中心的结果，然后再反映外围的结果。在各分项研究结果的表述中，通常的做法是，从问题开始，然后按下列步骤回答问题。

（一）回顾概念性问题

回顾概念性问题是用提示性的语言引导读者回顾导言中的概念性问题，即对所要研究问题进行概念性陈述。之所以要为之，主要的目的是让读者在阅读导言时留下的对研究问题的记忆通过回顾而被唤醒，使读者因研究方法部分区隔的有关研究问题的思路重又连接起来，从而再顺着"问题—结果"这一线索研读下去。比如，可以这样提示："我们的问题是：到底是网民还是媒体使人们对特定法案的态度发生了如此大的转变。"

（二）提示操作性行为

提示操作性行为是将调查研究中完成的实际操作或实际测量行为告诉读者，换句话说，就是对问题的可操作性陈述。通过操作性行为的提示，一方面可以使研究问题直接向研究结果逐步接近，为研究结果的提出打下基础；另一方面也能使读者的阅读兴趣进一步得到激发，促使他们继续阅读下去。如针对男人与女人对某一问题的不同态度，可以这样表述："我们可以看看在观看一部感人的电影时男人与女人流泪是否存在差异。"

（三）给出事实性答案

给出事实性答案是根据调查研究过程中获得的数据资料对上述问题给予回答。这种回答可以是肯定的，也可以是否定的。这就是本项研究的结果或结论。任何研究结果和结论都应该是调查研究获得的数据资料支持的，不过，在这一撰述步骤中，大可不必急于提供证据，提供证据是下一步的事情。比如，我们可以作出这样的表述："对于上述问题，差异是明显的（或回答是肯定的）。"或者"正如下表中所示，男人比女人哭得更多。"

（四）呈现证据性资料

呈现证据性资料是将社会调查过程中得到的相关证据性资料以图形、表格、叙事语篇等形式详细而清晰地呈现在读者面前，并附上必要的说明性和解释性文字。借由证据性资料的呈现，可以使读者通过查看图表、数据或者阅读叙事语篇等资料掌握实际的社会调查结果。为此，这时最重要的是将社会调查中获得的相关数据资料精心整理为一些图形、图表和叙事语篇。如果是提供图表，必须给图表标上明确的序号和标题，注明资料的来源。

（五）作出简要性小结

作出简要性小结指的是在每一个分项研究结果的末尾，需要对分项研究结果作出一个简要的结论。之所以这个结论要求简要，是因为它只是分项研究的结论，不是总体研究的结论。比如，对于上述男人与女人谁流泪更多的例子，就可以作出这样一个小结："上述结果表明，除了在未婚男性中有一点例外以外（这种例外我们将在后面部分进行专门的讨论），我们关于'男性在视觉形象的悲伤的反应上比女性哭得比较多'的假设得到了有力的支持。"

（六）写好过渡性话语

写好过渡性话语是指在简要性小结之后，如果还有相关的分项研究结果需要陈述，这时可以撰写一段过渡性的话语，以实现研究结果陈述的平滑转折，并将读者的目光引向新的研究结果。比如，在上例中，过渡性话语可以这样撰写："上述结果肯定了男性在消极的情感方面比女性更容易出现感情外露的现象，但是，我们是否能够假定他们在积极的情感方面也比女性更加容易外露呢？下表说明，我们尚不能轻易得出这样一个结论。"[①]

四、讨论部分的撰述

在社会调查报告中，讨论部分往往是与引言部分、结果部分密切相连的一个部分。在引言中，社会调查者提出了某些有待解决的研究问题。在研究结果部分，社会调查者又通过本项社会调查获得的数据资料对这些研究问题一一进行论证，得出了相应的研究结果。接下来，就是要对调查研究的结果进行一番深入的讨论。讨论的基本目的是"指出所观察的事实之间的相互关系"。讨论的问题可多可少，一般包括以下四个方面内容。

---

① 参见风笑天.社会学研究方法[M].北京：中国人民大学出版社，2001：333-334.

（一）研究结果的归纳性阐释

归纳性阐释实际上是一项社会调查报告的总体性结论。通过归纳性阐释，具体提出研究结果部分中证明的各种问题，阐明各分项研究结果及小结之间的相互关系，并作出一个总体上的归纳性结论。归纳性阐释中最关键的内容应该是，研究结果是否确实证明（包括证实与证伪）了研究假设，是否明确回答了引言中提出的研究问题。

（二）研究结论的引申性推论

引申性推论是从调查研究的结果或结论出发推导出相关的理论和观点。在这部分的撰述中，通常应该关注的问题有，从研究结果或结论出发，能够得出什么样的推论；与调查研究获得的数据资料和研究结果紧密相关的推论有哪些；从研究结论发掘出来的理论观点又有哪些；这些推论能否推到更高层次、更为抽象的理论层面上去。

（三）研究成果的比较性说明

进行比较性说明的目的是要正确评价自己的研究成果，确立自己的研究成果对学术研究和学术发展的实际贡献。具体的做法是，将自己的研究结果与文献资料里面的同类研究结果进行比较，说明是否在前人研究的基础上有新的发现和新的结论，或者是否与他人的研究有一致的论证结果，同时，也要说明自己的研究存在的缺陷和不足。

（四）研究工作的改进性建议

任何研究工作都不可能将研究问题的解决做到尽善尽美，因而对研究工作加以讨论并提出一定的改进性建议很有必要。在这方面，应该着重关注两点：①对本项社会调查未能回答的问题进行讨论，并尽可能提出有助于这些问题得以解决的措施和建议；②说明研究成果在推广应用过程中可能出现的制约因素和相应的对策措施。

讨论部分的撰述还应注意以下两个问题：①讨论不是重复结果。讨论部分绝不能简单地重复结果部分出现的信息和观点，它必须从研究结果中挖掘新的知识，形成新的见解。②讨论应该简明扼要。拖沓冗长的讨论只会喧宾夺主，影响读者对研究结果的有效把握和深入认识。有的学者甚至认为，讨论部分的长短与研究结果的清晰程度往往存在一种负相关，即讨论部分越长，读者对研究结果的了解就越不清晰。[1] 此话是有一定道理的。

---

[1] 风笑天.社会学研究方法[M].北京：中国人民大学出版社，2001：337-338.

第四节　附件性内容的撰述

社会调查报告的附件性内容又称为社会调查报告的辅文,是指附于社会调查报告正文之后,对社会调查报告起辅助说明和辅助参考作用的相关材料和语篇。社会调查报告的附件性内容主要包括三种,一是参考文献;二是附录资料,三是致谢用语。在社会调查报告中,附件性内容可谓一篇社会调查报告的"两条腿",一条是技术性的"腿",另一条是社会性的"腿"。参考文献、附录资料(如调查问卷、测量量表)等可谓技术性的"腿",而致谢用语等则是社会性的"腿"。没有这"两条腿",社会调查报告就缺乏堂堂正正站立起来的力量。可见,在社会调查报告正文撰写完成后,做好附件性内容的编写同样非常重要。

一、参考文献的编制

参考文献也称为参考书目或参考文献目录,它是社会调查者将调查研究过程中参考的、调查报告中引用的对开展社会调查活动、撰述或阅读社会调查报告具有参考价值的文献,按照一定的体例和方法编制成的目录。参考文献具体包括两层含义:①社会调查者开展调查研究活动时参考的、撰述社会调查报告时引用的一切书刊文献资料的目录,称为引用书目;②为社会调查报告的读者揭示引文、推荐参阅书刊文献资料的目录,称为参阅书目。

在社会调查报告中,编制参考文献目录具有非常重要的作用,具体体现在:①体现科学发展规律,即能够较好地反映社会科学研究在继承和借鉴中不断发展的规律。②表现作者严谨态度,包括作者在社会调查活动中的研究态度和社会调查报告的写作态度。③指导读者阅读门径。通过参考文献目录,读者可以检索已有文献、追溯学术源流、把握学术脉络、分析研究动向,深入领会社会调查报告中表述的观点和结论。

参考文献的编制有其特定的方法,主要包括两类:一是著录方法;二是编排方法。参考文献的编排方法很多,但都比较简单。主要的编排方法有:字序编排法,即按照参考文献作者或题名的字序(如音序和形序)进行编排,这种编排方法通常在参考文献较多时使用。时序编排法,即按照参考文献的发表出版时间进行编排,这种方法使用的情况不多。引序编排法,即按照参考文献在调查报告中的引用次序进行编排,目前这种方法使用最多。

参考文献的著录方法比较规范,国家颁布了文后参考文献著录规则(GB/T 7714—2005),规定了文献类型标识和严格的著录格式。文献类型标识为:普通图书—M;会议录—C;汇编—G;报纸—N;期刊—J;学位论文—D;报告—R;标准—S;专利—P;数据库—DB；计算机程序—CP；电子公告—EB；磁带——MT；磁盘—DK；光盘—CD；联机网络—OL。下面简要例示著录格式。

（一）中文文献著录格式

1. 普通图书著录格式

[1]费孝通.生育制度[M].天津：天津人民出版社,1981：5-7.

[2]K.贝利.现代社会研究方法[M].许真,译.上海：上海人民出版社,1986：12.

2. 期刊文章著录格式

[1]李小明.城市老年人的社会保障问题[J].城市研究,1984(2)：35.

[2]张强,郭浩.城市家庭模式的演变[J].家庭与社会,1986(5)：16-22.

3. 报纸文章著录格式

[1]董碧水.社会抚养费究竟抚养了谁[N].中国青年报,2013-7-12(1).

[2]唐伟.养老金替代率破警戒需要系统性调整[N].羊城晚报,2013-9-11(A2).

4. 电子文献著录格式

[1]刘尚希.社会身份固化加大收入分配差距[EB/OL].(2012-04-10)[2013-04-15]. http://finance.people.com.cn/GB/17612117.html.

[2]王思斌.试论社会工作对社会管理的协同作用[J/OL].东岳论丛,2012(1)：(2012-04-27)［2013-04-15］.http://www.qstheory.cn/sh/shjs/201204/t20120427_154416.Htm.

（二）英文文献著录格式

1. 普通图书著录格式

英文著作的写法是先列出作者名,然后是书名,然后是出版地,再是出版公司名,最后是年代。

[1]WHYTE W F. Street Corner Society[M]. Chicago：University of Chicago Press,1943.

[2]MOSTER C A, Kalton G. Survey Methods in Social Investigation[M]. 2nd ed. New York：Basic Books,1972.

2. 期刊文章著录格式

[1]HEWITT J A. Technical services in 1983[J]. Library Resource services,1984,28(3)：205-218.

[2]BEN S. L,POSTON D. Does advertising aid and abet sex discrimination[J].

Journal of Social Psychology,1973(3):6-18.

3. 电子文献著录格式

[1]CHRISTINE M. Plant physiology:plant biology in the Genome Era[J/OL]. Science,1998,281:331-332[1998-09-23]. http://www.sciencemag.org/cgi/collection/anatmorp.

[2]TURCOTTE D L. Fractals and chaos in geology and geophysics[M/OL]. New York:Cambridge University Press,1992[1998-09-23]. http://www.seg.org/reviews/mccorm30.html.

二、附录资料的编辑

附录部分是由一些与调查研究相关的细节资料组成的。这些资料有：收集数据资料所使用的调查表格、调查问卷、测量量表，计算某些指标或数据的数学公式，实验研究中的材料，实地研究中的照片等。它们往往由于篇幅太大而不适于写进调查报告正文之中，但因其可以帮助读者更好地了解本项调查研究的一些细节，可以印证本项调查研究的数据资料，或者可以解答阅读研究成果中产生的一些疑问，往往以附录的形式附于报告正文之后。

通常来讲，附录资料的编辑没有太多的诀窍，只要按照一定的规则将有关资料编排好附于正文之后就行。值得注意的是，在社会调查中，并非每篇调查报告都需要附录。一般情况是，在篇幅较大或讲求规范的调查报告，如学位论文、学术专著、课题结项成果中，往往需要附录，至少要有调查表格、调查问卷、测量量表这些附录。而发表在专业杂志上的一些社会调查报告，由于篇幅受到较大限制，通常无法刊登调查报告的附录，因而往往省略。

三、致谢用语的撰写

致谢是社会调查报告最后一项内容。它的存在如人们在公正场合作完学术报告，要向各方人士道谢。致谢的基本原由是社会调查者在社会调查过程中或在社会调查报告撰述中得到了他人的帮助。致谢的对象一般包括：①对社会调查课题提供立项资助和重要支持的人或者机构；②对社会调查实施提供实际帮助的人和机构；③对社会调查活动提供有关建议和意见的人；④社会调查报告中参考文献的作者。

致谢的撰述方法并非千篇一律，但也有几条规则必须遵守：①措辞礼貌。致谢本身就是一种礼节，它要求非常礼貌地感谢人家。②用词恰当。该感谢谁，为何感谢谁，怎样感谢谁都要有分寸,不能信口开河。③用语简明。在致谢中,用语必须简明,不能啰唆。

总之,一个好的致谢不仅可以使人感到你是感恩的人,有教养的人,值得帮助的人,而且还能从中感受到社会调查这项事业是深受人们关注和社会支持的伟大事业。

复习思考题

1. 简述社会调查报告的类型划分。
2. 如何撰写社会调查报告的摘要?
3. 研究方法的撰述通常包括哪些具体内容?
4. 研究结果的撰述有哪几个步骤?
5. 讨论部分通常应包括哪些内容。
6. 试述编制参考文献目录的重要作用。

随机数字表

APPENDIX 1

03	47	43	73	86	36	96	47	36	61	46	93	63	71	62
97	74	24	67	62	42	81	14	57	20	42	53	32	37	32
16	76	62	27	66	56	50	26	71	07	32	90	79	78	53
12	56	85	99	26	96	96	63	27	31	05	03	72	93	15
55	59	56	35	64	38	54	82	46	22	31	62	43	09	90
33	26	18	80	45	60	11	14	10	95	16	22	77	94	39
27	07	36	07	51	24	51	79	89	73	84	42	17	53	31
13	55	38	58	59	88	97	54	14	10	63	01	63	78	59
57	12	10	14	21	88	26	49	81	76	33	21	12	34	29
06	18	44	32	53	23	83	01	30	30	57	60	86	32	44
49	54	43	54	82	17	37	93	23	78	87	35	20	96	43
57	24	55	06	88	77	04	74	47	67	21	76	33	50	25
16	95	55	67	19	98	10	50	71	75	12	86	73	58	07
33	21	12	34	29	78	64	56	07	82	52	42	07	44	38
09	47	27	96	54	49	17	46	09	62	90	52	84	77	27
84	26	34	91	64	18	18	07	92	45	44	17	16	58	09
83	92	12	06	76	26	62	38	97	75	84	16	07	44	99
44	39	52	38	79	23	42	40	64	74	82	97	77	77	81
99	66	02	79	54	52	36	28	19	95	50	92	26	11	97
08	02	73	43	28	37	85	94	35	12	83	39	50	08	30
79	83	86	19	62	06	76	50	03	10	55	23	64	05	05
83	11	46	32	24	20	14	85	88	45	10	93	72	88	71
07	45	32	14	08	32	98	94	07	72	93	85	79	10	75
00	56	76	31	38	80	22	02	53	53	86	60	42	04	53
42	34	07	96	88	54	42	06	87	93	35	85	29	48	39

续表

70	29	17	12	13	40	33	20	38	26	13	89	51	03	74
56	62	18	37	35	96	83	50	87	75	97	12	25	93	47
99	49	57	22	77	88	42	95	45	72	16	64	36	16	00
16	08	15	04	72	33	27	14	34	09	45	59	34	68	49
31	16	93	32	43	50	27	89	87	19	20	15	37	00	49
17	76	37	13	04	07	74	21	19	30	68	34	30	13	70
70	33	24	03	54	97	77	46	44	80	74	57	25	65	76
04	43	18	66	79	94	77	24	21	90	27	42	37	86	53
12	72	07	34	45	99	27	72	95	14	00	39	68	29	61
52	85	66	60	44	38	68	88	11	80	29	14	98	94	24
55	74	30	77	40	44	22	78	84	26	04	33	40	09	52
59	29	97	68	60	71	91	38	67	54	13	58	18	24	76
48	55	90	65	72	96	57	69	36	10	96	46	92	42	45
66	37	32	20	30	77	84	57	03	29	10	45	65	04	26
68	49	69	10	82	53	75	91	93	30	34	25	20	57	27
45	07	31	66	49	68	07	97	06	57	16	90	82	66	59
53	94	13	38	47	15	54	55	95	52	11	27	94	75	06
35	80	39	94	88	97	60	49	04	91	35	24	10	16	20
16	04	61	67	87	11	04	96	67	24	38	23	16	86	38
90	89	00	76	33	40	48	73	51	29	31	96	25	91	47
83	62	64	11	12	67	19	00	71	74	60	47	21	29	68
06	09	19	74	66	02	94	37	34	02	76	70	90	30	86
33	32	51	26	38	79	78	45	04	91	16	92	53	56	16
42	38	97	01	50	87	75	66	81	41	40	01	74	91	62
96	44	33	49	13	34	86	82	53	91	00	52	43	48	85
02	02	37	03	31	66	67	40	67	14	64	05	71	95	86
38	45	94	30	38	14	90	84	45	11	75	73	88	05	90
02	75	50	95	98	68	05	51	18	00	33	96	02	75	19
48	51	84	08	32	20	46	28	73	90	97	51	40	14	02
27	55	26	89	62	64	19	58	97	79	15	06	15	93	20
11	05	65	09	68	76	83	20	37	90	57	16	00	11	66
52	27	41	14	86	22	98	12	22	08	07	52	74	95	80
07	60	62	93	55	59	33	82	43	90	49	37	38	44	59
04	02	33	31	08	39	54	16	49	36	47	95	93	13	30
01	90	10	75	06	40	78	78	89	62	02	67	74	17	33

续表

05	26	93	70	60	22	35	85	15	13	92	03	51	59	77
07	97	10	88	23	09	98	42	99	15	61	71	62	99	15
63	71	86	85	85	54	87	66	47	54	73	32	08	11	12
26	99	61	65	53	58	37	78	80	70	42	10	50	67	42
14	65	52	68	75	87	59	36	22	41	26	78	63	06	55
59	56	78	06	83	52	91	05	70	74	34	50	57	74	37
06	51	29	16	93	58	05	77	09	51	85	22	04	39	43
44	95	92	63	16	29	56	24	29	48	09	79	13	77	48
32	17	55	85	74	94	44	67	16	94	88	75	80	18	14
13	08	27	01	50	15	29	39	39	43	90	96	23	70	00
98	80	33	00	91	09	77	93	19	82	74	94	80	04	04
73	81	53	94	79	33	62	46	86	28	08	31	54	46	31
73	82	97	22	21	05	03	27	24	83	72	89	44	05	60
22	95	75	42	75	39	32	82	22	49	02	48	07	70	37
39	00	03	06	90	55	25	78	38	36	94	37	30	69	32

附录二 正态分布概率表

t	$F(t)$	t	$F(t)$	t	$F(t)$	t	$F(t)$
0.00	0.000 0	0.32	0.251 0	0.64	0.477 8	0.96	0.662 9
0.01	0.008 0	0.33	0.258 6	0.65	0.484 3	0.97	0.668 0
0.02	0.016 0	0.34	0.266 1	0.66	0.490 7	0.98	0.672 9
0.03	0.023 9	0.35	0.273 7	0.67	0.497 1	0.99	0.677 8
0.04	0.031 9	0.36	0.281 2	0.68	0.503 5	1.00	0.682 7
0.05	0.039 9	0.37	0.288 6	0.69	0.509 8	1.01	0.687 5
0.06	0.047 8	0.38	0.296 1	0.70	0.516 1	1.02	0.692 3
0.07	0.055 8	0.39	0.303 5	0.71	0.522 3	1.03	0.697 0
0.08	0.063 8	0.40	0.310 8	0.72	0.528 5	1.04	0.710 7
0.09	0.071 7	0.41	0.318 2	0.73	0.534 6	1.05	0.706 3
0.10	0.079 7	0.42	0.325 5	0.74	0.540 7	1.06	0.710 9
0.11	0.087 6	0.43	0.332 8	0.75	0.546 7	1.07	0.715 4
0.12	0.095 5	0.44	0.340 1	0.76	0.552 7	1.08	0.719 9
0.13	0.103 4	0.45	0.347 3	0.77	0.558 7	1.09	0.724 3
0.14	0.111 3	0.46	0.354 5	0.78	0.564 6	1.10	0.718 7
0.15	0.119 2	0.47	0.361 6	0.79	0.570 5	1.11	0.733 0
0.16	0.127 1	0.48	0.368 8	0.80	0.576 3	1.12	0.737 3
0.17	0.135 0	0.49	0.375 9	0.81	0.582 1	1.13	0.741 5
0.18	0.142 8	0.50	0.382 9	0.82	0.587 8	1.14	0.745 7
0.19	0.150 7	0.51	0.389 9	0.83	0.593 5	1.15	0.749 9
0.20	0.158 5	0.52	0.396 9	0.84	0.599 1	1.16	0.754 0
0.21	0.166 3	0.53	0.403 9	0.85	0.604 7	1.17	0.758 0
0.22	0.174 1	0.54	0.410 8	0.86	0.610 2	1.18	0.762 0

续表

t	$F(t)$	t	$F(t)$	t	$F(t)$	t	$F(t)$
0.23	0.181 8	0.55	0.417 7	0.87	0.615 7	1.19	0.766 0
0.24	0.189 7	0.56	0.424 5	0.88	0.621 1	1.20	0.769 9
0.25	0.197 4	0.57	0.431 3	0.89	0.626 5	1.21	0.773 7
0.26	0.205 1	0.58	0.438 1	0.90	0.631 9	1.22	0.777 5
0.27	0.212 8	0.59	0.444 8	0.91	0.637 2	1.23	0.781 3
0.28	0.220 5	0.60	0.451 5	0.92	0.642 4	1.24	0.785 0
0.29	0.228 2	0.61	0.458 1	0.93	0.647 6	1.25	0.788 7
0.30	0.235 8	0.62	0.464 7	0.94	0.652 8	1.26	0.792 3
0.31	0.243 4	0.63	0.471 3	0.95	0.667 9	1.27	0.795 9
1.28	0.799 5	1.61	0.892 6	1.94	0.947 6	2.54	0.988 9
1.29	0.893 0	1.62	0.894 8	1.95	0.948 8	2.56	0.989 5
1.30	0.806 4	1.63	0.896 9	1.96	0.950 0	2.58	0.990 1
1.31	0.809 8	1.64	0.899 0	1.97	0.951 2	2.60	0.990 7
1.32	0.813 2	1.65	0.901 1	1.98	0.952 3	2.62	0.991 2
1.33	0.816 5	1.66	0.993 1	1.99	0.953 4	2.64	0.991 7
1.34	0.819 8	1.67	0.905 1	2.00	0.954 5	2.66	0.992 2
1.35	0.823 0	1.68	0.907 0	2.02	0.956 6	2.68	0.992 6
1.36	0.826 2	1.69	0.909 0	2.04	0.958 7	2.70	0.993 1
1.37	0.829 3	1.70	0.910 9	2.06	0.960 6	2.72	0.993 5
1.38	0.832 4	1.71	0.912 7	2.08	0.962 5	2.74	0.993 9
1.39	0.835 5	1.72	0.914 6	2.10	0.964 3	2.76	0.994 2
1.40	0.838 5	1.73	0.916 4	2.12	0.966 0	2.78	0.994 6
1.41	0.841 5	1.74	0.918 1	2.14	0.967 6	2.80	0.994 9
1.42	0.844 4	1.75	0.919 9	2.16	0.969 2	2.82	0.995 2
1.43	0.847 3	1.76	0.921 6	2.18	0.970 7	2.84	0.995 5
1.44	0.850 1	1.77	0.923 3	2.20	0.972 2	2.86	0.995 8
1.45	0.852 9	1.78	0.924 9	2.22	0.973 6	2.88	0.996 0
1.46	0.855 7	1.79	0.926 5	2.24	0.974 9	2.90	0.996 3
1.47	0.858 4	1.80	0.928 1	2.26	0.976 2	2.92	0.996 5
1.48	0.861 1	1.81	0.929 7	2.28	0.977 4	2.94	0.996 7

续表

t	$F(t)$	t	$F(t)$	t	$F(t)$	t	$F(t)$
1.49	0.863 8	1.82	0.931 2	2.30	0.978 6	2.96	0.996 9
1.50	0.866 4	1.83	0.932 8	2.32	0.979 7	2.98	0.997 1
1.51	0.865 0	1.84	0.943 2	2.34	0.980 7	3.00	0.997 3
1.52	0.871 5	1.85	0.935 7	2.36	0.981 7	3.20	0.998 6
1.53	0.874 0	1.86	0.937 1	2.38	0.982 7	3.40	0.999 3
1.54	0.876 4	1.87	0.938 5	2.40	0.983 6	3.60	0.999 68
1.55	0.878 9	1.88	0.939 9	2.42	0.984 5	3.80	0.999 86
1.56	0.881 2	1.89	0.941 2	2.44	0.985 3	4.00	0.999 94
1.57	0.883 6	1.90	0.942 6	2.46	0.986 1	4.50	0.999 993
1.58	0.885 9	1.91	0.943 9	2.48	0.986 9	5.00	0.999 999
1.59	0.888 2	1.92	0.945 1	2.50	0.987 6		
1.60	0.890 4	1.93	0.946 4	2.52	0.988 3		

Z 检 验 表

APPENDIX 3

常用的显著度(p)与否定域$|Z|\geqslant$

$p\leqslant$	$|Z|\geqslant$	
	一 端	二 端
0.10	1.29	1.65
0.05	1.65	1.96
0.02	2.06	2.33
0.01	2.33	2.58
0.005	2.58	2.81
0.001	3.09	3.30

参 考 文 献

[1] 埃米尔·迪尔凯姆.社会学方法的规则[M].北京：华夏出版社,1999.
[2] 马克斯·韦伯.社会科学方法论[M].北京：华夏出版社,1999.
[3] 肯尼思·D.贝利.现代社会研究方法[M].上海：上海人民出版社,1986.
[4] 艾尔·巴比.社会研究方法[M].北京：华夏出版社,2005.
[5] 袁方.社会调查原理与方法[M].北京：高等教育出版社,1990.
[6] 袁方.社会研究方法教程[M].北京：北京大学出版社,1997.
[7] 宋林飞.社会调查研究方法[M].上海：上海人民出版社,1990.
[8] 水延凯,等.社会调查教程[M].5版.北京：中国人民大学出版社,2010.
[9] 彭发翔,刘守恒.社会调查研究方法[M].北京：中国人事出版社,1992.
[10] 风笑天.现代社会调查方法[M].武汉：华中理工大学出版社,1996.
[11] 风笑天.社会学研究方法[M].北京：中国人民大学出版社,2001.
[12] 风笑天.社会研究方法[M].北京：高等教育出版社,2006.
[13] 范伟达.现代社会研究方法[M].上海：复旦大学出版社,2001.
[14] 关信平.社会研究方法[M].北京：高等教育出版社,2004.
[15] 吴增基,等.现代社会调查方法[M].上海：上海人民出版社,1998.
[16] 王洪.现代调查理论与方法[M].北京：中国社会出版社,1995.
[17] 苏家坡.社会调查理论与方法[M].长沙：湖南师范大学出版社,1989.
[18] 谢俊贵.社会调查理论与方法[M].长沙：湖南师范大学出版社,2003.
[19] 谢俊贵.社会调查研究方法[M].北京：北京理工大学出版社,2009.
[20] 范伟达,等.中国社会调查史[M].上海：复旦大学出版社,2008.
[21] 郭志刚.社会调查研究的量化方法[M].北京：中国人民大学出版社,1989.
[22] 董海军.社会调查与统计[M].武汉：武汉大学出版社,2009.
[23] 何光瑶.统计调查理论、方法与实务[M].北京：中国经济出版社,1995.
[24] 张泽厚.统计信息理论与实践[M].北京：中国统计出版社,1992.
[25] 郭强.网络调查手册[M].北京：中国时代经济出版社,2004.
[26] 雷洪.社会问题[M].北京：社会科学文献出版社,1999.
[27] 童星.社会管理学概论[M].南京：南京大学出版社,1991.
[28] 冯之浚,张念椿.现代咨询学[M].杭州：浙江教育出版社,1998.
[29] 陈启杰.市场调查与预测[M].上海：上海财经大学出版社,1999.
[30] 谢俊贵.现代公共关系调查与策划[M].长沙：中南工业大学出版社,1999.